丛书编委会

大学预科系列教材

中国地理

ZHONGGUODILI

暨南大学华文学院预科部 编

主　编：蔡贤榜
编　者：（以姓氏笔画为序）
　　　　黄小黎　蔡贤榜

暨南大学出版社
JINAN UNIVERSITY PRESS

中国·广州

图书在版编目（CIP）数据

中国地理／暨南大学华文学院预科部编．—广州：暨南大学出版社，2024.3
大学预科系列教材
ISBN 978 – 7 – 5668 – 3800 – 1

Ⅰ．①中…　Ⅱ．①暨…　Ⅲ．①地理—中国—高等学校—教材　Ⅳ．①K92

中国国家版本馆 CIP 数据核字（2023）第 209323 号

中国地理

ZHONGGUO DILI

编　　者：暨南大学华文学院预科部

出 版 人：阳　翼
策划编辑：李　战
责任编辑：黄　斯
责任校对：刘舜怡　黄晓佳　黄子聪
责任印制：周一丹　郑玉婷

出版发行：暨南大学出版社（511434）
电　　话：总编室（8620）31105261
　　　　　营销部（8620）37331682　37331689
传　　真：（8620）31105289（办公室）　37331684（营销部）
网　　址：http：//www.jnupress.com
排　　版：广州市新晨文化发展有限公司
印　　刷：佛山市浩文彩色印刷有限公司
开　　本：787mm×1092mm　1/16
印　　张：18.5
字　　数：485 千
版　　次：2024 年 3 月第 1 版
印　　次：2024 年 3 月第 1 次
审 图 号：GS 粤（2024）106 号
定　　价：78.00 元

前　言

　　暨南大学华文学院预科部，是暨南大学一个有着悠久历史的教育教学机构，长期以来承担着学校大学预科教学和研究的重任。几十年以来经过大家的不懈努力，预科部向学校及国内其他高校输送了大量合格的港澳台侨青年学生，在人才培养方面取得了极为丰硕的成果。

　　教书育人离不开教材。教材是学科知识体系和能力要求的集中体现，是编写者专业水平和学科智慧的结晶，是课程的核心教学材料，是教师"教"和学生"学"的具体依据。《大学预科系列教材》作为大学预科课程标准的规范文本，除了要符合上述特点外，还须具备一项非常重要的功能：切实贯彻和落实港澳台侨学生教育理念，将他们培养成为我们所需要的人。——编好这样的教材，其重要性不言而喻。

　　我们编写的《大学预科系列教材》，第一版出版于 2000 年，包括《语文》《数学》《历史》《地理》《物理》《化学》《生物》共 7 个科目。在使用十年后的 2010 年，我们又出了第二版。在第一版 7 个科目的基础上，第二版增加了《通识教育读本》和《英语》；原《地理》也改为《中国地理》。现在，又过去了十几年，为实现暨南大学侨校发展战略及"双一流"和高水平大学建设的宏伟目标，结合新形势下对港澳台侨学生教育的要求和各个学科发展的具体情况，我们对第二版《大学预科系列教材》进行了认真的研究和分析，对教材内容进行了必要的增、删、调整或更新。在此基础上，我们出版了这套全新的《大学预科系列教材》。

　　这套新版《大学预科系列教材》，符合港澳台侨预科学生身心发展规律和认知特点，体现了各学科的最新知识和研究成果，在理解和尊重多元文化的同时，力争突出中华优秀文化的源远流长和博大精深，彰显其强大的影响力和感召力。通过这套教材，我们希望进一步加强港澳台侨预科学生的国家、民族和文化认同教育，为维护"一国两制"和祖国统一，为"一带一路"的文化交流，为粤港澳大湾区的建设，培养具有高度政治素养、文化素养和专业基础素养的合格人才。

这套新版教材，由《语文》《高等数学基础》《英语》《通识教育》《中国历史》《中国地理》《物理》《化学》《生物》9 个科目构成。原来的《数学》在新版改成《高等数学基础》，《通识教育读本》改成《通识教育》，《历史》改成《中国历史》。

这套新版教材的编写工作以预科部教师为主，暨南大学华文学院应用语言学系的部分英语教师也参与了这项工作。对大家在教材编写过程中付出的辛勤劳动，我们在此表示衷心的感谢！

由于时间仓促，书中难免存在问题，希望广大师生能对这套教材提出宝贵的意见。

温宗军
2024 年 3 月

目 录

◆ C O N T E N T S ◆

第二编　人文地理

第三编　区域地理

第一编 自然地理

中华人民共和国，简称"中国"，首都北京。中国是一个幅员辽阔、自然环境复杂、历史悠久、人口众多的统一多民族国家，是四大文明古国之一。中国处于亚欧大陆东部、太平洋西岸；大部分国土位于中纬度，气候温和；地势西高东低，沿海分布着宽广的大陆架，海陆交通便利。这样的区位和地形态势，对中国的自然条件和经济发展都有着很大的影响。

第一章 地理区位

地理区位，一方面指某事物的位置，另一方面指某事物与其他事物的空间联系。其中位置、规模（面积）、形状、疆界、权属（行政管理）等是组成区域的基本要素。中国的地理位置，是指中国在地球表层上的空间位置。

阅读材料

地理环境决定论

近代西方地理学派的代表人物孟德斯鸠认为，地理环境决定人们的气质性格，人们的气质性格又决定他们采用何种法律和政治制度。

黑格尔是继孟德斯鸠之后另一位重要的"地理环境决定论"者。黑格尔视地理环境为"历史的地理基础"，他把世界上的地理环境划分为三种类型：干燥的高地、广阔的草原和平原；巨川、大江所经过的平原流域；和海相连的海岸区域。他认为各种不同地理环境中的人们形成了不同类型的生活和性格。黑格尔将某个人类共同体的制度上的特点、人们的性格，与其所从事的活动，特别是物质生产活动联系在一起。

马克思、恩格斯将地理环境视为人类物质生产活动的参与者，是劳动过程的要素之一。他们认为，在人类文明初期，某一地理环境对成长于其中的那个人类共同体的物质生产活动情况具有决定性的影响，并进而决定那个人类文明的类型及其发展进程。如此，世界各地区不同的地理环境就使不同地区的人类文明产生了许多差异，呈现出不同的面貌，形成了不同的类型。这些不同类型的文明，在其具体的、特定的社会内部矛盾运动的推动下，基本上是"各自循着自己独特的道路发展"，这就不能不带有其文明初期在不同的地理环境影响下形成的、具有各自特征的社会生活所打上的深刻烙印。

——亨丁顿（E. Huntington）：《人文地理学原理》

第一节　地理位置

一、海陆位置

中国位于亚洲东部、太平洋的西岸，是一个海陆兼备的国家。背靠亚欧大陆，通过横贯亚欧大陆、连接太平洋西岸与大西洋东岸的亚欧大陆桥，加强同中亚、西亚和欧洲的联系，促进经济的发展；面向太平洋，大陆海岸线长达 18 000 多千米，海洋资源丰富，且有许多优良港湾，有利于发展海洋事业。

中国地处最大的大陆和最大的海洋之间，受海陆热力性质差异的影响，形成了全球范围内最典型的季风气候区，同时，青藏高原对气流运动的阻挡作用产生明显的水热条件的差异，从而使季风气候更为显著。季风有规律的移动对中国自然地理环境的形成起着非常重要的作用。

中国最东端位于黑龙江与乌苏里江主航道中心线的相交处（135°3′E 附近），最西端在帕米尔高原上（73°30′E 附近）。东西跨近 62 经度，东西距离 5 200 千米。中国东部广大地区受海洋影响，季风气候显著，雨热同季，温度和水分条件配合良好，为发展农业提供了优越条件。西北内陆地区则因夏季风难以到达而干旱少雨，形成典型的温带大陆性气候。

二、纬度位置

中国国土大部分处于中纬度，最北端在漠河以北黑龙江主航道的中心线上（53°33′N，124°20′E 附近），最南端在立地暗沙（3°31′N，112°17′E 附近），南北跨 50 纬度，南北延伸 5 500 千米。立地暗沙是中国南沙群岛区域的一座暗沙，属于曾母群沙。按中华人民共和国行政区划，立地暗沙属于海南省三沙市管辖。

中国领土南北跨纬度广，纬度差异引起地表获得太阳热量差异，每年太阳辐射能随纬度的增加而递减，导致中国南北温差大，气候类型复杂多样，为中国发展多种农业经济提供了有利条件。中国大部分地区处于温带，少数地区位于北回归线以南的热带；农业生产所需要的光热条件，除少数高山高原地区外，大部分地区都比较充足。

▌阅读材料

中国的端点

1. 漠河北极村

漠河北极村是中国大陆最北端的临江小镇。位于大兴安岭山脉北麓的七星山脚下，纬度高达 53°33′30″N，与俄罗斯阿穆尔州的伊格娜恩依诺村隔江相望，素有"北极村""不夜城"之称。是全国观赏北极光和极昼胜景的最佳之处，总面积 16 平方千米，其中有耕地 8.7 平方千米，已全部实现机械化作业。居民房屋大部分为砖瓦结构平房，另外尚存一些

"木刻楞"式的小木屋。

每当夏至前后，这里有近20小时可以看到太阳，这便是人们常说的极昼现象，幸运时还会看到异彩纷呈、绚丽多姿的北极光。一天24小时几乎都是白昼，午夜向北眺望，天空泛白，像傍晚，又像黎明。而冬季则会发生极夜现象，是北极村的一大特色。北极村全年平均气温在−30℃以下，极端最低气温在−50℃以下。

北极村于1997年开辟为北极村旅游风景区，成为全国最北的旅游景区。这里古风纯朴，乡土气息浓郁，植被和生态环境保存完好。烟波浩淼的黑龙江从村边流过，江里盛产哲罗、细鳞、重唇、鳇鱼等珍贵冷水鱼。用江水炖江鱼，其味之鲜，其状之美，无与伦比。还可以用丝网挂鱼，江边垂钓，其乐无穷。冬季在冰封的江面上凿开坚冰，用丝网从冰眼里拽出一条条鲜鱼，更增添了北国的情趣。

北极村拥有得天独厚的地缘和资源优势，神州北极、神奇天象、神秘源头闻名遐迩，大森林、大冰雪、大界江享誉中外，这里风光独特，民风古朴，空气清新，景色怡人。这些都深深地吸引着海内外游客来此找北、找冷、找奇、找纯、找美、找净、找自然，特别是近年来，漠河县的旅游业不断升温，北极村每年都吸引许多游客前来旅游观光。

2. 南海立地暗沙

立地暗沙为中国南海南沙群岛区域的一座暗沙，在曾母暗沙西南14.94海里（27.67千米），八仙暗沙西偏南12.89海里（23.87千米）。它是实际上的中国领土的最南端，属于曾母群沙。按中华人民共和国行政区划，立地暗沙属于海南省三沙市管辖。

立地暗沙同曾母暗沙一样，都是常年在水下的暗礁，距水面24米。立地暗沙作为中国最靠近马六甲的领土，对于中国对外贸易安全和石油运输有重要意义。同时，立地暗沙也是中国距离印度尼西亚最近的领土，立地暗沙与印度尼西亚的纳士纳群岛距离仅有351千米。立地暗沙紧挨南海九段线，因此地图上并未明确标识。立地暗沙到中国最北端黑龙江漠河的直线距离有五千四百多千米。

3. 黑瞎子岛

黑瞎子岛又称抚远三角洲，位于黑龙江省佳木斯市抚远市黑瞎子岛镇，地处黑龙江和乌苏里江的交汇处主航道西南侧，是中国最东端的领土。黑瞎子岛由银龙岛、黑瞎子岛、明月岛3个岛系组成，原有93个岛屿和沙洲，现有87个岛屿和沙洲，其中岛屿73个，沙洲14个，岛长58 800米，最宽处为14 000米，面积约335平方千米。黑瞎子岛平均海拔40米，地势平坦。

黑瞎子岛区域内生态良好，自然资源丰富多样，鱼类种类丰富。主要生长柳树、榆树、杨树、柞树和牧草，栖息着珍贵的毛皮兽和水鸟，还有大量珍稀野生动物等。在环绕的黑龙江及其支流和河滩湖泊中生活着大马哈鱼、鲟鳇鱼等多种鱼类。

黑瞎子岛现由中、俄两国共同拥有，是中国唯一的一岛两国的岛屿。岛上的乌苏镇附近，是中国少数民族中人口较少的赫哲族的聚居地。这个民族不仅保留了其独特的生活习惯，餐饮文化也堪称一绝。来到这里，当然要品尝一下赫哲族最为著名的"全鱼宴"。

——肖星：《中国旅游资源概论》

第二节　疆域与国土

一、国土辽阔

中国国土辽阔，陆地总面积约为960万平方千米，约占全球陆地面积1/15，亚洲面积1/4。在世界各国中，中国的陆地面积仅次于俄罗斯和加拿大，居世界第三位；领海面积为37万平方千米，管辖海域面积约300万平方千米，是世界上为数不多的海洋大国之一。

中国陆地疆界长2.2万多千米，同中国陆地接壤的邻国共14个，蒙古国是陆地边界线最长的邻国。东邻朝鲜，北邻蒙古，东北、西北邻俄罗斯，西部邻哈萨克斯坦、吉尔吉斯斯坦、塔吉克斯坦，西南与阿富汗、巴基斯坦、印度、尼泊尔、不丹等国家接壤，南与缅甸、老挝、越南相连。

中国海疆是指大陆东部和南部濒临的渤海、黄海、东海、南海和台湾以东太平洋海区。海岸线总长度3.2万千米，其中大陆海岸线北起辽宁鸭绿江口，南至广西北仑河口，长达1.84万多千米，岛屿海岸线1.4万千米，海域总面积473万平方千米。同中国隔海相望的国家，东有韩国、日本，东南有菲律宾、马来西亚、文莱和印度尼西亚。

在中国辽阔的海域上，岛屿星罗棋布，有大小岛屿7 600个，其中台湾岛面积最大，约3.6万平方千米。其次是海南岛，面积约3.4万平方千米。位于台湾岛东北海面上的钓鱼岛、赤尾屿，是中国最东的岛屿。南海诸岛为中国最南的岛屿群，依照位置不同称为东沙群岛、西沙群岛、中沙群岛和南沙群岛。东部沿海自北向南依次分布着三大半岛，即辽东半岛、山东半岛和雷州半岛。另外有渤海海峡、台湾海峡、琼州海峡等三大海峡。

■ 阅读材料

中国的领海是怎么划分的

早在15—16世纪的时候，领海划定的原则为"大炮射程说"，由于当时大炮的最远射程是3海里，所以一国领海也就这样被确定为3海里。传统海洋法坚持"领海以外就是公海"的原则，沿海国领海的宽度越小，公海的面积就越大，海洋国家舰船的活动范围就越广阔。所以到今天为止，美国仍然坚持3海里的海洋制度。

1958年9月4日，《中华人民共和国关于领海的声明》规定："中华人民共和国的领海宽度为12海里。中国大陆及其沿海岛屿的领海以连接大陆岸上和沿海岸外缘岛屿上各基点之间的各直线为基线，从基线向外延伸12海里的水域是中国领海。"但是，1958年的这个声明并没有宣布用来测算领海的参照点，即领海基点和领海基线，因此，外国舰船和飞机便经常以无法计算和识别为借口故意侵犯。

1982年联合国确定了一个新的海洋制度。《联合国海洋法公约》规定，在国家朝向公海最远的两个岛屿可以确定为一国领海的两个基点，领海基点只能是高出水面的岛屿而不能是水下礁盘或沙洲，更不能是人工制造的岛屿，而且这两个岛屿中间的距离不能大于 24 海里。这两个基点确定之后可以连一条线，这条线叫领海基线。领海基线是划分领海、毗连区、专属经济区和大陆架的基准。这条基线向外再划定 12 海里的水域就是领海。

1992 年 2 月 25 日中国颁布了第一个海洋法方面的法律《中华人民共和国领海及毗连区法》，宣布领海为 12 海里，毗连区为 24 海里。1996 年 5 月 15 日，中国正式加入《联合国海洋法公约》并发表声明，宣布了中华人民共和国大陆领海的部分基线和西沙群岛的领海基线。1998 年中国政府颁布《中华人民共和国专属经济区和大陆架法》，明确宣布："中华人民共和国的专属经济区，为中华人民共和国领海以外并邻接领海的区域，从测算领海宽度的基线量起延至二百海里。"这样，中国政府通过该法确立了从领海基线量起宽度达 200 海里的专属经济区。

二、行政区划

中国疆域辽阔，为了便于行政管理、经济发展和民族团结，全国的行政区域，基本上分为省（自治区、直辖市）、县（自治县、市）、乡（镇）三级。共划分 34 个省级行政区，其中包括 23 个省，5 个自治区，4 个直辖市，2 个特别行政区。北京是中国的首都。

全称	简称	省级行政中心	全称	简称	省级行政中心
北京市	京	北京	湖南省	湘	长沙
天津市	津	天津	广东省	粤	广州
河北省	冀	石家庄	广西壮族自治区	桂	南宁
山西省	晋	太原	海南省	琼	海口
内蒙古自治区	内蒙古	呼和浩特	重庆市	渝	重庆
辽宁省	辽	沈阳	四川省	川、蜀	成都
吉林省	吉	长春	贵州省	贵、黔	贵阳
黑龙江省	黑	哈尔滨	云南省	云、滇	昆明
上海市	沪	上海	西藏自治区	藏	拉萨
江苏省	苏	南京	陕西省	陕、秦	西安
浙江省	浙	杭州	甘肃省	甘、陇	兰州
安徽省	皖	合肥	青海省	青	西宁
福建省	闽	福州	宁夏回族自治区	宁	银川
江西省	赣	南昌	新疆维吾尔自治区	新	乌鲁木齐
山东省	鲁	济南	台湾省	台	台北
河南省	豫	郑州	香港特别行政区	港	香港
湖北省	鄂	武汉	澳门特别行政区	澳	澳门

阅读材料

省级行政单位简称的由来

1. 取用全名中的一个字或几个字，如京（北京）、黑（黑龙江）、内蒙古（内蒙古自治区）。

2. 用本省的主要河流名或山名作为简称，如湘（湖南省有湘江）、皖（安徽省有皖山，现名霍山）。

3. 用本省的历史名称，如冀（河北省）、鲁（山东）。

4. 多数省级行政单位只有一个简称，少数有两个简称，如四川（川或蜀）、云南（云或滇）。

中国在少数民族聚居地设立自治区、自治州、自治县等行政管理机构。自治州是介于省级与县级行政区之间的一级民族自治地方。各民族自治地方都是中华人民共和国不可分离的部分。

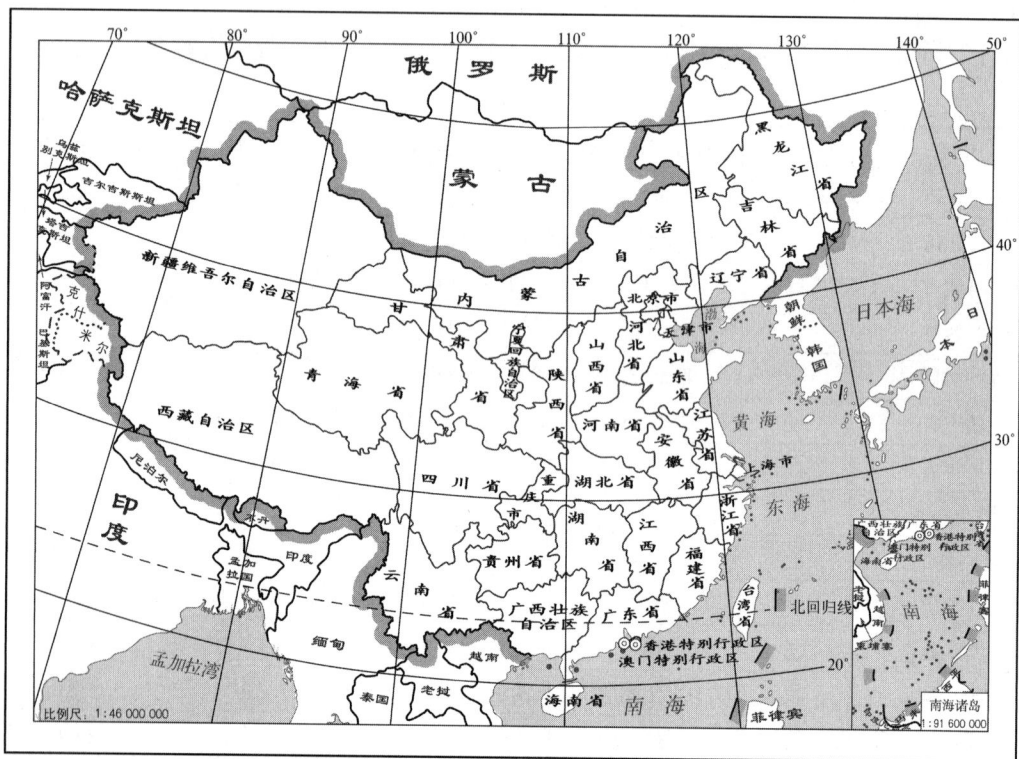

中国行政区划图

三、行政区划的调整

新中国成立以来，中国的行政区划根据国家建设需要先后做过多次调整。特别是改革开放以后，省级以下行政区划变化很大：按"整县改市""以乡建镇"模式设置大批市、镇；部分地区与市合并，全面试行市领导县体制；人民公社在政社分开后恢复为乡、民族乡；撤

（县辖）区并乡建镇；恢复和新设民族自治地方。

省——国家地方一级行政区域。始于元朝，至今已有六七百年的历史。

自治区——少数民族聚居地方实行民族区域自治而建立的相当于省的行政区域。新中国成立后共建立了 5 个自治区：内蒙古自治区、新疆维吾尔自治区、广西壮族自治区、宁夏回族自治区、西藏自治区。

直辖市——中央直辖市，由国务院直接管辖，是人口比较集中，在政治、经济、文化等方面具有特别重要地位的大城市。至 1997 年 3 月设立重庆直辖市为止，中国共设有 4 个中央直辖市：北京、天津、上海、重庆。

特别行政区——"一国两制"的实施，宪法第三十一条专门规定国家在必要时可以设立特别行政区。特别行政区与省、自治区、直辖市同属直辖于中央人民政府的地方行政区域。中国共设立 2 个特别行政区：香港特别行政区、澳门特别行政区。

▌阅读材料

香港和澳门的回归

香港自秦朝以来就是中国领土。1841 年 1 月 26 日，第一次鸦片战争后，英国强占香港岛。1842 年 8 月 29 日，清政府与英国签订不平等的《南京条约》（原名《江宁条约》），割让香港岛给英国。1860 年 10 月 24 日，中英签订不平等的《北京条约》，割让九龙半岛界限街以南地区租借给英国。1898 年 6 月 9 日，英国强迫清政府签订《展拓香港界址条例》，租借九龙半岛界限街以北地区及附近 262 个岛屿，租期 99 年，至 1997 年 6 月 30 日结束。

1982 年至 1984 年，中英两国就落实香港前途问题进行谈判，1984 年 12 月 19 日签订《中华人民共和国政府和大不列颠及北爱尔兰联合王国政府关于香港问题的联合声明》，决定 1997 年 7 月 1 日中华人民共和国对香港恢复行使主权。中方承诺在香港实行"一国两制"，香港将保持资本主义制度和原有的生活方式，并享受外交及国防以外所有事务的高度自治权，也就是"港人治港，高度自治"。

1997 年 7 月 1 日，中国对香港恢复行使主权，香港成为中华人民共和国的一个特别行政区。根据《中华人民共和国香港特别行政区基本法》，香港保留原有的经济模式、法律和社会制度，五十年不变，实行"一国两制"，除防务和外交事务归中央政府管制外，香港特别行政区享有高度自治。

澳门亦自秦朝起就是中国领土，属南海郡和百越地。澳门古称濠镜澳，与广州香山县的历史关系极其密切。

1553 年，开始有葡萄牙人在澳门居住。1887 年 12 月 1 日，葡萄牙与清朝政府签订《中葡会议草约》和《中葡和好通商条约》，正式通过外交文书的手续占领澳门。虽然从 1557 年开始被葡萄牙人在明朝求得澳门的居住权，但明朝政府仍在此设有官府，由广东省直接管辖，直至 1887 年葡萄牙政府与清朝政府签订了有效期为 40 年的《中葡和好通商条约》（至 1928 年期满失效）。1974 年 4 月 25 日，葡萄牙革命成功，承认澳门是被葡萄牙非法侵占的，并首次提出把澳门交还中国。

1987 年，中葡两国在北京签订《中华人民共和国政府和葡萄牙共和国政府关于澳门问题的联合声明》及两个附件。联合声明说，澳门地区是中国的领土，中华人民共和国将于 1999 年 12 月 20 日对澳门恢复行使主权。中国承诺在澳门实行一国两制，保障澳门人可享有"高度自治、澳人治澳"的权利。1993年3月31日，全国人大于北京通过《澳门特别行政区基本法》。

香港和澳门相继回归中国，结束了中国近代以来历史上屈辱的一页，标志着中国统一事业的巨大进展。

——《中国地理百科丛书》

《思考与练习》

1. 评价中国的地理位置。

2. 阅读中国行政区划图，找出中国陆上疆界的14个邻国和6个隔海相望的国家。

3. 阅读中国行政区划图，了解中国34个省级行政区的位置，找出学校所在地的省区名称、简称、位置和行政中心。

第二章 地 形

在中国辽阔的土地上，不仅有雄伟广袤的高原、纵横绵延的高山、茫茫无垠的沙漠，更有巨大富饶的盆地、极目千里的平原，以及冈峦起伏的低山和丘陵，各种地形相互交错，但又井然有序，真是山河壮丽、气象万千！

第一节 中国地形的基本特征

中国地形多种多样，山区面积广大；地势西高东低，呈阶梯状分布；地形区特征显著。

一、地形类型复杂多样，以山区为主，平地较少

在中国辽阔的大地上，有雄伟的高原、起伏的山岭、广阔的平原、低缓的丘陵，还有四周群山环抱、中间低平的大小盆地。这些形态各异的地形，以山脉为骨架交错分布。陆地上五种基本地形类型，中国均有分布，多种多样的地形为中国农业生产的全面发展提供了有利条件，也使工业生产的发展有了一定基础。

通常人们把山地、丘陵和比较崎岖的高原称为山区。中国山区面积广大，占全国总面积2/3，这是中国地形的显著特征之一。山区面积广大，给交通运输和农业发展带来一定困难，但山区可提供林业、矿产、水能和旅游资源，为改变山区面貌、发展山区经济提供了资源保证。

中国丘陵较多，特别在东部地区分布广泛。自北而南，有辽东丘陵、山东丘陵、东南丘陵等，其中东南丘陵又分为江南丘陵、两广丘陵和浙闽丘陵。这些丘陵海拔在200～500米，多已开辟为梯田，或发展经济作物生产。

由于地势垂直起伏大，海陆位置差异明显引起外营力地区差别及地表组成物质地域性，还形成了冰川、冰缘、风沙、黄土、喀斯特、海岸等多种特殊地貌。

▌阅读材料

桂林山水甲天下

桂林山水令人神往的一个重要特点是遍布于石山腹内变化无穷、宛若迷宫仙境般的喀斯特洞穴。有人曾用"无山不洞，无洞不奇"的词句来形容这里溶洞的众多和奇丽。实际上，这里不仅山山有洞，洞洞奇丽，而且常常是从山脚到山顶溶洞遍布，犹如多层楼阁。桂林市的许多名山，例如叠彩山、七星山、象鼻山等，不仅山的外形奇特，而且都有着各具特色的无数溶洞。溶洞中由石钟乳、石笋、石柱等化学沉淀物组合成千姿万态的形象，其颜色也因在碳酸钙中混杂有不同的化学成分而显得五彩缤纷。古今游人根据其形象特征，起了很多寓意深邃的名字，如刘三姐对歌台、仙人晒网、银河鹊桥、叶公好龙、望夫台、画山观马、还

珠洞、孔雀开屏等,从而使得这些喀斯特地形形态变得生意盎然。著名的桂林"七星岩"溶洞,长达 2 000 多米,幽邃曲折,洞内有可容万人的"厅堂",有平地拔起的石笋,有悬空倒挂的石钟乳,有"顶天立地"的石柱,人们则根据其形象命名,如狮子潭、飞龙潭、仙人坟、白象、骆驼、金桥……真是琳琅满目,美不胜收。在这些风景区的山岩洞壁上还留有大量摩崖石刻,有对中国大好河山赞颂的,也有记述宝贵史实的,这些都是宝贵的文化艺术珍品。

——肖星:《中国旅游资源概论》

二、地势西高东低,呈阶梯状分布

中国西部海拔高,东部海拔低,突出反映了中国地势西高东低,呈三级阶梯状逐级下降。

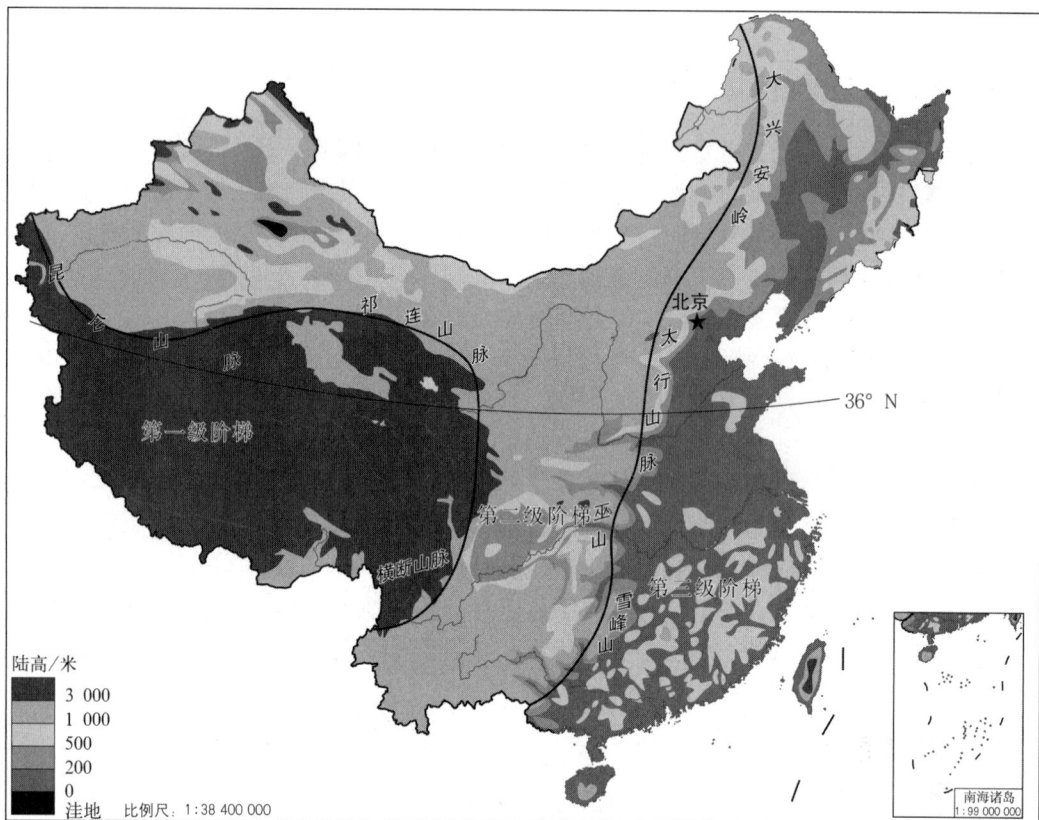

中国地势阶梯状示意图

(一)中国地势第一级阶梯

中国地势第一、二级阶梯的分界线:昆仑山脉—阿尔金山脉—祁连山脉—横断山脉。

第一阶梯的主要地形区有柴达木盆地和青藏高原。青藏高原位于昆仑山脉、祁连山脉之南,横断山脉以西,喜马拉雅山脉以北;平均海拔在 4 000 米以上,是世界上最大的高原之一,也是中国地形上最高一级阶梯。高原周围耸立着一系列高大的山脉,南侧是世界上海拔最高的喜马拉雅山脉，平均海拔在 6 000 米以上。世界上海拔最高的山峰——珠穆朗玛峰，位于中国与尼泊尔交界处，海拔高度 8 848.86 米（2020 年 12 月 8 日）。青藏高原内部分布着一系列海拔 5 000 米以上的山脉，山脉之间分布着地表起伏平缓、面积广阔的高原、盆地、湖泊。山巅白雪皑皑，高原上牧草如茵，湖光山色，交相辉映。

（二）中国地势第二级阶梯

中国地势第二、三级阶梯分界线：大兴安岭—太行山脉—巫山—雪峰山。青藏高原往北、往东，地势迅速下降到海拔 1 000 ~ 2 000 米，局部地区在 500 米以下，这是中国地势第二级阶梯。这一阶梯内分布着众多的高山、高原和盆地。主要地形区自北向南有阿尔泰山脉、天山山脉、秦岭山脉；内蒙古高原、黄土高原、云贵高原；准噶尔盆地、塔里木盆地和四川盆地等。

（三）中国地势第三级阶梯

大兴安岭—太行山脉—巫山—雪峰山一线向东直到海边，这一区域属于第三级阶梯，以海拔 500 米以下的平原、丘陵和低山地形为主。这一阶梯内主要地形区自北向南分布着东北平原、华北平原和长江中下游平原。这里地势低平，沃野千里，海拔多在 200 米以下，是中国最重要的农业基地和经济区。长江以南为低山丘陵，海拔不超过 500 米，地面起伏不平，平坦的河谷平原、盆地与低缓的丘陵、低矮断续相连的低山交错分布。阶梯内主要山脉有小兴安岭、长白山、秦岭、南岭、武夷山等，平均海拔多在 500 ~ 1 500 米，虽然绝对高度不高，但从低海拔的平原和谷地仰望山峦，也颇为雄伟壮观。

从中国陆地第三级阶梯继续向海洋延伸，就是大陆架，这是大陆向海洋自然延伸的部分，一般深度不大，坡度较缓，海洋资源丰富。中国近海大陆架比较广阔，渤海和黄海海底的全部、东海海底的大部分和南海海底的一部分都属于大陆架。目前，中国海洋资源开发利用基本以近海大陆架为主。

从陆地地形看，两条界线、三级阶梯、自西向东逐级下降，大致可以勾绘出中国地形的总轮廓。这种西高东低、面向大洋逐级下降的地形特点，有利于来自太平洋的暖湿海洋气流深入西部内陆地区，对中国东西部气候产生深刻影响，为中国农业生产的发展提供了优越的水热条件；同时，这种阶梯状的地势还在一定程度上影响河流水文特征，使之形成较大的多级落差，蕴藏着巨大的水力资源。中国著名的江河大都发源于地势第一、二级阶梯上，自西向东流注，沟通了东西部之间的交通，加强了沿海与内陆的联系；此外，每一阶梯交界处的高大山脉成为中国东西交通上的天然障碍。

地势起伏显著，地区间海拔高程差别大也是中国地貌的特色。青藏高原平均海拔 4 000 米以上，但其东侧的四川盆地海拔约 500 米；昆仑山南面为海拔 5 000 米的藏北高原，但北面的塔里木盆地海拔约 1 000 米，一山之隔出现这样大的高度差别，实属罕见。就全国而言，珠穆朗玛峰海拔达 8 848.86 米，而新疆吐鲁番盆地内艾丁湖海拔高度为 −154 米（2016 年），相对高差约 9002.86 米，属世界所罕见。局部地区的巨大高差更为壮观：如喜马拉雅山脉东端的南迦巴瓦峰海拔 7 756 米，但雅鲁藏布江谷地内的墨脱一带海拔只有 700 米，两地间水平距离约 40 千米，相对高程竟相差 7 000 多米；川西贡嘎山高达 7 556 米，但邻近的大渡河谷地海拔 1 600 米，二者高差 5 956 米。由于地表起伏显著，各地形成不同类型的山地垂直景观，使中国的自然地理环境更加复杂。

三、山脉纵横，定向排列

中国是一个多山的国家，不仅山区面积广大，而且各类山脉纵横全国。按一定方向排列，大致以东西走向和东北—西南走向的山脉最多。

中国主要山脉分布示意图

1. 东西走向的山脉

东西走向的山脉主要有三列：最北的一列是天山—阴山，中间的一列是昆仑山—秦岭，最南的一列是南岭。这三列东西走向的山脉，具有明显的等距性，各相距约8个纬度。西部的昆仑山、天山成为青藏高原、塔里木盆地、准噶尔盆地之间的天然分界。秦岭是黄河流域与长江、淮河流域的分水岭，更是中国南方地区与北方地区的重要自然地理界线。南岭虽然山体比较破碎零乱，海拔高度也不高，但它不仅是长江流域与珠江流域的分水岭，也是华中与华南区的分界，同样具有自然地理上的重要意义。

阅读材料

天山山脉

天山地理位置：天山是世界七大山系之一，位于欧亚大陆腹地，东西横跨中国、哈萨克斯坦、吉尔吉斯斯坦和乌兹别克斯坦等国家，全长2 500千米，南北平均宽250～350千米，最宽处达800千米以上。天山是世界上最大的独立纬向山系，同时也是世界上距离海洋最远的山系和全球干旱地区最大的山系。自古以来天山就是中国与中亚、西亚地区联系的重要通道，也是古代丝绸之路的一个重要支线。

天山山脉的地形特点：地形以山脉和夹在其间的谷地及盆地相结合为特征，呈东西走向。天山东部最深的盆地是吐鲁番盆地，这是中亚地区地势最低点，吐鲁番盆地向东延伸成为哈密盆地；在东经84°以西，天山山脉东段山岭分西南走向、西北走向两支，将广阔的伊犁盆地夹在其中，伊犁盆地向西延伸逐渐变宽并降低高度。

天山山脉的气候特点：由于天山深居欧亚大陆内部，其具有鲜明的大陆性气候特点。大部分是广阔的沙漠和干旱地区。随着海拔高度增加，气候变得较为凉爽和湿润。大西洋的气流自西向东吹送到天山，在迎风的西坡和西北坡形成降水；在天山东段和山内部地区，总降水量减少。在天山西段和北部，每年4月或5月降雨量最多。天山腹地和东部地区，降雨多在夏季。由于冬季降雪量小，许多山谷被用作冬季牧场。

天山山地的最大降水带随季节上下迁移。冬季最大降水带在海拔1 500~2 000米，夏初开始向上迁移，到7、8月份升到海拔5 000米的极高山带。此后，又开始回返。至10月份回到冬季原来位置。山地暴雨历时短暂，但强度很大。山地积雪分布与降水分布呈正相关。

天山山地为新疆不少大河的源头，如伊犁河与塔里木河等。在不到20万平方千米的山地径流形成区内，有大小河川200多条，年总径流量为436亿立方米，占新疆河川径流总量的52%。天山冰川总面积约10 101平方千米，其中约4/5在吉尔吉斯斯坦和哈萨克斯坦境内。天山最大的冰川是伊尼尔切克冰川，长度约60千米。天山冰川哺育着许多大河，包括纳伦河、萨雷扎兹河、伊犁河、阿克苏河以及泽拉夫尚河等。

天山生物资源十分丰富。独特的地理位置和明显的垂直地带性使天山动植物种类较其他内陆地区丰富多样。其北部属于温带荒漠，南部属于暖温带荒漠，而西部的伊犁盆地属于温带荒漠草原。天山不同坡向的垂直带谱结构有很大差异。

在山麓丘陵和平原，一般都发育有半沙漠区和沙漠区，耐旱草、蒿和沙漠灌木麻黄属植物普遍分布。天山最普通的景观是草原，分布在海拔1 000~3 350米。天山森林与草原和草甸交替。森林主要见于北坡和海拔在1 500~3 000米的山坡。森林主要是落叶树种，由枫树和白杨组成，部分地区分布着野苹果、野杏混交林等。费尔干纳山岭西南坡的广阔地区为古老的坚果森林所占据。

天山典型的动物种类包括狼、狐等。还有许多中亚特有物种，主要栖息在高山的动物包括雪豹、山羊、满洲马鹿、狍和山绵羊。森林—草甸—草原带栖息动物有熊、野猪、獾、田鼠、跳鼠类动物及与兔子相关的短耳哺乳动物。鸟类包括山鹑、鸽、高山红嘴山鸦、乌鸦、山鹡鸰、红尾鸲、金雕、秃鹫、喜马拉雅雪鸡及其他品种。

2013年中国境内天山的托木尔峰、喀拉峻—库尔德宁、巴音布鲁克、博格达等4个片区以"新疆天山"名称成功申请成为世界自然遗产，成为中国第44处世界遗产。这4个片区长达1 760千米，占天山总长度3/4以上，总面积5 759平方千米，横亘新疆全境，跨越了喀什、阿克苏、伊犁、博尔塔拉、巴音郭楞、昌吉、乌鲁木齐、吐鲁番、哈密9个地州市。

——《中国地理百科丛书》

2. 东北—西南走向的山脉

东北—西南走向的山脉多分布在东部地区，山势较低，主要有三列：最西一列是大兴安岭—太行山脉—巫山—雪峰山，即第二和第三级阶梯的分界线；中间一列包括长白山、武夷山；最东一列则是台湾山脉，其主峰玉山海拔3 997米，是中国东部最高的山峰。

大兴安岭

地理位置：大兴安岭位于中国东北，东与小兴安岭毗邻，南濒广阔的松嫩平原，北以黑龙江主航道中心线与俄罗斯为邻，内蒙古自治区的主要山脉南北长约 1 400 千米，宽约 200 千米，面积约 32.72 万平方千米。海拔 1 000~1 600 米，最高可达 2 000 米。其是内蒙古高原与松辽平原以及内、外流水系的重要分界线。

大兴安岭地形呈东北—西南走向，属浅山丘陵地带。地势呈西高东低，北部、西部和中部高。山岭东部陡峻险要，阶梯地形显著，西部和缓，逐渐没入内蒙古高原。山体比较浑圆，山脊不够明显，山顶缓平。山地中有面积较大的低山丘陵和山间盆地、山间洪积平原、河谷平原等。

大兴安岭地区冬长夏短，尤其在漠河、洛古河地带，冬季长达 7 个月以上，而日照时间非常短，漠河地区的年平均气温为零下 4℃，冬季温度超过零下 40℃，积温低于 2 200℃。无霜期 90~120 天。夏季只有 2 个月左右，然而从每年 6—8 月份，日照时间长达 17 个小时。

大兴安岭同时为重要的气候类型分界线。夏季海洋季风受阻于山地东坡，东坡降水多，西坡干旱，二者呈明显的对比，但整个山区的气候比较湿润。山脉北段是中国东部地区最冷之地，冬季严寒（平均气温 -28℃），多年冻土区，山脉中段与南段温暖干燥，1 月气温约 -21℃，雪量也较少。

生物资源：大兴安岭是中国最重要的林业基地之一。它北起黑龙江畔，南至西林木河上游谷地，全长 1 200 多千米，宽 200~300 千米，海拔 1 100~1 400 米，是中国面积最大的林区，木材蓄积量占中国的 1/3。

大兴安岭东南坡较陡，西北坡向内蒙古高原和缓倾斜。经过长期侵蚀，山顶浑圆，以海拔 2 029 米的黄岗梁为最高。东南坡夏季受海洋季风影响，雨水较多，西北坡却较干旱，成为森林和草原的分界线。大兴安岭北部漫山遍野都是密密层层、遮天蔽日的原始森林。林带北宽南窄，面积约 25 万平方千米，森林覆盖率约为 62%。

大兴安岭中有许多优质的木材，如红松、水曲柳等。落叶松、白桦、山杨等是这里的主要树种。由于这里的树木十分稠密，树木一般都很直、很高，是上等的建筑材料。

在浩瀚的绿色海洋中繁衍生息寒温带马鹿、驯鹿、驼鹿、梅花鹿、棕熊、紫貂、飞龙、野鸡、棒鸡、天鹅、獐、麋鹿（俗称"四不像"）、野猪、乌鸡、雪兔、狍子（矮鹿）等各种珍禽异兽 400 余种，野生植物 1 000 余种，成为中国高纬度地区不可多得的野生动、植物乐园。据调查，大兴安岭地区哺乳动物总计 6 目 16 科 56 种。兽类资源十分丰富，已知 56 种中有许多属于稀有珍贵的兽类，已列入国家重点保护动物的有 9 种。

水资源：大兴安岭有以黑龙江、嫩江为主的水系，以伊勒呼里山为分水岭，岭北为黑龙江水系，岭南为嫩江水系。主要河流有多古河、呼玛河、塔河、多布库尔河、甘河，流域面积 50 平方千米以上的河流有 154 条，流域面积 1 000 平方千米以上的河流有 28 条。大兴安岭河流河谷开阔，河床年平均水面蒸发量为 582 毫米，1 月份最小，5 月份最大。

河流水量主要集中于夏汛雨季。当年 11 月至次年 4 月为封冻期，河流水量主要靠地下水补给，水分逐渐减少，一些中、小河流发生断流或连底冻现象。但降雪及冰冻也为河流储蓄了一定的水量，到了春季气温回升，地面积雪、冰冻融化，汇入河流，则河流水量骤增，发源于大兴安岭东侧和伊勒呼里山北侧的河流表现尤其明显，常常形成春汛，出现当年最高洪水，径流的时空分布不均，年内及年际变化很大，在全年径流中雨水补给占 75% ~ 80%，融雪补给占 20% ~ 25%。

矿产资源： 大兴安岭矿产资源丰富，是国家重点成矿带，德尔布干和大兴安岭两个成矿带横贯全区，是国家 19 个重点成矿带和 3 个重要找矿靶区之一；矿产多为稀有矿藏，品种多、品位高；已发现矿种 44 种，约占全国已发现矿种的 1/4；矿产地 584 处，矿床 119 处。

旅游资源： 大兴安岭主要旅游景点有漠河丰林自然保护区、尼尔基水库、大兴安岭资源馆、映山红滑雪场、璦珲城、带岭动植物资源馆、国际狩猎场、金山屯大森林探险漂流、恐龙博物馆、龙骨山、桃源湖。鄂伦春民族风情、黑龙江风光、胜山狩猎场、呼中国家级自然保护区、桃山国际狩猎场、北极村、加格达奇北山公园、莫尔道嘎国家原始森林公园。

——《大兴安岭地理地貌》，人民网，2013 年 9 月 28 日

3. 南北走向的山脉

南北走向的山脉纵贯中国中部，主要包括贺兰山、六盘山和横断山脉。川西、滇北的横断山脉由一系列平行的高山和深谷组成，形成高差显著的平行岭谷地貌。西部多为海拔超过 3 500 米的高山，东部多为海拔低于 3 500 米的中山和低山。

4. 西北—东南走向的山脉

西北—东南走向的山脉多分布于西部，由北而南依次为阿尔泰山、祁连山和喜马拉雅山。这些山脉大都山势高峻，气候严寒，普遍有现代冰川发育。世界上海拔最高的山脉喜马拉雅山脉是一条弧形山系，其主峰珠穆朗玛峰位于中国与尼泊尔交界处，海拔 8 848.86 米，为世界最高山峰。

第二节　主要地形区

山脉不仅是构成宏观地貌分布格局的骨架，也是重要的地理分界线，它们把中国大地分隔成许多网格，从而形成了高原、盆地、平原以及内海、边缘海的轮廓。

一、四大高原

高原，指海拔高度一般在 1 000 米以上，面积广大，地形开阔，周边以明显的陡坡为界，比较完整的大面积隆起地区。它以较大的高度区别于平原，又以较大的平缓地面和较小的起伏区别于山地。高原素有"大地的舞台"之称，它是在长期连续大面积的地壳抬升运动中形成的。有的高原表面宽广平坦，地势起伏不大；有的高原则山峦起伏，地势变化很大。

中国最大的四个高原分别为：青藏高原、内蒙古高原、云贵高原、黄土高原。它们集中分布在地势第一、二级阶梯上，由于高度、位置、成因和受外力侵蚀作用的不同，高原的外貌特征也各有不同。

（一）青藏高原

青藏高原，介于北纬 26°00′ ~ 39°47′、东经 73°19′ ~ 104°47′之间。它是亚洲内陆高原，是中国最大、世界海拔最高的高原，被称为"世界屋脊""第三极"。南起喜马拉雅山脉南

缘，北至昆仑山、阿尔金山脉和祁连山北缘，西部为帕米尔高原和喀喇昆仑山脉，东及东北部与秦岭山脉西段和黄土高原相接。青藏高原东西长约 2 800 千米，南北宽 300～1 500 千米，中国境内总面积约 250 万平方千米，地形上可分为羌塘高原、藏南谷地、柴达木盆地、祁连山地、青海高原和川藏高山峡谷区等 6 个部分，包括西藏全境和青海、新疆、甘肃、四川、云南的部分以及不丹、尼泊尔、印度、巴基斯坦、阿富汗、塔吉克斯坦、吉尔吉斯斯坦的部分或全部。

青藏高原的自然历史发育极其年轻，受多种因素共同影响，形成了全世界最高、最年轻，水平地带性和垂直地带性紧密结合的自然地理单元。高原腹地年平均温度在 0℃ 以下，大片地区最暖月平均温度也不足 10℃。青藏高原一般海拔在 3 000～5 000 米，平均海拔 4 000 米以上，为东亚、东南亚和南亚许多大河流发源地；高原上湖泊众多，如青海湖、纳木错等。

青藏高原光照和地热资源充足，矿产资源主要有铬、铜、铅、锌、水晶等。高原上冻土广布，植被多为天然草原。青藏高原也是中华民族的源头地之一、中华文明的发祥地之一，在华夏文明史上流传的伏羲、炎帝、烈山氏、共工氏、四岳氏、金田氏和夏禹等都是高原古羌人。高原上的居民以藏族为主，形成了以藏族文化为主的高原文化体系。

（二）内蒙古高原

内蒙古高原是中国第二大高原，为蒙古高原的一部分，介于北纬 40°20′～50°50′、东经 106°～121°40′之间。狭义上的内蒙古高原位于阴山山脉之北，大兴安岭以西，北至国界，西至东经 106°附近，面积约 34 万平方千米。广义的内蒙古高原还包括阴山以南的鄂尔多斯高原和贺兰山以西的阿拉善高原。

在近代地质历史时期，内蒙古高原发生不断抬升运动，但它抬升的强度远远不及青藏高原那么大。内蒙古高原地处北部内陆，气候干燥少雨，流水作用弱，地表坦荡开阔，地形起伏和缓，是中国高原形态表现明显、高原面保存比较完整的高原。内蒙古高原一般海拔 1 000～1 200 米，南高北低，最低海拔降至 600 米左右，古有"瀚海"之称。内蒙古高原戈壁、沙漠、沙地依次从西北向东南略呈弧形分布，是中国多风地区之一。

内蒙古高原是中国重要的牧场，草原面积约占高原面积的 80%，属欧亚温带草原区的一部分。高原西部气候干燥，大部分为沙漠和戈壁，植物比较稀少，草滩零散分布在沙丘间的湖盆之中。由西向东随着降水量的增多，牧草也长得越来越好。气候比较湿润的呼伦贝尔市和锡林郭勒盟草原，牧草特别肥美，这里出产的三河马、三河牛和内蒙古绵羊等良种牲畜都非常著名。

（三）云贵高原

云贵高原位于中国西南部，为中国四大高原之一，介于东经 100°～111°、北纬 22°～30°之间，西起横断山、哀牢山，东到武陵山、雪峰山，东南至越城岭，北至长江南岸的大娄山，南到桂、滇边境的山岭，属于中国地势第二级阶梯。东西长约 1 000 千米，南北宽 400～800 千米，面积达 50 多万平方千米。

云贵高原包括云南省东部、贵州全省、广西壮族自治区西北部和四川、湖北、湖南等省边境，是中国南北走向和东北—西南走向两组山脉的交汇处，地势西北高，东南低。其大致以乌蒙山为界分为云南高原和贵州高原两部分。西面的云贵高原海拔在 2 000 米以上，高原地形较为明显。东面的贵州高原起伏较大，山脉较多，高原面保留不多，称为"山原"，海拔为 1 000～1 500 米。在连绵起伏的山岭间，常有平坦的盆地出现，这种盆地，当地称作"坝子"，内部比较平坦，土层深厚，一般都是农业比较发达、人口比较集中的地方，成为高原上的主要耕作区，较大的城镇多分布在这里。

云贵高原上属亚热带湿润区，为亚热带季风气候，气候差别显著。该区石灰岩厚度大，分布广，是世界上喀斯特地貌发育最典型的地区之一。其受金沙江、元江、南盘江、北盘江、乌江、沅江及柳江等河流切割，地形较破碎，因为地势的差异，水能资源丰富。

云贵高原丰富多样的自然环境，造就了生物的多样性和文化的多样性。它是中国森林植被类型最为丰富的区域。同时，高原内拥有较丰富的矿产资源。

云贵高原是古人类起源与扩散的重要地区，历史上存在着夜郎、南诏、大理国等地方民族政权，创造了灿烂的西南百夷文化；也是中国原生少数民族分布最多的地区，各民族保留了丰富多彩的文化传统。

（四）黄土高原

黄土高原位于中国北方地区与西北地区的交界处，东起太行山，西至乌鞘岭，南连秦岭，北抵长城，东西长 1 000 多千米，南宽 750 千米。主要包括山西、陕西以及甘肃、青海、宁夏、河南等省部分地区，面积约 62 万平方千米，海拔 1 000～2 000 米，黄土层厚 50～80 米，是世界上最大的黄土覆盖区。

黄土高原按地形差别分为陇中高原、陕北高原、山西高原和豫西山地等区域。但由于缺乏植被保护，加上夏雨集中，且多暴雨，在长期流水侵蚀下地面被分割得非常破碎，形成沟壑交错其间的塬、墚、峁等地貌。由于水土流失严重，熟化土壤不断流失，土壤偏碱性，腐殖质和氮素养分贫乏，土地贫瘠，植物很难生长。由于历史上长期战乱和乱砍滥伐以及对土地的不合理利用，高原上植被稀少，森林覆盖率低，东南部的植被覆盖率比较良好，西北部多为半干旱、干旱草原和荒漠草原。

黄土高原地区蕴藏着丰富的煤炭、石油、铝土矿等资源，也是中国重要的能源、化工基地。山西省是中国最大的煤炭生产基地。黄土高原地区地理位置适中，成为全国的能源基地，正源源不断地向全国提供煤炭和电力，人们形象地称它为全国的"锅炉房"。

黄土高原和黄河流域一带曾是中华民族祖先的主要活动场所，是中国古代文化的发祥地，是中华民族的摇篮。然而，今天的黄土高原却是中国水土流失最严重的地区。长期水土流失使自然环境、生产条件遭到严重破坏，还威胁着黄河的安全、危害下游地区人民生命财产的安全。今后在黄土高原开发利用中应以林牧为主，农林牧全面发展，因地制宜，综合治理。

阅读材料

黄土的形成

黄土是最新的地质时期（距今约 200 万年的第四纪时期）形成的土状堆积物，所以其性质比较疏松、特殊。典型的黄土为黄灰色或棕黄色的尘土和粉沙细粒组成，质地均一，以手搓之易成粉末，含多量钙质或黄土结核，多孔隙，有显著的垂直节理，无层理，在干燥时较坚硬，一被流水浸湿，通常容易剥落和遭受侵蚀，甚至发生塌陷。

关于黄土成因问题的争论，比较流行的说法主要是风成说、水成说和风化残积说等，其中风成说的影响最广泛。主要证据如下：第一，从亚洲大陆内陆向外围区域，戈壁、沙漠和黄土有规则地依次呈带状分布；第二，黄土的矿物成分具有高度的一致性，而与所在地区的其他岩石成分极不相似；第三，距离荒漠愈远，黄土的粒度有逐渐变细的规律性；第四，黄土可覆盖在多种成因的、形态起伏显著的各种地貌类型上，并保持相似的厚度；第五，黄土含有陆生的草原性动、植物化石；第六，黄土层中含有多层重叠的土壤层。这些特征除了用风成说来解释外，不可能用其他的营力来解释。

——《中国地理百科丛书》

二、四大盆地

盆地是周围山岭环峙、中部地势低平似盆状的地形。中国由于山区面积广大，山脉纵横交错，因此在网格状的山脉间形成了许多盆地。面积超过 10 万平方千米的著名盆地有塔里木盆地、准噶尔盆地、柴达木盆地和四川盆地，它们均属于构造断陷区域。

（一）塔里木盆地

塔里木盆地，大致在北纬 37°～42°的暖温带范围内，南北最宽处 520 千米，东西最长处 1 400 千米，面积 40 多万平方千米，海拔高度为 800～1 300 米，是世界第一大内陆盆地。其位于新疆维吾尔自治区南部，西起帕米尔高原，东到罗布泊洼地，北至天山山脉南麓，南至昆仑山脉北麓。

塔里木盆地是大型封闭性山间盆地，地质构造上是周围被许多深大断裂所限制的稳定地块，盆地地势西高东低，微向北倾，旧罗布泊湖面高程 780 米，是盆地最低点。

盆地地貌呈环状分布，边缘是与山地连接的砾石戈壁，中心是辽阔沙漠，边缘和沙漠间是冲积扇和冲积平原，并有绿洲分布。塔里木河以南是塔克拉玛干沙漠，是中国最大的沙漠，也是世界面积第二大的流动沙漠。塔里木盆地属于暖温带气候，自然灾害主要是风沙和干热风，以东北风和西北风为主，盆地边缘沙丘南移现象严重。

塔里木盆地是中国最古老的内陆产棉区，光照条件好，热量丰富，能满足中、晚熟陆地棉和长绒棉的需要。昼夜温差大，有利于作物积累养分，又不利害虫滋生，是中国优质棉种植的高产稳产区。瓜果资源丰富，著名的有库尔勒香梨、库车白杏、阿图什无花果、叶城石榴、和田红葡萄等。木本油料的薄壳核桃种植也很普遍。

塔里木盆地是中国最大的含油气沉积盆地。目前已探明油气资源储存量超过 178 亿吨，被地质学家称为 21 世纪中国石油战略接替地区。塔里木盆地油气勘探始于 1952 年的中苏石油股份公司，塔里木油田 1989 年建成投产后，逐渐成为中国西部的能源经济中心，也是中国西气东输工程的重要气源地。

（二）准噶尔盆地

准噶尔盆地是新疆维吾尔自治区北部盆地，东北为阿尔泰山，西部为准噶尔西部山地，南为天山山脉，是一个略呈三角形的封闭式内陆盆地，东西长 700 千米，南北宽 370 千米，总面积约 38 万平方千米。盆地平均海拔 400 米左右，地势东高西低，北部略高于南部，北部的乌伦古湖（布伦托海）湖面高程 479.1 米，中部的玛纳斯湖湖面 270 米，西南部的艾比湖湖面 189 米，是盆地最低点。

准噶尔盆地的雅丹地貌特别典型，面积大，分布广，且形状和色彩极其丰富。雅丹地貌是对极端干旱区经过亿万年风蚀而形成的地貌统称，尤以"魔鬼城"最具代表性。

准噶尔盆地属中温带气候。年日照时数北部约 3 000 小时，南部约 2 850 小时。盆地北部、西部年均温 3℃ ~5℃，南部 5℃ ~7.5℃。盆地东部为寒潮通道，冬季为中国同纬度最冷之地。盆地主要自然灾害有冻害和大风。冬季风大，不能形成稳定积雪，春季作物难以生存。牲畜冻害主要发生于盆地中心的冬牧场。盆地北部、西部风灾较严重。由于盆地植被覆盖度较大，虽大风天数多，沙丘移动现象却较塔里木盆地少。

盆地西侧存在一些缺口，如额尔齐斯河谷、额敏河谷及阿拉山口。西风气流由缺口进入，为盆地及周围山地带来降水。降水西部多于东部，边缘多于中心，迎风坡多于背风坡。盆地冬季有稳定积雪，冬春降水量占年总量的 30% ~45%。除额尔齐斯河为外流河外，盆地其他河流均为内陆河。河流补给主要来自山区，春季平原融雪水亦有补给。盆地地下水的补给主要来自山口以下河床、渠道及田间渗漏。

天山北麓平原为新建的重要农业区，主要种植小麦、玉蜀黍、水稻、棉花、甜菜等。盆地内夏季气温高，棉花种植地区已达北纬 44°，为世界上棉花种植的最北限。

盆地中有丰富矿藏，南缘有煤田，西部有独山子和克拉玛依油田，已探明石油总资源量为 86 亿吨，天然气 2.5 万亿立方米。目前，准噶尔盆地已建成了第一套环形输气管网，使彩南作业区、石西作业区与克拉玛依、乌鲁木齐城市输气管线首尾相连，形成一个环准噶尔盆地的天然气管网，实现整个准噶尔盆地资源的灵活配置。

准噶尔盆地有众多绿洲，绿洲里生活着哈萨克族、维吾尔族、蒙古族等多个少数民族，汉族多住在南部绿洲、农场和工业区。

（三）柴达木盆地

柴达木盆地是中国海拔最高的高原型盆地，四周高山环抱，地貌复杂多样，是一个被昆仑山、阿尔金山、祁连山等山脉环抱的封闭盆地。盆地介于东经 90°16′ ~99°16′、北纬 35°00′ ~39°20′之间，东西长 800 千米，南北宽 300 千米，总面积约 26 万平方千米。

柴达木盆地属高原大陆性气候，以干旱为主要特点。年降水量自东南部 200 毫米递减到西北部 15 毫米，气温变化剧烈，绝对年温差可达 60℃ 以上，日温差也常在 30℃ 左右，夏季夜间可降至 0℃ 以下。风力强盛，年 8 级以上大风日数可达 25 ~75 天，西部甚至可出现 40 米/秒的强风，风力侵蚀堆积作用强烈。整个盆地降水稀少，蒸发强烈，气候干燥，生态环境脆弱，是青海省乃至整个青藏高原气候变化最敏感的地区。

柴达木盆地自然景观为干旱荒漠，植被稀疏，种类单纯，总共不足 200 种，以具有高度抗旱能力的灌木、半灌木和草本为主，盐生植物较多。山麓洪积扇和冲积—洪积平原上以麻黄、梭梭和红砂灌木所组成的荒漠植被群落为主；在盐性沼泽及盐湖、河流沿岸，莎草科密生形成草丘；盐湖与沼泽外围以芦苇和赖草为主。现有耕地集中于东部和东南部绿洲地带，以产粮食、油料为主，单产较高。

柴达木盆地动物区系具有蒙新区向青藏区过渡的特征。野生动物主要有野骆驼、野驴、野牦牛、黄羊、青羊、旱獭、狼、马熊、獐、狐、獾等。由于垦殖和捕猎，野生动物大为减少，有的濒于绝迹。

柴达木盆地矿产资源丰富，已探明矿点 200 余处 50 余种，其中盐、石油、煤、铅锌和硼砂储量尤丰，食盐总储量达 600 亿吨左右。芒硝、钾盐、硼酸盐具有工业开采价值，如察尔汗钾盐厂已成为中国重要化工原料基地。盆地内储油构造广布，西部有重要油气聚集带，如冷湖的石油。锡铁山铅锌矿是中国已知最大铅锌矿之一。因此，柴达木盆地有"聚宝盆"的美称。

（四）四川盆地

四川盆地是中国最大的外流盆地，西依青藏高原和横断山脉，北近秦岭，与黄土高原相望，东接湘鄂西山地，南连云贵高原。面积 26 万多平方千米，海拔在 500 米左右。四川盆地是中国各大盆地中形态最典型、纬度最南、海拔最低的盆地。

四川盆地可明显分为边缘山地和盆地底部两大部分，其面积分别为 10 多万平方千米和 16 多万平方千米。边缘山地多中山和低山，山地海拔多在 1 000 ~ 3 000 米。边缘山地是四川省多种经济林木和用材林基地。盆地底部多丘陵、低山和平原，海拔在 200 ~ 750 米。地形上分为川东平行岭谷、川中丘陵和川西成都平原三部分。其中，盆地中部为方山丘陵，占总面积的 62%，主要由紫红色砂岩、页岩组成。盆地西部地势低平，土质肥沃，西北部成都建有都江堰水利工程。

四川盆地属于亚热带季风性湿润气候，但由于盆地地形闭塞，气温高于同纬度其他地区，最冷月均温 5℃ ~ 8℃，较同纬度的上海、武汉及纬度偏南的贵阳高 2℃ ~ 4℃。盆地气温东高西低，南高北低，盆底高而边缘低，等温线分布呈现同心圆状。盆地边缘山地气温具有垂直分布特点。

四川盆地年降水量 1 000 ~ 1 300 毫米，年内分配不均，70% ~ 75% 的雨量集中于 6—10月。最大日降水量可达 300 ~ 500 毫米，夜雨占总雨量 60% ~ 70%。盆地区雾大湿重，云低阴天多。峨眉山、金佛山是中国雾日最多地区，年相对湿度之高也为中国之冠。

四川盆地中植物近万种，古老而特有种之多为中国其他地区所不及。在盆地边缘山地及盆地东部平行岭谷尚可见水杉、银杉、珙桐等。边缘山地从下而上是常绿阔叶林、常绿阔叶与落叶阔叶混交林，寒温带山地针叶林，局部有亚高山灌丛草甸。

四川盆地是中国动物种类最多、最齐全的地区之一。据统计，除鱼类外，盆地底部共有动物 417 种，盆地西缘、北缘和南缘山地分别为 487 种、317 种与 288 种。盆地西缘山地是中国特有而古老的动物保存最好、最集中的地区，属于一类保护动物的有大熊猫、金丝猴、灰金丝猴、白唇鹿等。其中平武、青川、北川、宝兴、天全、洪雅、马边等地均为中国大熊猫的主要分布区。

四川盆地有煤、铁、天然气、石油、盐、芒硝等矿产资源，其中天然气、芒硝为中国之冠，并有重要的锶矿。川东北是世界最大的天然气富集区之一，川中和南充等地盐岩矿储量很大。

▌阅读材料

都江堰水利工程

都江堰，位于四川省成都市都江堰市城西，坐落在成都平原西部的岷江上，是由渠首枢纽（鱼嘴、飞沙堰、宝瓶口）、灌区各级引水渠道，各类工程建筑物和大中小型水库及塘堰等所构成的一个庞大的工程系统，渠首占地面积 200 余亩。它担负着四川盆地中西部地区 7 市（地）40 县（市、区）1 130 万余亩农田的灌溉、成都市多家重点企业和城市生活供水，以及防洪、发电、漂水、水产、养殖、林果、旅游、环保等多项综合服务，是四川省国民经济发展不可替代的水利基础设施。

秦昭王后期（约公元前 276 年至前 251 年），蜀郡守李冰总结了前人治水的经验，组织岷江两岸人民，修建都江堰。唐代，修建了飞沙堰。新中国成立后，又修建了工业供水渠、外江闸、飞沙堰工业引水临时挡水闸。为有效管理维护都江堰的运行，设立了堰官、岁修制度。

都江堰是当今世界年代久远、唯一留存、以无坝引水为特征的宏大水利工程。它充分利用当地西北高、东南低的地理条件，根据江河出山口处特殊的地形、水脉、水势，乘势利导，无坝引水，自流灌溉，使堤防、分水、泄洪、排沙、控流相互依存，共为体系，保证了防洪、灌溉、水运和社会用水综合效益的充分发挥。它最伟大之处是建堰 2 250 多年来经久不衰，而且发挥着愈来愈大的效益。

——《科普中国》

三、主要平原

中国大平原主要集中在地势第三级阶梯上，自北向南依次为东北平原、华北平原和长江中下游平原。此外，在东南丘陵和岛屿的沿海地带也还有不少面积较小的河口三角洲平原，如珠江三角洲和台湾西部平原。这个依山连海、南北纵长的平原带主要是由江、河、湖、海的泥沙堆积而成，面积辽阔，地势低平，交通便利，人口密集，为全国主要农耕基地。

（一）东北平原

东北平原介于东经 118°40′ ~ 128°00′、北纬 40°25′ ~ 48°40′ 之间，地跨黑、吉、辽和内蒙古四个省区，位于大、小兴安岭和长白山脉之间，北起嫩江中游，南至辽东湾，南北长约 1 000 千米，东西宽约 400 千米，面积达 35 万平方千米。

根据东北平原不同的区域特征，可将其分为三个亚区平原，即东北部的三江平原、北部的松嫩平原和南部的辽河平原。东北平原位于中国北方农牧交错带的东段，耕地面积占东北地区耕地总面积的 70%，松嫩平原中的耕地占整个东北平原耕地面积的 54%，辽河平原占 31%，三江平原占 15%。东北平原林地占东北地区全部林地面积的 91.3%。东北平原草地面积占东北地区全部草地的 34.15%。盐碱荒地 95.16% 分布在松嫩平原。湿地滩涂 74.16% 分布在松嫩平原和三江平原。

东北平原处于温带和暖温带范围，位于东亚季风的最北端，属于温带大陆性季风气候，是中国湿润的东部季风区和干旱的内陆之间的过渡带，夏季高温多雨，冬季严寒干燥，大陆性气候由东向西渐强。年降水量由东南向西北递减。降水量集中在 7、8、9 三个月，年降水变率不大，干燥度由东南向西北递增。

东北平原是中国重点林区，木材品种齐全，木质优良，林木种类有 100 多种。森林野生植物资源极为丰富，据不完全统计共有 2 400 多种，其中可食用植物 1 000 多种。东北三省天然草原野生植物也比较丰富，已查明的野生经济植物就有 800 余种。全区有野生动物 1 000 余种，如天鹅、东北虎、鹿、紫貂等多种珍稀动物。

东北平原土地肥沃，是全球仅有三大黑土区域之一，东北四省（区）粮食产量占中国总产量 1/3，是中国重要的粮食、大豆、畜牧业生产基地，也是重要的煤炭、钢铁、机械、能源、化工基地。

（二）华北平原

华北平原又称黄淮海平原，位于东经 114° ~ 121°，北纬 32° ~ 40° 之间，北抵燕山南麓，南达大别山北侧，西倚太行山—伏牛山，东临渤海和黄海，跨越京、津、冀、鲁、豫、皖、苏七省市，总面积约 30 万平方千米。

华北平原是中国古代文化的摇篮、华夏历史文化的中心，有许多古老城市，如北京、开封、安阳、郑州、商丘、邯郸、徐州等，自古以来是中国人口、城市高度密集和工农业较发达的地区，是当今中国政治、经济、文化、交通中心。

华北平原主要由黄河、淮河、海河、滦河冲积而成。地势低平，大部分海拔 50 米以下，东部沿海平原海拔 10 米以下，地势自西向东微斜，平原多低洼地、湖沼。黄河在入海口处填海造陆面积达 2 300 平方千米，平原还不断地向海洋延伸，其中黄河三角洲地区发展最快。根据华北平原不同的区域特征，可将其分为四个亚区平原：辽河下游平原、海河平原、黄泛平原、淮北平原等。

黄河在孟津以下形成了巨大的冲积扇，扇缘向东直逼鲁西南山地丘陵的西侧。黄河冲积扇的中轴部位淤积较高，成为华北平原上的"分水脊"，并将淮河、海河两大水系分隔南北。

由于挟带大量泥沙，黄河决溢、泛滥、改道频繁。1949 年后进行了改造治理。由于春季蒸发量上升，降水量较少，河流径流量较少，以及人为原因，华北平原常出现春旱问题。

华北平原大体在淮河以南属于北亚热带湿润气候，以北则属于暖温带湿润或半湿润气候。冬季干燥寒冷，夏季高温多雨，春季干旱少雨，蒸发强烈。春季旱情较重，夏季常有洪涝。年均温和年降水量由南向北随纬度增加而递减。

华北平原旱涝灾害频繁，限制资源优势发挥。其中旱灾最为突出，又以春旱、初夏旱、秋旱频率最高。夏涝主要在低洼易渍地，危害重。

华北平原是中国的重要粮棉油生产基地，是以旱作为主的农业区。主要粮食作物有小麦、水稻、玉米、高粱、谷子和甘薯等，经济作物主要有棉花、花生、芝麻、大豆和烟草等。华北平原还盛产苹果、梨、柿、枣等。

黄河以北地区农作物以二年三熟为主，粮食作物以小麦、玉米为主，主要经济作物有棉花和花生。黄河以南地区大部分地区农作物可一年两熟，或两年三熟，粮食作物以小麦、玉米为主，20 世纪 70 年代以来沿淮河及湖泊低洼地区扩大了水稻种植面积，经济作物主要有烤烟、芝麻、棉花、大豆等。

华北平原矿产资源丰富，有煤、石油、铁矿等，已建成大港、胜利、华北、中原等油田。东部渤海、黄海沿岸，地面平坦，宜晒海盐，有著名的长芦盐区和苏北盐区，以及重要的盐碱工业基地。

阅读材料

华北平原的形成

大约距今 1.3 亿年前，燕山运动使今天的河北西部边境抬升成为东北—西南走向的太行山脉，东部相应断层下陷，并为海水所淹没，当时的海岸线直逼太行山麓。距今约 7 000 万年发生的喜马拉雅运动使西部山地再次抬升，东部继续下沉，这种西升东降的情况至今仍未止息，所以在地壳升降转折地带经常有地震发生。

与此同时，从西部和北部山地、高原上流出来的黄河、海河及滦河等河流，挟带着黄土高原冲刷下来的大量泥沙，首先在山前堆积起来，形成一系列冲积扇。冲积扇所在处地势较高，一般海拔在 50 米以上，坡度较大，容易排水，对农业生产有利。河北、河南两省的一些古老城市大多分布在这条地势较高的冲积扇带上。

　　由于黄河流经疏松的黄土高原，带来的泥沙最多，形成的冲积扇规模也最大，地势也较高，并且横亘于华北平原的中部，这就使得整个华北平原的地势以黄河冲积扇为中心，向北、向南、向东微微倾斜。

　　冲积扇带的外缘是地势更为低平的冲积平原，一般海拔只有30米左右。在冲积平原的外围，即临近海岸的地方就是滨海平原，由各河流的三角洲相连而成。海拔高度在5米以下，还留有不少尚未被泥沙填高的洼地。由于黄、淮、海等河流带来的大量泥沙超过了地壳下沉的速度，使得华北平原不断地填充和扩大成巨大的冲积平原，并使海岸线逐渐远离太行山麓，不断向外延伸。

——《地理百科》

（三）长江中下游平原

　　长江中下游平原是指长江三峡以东的中下游沿岸带状平原，为中国三大平原之一，地跨鄂、湘、赣、皖、苏、浙、沪等七省市，素有"水乡泽国"之称。长江中下游平原主要工业有钢铁、机械、电力、纺织和化学等，是中国重要的工业基地，也是中国经济最发达的地区之一。

　　长江中下游平原西起巫山东麓，东到黄海、东海之滨，北接桐柏山、大别山南麓及黄淮平原，南至江南丘陵及钱塘江、杭州湾以北沿江平原，东西长约1 000千米，南北宽100～400千米，总面积约20万平方千米，主要由江汉平原、洞庭湖平原、鄱阳湖平原、皖苏沿江平原、里下河平原及长江三角洲平原等6块平原组成。一般海拔5～100米，多在50米以下。

　　长江天然水系及纵横交错的人工河渠使该区成为中国河网密度最大的地区。同时该区是中国淡水湖群分布最集中的地区。区域内的淡水湖泊众多，湖荡星罗棋布，湖泊面积约2万平方千米，相当于平原面积的10%。其中鄱阳湖、洞庭湖、太湖、洪泽湖、巢湖等的面积较大。它们对长江及其支流的作用最显著，具有调节水量、延缓洪峰的天然水库作用，兼具灌溉、航运、养殖之利。

　　长江中下游平原是中国重要的粮、油、棉生产基地。气候温暖湿润，大部分属北亚热带，小部分属中亚热带北缘，年均温14℃～18℃。农作物一年二熟或三熟，年降水量1 000～1 500毫米，季节分配较均，但有"伏旱"。无霜期210～270天。区域内稻、麦、棉、麻、丝、油、水产等的产量居中国前列，素有"鱼米之乡"之称。

　　长江中下游平原矿产资源种类很多。有色金属在中国占有重要地位。这主要是由于江南山地丘陵在地质历史上曾有过大规模的岩浆活动，岩浆在冷凝过程中，所含的各种金属成分在不同温度下分别形成钨、锑、铜、铅、锌等有色金属。江西大余的钨矿、湖南冷水江的锑矿都非常有名。江西德兴、安徽铜陵和湖北大冶的铜矿，湖南水口山的铅锌矿也都是储量很大的矿区。黑色金属中有湖北大冶和安徽马鞍山与庐江的铁矿，它们分别为武汉和马鞍山的钢铁工业提供了原料，湖南湘潭的锰矿也很有名。

　　煤炭资源丰富，长江以北，如江苏徐州，安徽淮北、淮南，多大煤田；长江以南多中小煤田，主要在江西萍乡、丰城，湖南资兴等。非金属矿产有湖北的磷矿，在中国占有重要地位。

　　本地区自然灾害主要有洪涝、干旱、寒潮等。长江三角洲平原是上游各水系的洪水走廊，由于面临海洋，易遭台风暴雨及风暴潮袭击，常出现外洪、内涝或外洪内涝并发的水灾。长江中下游平原区在夏季容易受副热带高压控制，气候炎热降水较少，如果台风等活动较少，蒸发量会大于降水量，形成伏旱。长江中下游伏旱期常出现37℃～38℃的高温，有时甚至在40℃以上，影响农作物的正常生长和发育，造成棉花蕾铃大量脱落，影响南方早稻和中稻的正常灌浆和晚稻的移栽成活。长江中下游平原区是中国区域类寒潮和单站类寒潮发生频率最高的区域之一，寒潮来袭时，多发生一系列灾害性天气，如大风、低温、霜冻、暴雪等。寒潮发生有显著的年际变化特征，二十世纪五六十年代是该区域寒潮的高发期。

阅读材料

长江三角洲的形成

大约距今两三千万年以前，长江自镇江以下的河口还是一个喇叭形的三角港湾，水面辽阔，潮汐很强。在潮水的顶托下，长江带来的泥沙大部分被沉积下来，首先在南北两岸各堆积成一条庞大的沙堤。北岸沙堤以北主要是古代淮河和黄河所输出的泥沙冲积而成的里下河平原。南岸沙堤同杭州湾北岸的沙堤相连接，构成一个包围圈，把三角形港湾围成一个基本上与外海隔开，但还有一些缺口与海洋相通的潟湖，这就是古太湖。由于河流带来的泥沙不断淤积，陆地不断扩大，古太湖日益缩小、分化成目前的淀山湖、阳澄湖等许多小湖。与此同时，长江的泥沙又在沿海一带继续堆积形成新三角洲。长江南岸以太湖为中心的太湖平原是长江三角洲的主体。

——《地理百科》

（四）珠江三角洲平原

广义的珠江三角洲位于广东省中南部，毗邻香港、澳门。北回归线穿过其北部，濒临南海，为珠江出口处。它包括广州、深圳、珠海、佛山、江门、东莞、中山、惠州和肇庆等九市，面积约4.16万平方千米。狭义的珠江三角洲是一个发育在海湾内的丘陵性三角洲，是由北江三角洲、西江三角洲和东江三角洲合成的复合三角洲，海拔50米左右，面积约为1.1万平方千米。其间山丘散布，河道纵横，土层深厚，土壤肥沃，灌溉便利，成为中国商品粮基地之一。它面积不大，但是生产力强，为热带地区开发最好的平原。

珠江三角洲属于亚热带气候，终年温暖湿润。年均温21℃～23℃，1月均温13℃～15℃，7月均温28℃以上。气温年较差和日较差都较小，受海洋影响，降水丰富，各月降水分布比较均匀，雨季自4—10月，长达半年。雨热同季，土壤肥沃，河道纵横，对发展农业生产十分有利。这里水稻单位面积产量在中国名列前茅。热带、亚热带水果有荔枝、柑橘、香蕉、菠萝、龙眼、杨桃、芒果、柚子、柠檬等50多种。发展了桑基鱼塘、果基鱼塘、蔗基鱼塘等基塘立体农业生产方式，成为中国生态农业的典范。

珠江三角洲经济的腾飞始于20世纪80年代，短短的40多年，这个区域已从一个封闭的农业社会全面转变成工业社会，成为中国著名的四大工业基地之一，与长江三角洲并称中国经济两大发动机。目前，整个珠江三角洲经济的增长方式由外延式向内涵式、劳动密集型向资本和技术密集型、粗放经营向集约经营、传统工业向现代化工业、城乡分离向城乡一体化转型，形成了高起点的知识、技术密集型工业体系，高标准、大规模的第三产业以及竞争力较强的主体产业群。此外，在交通、通信、金融、信息咨询、高科技、旅游、文化和对外交流等方面，也形成了比较优势和综合优势。

四、重要丘陵

中国的丘陵主要分布在地势第三级阶梯上，自北而南有辽东丘陵、山东丘陵和东南丘陵，东南丘陵面积最大。这些丘陵海拔多在 200～500 米，基本已开辟成梯田、果园或栽培经济林木。

（一）辽东丘陵

辽东丘陵位于辽宁省东南部，西临渤海，东靠黄海，南面隔渤海海峡与山东半岛遥遥相望，仅西北和北部以营口、鞍山、抚顺、宽甸至鸭绿江江边一线与辽河平原和长白山地相连形成半岛，面积约 3.35 万平方千米。辽东半岛地势北高南低，北部宽约 150 千米，向南逐渐变窄，南端宽不过 10 千米，金县地峡最窄处不过 5 千米。千山山脉纵贯南北，构成半岛的主干，山脉长约 340 千米，平均海拔在 500 米左右。

由于三面临海，气候温和湿润，半岛云雾多，相对湿度大，与山东半岛比较，气温略低，降水偏高。作物一年一熟到两年三熟，极端最低气温 −11℃～−30℃，冬小麦和果树一般都可安全越冬。农作物有冬小麦、玉米、大豆、高粱、苹果等，因丘陵地区耕地少，农业在当地经济中所占比例不大。

辽东丘陵临渤海、黄海，海岸线长，海涂面积大，岛屿较多，有丰富的海洋水产、海涂、旅游资源等。大陆架面积辽阔，多为浅平海底，且有鸭绿江、大洋河等河流将大量滋养物质带入海中，使沿岸海区水质肥沃，有利于鱼虾产卵，成为中国重要渔场之一，主要经济鱼虾类有小黄鱼、带鱼、鳕鱼、对虾、毛虾等，此外还有刺参、乌贼、牡蛎、文蛤等。

（二）山东丘陵

山东丘陵位于黄河以南、京杭运河以东的山东半岛，面积约占山东半岛面积 70%，是由古老的结晶岩组成的断块低山丘陵，平均海拔 650～800 米。山东丘陵为一个低缓山岗与宽广谷地相间的丘陵，除崂山、沂山、蒙山、泰山等少数山峰高过 1 000 米以外，其余大部分地区海拔高度不足 500 米。

丘陵地区属暖温带季风气候类型。降水集中、雨热同季，春秋短暂、冬夏较长。年平均气温 11℃～14℃，年平均降水量 550～950 毫米。

山东丘陵地区粮食作物以小麦、薯类、玉米为主，经济作物主要有大豆、花生、烟草等，还盛产烟台苹果、莱阳梨、花生、柞蚕等，闻名全国，素有"水果之乡""花生之乡"等称誉。

（三）东南丘陵

东南丘陵是指长江中下游平原以南，雷州半岛以北，云贵高原以东大片低山和丘陵的总称。介于北纬 20°～28°、东经 110°～120°之间，总面积约 37 万平方千米。地形多样，以低山丘陵为主，山脉盆谷交错分布，海拔高度 200～500 米。其中，位于长江以南、南岭以北地区称为江南丘陵；南岭以南、两广境内地区称为两广丘陵；武夷山以东、浙闽两省境内地区称为浙闽丘陵。东南丘陵上主要山脉有黄山、九华山、衡山、丹霞山、庐山、井冈山、大别山等。东南丘陵也是中国分布最广、土地面积最大的丘陵。

东南丘陵地区从北向南依次分布着亚热带季风气候、热带季风气候。总的来说，南岭以北的气候为冬冷夏热四季分明型；南岭以南的气候为长夏无冬、秋去春来型。东南丘陵区降雨量大、降雨集中、降雨强度大。

东南丘陵山间盆地和河谷平原多辟为农田，这里土壤十分肥沃，适合发展农业，是中国重要的粮油产区，也宜栽培亚热带经济林木和农作物，如柑橘、樟树、茶叶、油茶、甘蔗等。整个区域森林覆盖率都比较高，林木尤以杉木、马尾松、毛竹为主，是中国重要林特产品生产基地，也是中国林、农、矿产资源开发利用潜力很大的山区。

五、主要半岛

半岛是指陆地一半伸入海洋或湖泊，一半同大陆相连的地貌状态。从分布特点看，世界主要半岛都在大陆的边缘地带。中国海岸线曲折，除山东半岛、辽东半岛、雷州半岛等三大半岛以外，还有众多的小半岛。如福建厦门半岛、广东大鹏半岛、香港九龙半岛等。

（一）山东半岛

山东半岛介于北纬 35°05′~37°50′、东经 119°16′~122°42′之间，位于山东省东部、胶莱谷地以东，伸入渤海、黄海间，东西最长 290 千米，南北最宽 190 千米，最窄 50 千米，总面积 7.3 万平方千米，是中国面积最大的半岛。北面与辽东半岛隔渤海湾相望，东部与韩国隔海相望。

山东半岛是华北沿海良港集中地区。海岸蜿蜒曲折，港湾岬角交错，岛屿罗列，胶州湾的青岛、芝罘湾的烟台、威海湾的威海、莱州湾的东营和广利、石岛湾的石岛和龙口等均为中国著名港口。

山东半岛属暖温带湿润季风气候。天然植被为暖温带落叶阔叶林，主要树种有栎类，如麻栎、槲等树，以麻栎最多，使本区的植物区系具明显的过渡性，即存在温带和热带双重性质。

山东半岛矿产资源丰富，现已探明的保有储量居全国前 10 位的矿产有 58 种，其中黄金矿、自然硫、石膏、玻璃用砂岩等 8 种矿产位居全国第一；石油、钴矿、菱镁矿、金刚石等 7 种矿产位居全国第二。

自远古以来，山东半岛就有人类的生存繁衍。据考古发现，这一带在六七十万年前就有"沂源猿人"活动，形成历史悠久、典型的地域文化区，如东夷文化、齐文化、贤哲文化、港口文化等。

（二）辽东半岛

辽东半岛在辽宁省南部，辽河口与鸭绿江口连线以南，伸入黄海、渤海之间。整个半岛呈东北—西南走向，从北部的本溪连山关至南端的老铁山角，长达 340 千米，北宽 150 千米，面积 2.94 万平方千米，向南渐窄，南端为大连港，是中原与东北交流的必经之路之一。半岛南端老铁山隔渤海海峡，与山东半岛遥相接应，是渤海和黄海的分界。北部可以鸭绿江口和大清河口连线为界线，习惯上包括沈丹铁路以西到浑河、大辽河地区。

辽东半岛沿海地带是平原，渤海中有很多岛屿，海涂广阔。最著名的有小龙岛（大连蛇岛）、长山群岛等。辽东湾中较大的港口有营口港、丹东港、秦皇岛港和葫芦岛港。附近的金州湾、大连湾有旅顺、大连等良港，为中国北方少有的不冻港，是中国北部海运、渔业的重要基地。

辽东半岛属温带季风气候，冬暖夏凉，夏季是避暑胜地，年平均降水量 650~950 毫米。辽东半岛自然条件优越，农业发达，产玉米、水稻、高粱、谷子、薯类、大豆、花生等；是苹果集中产区和最大的外销基地；柞蚕茧产量占全国 2/3。暖温带落叶阔叶林景观成为本区自然地理的显著特征。地带性植被类型为暖温带落叶阔叶林，属于华北植物区系，植被以油松、赤松为建群种。此外，还有不少东北区植物，如赤杨、枫桦等。人工栽培林以麻栎为主，多供饲养柞蚕之用。

辽东半岛大陆架面积辽阔，沿海多为浅平海底，且有鸭绿江、大洋河等河流淡水入海，将大量滋养物质带入海中，使沿岸海区水质肥沃，浮游生物和底栖生物滋生，形成鱼虾产卵和索饵的场所，因此成为中国重要渔场之一，主要经济鱼虾类有小黄鱼、带鱼、鳝鱼、对虾、毛虾等。

辽东半岛的矿产资源十分丰富。已知探明的有铁、煤、锰、铝、镁、金刚石、硼、玉石、滑石等 63 种，其中铁矿储量占全国 22%；硼、镁、滑石、玉石、金刚石的储量均居全国首位，有鞍山钢铁和本溪钢铁、大石桥镁矿、辽南建材等公司。

（三）雷州半岛

雷州半岛位于中国大陆最南端，东濒南海，西临北部湾，南隔琼州海峡与海南岛相望，南北长约 130 千米，东西宽 40～70 千米，总面积约 1.32 万平方千米。其因历史上属于雷州府辖地而得名。

雷州半岛地势平缓，西北高、东南低，海拔多在 1 000 米以下。南部为玄武岩台地，占半岛面积 43.3%，台地上多分布有孤立的火山锥，以及雷州半岛第一高峰——双峰嶂。中西部和北部多为海成阶地，占半岛面积 26.7%，海拔在 25 米以下。中东部为冲积和海积平原，地形平缓，占半岛面积 17.4%。

雷州半岛岸线曲折，港湾众多。港湾主要有湛江港、雷州湾、流沙港、乌石港、安铺港。半岛之东近岸海域中有 30 多个岛屿，较大的岛屿有东海岛、南三岛、硇洲岛、新寮岛和东里岛。

雷州半岛属热带季风气候北缘，春季潮湿多阴雨；夏季多阵雨或雷阵雨，盛行东南风和西南风；秋季多台风，年平均登陆台风 2～3 个；冬季温和干燥，盛行西北风和东北风。年平均风速 3m/s。年平均气温 22.5℃，1 月平均气温 14℃，8 月平均气温 29℃，5—8 月为雨季，9 月为暴雨鼎盛期，有明显的干、湿季之分，年平均降水量 1 417～1 804 毫米。

雷州半岛是中国热带、亚热带经济作物的重要基地之一，盛产甘蔗、橡胶、剑麻、香茅、花生等。海产品主要有鲍鱼、对虾、龙虾、鱿鱼、蚝、珍珠等。工业有制糖、食品、制盐、家用电器、化工、机械、建材等主要门类。

雷州半岛历史悠久，文化璀璨。自西汉以来，位于半岛腹部的"雷州城"一直为县、州、郡、军、道、路、府治之所在地，是雷州半岛政治、军事、经济、文化、航运的中心，因而被称为"天南重地"。历代英才汇集推动了多种文化的融合，使雷州成为楚越文化、土著文化、闽南移民文化、海洋文化和中原文化的交汇地，拥有闽南文化、宗教文化、俚僚文化、流寓和名人文化等各具特色的文化类型，催生了具有地方特色的雷州方言、雷州音乐、雷剧、雷州醒狮等，构建了独特的人文地理范围。

六、岛屿与群岛

中国岛屿面积在 500 平方米以上的共有 7 372 个，总面积 7.28 万多平方千米，岛屿岸线长 1.42 万千米。其中有人居住的岛屿为 450 个。中国岛屿小岛多、大岛少，无人岛多、有人岛少，缺水岛多、有水岛少。中国面积超过 1 000 平方千米的大岛分别是台湾岛、海南岛和崇明岛。其中台湾岛面积约 3.6 万平方千米，是中国第一大岛。海南岛面积 3.54 万平方千米，是中国第二大岛。全国岛屿主要分布在东海、南海、黄海和渤海，其中东海约占岛屿总数的 60%，南海约占 30%，黄海、渤海约占 10%。

群岛是指群集的岛屿类型，一般是指集合的岛屿群体，是彼此距离很近的许多岛屿的合称。根据成因，可分为构造升降运动形成的构造群岛、火山作用形成的火山群岛、生物骨骼堆积形成的生物礁群岛、外动力条件下形成的堡垒群岛等。根据岛屿的排列形状，若排列成线形或弧形，习惯上又称为"列岛"，如中国的长山列岛、澎湖列岛等。

中国主要群岛有长山群岛、庙岛群岛、舟山群岛、洞头群岛、澎湖列岛，以及南海海域中的东沙、西沙、中沙、南沙四大群岛。

舟山群岛是中国第一大群岛。其位于中国海岸线的中段，南北海运与长江河运的"丁"字形交汇处，拥有 4 696 个岛礁，陆地面积 1 440.2 平方千米，有岛屿 2 085 个，其中有居民居住海岛 141 个。舟山是中国海洋渔业和商品鱼出口的重要基地。舟山渔场驰名中外，鱼、虾、蟹、贝、藻等资源有 450 余种，主要经济鱼类有 120 多种，素有"中国渔都""东海鱼仓"之称。舟山风光优美，气候宜人，山海景观独特。普陀山与嵊泗列岛都是国家级风景名胜区。其中，普陀山是中国四大佛教名山之一，是著名的"海天佛国"，为观世音菩萨道场。

南海诸岛是南海中中国许多岛屿、沙洲礁、暗沙和浅滩的总称，共有岛、礁、沙、滩 287 个。它们分布的范围很广，南北绵延约 2 000 千米，东西分布约 1 000 千米。诸岛北起海岸附近的北卫滩，西起万安滩，南至曾母暗沙，东至黄岩岛，自北至南，大致可以分为东沙、西沙、中沙和南沙四大群岛。南海诸岛的面积虽小，但处于太平洋的交通咽喉地位，地理位置非常重要。

西沙群岛是南海诸岛中重要的群岛之一，属海南省，在海南岛东南约 330 千米。其主要岛屿有永兴岛、珊瑚岛、中建岛等，以永兴岛为最大，多为椭圆形珊瑚岛、礁，热带资源丰富，盛产鱼类、鸟类、海参、海龟等。自古以来西沙群岛是海南、湛江一带渔民的传统捕鱼区，也是中国传统的海疆范围。

第三节　影响中国地形发育的主要因素

地形按形态可以分为山地、丘陵、高原、平原、盆地等；按成因可以分为构造地形、气候地形、侵蚀地形、堆积地形等；按外力作用类型又可以分为河流地形、冰川地形、喀斯特地形、海岸地形、风成地形和重力地形等。

中国现代地貌所反映的基本特征和地貌类型分布格局，是在地球内力作用（地壳的水平运动、火山活动、地震等）和外力作用（流水、冰川、风、波浪、海流等）的综合作用下长期发展演化的结果。除这些自然因素外，人类活动因素也对其有一定的影响。

一、地质构造

地质构造主要控制地貌轮廓，如主要山脉、高原、盆地、平原等在平面上的组合形式。中国地处欧亚板块东南部与印度洋板块、太平洋板块的交界地带，板块运动形成了中国地貌的宏观分布与排列方向。如地势第一级阶梯的形成是从 4 000 万年前渐新世开始，印度板块以很小的角度斜插至亚欧板块之下，促使它不断抬升而成为世界上最高的高原。第二级阶梯在 1 亿年前的白垩纪时代已基本形成，其后多次经受地壳断陷和抬升影响，形成了较多的山体、盆地和高平原。第三级阶梯形成时代较新，均为新构造运动的大面积沉降区，如华北平原的第四系厚度达 500~600 米，渤海和南黄海的第三系和第四系共厚约 1 500 米。沿海地带至今还在不断淤积成陆。

阅读材料

中国现代地貌格局和演变

自早第三纪以来，亚欧板块、印度板块、太平洋板块相互碰撞，对中国现代地貌格局和演变发生重要影响。自始新世以来，印度板块向北俯冲，产生强大的南北向挤压力，致使青藏高原快速隆起，形成喜马拉雅山地，这次构造运动称为喜马拉雅运动，由于自东向西由弱变强的差异性升降运动，全国地势出现了大规模的高低分异。青藏高原大幅度抬升，构成中国地形的第一级阶梯。

中国东部受太平洋板块与亚欧板块相互作用的影响，形成一系列断陷盆地和东北—西南走向的山脉。始新世中末期至渐新世，东部海洋板块重新分异，太平洋板块扩展，向西俯冲，对东北、华北施加较大的推挤力，松辽平原抬升，长白山地翘升。在南方，台湾省作为岛弧与大陆碰撞的典型场所，其挤压力对福建、广东大陆产生影响，而南海东缘是西太平洋唯一向东倾斜、反转的俯冲带。

——《中国地貌》

二、外力作用

外力作用主要指地球表面受重力和太阳能的影响所产生的作用，包括风化作用、流水作用、冰川作用、风力作用、波浪及海流作用等。外力作用不断破坏和夷平由内力作用而产生的隆起部分，同时把这些破坏了的碎屑物质搬运、堆积到低地和海洋中去。

在地貌形成发育过程中，外力作用占重要地位。尤以气候的作用更为鲜明，降水多寡与温度变化综合影响着风化、搬运和堆积作用的过程与强度。

降水对地貌形成发育有重要影响。一般说来，中国的降水量分布自东南向西北逐渐减少。东部广大地区临近海洋，降水丰沛，河流众多，流水的侵蚀与堆积作用占绝对优势，广泛发育了各类流水地貌，如沟谷、河流阶地、山麓洪积冲积扇、冲积平原、河口三角洲等。尤其是在秦岭—淮河以南高温多雨的亚热带、热带湿热环境下，流水作用强烈，化学淋溶作用和风化作用显著，广泛发育红色风化壳。在碳酸盐岩分布地带，湿热的环境使雨水、河水、地下水对碳酸盐的侵蚀、溶解作用加强，使石林、石牙、石笋、溶洞等喀斯特地貌十分发育，如云贵高原、广西一带。秦岭—淮河以北的华北地区为暖温带湿润和半湿润地区，降水主要集中在夏、秋两季，流水作用强弱的季节变化比南方突出，雨季的地面侵蚀与河流泥沙的搬运和堆积都很强烈。黄河中游地区，黄土分布广泛，质地疏松，抗蚀力差，在夏季降雨的冲刷下，坡面、沟谷侵蚀旺盛，沟壑纵横。河流携带大量泥沙输往下游，黄河、海河以及淮河水系的泥沙长期在下游堆积，从而形成了华北平原。东北地区属温带和寒温带地区，东南部的长白山地，降水量丰富，流水地貌发育。东北部的大兴安岭和小兴安岭，地处中国北部高纬地区，气候寒冷，冻土层分布广，在冻融作用下，形成冻土和冰缘地貌。中部地势低平，以接受河流沉积为主，形成广阔的东北平原。东部沿海海岸地带由于海水作用形成了各种侵蚀与堆积等海岸地貌。西北内陆干旱区，降水量小，蒸发量大，气温日变化和年变化剧烈，风力强劲，机械风化、剥蚀作用和风力的搬运、堆积作用成为重要的地貌外营力，形成雅丹、沙丘、戈壁等风蚀、风积地貌。西北内陆盆地外围的高峻山脉，外营力随气候的垂直变化也呈明显的带状分布，山麓为干燥剥蚀作用带，山腰为流水作用带，山顶为冰川、冰缘作用带。

气温对地貌形成发育也有深刻影响。中国东南部气温高、降水多，风化作用强烈。西部分布着巨大山脉、高山和大高原，气候寒冷，冰川地貌发育，寒冻、风化作用强烈。如青藏高原因地势高峻，形成了特殊的高寒干燥环境。高原北部的柴达木盆地和阿尔金山，同气候干旱的西北地区相邻，是全国降水量最少、蒸发量最大的地区，机械风化作用与风蚀、风积作用为主要外营力，形成干燥剥蚀山地、平原及沙丘、戈壁等地貌类型。藏北地区因地势高峻导致高寒低温，地下保存着广泛的多年冻土，高山上则是中国现代冰川的主要分布区，由冻融作用、冰川作用形成的冰缘、冰川地貌现象分布广泛。高原东南部边缘地带，邻近印度洋，受西南暖湿气流影响，降水丰富，流水作用居主导地位；但高山顶部白雪皑皑，以冰川、冰缘作用为主。

阅读材料

古气候条件下的地貌痕迹

在近代地质发展史上，中国气候曾有过不同程度的变迁，古气候条件下所产生的地貌在一些地区遗留下来，表现着与现代外营力作用不相适应的形态。例如，青藏高原珠穆朗玛峰地区，在海拔5 000米左右的遮普惹山和昂章山上，有峰林和落水洞等喀斯特地貌存在；在青藏高原、塔里木盆地和华北地区普遍堆积有第三纪三趾马红土层；在云贵高原有深厚的红色风化壳；在内蒙古、新疆干旱区有与近代流水侵蚀作用不相适应的宽阔河谷、湖滨和河流阶地、发育良好的水文网等地貌形态；中国西部海拔2 700～3 500米的山地，还常可见到第四纪古冰川作用的遗迹等。这些都使中国地貌更加复杂。长江以南地区，基本上继承了第四纪以前湿热的热带、亚热带环境，塑造地貌的地表营力中，化学淋溶作用得以继续进行，流水作用也从未间断，使得红色风化壳深厚，红层地貌与岩溶地貌得以保存和发展。中国其余地区，由于气候的变迁，地表营力和地貌形态较地史时期（主要是第三纪及第四纪初期）都有所变化。

——《中国地貌》

三、地表组成物质

地壳是由各种岩石组成的，岩石是地形发生和发展的物质基础。根据它们的成因，可大致归纳为三大类，即岩浆岩、沉积岩和变质岩。由于岩石的组成不同，其抗风化、侵蚀的强度不一，在一定的外营力作用条件下，发育成形态各异的地貌形态。

（一）岩浆岩和变质岩

中国山地众多，岩浆岩（侵入岩、喷出岩）和变质岩常大面积出露，由于岩性致密坚硬，常构成崇山峻岭、危崖陡壁。其中，侵入岩以花岗岩分布面积最广。由于花岗岩坚硬致密、抗蚀力强、垂直节理发育，经断块抬升，往往形成高峻山地，如秦岭的太白山、湖南的衡山、山东的崂山、浙江的天目山、广东的罗浮山均为花岗岩山峰。奇峰峻峭的黄山和华山，因系花岗岩岩株构造，山势更显挺拔。喷出岩以基性的玄武岩分布最广，多为第四纪火山频繁活动喷发形成的玄武岩熔岩流，以东北、华北和东南沿海一带分布最广。大面积玄武岩熔岩流常构成阶梯状的熔岩台地，如长白山地、海南岛北部等。此外还分布着火山锥、火口湖、熔岩垄岗等多种火山地貌。中生代红色岩层由于易于侵蚀，多构成波状起伏的丘陵，如华中和华南的红岩丘陵、四川盆地的中部丘陵等。干旱地区，地表缺乏植被，洪积—冲积物在风力作用下形成沙丘。

（二）沉积岩

沉积岩是原有岩石被风化、分解后被搬运而又重新积聚堆积成岩，或者是由动植物遗体堆积而成的岩石。大部分沉积岩是在水底环境下形成的，如砂岩、页岩、砾岩、石灰岩等；也有的是在大气环境之下由风力直接堆积而成的，如黄土。沉积岩一般都具有层理和生物化石。沉积岩分布广泛，占中国陆地面积的3/4。在白垩纪时期，长江以南地区因气候湿热，在陷落盆地中堆积了一套陆相为主的红色岩系。坚硬而层厚的砾岩、砂砾岩，因流水沿裂缝和节理侵蚀，形成许多峭壁悬崖、石峰林立的丹霞地貌；而岩性比较松软的砂页岩，因流水侵蚀而形成比较低缓的红色丘陵，构成了江南独具一格的红层地貌。在云贵高原、广西一带，古生代碳酸盐岩深厚，形成了峰林、溶洞、地下河等喀斯特地貌类型。广泛分布于中国北方的第四纪黄土，构成了独特的黄土地貌区。黄土未经充分胶结，质地疏松，易被雨水冲刷和流水切割，沟壑十分发育，地表支离破碎，形成了塬、梁、峁等地貌形态，其中以甘肃中部和东部、陕西北部以及山西的黄土高原最为典型。中国北方内陆，因气候干旱，第四纪疏松沉积物分布广泛，在风力作用下，产生侵蚀、堆积作用，从而形成沙漠、戈壁等景观。

阅读材料

雅丹地貌

雅丹是地理学名词。雅丹地貌是一种典型的风蚀地貌，又称风蚀垄槽，或者称为风蚀脊。"雅丹"原是中国维吾尔族语，意为陡峭的土丘，汉语译为"雅尔当"。雅丹地貌被认为是世界一大奇观。2005年10月23日，由《中国国家地理》主办、全国34家媒体协办的"中国最美的地方"评选活动中，评选出中国三大雅丹地貌分别是：乌尔禾、白龙堆、三垄沙。乌尔禾雅丹又称魔鬼城，位于准噶尔盆地西北边缘的佳木河下游乌尔禾矿区。白龙堆雅丹，位于罗布泊东北部。三垄沙雅丹群地处罗布泊东部地区，位于玉门关以西的戈壁荒漠中。

雅丹世称魔鬼城，是最全面地质资料宝库。在繁荣的丝绸古道上，它是一个最大的天然路标。

在极干旱地区的一些干涸的湖底，因干缩裂开，风沿着裂隙吹蚀，裂隙愈来愈大，使原来平坦的地面发育成许多不规则的背鳍形垄脊和宽浅沟槽。这种支离破碎的地面成为雅丹地貌。有些地貌外观如同古城堡，俗称魔鬼城。

雅丹的形成有两个关键因素。一是发育这种地貌的地质基础，即湖泊沉积地层；二是外力侵蚀，即荒漠中强大的定向风的吹蚀和流水的侵蚀。

中国的雅丹地貌面积约2万平方千米，主要分布于青海柴达木盆地西北部、疏勒河中下游和新疆罗布泊周围。新疆的雅丹地貌仅3 000～4 000平方千米，规模小，典型的雅丹高4～5米，10～20米高的雅丹又称方台地。而敦煌古海雅丹高20～100米，属于中大型雅丹群，而且风蚀谷狭窄，造型丰富多彩，高密集型为世界所少见。以流水侵蚀作用为主的雅丹，主要分布在邻近山地的地区，三垅沙雅丹群地处罗布泊东部地区，位于玉门关以西的戈壁荒漠中。

塔里木盆地的罗布泊区域，有些雅丹地形的沟深度可达十余米，长度由数十米到数百米不等，走向与主风向一致，沟槽内常有沙子堆积。在垄脊顶部常有白色盐壳，又称白龙堆。雅丹地貌以罗布泊西北楼兰附近最典型。世界各地不同的荒漠，包括突厥斯坦荒漠和莫哈韦沙漠在内，都有雅丹地形。

雅丹地貌分为两种大类型，并分别予以命名：一种高不过1米，形成年代较短的，称为"雅丹"；另一种高10～30米，年代古老，称为"迈赛"。实际上这两种类型不过是雅丹的初级阶段和高级阶段。雅丹地貌是风蚀垄脊、土墩、风蚀沟槽及洼地的地貌组合。干旱地区的湖积平原和冲积平原常因干缩而龟裂，在定向风的长期吹蚀下，裂缝逐渐扩大而成为沟槽，沟槽之间常出现高达5～10米的垄脊。这种地貌在中国的塔里木盆地的罗布泊地区最为典型。

经对罗布荒原雅丹地貌的考察，证明形成雅丹的外营力不仅仅是风，还有水，并且存在三种类型：一类是以风力侵蚀为主形成的雅丹，一类是以水流侵蚀为主形成的雅丹，还有一类则是风和水共同作用形成的雅丹。

——《中国地貌》

总之，岩石的成分、结构和物理化学性质对地形发育的影响是十分显著的。"硬岩成岭，软岩成谷"，高峻的山岭都是由坚硬的岩石，如石英砂岩、砾岩和岩浆岩等构成的；浑圆低矮的小丘和谷地，往往都是由软弱的岩石，如页岩、片麻岩、板岩等组成的；久经风化的花岗岩山地常常表现为浑圆的地貌形态，称为"石蛋"地貌；而石灰岩地区往往见到的是石骨嶙峋、奇峰林立的地形，称为喀斯特地貌。在红色砂砾岩岩层很厚的地方，经常可以见到奇形怪状的山峰，陡峭突出，分散离立，有的像堡垒，有的如宝塔，这种地形在广东省仁化县南丹霞山发育最好，故统称为"丹霞地貌"。由此可见，当人们知道某一地区的岩石后，往往可以想见这个地区的地形；同样，一个地区的地形，也往往可以反映出这一地区的岩石性质。

四、人类活动

人类与自然环境关系密切。在长期的生产实践过程中，人类不断地加深对自然界的认识和影响，同时也使地表形态发生着重大的变化。中国是世界上历史悠久、人口众多、文化发达的文明古国，人类活动对地貌的影响深刻。中国国土面积中除了约占19%的沙质荒漠、戈壁、寒漠、永久积雪和冰川、石骨裸露的山地等人迹罕至的地方外，其余81%均为城市、工矿、交通、农、林、牧、渔的用地或可利用土地，地表形态无不打上人类活动影响的烙印。

人类兴建的一些工程设施对地表形态有明显的改变作用。早在秦代，中国先民就已在南岭修建了灵渠，沟通了长江与珠江两大水系，使区域河流地貌发生了变化。黄河下游的人工堤防工程庞大宏伟，形成高于华北平原之上的地上河床，构成华北平原上明显的分水岭。南北各地陆续开凿运河，特别是贯穿华北平原和长江下游平原的京杭大运河，在世界运河史上开凿最早，里程最长。它把海河、黄河、淮河、长江、钱塘江五大东西向水系沟通起来，改变了东部平原地区的水系面貌。新河道的开挖、河道堤坝的修筑以及截弯取直、堰闸修建等都影响和改变着河川流量、水文特征，使河流的侵蚀、搬运、堆积过程发生显著变化，从而导致地貌形态的变化。另外，广大山地、高原、丘陵上修筑的层层梯田，沿海地带兴建的护岸海塘、防波堤坝以及移山填沟、围湖造田等都显著地改变着地表的地貌形态。大的建设项目，如开山劈岭、筑路架桥、开挖矿山、兴修国防设施等巨大工程，挖垫土石方量巨大，也不断改变着地表面貌。如大的露天煤矿的开挖，常要剥掉煤层上的盖层，大量土石运往他处堆积，对地表形态影响显著；选矿地矿渣与煤矸石堆积起来的小山，起伏相连，也非常醒目。

随着科学技术的发展，人类活动对自然环境的影响愈来愈深刻，对地貌的影响也愈来愈明显。不合理地利用自然，可导致自然界生态平衡的破坏，造成灾害性地貌过程的发生和发展。最突出的例子就是黄土高原植被的严重破坏，引起了水土大量流失，使下游河床淤塞填高，频繁发生河流决口、改道，酿成水患。尤以黄河、永定河下游河道决口改道次数最多，在华北平原上遗留了许多古河道的遗迹。中国南方地区水土流失也很严重，由于气候湿热，风化物深厚，当地表植被被破坏后，侵蚀速度范围迅速增大。在中国干旱与半干旱地区，长期以来，人口数量的增加，滥垦、滥牧、滥伐现象加剧，沙区的天然植被遭到破坏，使风沙危害越来越严重。许多无沙地区被风沙吞没，固定沙丘变为流动沙丘。

从地质历史各个阶段来看，有时可能内力占主导地位，有时可能外力起主要作用。内、外营力长期不断相互作用，才促使地球上各种地形的不断演化和发展。以中国地形西高东低的空间分布特征来分析，在内力作用方面，西部地区以褶皱、抬升为主，东部地区以沉降、下陷为主；在外力作用方面，西部地区以剥蚀作用为主，而东部地区则以沉积作用为主。

第四节　中国地形的重要地理意义

在地理环境的各个要素中，除了地理纬度以外，地形是一个比较重要的因素。地形可以影响气候的变化，造成气候的复杂性和多样性；地形可以破坏或掩盖地理环境的纬度地带性，从而影响农业生产布局的不平衡性；而优美的地理环境的形成，更是与地形条件息息相关。因此，分析中国地形特征，有利于根据各地的具体地形条件因地制宜地合理规划农、林、牧、副、渔和旅游等产业的发展，并且在改造自然条件、发展经济、保护生态系统等方面都具有重要的现实意义。

一、地形对气候的影响

中国地形的复杂多样，造成了中国气候的复杂性和多样性。地形对于中国气候的影响最显著的有以下几个方面：

（一）影响气候类型的划分

山脉影响冷暖气团的运动，尤以对东西走向的山脉影响最为显著，形成山脉南北坡不同的气候特点。中国许多山脉成为气候类型的天然分界线。例如秦岭以南地区属于亚热带季风气候，高温多雨，北坡属于温带季风气候，寒冷少雨；喜马拉雅山脉成为热带季风气候和高山气候分界线。"南枝盛开北枝寒，一样春风有两般"就是形容南岭南北两侧气候差异的脍炙人口的名句。

（二）影响南北气流的运动

由北冰洋或西伯利亚南下的冷气团受层层山脉的阻挡，其风向、风速均产生明显变化。中国自西北侵入的寒潮最初是从西北内陆向东南沿海，以后又转成向南或向西南方向流动，而当寒潮到达中国东部平原后，则能一直深入华南地区，这都是地形影响的结果。如每年冬季，同处一个纬度的四川盆地比长江中下游平原气温高。这是因为冬季风南下时，长江下游地区主要是平原地形，没有形成挡风的屏障，北来的冷空气可以长驱直入，形成较强降温，使长江中下游平原气温低。四川盆地地处秦巴山地南侧，秦巴山地阻挡了冬季风，降温幅度小，气温高。同时，四川盆地的地形比较闭塞，较温暖的空气不易分散，降温速度慢。

（三）青藏高原对空气运动的影响

1. 青藏高原对西风气流的阻挡作用

青藏高原阻挡了中国低空的西风气流，使之大致在 60°E 分为南、北两支气流。北支气流经中国西北、华北、东北和华东等地区流向太平洋；南支气流则在流过青藏高原南侧后转变成了温度较高、湿度较大的西南气流，影响中国四川、贵州、云南及华南和长江中下游地区。这两支气流最后大致在青藏高原东部 110°E 附近汇合。

冬季，中国近地面的西风急流南移，北支气流会因在近地面受到青藏高原的阻挡势力减弱，使中国北方广大地区气候寒冷干燥；而其南支气流则会增强并在昆明、贵阳与南下的冷空气相遇，形成昆明准静止锋，使四川、贵州、汉水流域乃至山东、辽宁一带出现大量降雪。

夏季，中国近地面的西风急流北移，其南支气流会因在近地面受到青藏高原的阻挡势力减弱，使喜马拉雅山南缘一些地区风力最小，天气最稳定；北支气流则刚好相反。随着西南季风势力的增强，西南暖湿气流会为长江流域、珠江流域等地区带来大量降水。

青藏高原北部气流对中国影响较明显，如春季中国西北气旋活动多。四川盆地一带冬季由于受青藏高原阻挡作用影响较大，风速较小，空气湿度较大，加上地形的影响，易出现云雾天气；夏季由于处于青藏高原的背风坡，若西南暖湿气流偏南流，东南季风西进势力减弱，就易出现干旱。

2. 青藏高原对冷暖气流的屏蔽作用

冬季，由于来自较高纬度地区的空气很难越过青藏高原，青藏高原以南地区受冬季风影响就较小，气温下降幅度比较小；夏季，由于来自印度洋的西南季风极少能越过青藏高原进入中国西北地区，甘肃、新疆一带形成干旱气候。

（四）山地对降水的影响

地形既能促进降水的形成，又能影响降水的分布，一山之隔，山前山后往往干湿悬殊，使局地气候产生显著差异。

1. 促进降水的形成

地形对降水形成有一定的促进作用，暖湿不稳定气流在移行过程中遇到山脉阻挡时被迫抬升而气温降低，容易生成云雨，形成地形雨。

2. 影响降水的分布

地形对降水分布的影响十分复杂，大致可从两方面考虑：一方面，高大地形影响四周大范围降水分布，如青藏高原对亚洲降水分布影响范围广阔；另一方面，地形本身各部分降水分布差异悬殊。

（1）山地降水量随海拔增高而增多，但有一个最大降水量高度，超过此高度，山地降水不再随高度递增。最大降水高度因气候干湿而异。湿润气候区，最大降水高度低，降水量也大；干燥气候区，最大降水高度高，降水量少。例如，喜马拉雅山最大降水高度为1 000～1 500米，中亚地区为3 000米。在同一气候条件下，不同山脉，或同一山脉不同坡向，不同季节最大降水高度也不同。

（2）迎风坡多雨成为"雨坡"，背风坡少雨成为"雨影"。例如，中国台湾山脉，东、北、南三面都迎海风，降水丰沛，年降水量都在2 000毫米以上，其中台北的火烧寮年降水量多达8 408毫米；青藏高原南坡迎西南季风，降水量也十分丰沛。

（3）山地多夜雨。主要是指凹洼的河谷或盆地以夜雨为主，因为在夜间，地面辐射冷却，密度大的冷空气沿山坡下沉谷底，汇聚后被迫抬升，如果盆地中原来空气比较潮湿，则抬升到一定高度后即能成云致雨。另外，在河谷或盆地中形成云之后，由于云顶的辐射冷却，下沉的冷气又增强了河谷内的上升气流，因此地形性的夜雨较多。如四川盆地著名的巴山夜雨，拉萨、日喀则、西昌等地夜雨也较多。但凸出的地形仍以日雨为主，且多对流雨。

（五）山区垂直方向的水热条件变化

山地随着高度的上升，气温逐步降低而湿度增加，相应出现植被和土壤的不同垂直带谱，各带层的农、林、牧业也出现明显分异。即使在同一山区，从山麓到山顶，随着自然环境的变化，出现了"一山有四季，十里不同天"的现象。

二、地形对地理环境纬度地带性的影响

地带性是地理环境最突出的特征。地带性的形成，主要是由于地球的形状和地球对于太阳的位置。由于纬度不同，太阳热量在地面上的分布产生了差异。根据热量条件把整个地球表面分为北寒带、北温带、热带、南温带、南寒带等五大热量带。热量带分布规律取决于纬度因素，从而使地理环境的各个要素也都反映了纬度地带性的特征。

由于地球表面并不均匀，这不仅因为各部分的组成物质不同，而且地表结构和地形类型、高度是千变万化的，这就改变甚至掩盖了地带性规律。地形破坏或掩盖了地理环境的纬度地带性，典型的例子是青藏高原对地理环境结构的影响。

青藏高原在中纬度地区隆起，阻碍了中国地理环境的南北过渡性和沿经线方向分布的地带性，而具有突出的非地带性分布规律。地势高峻使青藏高原形成一种特殊的温带大陆性高原气候，它的基本特征是气温低、日照强、年较差小而日较差大。无论在气候、水文、土壤还是动植物等方面，青藏高原都表现了与众不同的特点。作为一个非地带性大区，它内部所具有的完整的垂直地带和复杂性的地理环境结构极其罕见。

在自然地带性中反映最为明显的是植被类型。中国地形大致以大兴安岭—太行山—巫山—雪峰山一线为界，基本上可分为东南和西北两大自然区域。东南湿润部分以各种森林类型为主；西北干燥部分以草原和荒漠植被为主。从昆仑山循着秦岭到淮河和长江一线，西北部分的北部内蒙古高原和新疆以干燥草原和荒漠植被为主，其南部青藏高原主要为高山草地和冻土荒漠；东南部分的北部以落叶阔叶林和针叶林为主，其南部以常绿阔叶林为主。只是在西南部以及某些东南高山（如台湾）才有云杉、冷杉等针叶林大量存在。

这种自然植被带不连续的差异分布，主要是由海陆位置和地形差异造成的。地带性规律

的植被类型里深嵌着非地带性的烙印，可以看出不同的地形类型对地带性的影响。尤其在中国西部高山高原地区，地形对地带性显然起了改变和掩盖的作用；而在东部平原地区，则起了重要的促进和加强作用。

三、地形对农业生产的影响

中国政府 1956 年提出的《1956 年到 1967 年全国农业发展纲要》根据南岭、长江、黄河、秦岭、长城等这些地形界线，把中国划分为五个农业发展要求不同的地区。这五个地区农业发展的指标不同，除了社会历史因素外，地形条件也起着重要作用。

中国东部地区三大自然地理界线——南岭（又称五岭）、秦岭和长城。这三条地形线是中国气候带的重要分界线，各气候带之间不仅气温、降水不同，而且还影响到中国水文、植被以及农业生产的布局和产量。

▌阅读材料

中国三条自然地理界线

南岭实际上是热带与亚热带的地理分界线。1 月 10℃ 等温线通过南岭南侧、广西西部、云南东部和北部。这条线以南的地区基本上属于热带，气温高，生长期长，雨量丰沛，绝少见到霜雪，农作物一年可以三熟。

秦岭、淮河一线是亚热带与暖温带的地理分界线。1 月 0℃ 等温线通过秦岭和淮河，此线以南属亚热带；秦岭、淮河也是 800 毫米年等降水量线，为中国湿润区与半湿润区的分界线。秦岭、淮河以南热量仍较充足，全年生长期可达 250～300 天，农作物一年可以两熟，有的地区还可以三熟，大部分地区可种双季水稻。而且此线以南，江河不冻；此线以北，冬季河水结冰。

长城线向西延至天山，向东北延至吉林与辽宁的交界处，这一条线是暖温带与中温带的地理分界线。此线以南属暖温带，全年生长期有 200～240 天，一般两年可三熟，或一年两熟。此线以北包括东北部地区、内蒙古、宁夏、甘肃和新疆北部广大地区属中温带，夏季气温虽很高，但冬季冷而长，生长期 150～170 天，农业生产基本上是一年一熟。不过这个地区除吉林省、黑龙江省以外，其余广大地区是中国最重要的畜牧区，农业耕作业不占主要地位。

——《中学百科全书》

不仅东西走向的地形线对气候和农业生产具有影响，而且由于东部主要分布着平原和丘陵，西部主要分布着山地和高原，这对农业生产的布局同样有着强烈的影响。东部的平原和丘陵虽然只占全国面积的 1/3，却是中国的主要农业地区，分布着全国 2/3 以上的农业人口和耕地，生产着全国 3/4 以上的粮、棉、油和绝大部分经济林产。西部面积占全国总面积的 2/3，但绝大部分是海拔 1 000 米以上的山地和高原，平原只限于局部地区，较大的海拔高度和地势起伏不利于农业生产。

四、地形对旅游业的影响

中国是世界上地貌旅游资源最丰富的国家之一，有世界上最高的高原、最高的山峰和各种各样的地貌类型。除一般的山地、丘陵、高原、平原和盆地等常态地貌外，还有众多独特地貌，如山岳冰川地貌、冻土地貌、风沙地貌、黄土地貌、红层地貌、喀斯特地貌和海岸地貌等。中国的极高山最多，主要分布在青藏高原及其周围，分别属于喜马拉雅山脉、喀喇昆仑山脉、昆仑山脉和祁连山脉等。其中海拔 7 000 米以上的高峰有 40 座，8 000 米以上的高峰有 10 座。位于中尼边境的珠穆朗玛峰为世界第一高峰，海拔 8 848.86 米。位于中巴边界的乔戈里峰为世界第二高峰，海拔 8 611 米。中国风景名山众多：著名的有五岳名山，即东岳泰山、中岳嵩山、西岳华山、南岳衡山、北岳恒山；还有佛教四大名山，即九华山、普陀山、峨眉山和五台山；其他风景名山还有黄山、庐山、雁荡山、武夷山、天山、阿里山、井冈山、长白山、崂山、莫干山、青城山、武当山、罗浮山、间山和武陵源风景区等。中国也是世界上喀斯特地貌最典型的国家之一，占全国面积的 1/7，以广西、贵州和云南三省最为发育。其中广西的桂林山水、云南的路南石林和四川松涛的石灰华等均为天下奇观。大量溶岩洞穴，如广西桂林芦笛岩，浙江金华三洞，江苏宜兴张公洞、善卷洞，安徽广德太极洞，江西彭泽龙宫洞、玉壶洞，贵州铜仁九龙洞等也令人叹为观止。中国海滨岸线长、种类多，有岩岸、沙岸和生物海岸等。其中东海钱塘江潮为世界奇观。其他火山地貌、风沙地貌和黄土地貌等也均发育。中国邻近环太平洋火山带和喜马拉雅地震带，是个多地震国家。火山800 余座，多为死火山和休眠火山。火山活动遗迹集中在东北、云南和台湾等地。黑龙江省五大连池于 1980 年建成中国第一个火山自然保护区。黑龙江省宁安市境内的火口森林（又名地下森林）也是风景奇观。中国风沙地貌主要分布于西北地区，有各种风蚀柱、风蚀蘑菇、风蚀壁龛，以及状如城堡的风蚀鬼城等。

五、地形对经济发展的影响

由于中国山地具有多旋回的地质历史发展过程，其在不同时代的地壳运动中有大量火成岩体侵入，形成极其丰富而多样的金属矿产资源。一些大型拗陷和盆地（包括大陆架）中，堆积了巨厚的沉积层，蕴藏着丰富的石油和天然气。

地形对经济建设也存在不利的影响。如山区因山地崎岖，交通建设困难；岩溶地区因地下溶洞和空隙较多，地表水容易渗漏，土壤亦容易流失，同时，因碳酸盐溶于水形成土层较为困难；荒漠地区风沙危害严重；黄土地区因植被较少，土层深厚，地下水位较深，不利于农业生产；红壤—砖红壤地区因风化—淋溶作用强烈使土壤贫瘠，水土流失严重。

《 思考与练习 》

1. 分析中国地质地貌的基本特征，说明中国地貌轮廓对中国地理环境和经济发展的影响。

2. 阅读中国地形图，找出中国的四大高原、四大盆地、三大平原及珠江三角洲的位置，并说明它们的地形特点。

3. 分析影响中国地形发育的主要因素。

第三章 气 候

第一节 气候基础知识

一、天气

天气是一个地区在某一瞬间或某一短时间内大气状态（如气温、湿度、压强等）和大气现象（如风、云、雾、降水等）的综合。主要影响因素是气团和锋面的活动。

1. 气团

气团是指在水平方向上温度、湿度等物理属性的分布大致均匀的大范围内的空气。在同一气团中，各地气象要素的重点分布几乎相同，天气现象也大致一样。

根据气团移动时与其所经下垫面的温度对比或两个气团之间的冷暖程度对比，气团可分为冷气团和暖气团两大类。气团温度低于流经地区下垫面温度的，或两个气团相遇时温度较低者，称为冷气团。气团温度高于流经地区下垫面温度的，或两个气团相遇时温度较高者，称为暖气团。

2. 锋面

（1）锋面：冷、暖气团的交界面叫锋面。锋面与地面相交而成的线，叫作锋线。一般把锋面和锋线统称为锋。按照热力学分类方法，若冷气团主动推动暖气团，则称为冷锋。反之称为暖锋。若冷暖气团相当，则称为准静止锋。

锋面天气的特征：由于锋面两侧的温度、湿度、气压等都有明显的差别，常伴有云、雨、大风等天气。

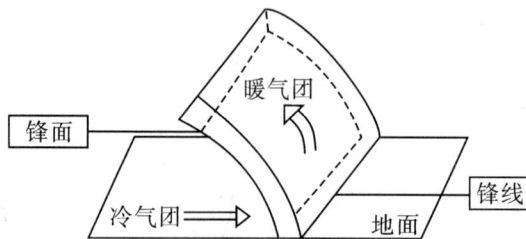

锋的示意图

（2）锋面与天气：

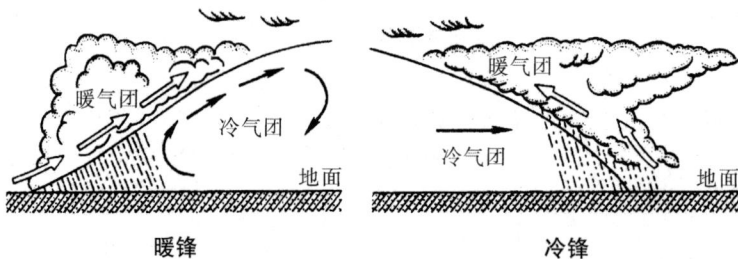

暖锋   冷锋

冷锋、暖锋过境天气比较（以北半球为例）

类型	形成	天气变化			判断	中国典型锋面天气	图示和符号
		过境前	过境时	过境后			
冷锋	冷气团主动向暖气团移动	天晴、气温较高、气压较低（暖气团控制）	暖气团被冷气团抬升，常出现云、雨、雪、强风等天气现象（冷锋控制）	天晴、气温较低、气压较高（冷气团控制）	①看气温、气压的变化；②看锋面符号；③看冷气团运动情况	春季：沙尘暴 夏季：暴雨 冬季：寒潮（一场秋雨一场寒）	
暖峰	暖气团主动向冷气团移动	天晴、气温较低、气压较高（冷气团控制）	起风、阴天、降水，发生于锋前，多连续性降水（暖锋控制）	天晴、气温较高、气压较低（暖气团控制）		华南：春暖多晴，春寒雨起（一场春雨一场暖）	

3. 气旋和反气旋

气旋是指北半球，大气中水平气流呈逆时针旋转的大型涡旋。南半球气流运动方向相反。

在同一高度上，气旋中心的气压比四周低，又称"低气压"。反气旋是指中心气压比四周气压高的水平空气涡旋，也称"高气压"。

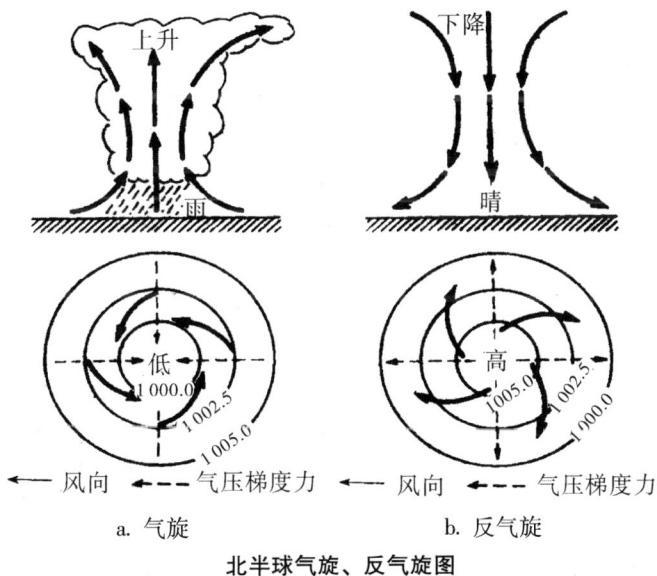

a. 气旋　　　　b. 反气旋

北半球气旋、反气旋图

气旋与反气旋是大气中最常见的运动形式，也是影响天气变化的重要天气系统。

低气压与高气压是对气压分布状况的描述；气旋与反气旋则是对气流状况的描述。

气旋、反气旋气流运动比较（以北半球为例）

名称	中心气压	范围	气流运动特点		天气状况	天气实例
			水平方向	垂直方向		
气旋	低	较大	近地面由四周向中心旋转辐合。北半球逆时针、南半球顺时针方向流动	中心气流上升	阴雨	夏秋，中国东南沿海的台风天气
反气旋	高	很大	近地面由中心向四周旋转辐散。北半球顺时针、南半球逆时针方向流动	中心气流下沉	晴朗	夏季，中国长江流域的伏旱天气，冬季北方的寒潮天气

二、气候

气候是地球上某一地区多年时段大气的一般状态，是该时段各种天气过程的综合表现。气候的基本要素为气温和降水。另外还有其他影响较小的非基本要素。根据世界气象组织（WMO）的规定，一般气候的计算时间为30年。气候是组成地理环境最重要、最活跃的因素。影响气候的主要因素是太阳辐射、大气环流、地面状况和人类活动等。

1. 太阳辐射

太阳辐射是地面和大气的热能源泉，地面热量收支差额是影响气候形成的重要原因。太阳辐射主要受纬度和地球自转、公转变化和海陆分布、地形地势影响。对于整个地球而言，地面热量的收支差额几乎为零，但对于不同地区，地面所接受的热量存在差异，因而会对气候的形成产生影响。同时，地面接受热量后与大气不断进行热量交换，热量平衡过程中的各分量对于气候形成也有重要影响。

2. 大气环流

大气环流包括大气环流和天气系统，影响气候的因子包含气温、雨量、气压和风，包括微观的热力环流、局部地区的季风环流、全球性的气压带和风带等环流系统。大气环流促进了高低纬度之间、海陆之间热量和水汽的交换，调整了全球热量和水汽的分布，形成了不同的气候类型。例如，在北纬30°～40°之间的大陆东西两岸，大陆东岸受冬、夏季风影响，形成了冬季寒冷干燥、夏季高温多雨的季风气候，大陆西岸在西风带和副热带高气压带的交替影响下，形成了冬季温暖湿润、夏季炎热干燥的地中海气候。

3. 地面状况

对流层大气中的热量和水汽主要来自地面，地面性质不同，直接影响大气中的水热状况。

（1）海陆分布。由于海洋和大陆具有不同的热力学特性，因而海洋和大陆在气候上差异很大。比较而言，大陆上的日较差和年较差比海洋大。温度的年较差是区分大陆性气候和海洋性气候的重要指标。此外，海陆分布也影响降水，温带地区，沿海地区降水较多，内陆地区降水较少，如中纬度的亚欧大陆中部地区，东部太平洋沿岸形成高温多雨、寒冷干燥的温带季风气候，西部大西洋沿岸形成全年温和多雨的温带海洋性气候。

（2）地形地势。地形地势对局部气候的形成有重要作用。地形主要是对气流产生阻挡和抬升作用。山地迎风坡降水较多，背风坡降水较少，如天山山脉的南北坡降水的差异。地势对气候形成的影响在于海拔高，云层少，湿度减小，太阳直接辐射增强，大气保温作用降低，温度降低，在高山、高原地区形成了特殊的高寒气候，如青藏高原形成独特的高原高山气候。

（3）洋流。洋流对气候的影响主要体现在湿度和热量方面。暖流对沿岸地区气候起到增温、增湿的作用。寒流对沿岸地区的气候起到降温、减湿的作用。

4. 人类活动

人类通过改变地面状况，影响局部地区气候。如人工造林可使局部地区气候有所改善，任意砍伐森林可使当地气候恶化。此外，人类活动还可形成热岛效应、酸雨、臭氧层空洞等大气环境问题。全球变暖主要是由人类活动造成的。

三、等温线、等降水量线

（一）等温线

等温线图上温度值相同各点的连线称为等温线。1799—1804 年，德国地理学家洪堡在广泛考察南北美洲和亚洲内陆的基础上，揭示了自然界各种现象之间的联系，提出借助气象要素平均值可阐明气候规律性，创造了用等温线表示平均气温的制图方法；1817 年，他绘制了世界上第一幅等温线图。

1. 等温线的特征

（1）等温线分布特点：等温线密集，气温差别大；等温线稀疏，气温差别小。

（2）等温线形状特点：等温线向高纬突出，说明高温地区广；等温线向低纬突出，说明低温地区广；等温线呈封闭状曲线，如线内气温高，可判断为盆地，如线内气温低，可判断为山地。

（3）等温线走向特点：等温线与纬线平行，说明受纬度影响突出；等温线与海岸平行，说明受海洋影响显著；等温线与山脉走向平行或高原边缘平行，说明受地形影响明显或垂直变化大。

2. 等温线的一般分布规律

（1）冬季等温线密，夏季等温线稀。因为冬季各地温差较夏季大。

（2）温带等温线密，热带地区等温线稀。因为温带地区的气温差异大于终年高温的热带地区。

（3）陆地等温线密，海洋等温线稀。因为陆地表面形态复杂，海洋的热容量大，所以陆地的温差大于海面。

3. 等温线的一般应用

通常适用于判断某地所处的半球位置；判断某地所处的季节和海陆分布状况；判断某一海区洋流的冷暖性质及流向；判断某一地形类型；根据等温线的分布情况，计算某地海拔高度等。

（二）等降水量线

在地图上，将同一时间里降水量相同的各点连接起来的线，称为等降水量线，如 800 毫米、400 毫米、200 毫米等降水量线。等降水量线图是指在地图上由等降水量线组成的地图。它是研究一个地区同一时段不同地方的降水分布规律和特点的重要工具。等降水量线密集处，说明降水的地区分布差别大。反之，等降水量线稀疏处，说明降水的地区分布差别小。

年等降水量线是以年为单位进行测量绘制的地图。年等降水量线有不同的运用。如果是研究宏观意义上的普遍规律，则这些线都是根据多年的年降水量的平均值而形成的。如果是研究一个地方的降水年际变化，则需要掌握具体的年份降水情况，用以与年平均降水量线布局比较弯曲方向和程度，分析其年际差异，如世界年平均降水量图就是采用年等降水量线绘制而成的。

等降水量线的一般应用：通常适用于判断某地所处的地形状况；可以判断洋流对降水的影响，如暖流流经的沿岸地区，降水增多，寒流流经的沿岸地区，降水减少。可以判断大气环流类型，推断某地所处的气压带与风带的类型；可以判断某地位于城市的方位，如由于大城市存在明显的雨岛效应，等降水量线越往城市中心，数值越大。

第二节   影响中国气候的主要因素

影响中国气候的主要因素有：纬度位置、大气环流和地面状况等。

一、纬度位置

中国处于北纬3°52′至北纬53°31′之间。由于纬度不同，各地正午太阳高度角和昼夜长短存在明显差别。夏季，太阳直射北半球，太阳高度角由直射点向南北两端递减，但白昼长度随纬度增高而加长，部分地补偿了太阳高度角所产生的南北热量收入差异的影响，故太阳辐射能在高低纬度之间差异较小。冬季，太阳直射南半球，太阳高度角由南向北递减，白昼长度亦由南向北变短，从而导致高低纬度之间的太阳辐射能的差值特别大。这使中国夏季普遍高温、南北温差小，冬季普遍低温而南北温差大，气候类型分布更具有地带性特征。但就全年热量平均状态而论，则南多北少。

二、大气环流

东亚季风环流是影响中国气候最直接的因素。冬季高空基本气流为西北风，低空自北向南分别盛行干冷的西北季风、东北季风；夏季高空北纬30°以北为西风，以南为东风，低空自南向北为湿热的西南季风和东南季风，形成了随盛行风的季节变化在环流、天气系统、气团性质等方面都发生明显变化的气候特征。冬夏季风的季节性交替过程，不但规定了季风区域，同时，由于各地环流、地形及地理位置的不同，形成了各地的气候差异。

三、地面状况

（一）海陆位置

海陆位置是形成季风气候的基本因子。中国背靠亚欧大陆，面临太平洋，由于海陆热力性质差异导致下垫面热量状况的差异，冬季大陆冷却快，气温明显低于海洋，成为冷高压，气流从大陆吹向海洋。相反，夏季大陆增温速度快，气温明显高于海洋，成为热低压，气流从海洋吹向大陆。春秋两季是冬夏大气活动中心更迭、相互消长时期。东亚地理位置导致大陆冬季形成强大干冷的蒙古—西伯利亚高压，夏季形成干热的印度低压，每年夏季风在向陆地移动过程中，水汽含量不断减少，势力减弱，使中国中西部地区受海洋气流的影响不明显，具有典型的温带大陆性气候特征。

（二）洋流

中国渤海、黄海、东海的洋流主要是由黑潮暖流和沿岸流两个流系组成，具有气旋式环流的特征。其中黑潮流系是由台湾暖流、对马暖流和黄海暖流组成，沿岸流系自北向南主要有辽南沿岸流、辽东沿岸流、渤海沿岸流、苏北沿岸流和闽浙沿岸流。南海因其位于热带季风区，夏季盛行西南风，冬季盛行东北风，季风方向与海区长轴一致，有利于稳定流系的发展。南海表面环流在风的作用下，具有季风漂流的特性。

黑潮发源于北赤道，流经菲律宾，紧贴中国台湾东部进入东海，然后经琉球群岛，沿日本列岛的南部流去，于东经142°、北纬35°附近海域结束行程。其中在琉球群岛附近，黑潮分出一支来到中国的黄海和渤海。由于黄海暖流的影响，中国的秦皇岛和葫芦岛等地成为中国北方著名的不冻港。沿岸流使近地面空气比较稳定，有利于海雾的形成。中国沿海地区海雾的季节变化受其影响很大。

（三）地形

中国是一个多山国家，地形是形成中国多样性、局部性气候类型分布的重要原因之一。

1. 青藏高原的影响

青藏高原对中国气候的影响最为明显，高原本身面积大、海拔高，形成独特的高原寒冷气候，明显地破坏了气候按纬向呈地带性分布的一般规律，还通过和大气环流的相互作用，影响周围地区的气候特征。巨大的海拔高度使4 000米以下的高空西风气流被分为南北两支，扩大了西风带的影响范围。高原的冷热源作用对中国西北地区冬冷夏热的干旱气候的形成以及东部季风气候形成起了重要作用。中国季风结构复杂亦与青藏高原有关，高原季风有加强和扩大中国东部季风活动范围、影响其进退速度的作用。

2. 山地的影响

许多东西走向的山脉对中国南北冷暖气流的交换起障壁作用，常成为气候区域的分界线。如秦岭为中国暖温带和亚热带气候的界线。北起大兴安岭、西南至云贵高原的第二级阶梯地形的边缘，阻挡夏季风西进，成为中国东部湿润气候和西部干燥气候的分界线。山地还通过对局部气流的阻障作用改变了气温和雨量分布。通常迎风坡多雨、湿润，背风坡少雨、干燥；在山地，气温随海拔上升而降低，形成气温垂直地带性特点及山地气候等。

第三节　中国气候的水热结构

气温和降水是气候的两个最主要指标。中国气候中气温和降水的季节性变化明显，大部分地区四季分明，冬季寒冷少雨，夏季炎热多雨，春秋两个过渡季节较短。气温和降水的年际变化都很大，由于每年冬夏季风进退的迟早和强弱不同，一些地区常出现冷暖旱涝等异常现象。

一、气温

与同纬度地区相比，中国冬寒夏热，气温年较差大，且越向高纬、愈向内陆愈明显。年均温的分布在东部地形较平坦地区受纬度影响明显，北冷南暖；从国土最北部至南海诸岛相差30℃以上。西部受地形影响显著，青藏高原除东南边缘外，大部分地区在0℃以下。在海拔高度变化较大的地区，年均温差很大，形成典型的山地垂直气候带。

（一）冬季气温特征

冬季气温分布特点：南北气温相差很大，越往北气温越低。2009 年 12 月 31 日凌晨，内蒙古自治区根河市静岭检查站测出了 -58℃ 的极端最低气温，根河市成为"中国冷极"。1 月份等温线分布大致与纬线平行，0℃ 等温线东起淮河，经秦岭至东经 105° 处，沿四川盆地西缘折向西南，穿过横断山脉到青藏高原东南边缘。东北、内蒙古和西北地区自 10 月至次年 4 月平均气温在 -5℃ 以下，部分地区的绝对最低温在 -30℃ 以下。南岭山脉以南除个别年份外，最低气温都在 0℃ 以上。

冬季，由于太阳直射南半球，中国北方地区的正午太阳高度比南方小，地面获得太阳能比较少；同时，北方昼长也比南方短，得到的太阳光热比南方少。因此，南北气温相差很大。另一方面，冬季中国大部分地区在极地大陆气团控制之下，即"亚洲高压"或"蒙古—西伯利亚高压"。在海陆热力性质差异作用下，蒙古—西伯利亚成为北半球冬季最寒冷的地方，大气冷缩下沉形成北半球最强、覆盖面最广的高压系统。这是亚洲季风环流的组成部分，也是冬季亚洲大陆大气活动中心。春季高压中心位置东移，盛夏时消失。高压控制区内天气晴朗严寒，其高压脊经常伸向中国北方，寒冷的西北气流南下时常形成寒潮天气。除青藏高原外，中国近 3/4 国土受寒潮影响并出现不同程度的低温和霜冻灾害，成为世界上同纬度地区最冷的地方。由于南北受冬季风影响强弱不同，冬季南北温差很大。

（二）夏季气温特征

夏季气温分布特点：全国南北气温相差不大，大部分地区普遍高温。夏季，太阳直射北半球，太阳辐射较强，辐射时间也长，北方昼长，所以南北气温相差不大。7 月份东部等温线分布大致与海岸线平行；西部等温线呈闭合状分布，大致与等高线平行；7 月份全国大部分地区气温大都在 20℃ ~28℃。闭塞的盆地及内陆低洼地区出现高温中心，吐鲁番盆地是中国夏季气温最高的地方，素有"火州"之称。而青藏高原由于地形原因成为全国气温最低中心。

夏季东南季风盛行，带来了暖湿气流，使全国的气温普遍升高。北方太阳高度角偏低，但白昼时间却比南方长，部分弥补了太阳高度低引起的热量不足，因此，南北之间的温度差远较冬季小。在夏季，中国是世界上同纬度除沙漠地区以外最热的国家。

阅读材料

中国最热的地方

除了青海和西藏以外，中国各省、市、区都出现过 40℃ 以上的高温。全国极端最高气温出现在新疆的吐鲁番盆地，1975 年 7 月 13 日吐鲁番民航机场曾观测到目前中国的极端最高气温 49.6℃。

中国 7 月平均最高气温出现在吐鲁番盆地，达 39.9℃，长江中下游地区约有一半气象台（站）也可以达到 34℃ 左右。对比鲜明的是，青藏高原 4 000 米以上和北方许多高山之巅，最热月平均最高气温却只有 10℃ ~15℃，成为中国夏季最冷的地方。所以中国夏季的温差，主要不是在华南和东北之间，而是发生在东西方向——长江中下游和青藏高原之间。年平均最高气温出现在全年都比较暖热的南海诸岛和海南、台湾等岛屿。

吐鲁番的纬度已将近北纬43°，为什么它还能如此高温，并保持着遥遥领先的高温纪录呢？原来吐鲁番之热，除了它的海拔很低之外，主要是因为它很干旱。天上无云，太阳光的热量在到达地面前很少损耗；地面无水分可供蒸发，到达地面的太阳热量几乎全部用来增温地面，发烫的大地又把高温源源地传给了大气。吐鲁番又是一个盆地，太阳辐射的热量不易散失，好比"热锅底部"一般。

长江中下游地区成为中国夏季大面积最热的地区，最高气温≥35℃的炎热日数普遍都在20～30天，长江沿岸著名的"三大火炉"——南京、武汉和重庆都在这个大火炉之中。这里不仅气温很高，空气湿度亦很大，人体利用汗水蒸发来降低体温的效率大大降低，因此这里的夏季显得颇为闷热。

——《中国的气候及其极值》

中国地处中低纬度，大部分地区四季分明，仅华南地区长夏无冬，大小兴安岭、青藏高原等地无夏，藏北地区西部全年皆冬，云南中部四季如春。四季分明的地区，纬度越高，春秋季节越短。

（三）温度带

温度是影响农作物生长与发育的主要因素，但日平均气温稳定升至10℃以上时，大多数农作物才能活跃生长。为此，可把气温≥10℃的持续期视为农作物生长期。在气温≥10℃的持续期内，日平均气温累加起来得到的温度总和称为积温。积温反映了一个地方生长期内的温度高低和热量多少，是划分温度带的主要指标。根据≥10℃积温，中国自北向南划分为寒温带、中温带、暖温带、亚热带和热带等五个温度带。另外，青藏高原为独特的高山高原气候区。

中国温度带的划分与特征

温度带	范围	≥10℃积温	作物熟制
热带	琼全部和台南部、粤南部（雷州半岛）、滇南部（西双版纳）	＞8 000℃	一年三熟，中国热带作物和热带经济林的重要产区
亚热带	秦淮一线以南的大部分地区，青藏高原以东	4 500℃～8 000℃	一年两熟到三熟。稻麦两熟或双季稻。双季稻加冬作油菜或冬小麦。中国水稻、油菜及亚热带水果、经济林的重要产区
暖温带	黄河中下游大部分地区，即鲁全部和陕、晋、冀大部分及南疆	3 400℃～4 500℃	两年三熟或一年两熟。中国冬小麦、玉米、谷子及温带水果（苹果、梨、葡萄等）的主产区
中温带	吉全部和黑、辽、内蒙古大部，北疆	1 600℃～3 400℃	一年一熟。主要作物：春小麦、大豆、甜菜、玉米、谷子、高粱

（续上表）

温度带	范围	≥10℃积温	作物熟制
寒温带	黑、内蒙古的最北部	< 1 600℃	一年一熟。以生长期较短的早熟作物为主：春小麦、大麦、马铃薯等
高山高原气候区	青海、西藏大部和四川西部	< 2 000℃	一年一熟。主要作物：青稞等

二、降水

降水是指从大气中降落到地面的液态水和固态水。它包括两部分：一部分是大气中的水汽直接在地面或地物表面及低空的凝结物，如霜、露等；另一部分是由空中降落到地面上的水汽凝结物，如雨、雪等。

（一）降水类型

根据降水形成过程中空气上升的原因和形式，可以把降水分成锋面雨、对流雨、地形雨、台风雨等类型。

降水的四种类型比较

降水类型	气流运动状态	降水特点	主要分布地区
锋面雨	冷暖气流相遇暖湿空气被抬升	持续时间长，范围广，强度小	中纬地区，中国东部夏秋季节
对流雨	湿热空气强烈受热上升、冷却	强度大，历时短，范围小，常伴有暴风、雷电	赤道及附近地区，中纬度大陆夏季也可发生
地形雨	暖湿空气在前进中受地形阻挡被迫爬升，水汽凝结	降水强度较大，时间较长	山地迎风坡
台风雨	暖湿空气围绕台风中心旋转上升	强度大，多暴雨，伴狂风、雷电，常造成灾害	低纬度地区大陆东部

（二）中国降水分布特征

中国年降水量的分布规律是由东南沿海到西北内陆逐渐减少。东南沿海地区年降水量在1 600毫米以上，一方面从东南沿海到西北内陆距海洋的距离越来越远，受海洋的影响越来越小，所以降水量由东南沿海向西北内陆递减；另一方面，带来大量降水的夏季风受重重山岭的阻挡和距离长短的制约，影响程度自东南沿海向西北内陆逐渐减小。东南季风主要影响东部地区，西南季风主要影响西南地区、华南地区以及长江中下游地区等，甚至黄河中下游地区。东南沿海的粤、闽、台和浙南的降水量一般都在1 800～2 000毫米。全国降水最多的地方在台湾省东北部的火烧寮，最少的地方是吐鲁番盆地中的托克逊。

1.800毫米年等降水量线

沿秦岭—淮河一线向西折向青藏高原东南边缘一线，此线以东以南年降水量一般在800

毫米以上，为湿润地区；此线以西以北年降水量一般在800毫米以下，为半湿润地区。秦淮一线的地理意义：传统意义上南方与北方的分界线；河流结冰与不结冰的分界线；北方旱地与南方水田的分界线；湿润地区与半湿润地区的分界线；亚热带季风气候与温带季风气候的分界线；热带亚热带常绿阔叶林与温带落叶阔叶林的分界线；水稻与小麦种植分界线。

2.400毫米年等降水量线

沿大兴安岭—张家口—兰州—拉萨—喜马拉雅山脉东端一线，此线以东以南，年降水量一般在400毫米以上的，为半湿润地区；此线以西以北年降水量一般在400毫米以下，为半干旱地区。此线的地理意义：森林植被与草原植被的分界线；东部季风区与西北干旱半干旱区的分界线；农耕文明与游牧文明的分界线；西北地区与北方地区的分界线；400毫米年等降水量线把中国大致分为东南与西北两大区域。

3.200毫米年等降水量线

200毫米年等降水量线经内蒙古自治区中部地区—贺兰山—祁连山至藏北高原一线，此线大致是中国半干旱区和干旱区的分界线。此线以西以北年降水量200毫米以下的多为荒漠地区，除有灌溉水源的绿洲以外，自然环境恶劣，人烟稀少，十分荒凉。青藏高原上的降水东南多、西北少，高原西北部估计在100毫米左右。

（三）中国干湿区的划分

根据降水量与蒸发量的对比关系，中国自东南向西北可划分为湿润地区、半湿润地区、半干旱地区和干旱地区四大干湿地区。

中国干湿地区的划分与特征

干湿地区	干湿状况	主要分布地区	气候和植被
湿润区	年降水量 >800mm 降水量 >蒸发量	东南地区大部、东北地区东北部	气候湿润； 森林
半湿润地区	年降水量 400~800mm 降水量 >蒸发量	东北平原、华北平原、黄土高原南部和青藏高原东南部	气候较湿润； 草原和森林
半干旱地区	年降水量 200~400mm 降水量 <蒸发量	内蒙古高原、黄土高原和青藏高原大部	气候较干燥； 主要为草原
干旱地区	年降水量 <200mm 降水量 <蒸发量	新疆、内蒙古高原西部、青藏高原西北	气候干旱； 主要为荒漠

阅读材料

中国雨量极值

中国年雨量的分布形势是东南多，西北少，从东南向西北减少。中国年雨量最多的地方在台湾北端基隆南侧的火烧寮，位于面迎潮湿的东北季风的迎风坡上，据1906—1944年资料统计，该地多年平均降水量为6 557.8毫米，1912年降水量高达8 409.0毫米，是中国年雨量的真正冠军！

吐鲁番盆地、塔里木盆地和青海柴达木盆地是中国气候最干燥的地区，年雨量多在25毫米以下。中国雨量最少的气象站是吐鲁番盆地西侧的托克逊（海拔不到1米），年雨量平均只有6.9毫米。据报道，在吐鲁番盆地南部寸草不生的勒塔格荒漠等地区，有些年份甚至终年滴雨不降。有意思的是这些干旱区的农田主要依靠河流、高山冰雪融水和地下坎儿井灌溉，不靠天吃饭，庄稼有光有热又有水，稳产高产。区区小雨不但于作物无益，而且有害：在蒸发过程中会引碱上升，以及由于雨水使土面板结，影响棉花出苗，所以一旦有雨，还要紧急动员中耕松土。

——《中国的气候及其极值》

第四节　中国气候的基本特点

一、气候类型复杂多样

中国幅员辽阔，跨纬度较广，距海远近差距较大，加之地势高低不同，地形类型及山脉走向多样，因而气温降水的组合多种多样，形成了多种多样的气候。从气候类型上看，东部属季风气候，西北部属温带大陆性气候，青藏高原属高寒气候。从温度带划分看，有热带、亚热带、暖温带、中温带、寒温带和青藏高原区。从干湿地区划分看，有湿润地区、半湿润地区、半干旱地区、干旱地区之分。而且同一个温度带内，可含有不同的干湿区；同一个干湿地区中又含有不同的温度带。因此在相同的气候类型中，也会有热量与干湿程度的差异。

中国气候分布呈现以下特点：热带季风区分布范围小，主要是南岭以南，如海南、广东南部和云南南部等。亚热带季风气候主要分布自南岭到秦岭淮河一线、以横断山为界的东部地区（湖南、江西、浙江、四川、安徽与江苏南部、广东北部及福建部分地区等），而以大兴安岭、贺兰山以东为界的东部地区（东北三省、河北、山东、天津、北京、山西、陕西与河南部分地区）主要是温带季风气候。温带大陆性气候主要分布在大兴安岭、贺兰山以西为界的西北地区（内蒙古和新疆）。此外，由于地势高峻、地形多样，青藏高原地区（西藏和青海）形成独特的高山气候。

复杂多样的气候，有利于多种植物和农作物的生长，为中国提供了丰富的动植物资源；在复杂多样的气候条件下，形成了不同的自然景观、种植制度和旅游资源。由于地带性和非地带性因素的综合影响，山区形成了复杂的立体气候，出现河谷热、丘陵暖、山区凉、高山寒的气候特点，构成了山区立体农业的分层布局。

二、典型的季风气候

季风是指一年内盛行风向随着季节变换而显著变化的风；季风气候则是指一年内因盛行不同风向的季风而形成的气候类型。中国的气候具有夏季高温多雨、冬季寒冷少雨、高温期与多雨期一致的季风气候特征。由于中国地处亚欧大陆与太平洋之间，海陆热力性质差异明显；青藏高原的隆起破坏了对流层低层行星风带的分布，对中国冬夏季风起加强作用。二者使中国成为世界上季风最为显著的国家之一，除青藏高原、云贵高原、海南、台湾等地，中国东部广大地区都受到冬季风的影响。

在季风区内，冬、夏季风有规律地更替。冬季风来自中高纬度的亚洲内陆腹地，气流的特点是寒冷干燥，所到之处气温急剧下降。在这种频频南下的寒潮影响下，中国大部分地区冬季普遍寒冷而干燥，成为世界同纬度上最冷的国家。夏季风分为东南季风和西南季风。东南季风来自太平洋，主要影响中国东部地区，西南季风来自印度洋和南海，主要影响西南和华南地区，但有时西南气流也可长驱北上到达华中和华北地区，引起那里的暴雨。经过广阔热带洋面的夏季风，给中国大陆带来了丰沛的雨水。

中国是世界上季风气候最典型、类型最齐全、影响范围最广的国家。和世界同纬度的其他地区相比，冬季气温偏低，夏季气温偏高，气温年较差大，降水集中于夏季，具有大陆性气候的特征。因此中国的季风气候，大陆性较强，也称作大陆性季风气候。

中国东部地区雨带的位置与夏季风的进退紧密相关；一般年份里，东南季风的前沿雨带于5月中旬在华南出现，6月中旬雨带随锋面推移到长江流域，并在长江中下游地区大约摆动一个月左右，阴雨连绵是长江中下游地区的梅雨季节。7月中旬，雨带第二次跳跃，迅速推进到淮河以北，使中国广大北方地区进入雨季时期。8月中下旬为夏季风鼎盛时期，北界可达东北地区北部、内蒙古长城沿线，它与从西北来的冷空气相遇后形成一条降水丰沛的雨带。8月下旬雨带开始返回南方。中国东部地区雨季迅速结束。西南季风的来临呈爆发式，从南到北只需一个月时间，而退却往往需要几个月的时间。因此，降水在季节分配上也很不均匀，大多数地方降水量集中在5月至10月的夏秋季节。

由于季风的影响，中国避免了北回归线沙漠带的出现，并成为雨量丰沛、气候适宜的地区。夏季水、热、辐射的高值期重合，有利于作物的生长，中国单季作物的种植线比同纬度其他地区偏北，例如，水稻生长可以达到黑龙江省的北部，棉花种植可以达到新疆（45°N），是世界水稻、棉花分布的最北位置。

中国气候虽然有许多方面有利于发展农业生产，但也有不利的方面，如灾害性天气频繁多发对生产建设和人民生活造成不利的影响，旱灾、洪灾、寒潮、台风等都是对中国影响较大的主要灾害性天气。

思考与练习

1. 评价中国气候的特点。
2. 分析中国气候的形成原因。
3. 叙述中国重要的天气变化及其影响。

第四章 水 文

　　水是生命的源泉，是工业、农业、航运业生产过程中不可替代的重要资源，是生态系统中最活跃、影响最广泛的因素之一。其中的河流和湖泊提供了丰富和直接的淡水资源，塑造了肥沃富饶的冲积平原，成为人类文明发展的摇篮。

　　中国水资源总量较丰富，但人均拥有量少；资源分布在时间、空间上不均；东部季风气候区水资源比较丰富，西北内陆非季风气候区水资源紧缺。季风区内以秦岭—淮河一线为界，南部亚热带与热带季风区域水资源特别丰富，北部温带季风气候区域水资源比较少。华北地区的黄河、海河流域是全国水资源最缺乏的地区，给当地工农业生产、人们生活造成严重影响。

第一节 河 流

一、河流概述

（一）中国河流的分类

　　河流通常指汇集地面径流与地下径流的天然水道中流动的水流。河流流域一般包括供给河流地面径流和地下径流的聚水区域。某一河流的水系是指流域内各大小河流构成的脉络相同的水道系统。每条河流一般都可分为河源、上游、中游、下游、河口等五个分段。

　　中国河流常以河流径流的年内动态差异为标志进行河流分类：

　　1. 东北型河流

　　包括东北的黑龙江、乌苏里江、松花江、嫩江、图们江等河流。东北地区纬度较高、气温低、蒸发弱，地表径流比中国北方其他地区丰富，径流系数一般为30%，全年流量变化较小，哈尔滨站松花江洪枯水量比为15：1；每年因季节性冰雪融水补给而有延续时间较长的春汛，且因流水阻塞而形成高水位；下接雨水补给的夏汛，10月底或11月初结冰，冰层厚达1米，1—2月份出现全年最低水位。

　　2. 华北型河流

　　包括辽河、海河、黄河以及淮河北侧的各支流。华北地区河流，一年有两汛两枯，3—4月间由上游地区季节性冰雪融水补给与河水解冻而出现春汛，一般春汛时间较短。6月下旬至9月间出现降水补给的夏汛，径流系数5%～20%，但雨季多暴雨，洪水汹涌且径流变幅大，三门峡站黄河最大流量与枯水期流量之比为110：1；春汛与夏汛之间的枯水期，有些河流甚至断流，造成春灌期严重缺水。

　　3. 华南型河流

　　包括淮河南侧支流，长江中下游干支流，浙、闽、粤沿海及台湾省各河流，以及除西江上游以外的珠江流域大部分。华东南部与华南地区的河流，因降水丰富而流量大，季风雨的迁移使得长江各支流汛期长短不同，而长江干流汛期长达半年左右，7—9月的台风降水补充了其他类型降水的减少，甚至出现台风汛和严重水灾，否则可能发生秋旱，径流系数＞50%。

4. 西南型河流

包括长江上游各支流、西江上游、横断山区以及云贵高原上的河流。西南地区高山深谷、山清水秀，5 月进入汛期，7—8 月洪峰最高，2 月份流量最小。青藏高原内部的河流则以冰雪融水补给为主，盛夏时节冰雪融水多，河流流量也较大。

5. 西北型河流

包括新疆和甘肃河西地区发源于高山的河流。西北地区多内流河，源于高山的冰雪融水补给，3—4 月有不明显的春汛，7—8 月间出现洪峰，河水出山口后大量渗漏，大多数河流最终消失在大沙漠的边缘地带，或者注入内陆湖泊。

6. 内蒙古型河流

该区由于降水较少，气候干燥，上游河流水量较少，流程一般都较短，且多为内流河。仅有黄河上游的部分河段流经本区。以地下水补给为主，夏季径流明显集中，水位随暴雨来去急速涨落；河流冰期可达半年。

7. 青藏型河流

青藏高原河流因为流经地形地势的影响，上游雨水补给量小，流速快，含沙量小；夏季冰川融水形成夏汛。青藏高原的河流可以分成内流区和外流区。高原东部、南部和东南部河流属外流区，其他地区属于内流区。高原地势影响了河流由西北部或西部流向东南、东北或南部。高原内流区的河流多以湖泊或盆地为中心，呈向心状排列。由于深处内陆、降水稀少，河水补给水源单一，流程较短，水量也比较小，河网稀疏。

8. 阿尔泰型河流

中国境内属于此类的河流很少。由于深居内陆地区，年降水量少，河流数量少，阿尔泰地区的河流以冰雪融水补给为主，5—6 月为汛期。额尔齐斯河是本区主要河流，也是中国唯一注入北冰洋的国际性河流。

（二）河流的水文特征与水系特征

1. 河流的水文特征

河流水文特征，包括水位、含沙量、结冰期、汛期、水能资源、流速及径流量等。一般从以下几方面进行描述：①水位。河流的水量、径流量取决于河流补给类型，以雨水补给为主的河流，水位变化由降水特点决定，通常形成夏季汛期；冰川融水补给为主的河流，水位变化由气温特点决定，随着夏季气温升高，冰川融水量增加，使河流水量上涨，形成汛期；由地下水补给为主的河流，水位较稳定。②含沙量。河流含沙量大小取决于流域内地面植被状况、地势的起伏状况。③结冰期：河流结冰期的长短取决于所处的地理位置，主要指标是年内最冷月均温。④汛期：河流汛期长短由降水时间长短或气温高低决定。⑤水能：河流水量大小和地势起伏状况决定水能大小，一般地形起伏越大，水流落差大，水量越大，水能越大。

2. 河流的水系特征

河流水系一般是针对集水河道的结构而言的。它包括河流源地、注入海域、流程、流域、河网分布，以及落差等要素。

河流水系特征一般从以下几方面进行描述：①河流长度、流向。如中国许多河流受西高东低地势特点的影响，自西向东流。②水系状况与流域范围。主要受山脉走向制约，如长江水系基本位于巴颜喀拉山脉—秦岭和南岭之间。③河网形态、密度。河流一般由源头流向侵蚀基准面，沿途又有山谷流水以及地下水汇集。④落差或峡谷分布。

（三）河流的补给来源

河流补给是指为河流提供水源的方式。河流补给方式复杂多样，大多数河流以雨水和地下水补给为主。主要分为大气降水、季节性冰雪融水、高山冰雪融水、湖泊水和地下水等。其特点如下表：

河流补给类型和特征比较

补给类型	季节变化	分布	影响因素
大气降水	汛期出现在雨季	大多数地区、中国季风区	水位、雨季降水量
季节性冰雪融水	汛期出现在春季	中高纬地区、中国秦岭—淮河一线以北地区	气温、冬季积雪量
高山冰雪融水	汛期出现在夏季	内陆高山，中国西北地区	气温
湖泊水	对河水天然调节	大多数地区	湖泊蓄水量
地下水	常年稳定	大多数地区	地下水位

（四）河流径流的变化

1. 河流径流的季节变化

河流径流量在一年内各个月份并不相同。河流径流一年内有规律的变化，称为河流径流的季节变化。河流径流的季节变化，主要受流域的气候制约。以雨水补给为主的河流，径流主要随降雨季节变化而变化。

河流径流的季节变化，与人类生产、生活关系密切。人们通过修建水库蓄水，调节径流的季节变化，保证生产和生活用水的需要。

2. 河流径流的年际变化

由于大气降水量各年不同，造成河流径流量各年也有所不同，称为河流径流的年际变化。如果某个年份降水偏多，河流径流增多，称为丰水年；降水偏少的年份，河流径流相应减少，叫少水年，又称枯水年；有的年份则接近多年平均状况，称平水年。

二、中国河流的主要特点

中国领土广阔，地形多样，气候复杂。在这样的条件下所发育的河流，与世界同纬度其他国家或面积相当的地区和国家相比，具有典型的特征。

（一）河流众多，源远流长

中国是世界上河流众多的国家之一，其突出特点是数量多、流程长。2013 年 3 月 26 日第一次全国水利普查公报资料显示，截至 2011 年 12 月 31 日，全国共有流域面积 50 平方公里及以上河流 45 203 条，总长度为 150.85 万公里；流域面积 100 平方公里及以上河流 22 909 条，总长度为 111.46 万公里；流域面积 1 000 平方公里及以上河流 2 221 条，总长度为 38.65 万公里；流域面积 10 000 平方公里及以上河流 228 条，总长度为 13.25 万公里。长江不仅是亚洲最长的河流，也是世界上著名的巨川。在世界河流中，长江和黄河的长度分列第三和第五位。澜沧江、黑龙江、珠江、辽河、海河、淮河等也都属于世界大江大河之列。如果把中国的天然河流连接起来，总长度达 43 万公里，可绕地球赤道 10 圈半。

中国的河流虽多，但在地区上分布很不均匀。河网密度总的趋势是南方大、北方小，东部大、西部小。西部内陆区几乎成为无流区。东部南方地区和北方地区也相差很大，长江三角洲和珠江三角洲是河网密度最大的地区。北方山地丘陵地区，河网密度较小，地势低平的松嫩平原、辽河平原和华北平原河网密度更小。

外流区的河流分别注入太平洋、印度洋、北冰洋等三大水系。其中太平洋水系流域面积最大，约544.5万平方千米，占全国总面积56.7%。自北向南分别有：黑龙江，属于鄂霍次克海流域；图们江、绥芬河，属于日本海流域；鸭绿江、辽河、滦河、海河、黄河和淮河等，属于黄海、渤海流域；长江、钱塘江、瓯江、闽江等，属于东海流域；韩江、珠江、元江、澜沧江等，属于南海流域。此外，台湾岛东部的河流直接注入太平洋。

印度洋水系的河流，面积约62.5万平方千米，占全国总面积6.5%，主要分布在青藏高原的东南部、南部和西南部。印度洋水系的河流大部分属于国际性河流。例如怒江等流入安达曼海，雅鲁藏布江及喜马拉雅山南麓诸河注入孟加拉湾，西南端的狮泉河汇入印度河，注入阿拉伯海。

北冰洋水系集中在新疆北部地区，面积最小，仅5万平方公里，占全国总面积0.5%。北冰洋水系的河流仅额尔齐斯河一条，它是俄罗斯鄂毕河的上游，注入北冰洋的喀拉海。

（二）水量丰沛，季节性变化明显

中国河川径流丰富，平均每年河川径流总量达26 000多亿立方米，占世界河川径流总量6.6%，在世界各国中居第五位。全世界河口流量在1万米^3/秒以上的河流共有18条，其中在中国境内入海的有长江、珠江、雅鲁藏布江、澜沧江及黑龙江等5条。长江的年径流总量近10 000亿立方米，仅次于亚马孙河和刚果河，居世界第三位。

中国河流水量虽然丰沛，但年内分配很不均匀，随着季节的更替有明显的变化。冬季是中国河川径流最为枯竭的季节，大部分地区冬季水量占全年总水量的10%以下，总的趋势是从南向北递减。秦岭—淮河以南地区，虽然冬季无冰冻现象，但降水量较多。台湾岛上的河流，冬季水量最丰，达15%以上，甚至高达25%。北方河流因冬季降水量少，受冰冻影响，流量也很少。

夏季是中国河川径流最丰盈的季节。由于东南和西南季风的影响，大部分地区降水量大增，但增加幅度是北方大于南方，西部大于东部。南方河流水量一般占全年总水量的40% ~ 50%。北方的河流因雨量集中，且多暴雨，水量可达50%以上。西部高原、高山区的河流，因气温升高，冰川积雪大量融化，使水量高达60% ~ 70%。总之，中国河流夏季进入汛期，洪水灾害多在此时出现。

从上述中国河流各季径流的地区分布概况可以看出，夏季丰水，冬季枯水，春秋过渡，这是中国河流季节变化的基本特点。

中国主要河流径流量年内分配占比情况

河名	站名	季节分配			
		冬	春	夏	秋
松花江	哈尔滨	6.2%	16.9%	39.0%	37.9%
黄河	三门峡	9.9%	15.3%	38.1%	36.7%
淮河	蚌埠	8.0%	15.4%	51.7%	24.9%

（续上表）

河名	站名	季节分配			
		冬	春	夏	秋
长江	大通	10.3%	21.2%	39.1%	29.4%
闽江	竹岐	10.3%	34.4%	41.7%	13.6%
珠江	柘州	6.8%	18.6%	53.5%	21.1%
澜沧江	景洪	10.7%	9.9%	45.0%	34.4%

（三）地区差异显著

中国重要的河流水文分界线，一是外流区和内流区的分界线，二是外流区中南方和北方的分界线。

1. 外流区和内流区的河流

中国内、外流区的分界线：北起大兴安岭西麓，经阴山、贺兰山、祁连山、巴颜喀拉山、念青唐古拉山和冈底斯山脉，直至西藏西部的国境线为止。这条线以东，除鄂尔多斯高原、松嫩平原为内流区外，其余都是外流区。这条线以西，除新疆北部的额尔齐斯河流域外都是内流。内、外流区的分界线与中国200毫米等降水量线大致相同。外流河主要水源是大气降水，水量一般较为丰富，支流多，水量沿程增多；河水量的变化随降水而变；河网密度较大。内流河多以冰雪融水为主要水源，一般水量较小，而且支流很少，水量沿程不断减少；河中水量又随气温而变化，冬季河流产生断流现象，多为季节性河流。

2. 外流区中南方和北方的河流

在中国东部的外流区中，南方河流和北方河流的分界线是秦岭—淮河。这一界线与年降水量为800毫米等降水量线的位置基本一致。北方地区属于半湿润半干旱地区，南方地区属于湿润地区。此线以南和以北的河流水文特征也截然不同。

秦岭—淮河一线以北的河流，包括东北河流和华北河流，东北河流包括黑龙江、松花江、图们江、鸭绿江等；华北河流包括辽河、滦河、海河和黄河等。秦岭—淮河一线以南的河流，主要指长江、钱塘江、闽江、珠江等，统称为南方河流。南方河流和北方河流的主要差异表现在：

第一，南方地区的河流地处热带、亚热带湿润地区，水量丰富，径流量大，支流多；而北方河流流经干旱、半干旱和半湿润地区，流量不大，年径流量也较小。比如珠江的流量就超过黄河的8倍。第二，南方河流经过地域由于植被保护较好，因而河流含沙量和输沙量均较小，而北方河流经过地域的植被覆盖率较低，水土流失严重，因此含沙量和输沙量很大。例如黄河含沙量是珠江的58倍，输沙量比珠江多38倍。第三，南方河流冬季一般不结冰，水量年变化比较和缓，河流通航里程长，受季节影响不大，所以长江号称中国的"黄金水道"；而北方河流流量不及南方大，存在明显的季节变化，都有或长或短的结冰期，越往北方，河流结冰期越长，冰层越厚，河流航运和发电量都受季节影响。第四，南方因为降水量多，地表径流丰富，河网密度较大，特别是河流下游地段是水网密布，湖泊众多，一片泽国水乡的景色，而北方就不同了，因此人们以"南船北马"形象地说明了南北河流方面的差别。

（四）水力资源丰富，经济地位显著

河流的水力蕴藏量取决于河流径流量和落差两者的大小。中国不仅有丰富的河川径流，而且有世界上最高的山脉和高原，许多大河从这里发源后奔腾入海，落差特别大。因此，中国水力蕴藏量特别丰富，理论上约6.8亿千瓦，居世界首位，占全世界水力蕴藏总量的1/10左右。

中国河流水电资源总的分布趋势是南方较多，北方较少；西部较多，东部较少。这与石油、煤炭资源的地区分布恰好相反，两者取长补短，使全国的能源分布更趋合理。在全国河流中，长江水系的水电资源最为丰富，约占全国总量的40%，而可能开发的水力资源占全国可能开发总量的一半以上。

中华人民共和国成立后，中国已经兴建了数以万计的大中小型水电站。截至2020年末，中国全国发电装机容量约22亿千瓦，其中火电装机容量为124 517万千瓦，水电为37 016万千瓦，核电为4 989万千瓦，并网的风电为28 153万千瓦，并网的太阳能发电为25 343万千瓦。在中国能源消费构成中，火电居首位，约占56.6%；其次为水电，约占16.8%。2020年中国水电发电量为1.21万亿千瓦时，水力发电量已由1949年居世界第27位，跃为今天的第一位。三峡水电站仍然是世界上最大的水电站，总装机容量为2 250万千瓦。

能源是现代经济社会发展不可或缺的重要保障，水电是目前世界公认的最具备规模发展的清洁可再生能源，也是中国能源资源的重要组成部分。中国的水电发展经历了由小到大，由弱到强的历程，特别是改革开放以来，随着国家经济社会的快速发展，水电也以令世人瞩目的速度发展。

中国的水利资源虽然丰富，但是必须珍惜它，很好地利用它。水体是自然环境中的一个重要因素，它和其他要素有着密切的关系，如果开发不当，就会破坏自然环境中的平衡，产生各种各样的问题，甚至遭到惩罚。例如，对水体只利用不保护，就会造成严重污染，破坏生态平衡，危及人民健康。

三、主要河流

（一）长江

长江发源于青海省西南部、青藏高原上的唐古拉山脉主峰各拉丹冬雪山，曲折东流，干流先后流经青海、西藏、云南、四川、重庆、湖北、湖南、江西、安徽、江苏和上海等十一个省（自治区、直辖市），注入东海，全长6 300千米，是中国第一大河，世界第三大河。流域面积180多万平方千米，从河源到河口总落差6 600多米，水能资源十分丰富。习惯上，河源至湖北宜昌段为长江上游，宜昌至江西湖口为长江中游，湖口以下为长江下游。

唐古拉山主峰各拉丹冬雪山西南侧的沱沱河为长江正源。沱沱河与当曲汇合后称为通天河，穿行于海拔4 000多米的青藏高原之上，河谷宽浅，水流缓慢，两岸草滩成片，是良好的高原牧场。青海玉树以下至四川宜宾一段称为金沙江，奔流于横断山脉峡谷地带，河谷深切，比降增大，水流湍急，到云南石鼓受断裂构造控制，河道突然拐向东北，进入虎跳峡。在这段长仅16千米的河段内，峡谷深达2 000～3 000米，最狭处（虎跳峡）江面宽仅30余米，是世界上最雄伟壮观的大峡谷之一。出虎跳峡，金沙江穿过云贵高原北部，接纳了雅砻江等支流，进入四川盆地，在宜宾附近又有岷江汇入。自宜宾以下始称为长江，其中流经四川盆地一段习惯上又称为川江；它穿行在紫色砂页岩组成的山地丘陵之间，河床纵比降减小，江面宽展，河曲发育，接纳沱江、嘉陵江、乌江等支流后水量大增。过万州区后，山势

渐高，从奉节以东进入世界著名的三峡区，称为长江三峡。长江三峡全长约200公里，由瞿塘峡、巫峡、西陵峡等组成。整个三峡河段，峡滩相间，河道曲折，滩礁星罗，峡谷两岸，危壁耸立，大多高出江面500多米，最高的达千米以上。江面狭窄，水流湍急，给航行带来很大困难，但水能资源十分丰富。

长江出三峡后自宜昌以下进入中游冲积平原，河床比降锐减，河道迂回曲折，尤其自湖北省枝江至湖南省岳阳县城陵矶段（称为荆江）尤为突出，素有"九曲回肠"之称。由于水流缓、泥沙沉积旺盛，荆江河段河床高出地面，成为"地上河"，每当汛期，洪水位高出平地，极易溃堤成灾，自古就有"万里长江，险在荆江"之说，是长江流域重点防洪区。

长江中游的一大特点是支流众多。最长的支流是汉江；洞庭湖水系的湘江和鄱阳湖水系的赣江也是主要支流。虽有洞庭湖、鄱阳湖等湖泊的调蓄作用，但因地势低，汛期洪水来势猛，泄水不畅，极易酿成洪涝灾害。

湖口以下的长江下游，湖泊港汊众多，但汇入的支流较少较小。自镇江以下进入长江三角洲地区，江面宽展，到入海处达91千米。

长江是中国年径流量、流域面积最大的河流，自古以来就有"黄金水道"的美誉。长江基本属亚热带湿润气候区，降水丰沛，径流量大。长江多年平均径流量是黄河的20倍，占全国河川径流总量的36%；径流比较平稳，年内分配比较均衡，年际变化小，对水资源的开发利用特别有利。经初步整治，干支流航道里程已达70 000多千米，货运量占全国内河货运总量的60%。

长江水能资源蕴藏量占全国1/3，可利用水能资源约占全国一半，特别是第一阶梯与第二阶梯、第二阶梯与第三阶梯过渡河段，水能资源密度最大。由于长江落差主要集中在上游河段，因此长江水能资源也主要集中在上游河段，目前在长江干流和支流上已经相继建起了许多水电站，如葛洲坝、长江三峡、向家坝、溪洛渡、白鹤滩、乌东德、二滩等水电站。

消除洪水威胁，一直是长江水利建设的头等重要任务。目前运用加固堤防、兴建干支流水库、利用湖泊洼地蓄洪排涝等多种措施，做到逐步加以控制；在广大平原地区进一步整修稠密而比较紊乱的水系，开挖和疏浚河道，兴建排涝工程，使农田水土条件得到改善。

（二）黄河

黄河发源于青海省巴颜喀拉山北麓，流经青海、四川、甘肃、宁夏、内蒙古、陕西、山西、河南、山东等九省区，注入渤海，全长5 464千米，是中国第二长河。黄河的形状呈"几"字形。习惯上，源头至内蒙古自治区河口镇段为黄河上游，河口镇至河南郑州市的桃花峪为黄河中游，桃花峪以下为黄河下游。

发源于巴颜喀拉山北麓的约古宗列曲是黄河的正源。从卡日曲开始经星宿海、扎陵湖、鄂陵湖到龙羊峡，黄河流经青藏高原面上，河道迂回曲折，两岸多湖泊沼泽，河水清浅而稳定。龙羊峡至青铜峡河段，黄河在近20个峡谷穿行，水流湍急，蕴藏着丰富的水能资源。由于有洮河、湟水等支流汇入，黄河水量增加。出青铜峡后，河道途经干旱和半干旱地区，几无支流加入，河床平缓，两岸为著名的银川平原和河套平原。

黄河中游由北而南穿行在晋、陕峡谷之中，比降很大。著名的壶口瀑布是中国第二大瀑布，龙门河床宽仅100米，水势咆哮，极为壮观。龙门以下至潼关，在长仅130千米河段内，接纳了汾河、泾河、渭河、洛河等不少重要支流，水量大增，同时也带入了大量的泥沙，水流缓慢，泥沙淤积，河道很不稳定。黄河过潼关折向东流进入黄河最后一个峡谷段三门峡。黄河中游两岸大部分为黄土高原，由于土质疏松、降水集中多暴雨、地表缺乏植物保护，导致黄河中游含沙量特大，所以黄河中游是治理黄河水患的关键地段。

桃花峪以下为下游，此段河床在华北平原上游荡，河床宽坦，水流缓慢，泥沙淤积旺盛，使河床平均高出两侧平地 4~5 米，成为举世闻名的"地上河"。由于河床高出地面，河水只能靠人工筑堤约束，一遇暴雨，河水猛涨，两岸河堤随时随地有决口的危险。

中华人民共和国成立前，黄河长期失修，造成黄河"三年两缺口，十年一改道"。每年由中游带来的 16 亿吨泥沙，一部分淤积在下游河道，使河床日益升高成为地上"悬河"，一部分在河口沉积，使河口不断延伸，河床比降减小，更加重了黄河河床的淤积，形成周期性的决口改道。以邙山（郑州西北桃花峪附近）为起点，北至天津，南至淮阴的 25 万平方千米范围内，都是黄河洪水泛滥和泥沙沉积覆盖的范围。向北决口改道阻塞了海河洪水出路，破坏了海河平原的排水系统；向南决口改道则阻塞了淮河的洪水出路，破坏了淮河平原的排水系统。据记载，在中华人民共和国成立前两千多年历史中，黄河决口泛滥达 1 500 多次，其中大的改道就有 26 次，每次决口泛滥都给下游地区的人民带来深重的灾难。

凌汛是地处较高纬度北方地区河流的特有水文现象。黄河河道自上而下近乎呈"几"字形，在黄河上游河套段和下游山东境内河段为低纬度流向高纬度。上段河道封冻晚、开河早，结冰较薄；下段河道封冻早、开河晚，结冰较厚。特别是气温猛升或水位暴涨时，大块冰凌汹涌而下，形成冰塞、冰坝，致使水位陡涨，出现水鼓冰裂、冰凌漫堤的情形，形成凌灾，其危害程度常常超过洪灾。

中华人民共和国成立后，对黄河开展了综合治理。一方面，在上、中游地区，特别是黄土高原地区大力开展水土保持，控制水土流失；另一方面，在下游修堤筑坝，加固黄河大堤，大力修建分洪蓄洪工程，对确保黄河下游两岸人民生命财产安全起了很大作用。黄河中上游丰富的水能资源开发亦取得了很大成绩，已完成了龙羊峡、刘家峡、盐锅峡、八盘峡、青铜峡、三盛公、万家寨、天桥、三门峡和小浪底等一系列大中型水利枢纽工程。这些工程都发挥着灌溉、防洪、发电等综合效益。

长江、黄河水文特征对比

	长江	黄河
正源，上中下游划分，注入海洋	沱沱河—宜昌—湖口—东海	约古宗列曲—河口—桃花峪—渤海
长度、面积	6 300 千米、180 多万平方千米	5 464 千米、75 万平方千米
所属温度带、干湿地区	亚热带、湿润地区	暖温带、中温带，半湿润、半干旱地区
主要支流和水系	汉江、雅砻江、嘉陵江、岷江、乌江、鄱阳湖水系、洞庭湖水系	渭河、汾河、湟水、洮河
主要水文特征	流量大、汛期长、水力丰、通航里程长	含沙量大、冬季结冰、下游为地上河
重点开发项目	上中游的水电，中下游的灌溉、航运	上中游的水电，兰州以下河段的灌溉
重点治理项目	荆江至湖口段的涝灾	中游水土流失，下游堤防建设

（三）珠江

珠江是中国境内第四长河流，按年流量则为中国第二大河流。珠江全长 2 320 公里，原指广州到入海口的一段河道，后来逐渐成为西江、北江、东江和珠江三角洲诸河的总称。

西江发源于云南省东北部沾益区的马雄山，干流流经云南、贵州、广西、广东四省（自治区）及香港、澳门特别行政区，在广东三水与北江汇合，从珠江三角洲地区的 8 个入海口流入南海。

东江上源为寻乌水，发源于江西寻乌县境内的南岭山地，自龙川以下始称东江，东江属山溪性河流，上游河窄水浅，两岸多陡峻山岭，自惠阳以下进入平原，河床多沙洲、多汊河，主流由虎门入海，全长 523 千米。

北江上源为浈水，发源于大庾岭南坡，至韶关附近与武水汇合后始称北江。韶关以下北江穿过盲子峡、飞来峡等峡谷区，河道顺直，并先后接纳了滃江、连江等支流。自清远以下进入平原，亦于三水附近进入珠江三角洲，河道宽浅并分成数股，与西江相通，主流于洪奇沥入海，全长 466 千米。

这三条独立水系在珠江三角洲汇集，并通过纷纭的港汊相互沟通，在三角洲平原上形成纵横交错的网状水系。珠江三角洲河网区，其流域面积仅占珠江全流域面积的 4%。实际上真正称为珠江的仅指广州至虎门这一小段。

珠江流域地处亚热带，降水较多，河川径流量大，多年平均河川径流总量占全国径流资源总量的 10.52%，为黄河的 6 倍，仅次于长江，居全国第二位。同时，由于珠江流域植被覆盖度较好，河流的含沙量较少。沙少、水丰、径流量变化比较平稳，为珠江水资源开发利用提供了有利条件。珠江水系河流常年通航里程达 1.2 万千米，水运量仅次于长江，居全国第二位。水能资源也很丰富，流长水丰的西江红水河尤为丰富。

（四）京杭大运河

京杭大运河始建于春秋时期，是世界上里程最长、工程最大的古代运河，也是最古老的运河之一。大运河全长约 1 794 公里，是中国仅次于长江的第二条"黄金水道"。

京杭大运河南起余杭（今杭州），北到涿郡（今北京），途经今浙江、江苏、山东、河北四省及天津、北京两市，贯通海河、黄河、淮河、长江、钱塘江五大水系。全年通航里程为 877 千米，主要分布在黄河以南的山东济宁以南、江苏和浙江等河段。

2002 年，大运河被纳入"南水北调"东线工程。2014 年 6 月 22 日，第 38 届世界遗产大会宣布，中国大运河项目入选《世界文化遗产名录》，成为中国第 46 个世界遗产项目。2019 年 10 月，京杭大运河通州城市段 11.4 公里河道已正式实现旅游通航。2021 年 6 月 26 日，京杭大运河北京段通航，将创造多项新的历史纪录。截至 2022 年 4 月 28 日，京杭大运河全线水流贯通。

京杭大运河沿线是中国最富庶的地区之一。从华北平原直达长江三角洲，地形平坦，河湖交织，沃野千里，自古是中国主要粮、棉、油、蚕桑、麻产区。人口稠密，农业集约化程度高，生产潜力大，沿河矿产资源丰富。在兖州、济宁、滕州、丰县、沛县、徐州、邳州及两淮等地，集中分布许多大中型煤矿，运河连接上海、南京、徐州、镇江、常州、无锡、苏州、扬州、杭州等工业城市。为了使"黄金水道"产生"黄金"效益，沿线的山东、江苏、浙江三省对大运河各段进行了整治、扩建和渠化，使千年古运河重新焕发了青春。运河沿线的主要港口有济宁、徐州、邳州、泗阳、淮阴、淮安、宝应、高邮、扬州、镇江、常州、无锡、苏州、吴江和杭州等。

京杭大运河对中国南北地区之间的经济、文化发展与交流，特别是对沿线地区工农业经济的发展起了巨大作用。

第二节　湖泊　沼泽　冰川　地下水

一、湖泊

湖泊是指陆地上地势低洼、相对封闭可蓄水的天然洼池，按其成因可分为：构造湖、火山口湖、冰川湖、堰塞湖、喀斯特湖、河成湖、风成湖、海成湖和人工湖（水库）等。

由于地壳运动的内力作用，包括地质构造运动所产生的地壳断陷、坳陷和沉陷等所形成的各种构造凹地，如向斜凹地、地堑及其他断裂凹地所产生的构造湖盆，经贮水、积水而形成的湖泊称为构造湖。构造湖具有十分鲜明的形态特征，即坡陡，湖岸陡峭且沿构造线发育，比较平直；湖水一般都很深；湖泊平面形态比较简单：长度大于宽度，呈长条形；面积较大。同时，还经常出现一串依构造线排列的构造湖群。如东非断裂谷中的坦噶尼喀湖、俄罗斯西伯利亚地区的贝加尔湖、日本最大的淡水湖琵琶湖、南美洲委内瑞拉的马拉开波湖等都是构造湖。中国青藏高原、云贵高原和内蒙古高原中发育了众多湖泊，如纳木错、色林错、昆明滇池、大理洱海等。

火山口湖是火山喷发以后积水而成。中国长白山主峰白头山上的天池是这类湖泊的代表，它是靠天上降下来的雨雪维持湖中有水。还有些火山口湖有从岩浆中分离出来的水，含矿物质多，湖水经常呈现多种颜色，极为壮观。

堰塞湖是指山崩、泥石流或熔岩堵塞河谷或河床，储水到一定程度形成的湖泊，通常由地震、火山爆发等地质灾害引起而形成。人为因素也可造就出一些堰塞湖，例如炸药击发、工程挖掘等。堰塞湖的堵塞物不是固定永远不变的，它们也会受冲刷、侵蚀，溶解、崩塌等。一旦堵塞物被破坏，湖水便漫溢而出，倾泻而下，形成洪灾，极其危险。

中国是个湖泊众多的国家。湖泊往往成群分布，凡湖泊分布比较集中的地区，大多是过去受冰川作用或是湿润气候条件下排水不良的一些地区。外流区以淡水湖分布为主，占全国湖泊总面积的45%。它与各类河流息息相通，成为某一巨大水系的组成部分；内流区以咸水湖或盐湖分布为主，占全国湖泊总面积的55%。按地域划分，中国湖泊可分为五大区，即东部平原湖区、东北湖区、云贵高原湖区、蒙新高原湖区、青藏高原湖区。

（一）东部平原湖区

本区包括长江中下游的沿江地带，黄河、淮河、海河的下游及大运河沿线分布的众多湖泊。本区湖泊大多是在构造陷落的基础上由河流或河湖冲淤而成。全区湖泊总面积达2.2万平方千米，约占全国湖泊面积的27.5%。中国著名的五大淡水湖鄱阳湖、洞庭湖、太湖、洪泽湖和巢湖即位于本湖区。鄱阳湖为中国第一大淡水湖，洞庭湖为全国第二大淡水湖。

本区湖泊水源丰富，绝大部分湖水都通过河流排泄。湖泊海拔低，湖盆浅平，平均水深都在4米以下，属浅水湖型。这一地区的河流雨季易发生洪水，众多湖泊对河流具有削峰调洪的作用，可以减轻洪涝对生产生活的危害程度。

（二）东北湖区

区内无论是平原还是山区均有湖泊分布。全区湖泊面积 3 722 平方千米，约占全国湖泊面积的 4.6%。平原地区湖泊因地壳下沉、地势低洼、排水不畅，使地表水积水而成。中部平原分布的许多湖泊沼泽，水浅面积小，并含有盐碱成分，冬季结冰，冰期长达 4～5 个月，当地称为泡子。山地湖泊一般与地质构造和火山活动有关。如位于长白山主峰的天池就是一个火山口湖，海拔 2 155 米，最大水深 373 米，是中国已知的最深的湖泊。而中俄边界的兴凯湖则属于构造湖。

（三）云贵高原湖区

本区湖泊多分布在云贵高原中部，全区湖泊面积达 1 188 平方千米，约占全国湖泊面积 1.5%。这里的湖泊多为淡水湖，水深清澈，终年不结冰，年水位变幅不大。大部分湖泊属于构造湖，如滇池、洱海、抚仙湖、泸沽湖等。同时，喀斯特地貌在发育过程中形成了溶蚀湖，如草海、纳帕海等。

（四）蒙新高原湖区

在内蒙古至新疆的广大地区，发育了众多的内流湖泊。湖泊面积约 2.2 万多平方千米，约占全国湖泊面积 27.8%。这里湖泊分布虽多，但由于气候干燥，湖面小、水浅、矿化度高，多为咸水湖和盐湖，而且多为季节性湖泊。湖水冬季结冰，冰期长达 4～7 个月。区内吐鲁番盆地的艾丁湖，湖面海拔高度为 −154 米，是中国地势最低的湖泊。

（五）青藏高原湖区

青藏高原湖区包括西藏自治区和青海省的全部及新疆南部小部分地区。本区湖泊总面积为 3.7 万平方千米，约占全国湖泊总面积 45.2%。它是地球上海拔最高、数量最多和面积最大的高原内陆湖区，也是中国湖泊分布密度最大的两个稠密湖区之一。

区内湖泊大多发育在一些与山脉平行的大小不等的山间盆地或河谷之中，都属构造湖类型。这类湖泊的深度一般都比较大，且湖岸陡峻。区内尚有一些中小型湖泊分布在山岭的峡谷地区，属冰川湖或堰塞湖。冬季湖泊基本结冰，而且冰期长达 4～7 个月。青海湖是全国最大的湖泊，也是最大的咸水湖。

本区虽然大多数湖泊为内陆盐水湖，但也有外流的淡水湖泊，像青海南部宽阔平坦的构造盆地内发育的著名的鄂陵湖和扎陵湖及一些小湖，它们是黄河的上游，也是青藏高原上面积较大的淡水湖。此外，在藏东南地区亦发育有少数外流淡水湖泊，如玛旁雍错和扎昂错等。

二、沼泽

沼泽的形成和分布是水热条件组合等各种自然因素综合作用的结果。中国沼泽总面积约 11.3 万平方千米，主要分布在东北三江平原、大兴安岭、小兴安岭、长白山区以及青藏高原和云贵高原等地。

此外，在新疆的天山南北麓和山间盆地、谷地及阿尔泰山一带、甘肃南部等地区也有沼泽分布，在一些湖泊的周围，常有芦苇沼泽，在海滨分布有芦苇沼泽和红树林沼泽。

若尔盖高原沼泽区是中国最大的泥炭沼泽集中分布区，属四川省阿坝藏族羌族自治州若尔盖和红原两县。全区沼泽总面积近 3 000 平方千米，主要沼泽类型有木里苔草、藏嵩草沼泽、眼子菜沼泽，毛里苔草、睡菜沼泽等。

沼泽土壤潜在肥力高，地上生长有多种牧草，青藏高原上的沼泽草场是当地重要的冬春牧场。沼泽地蕴藏的泥炭资源在工农业生产中具有广泛用途，沼泽地生长的芦苇等纤维植物是造纸工业的重要原料。此外，沼泽区还有许多水禽栖息和一些药用植物、蜜源植物和野果可供利用。

三、冰川

冰川是由多年积累起来的大气固体降水在重力作用下，经过一系列变质成冰过程形成的，主要经历粒雪化和冰川冰两个阶段，由粒雪转化成冰川冰的时间从数年至数千年。它不同于冬季河湖冻结的水冻冰，构成冰川的主要物质是冰川冰。

按照冰川的规模和形态，冰川分为大陆冰盖（简称冰盖）和山岳冰川（又称山地冰川或高山冰川）。山岳冰川主要分布在地球的高纬度和中纬度山地。

中国是世界上中、低纬度山岳冰川分布最广的国家之一。冰川主要集中分布于中国西部和北部，共计46 298条，冰川面积59 406平方千米，冰储量5 590立方千米。其中西藏为中国冰川分布集中地区，有冰川面积27 676平方千米。中国冰川年均融水量约563亿立方米，约占内河水资源总量的20%。

中国的冰川主要分布在西藏、新疆、四川、云南、甘肃、青海等省区，喜马拉雅山、横断山、昆仑山、祁连山等诸多山脉成为很多河流的源头。由于冰川融化相对稳定，确保了河流发源地水源的稳定，长江源和黄河源均发源于雪山冰川。

冰川是气候变化最敏感、最直接的信息载体。近几十年来，全球气候的变暖导致世界各地的冰川纷纷表现出退缩状态，中国西部的冰川也发生了显著的变化。根据从冰川面积年均缩小比率来看，青藏高原南部冈底斯山东段及以南喜马拉雅山区、喜马拉雅山西段印度河河源区等是中国西部冰川面积萎缩速度最快的地区，年均萎缩幅度高达每年2.2%。羌塘高原是冰川面积萎缩幅度最小的区域，年均面积缩小比例为每年0.2%左右。

四、地下水

地下水是指存在于地壳岩石裂缝或土壤空隙中的水。狭义上，地下水是指埋藏在地表以下各种形式的重力水。地下水是水资源的重要组成部分，由于水量稳定，水质好，是农业灌溉、工矿和城市的重要水源之一。但在一定条件下，地下水的变化也会引起沼泽化、盐渍化、滑坡、地面沉降等现象。

根据地下埋藏条件不同，地下水可分为潜水和承压水两种类型。潜水是指埋藏于地表以下第一个稳定隔水层上的地下水，通常所见到的地下水大部分是潜水。当地下水流出地面时就形成泉。承压水（自流水）是埋藏较深的、赋存于两个隔水层之间的地下水。这种地下水往往具有较大的水压力，当井或钻孔穿过上层顶板时，强大的压力就会使水体喷涌而出，形成自流水。

中国多年平均地下水资源量为8 218亿立方米，其中可开采利用的地下水资源量约1 225亿立方米。中国地下水资源地区分布不均。南方地区水资源储量比北方大，其中南方地区为5 760亿立方米，北方地区为2 458亿立方米。南方地下水资源主要集中于山丘地区，北方地下水资源主要储存于平原地区。就地下水的开采潜力而言，珠江流域、长江流域、黄河流域的地下水开采潜力较大；三北地区北部的广大地区地下水开采潜力较小。

第三节　水资源

广义上的水资源是指能够直接或间接使用的各种水和水中物质,对人类活动具有使用价值和经济价值的水均可称为水资源。

狭义上的水资源是指在一定经济技术条件下,人类可以直接利用的淡水。通常所说的水资源主要是指陆地上的淡水资源,即河流水、淡水湖泊水、浅层地下水。陆地上的淡水资源储量只占地球上水体总量 2.53%,其中固体冰川约占淡水总储量 68.69%。冰川主要分布在两极地区。

通常以多年平均径流总量作为水资源丰歉程度的主要指标。径流量取决于降水量与蒸发量的对比关系。

一、中国水资源的现状

中国是一个干旱缺水严重的国家。根据水利部发布的 2021 年度《中国水资源公报》,2021 年中国水资源总量达 29 638.2 亿立方米,较 2014 年的 27 266.9 亿立方米增加了 2 371.3 亿立方米。占全球水资源的 6%,仅次于巴西、俄罗斯、加拿大、美国和印度尼西亚,位居世界第六。

但人均量并不丰富,2021 年中国人均水资源量只有 2 100 立方米,仅为世界平均水平的 1/4,是全球人均水资源最贫乏的国家之一。然而,中国又是世界上用水量比较多的国家。2021 年中国用水总量达 5 920.2 亿立方米,较 2020 年增加了 107.3 亿立方米,同比增长 1.85%。2021 年中国人均用水量达 419 米^3/人,较 2020 年增加了 7.10 米^3/人,同比增长 1.72%。

二、中国水资源的特征

中国地域辽阔,地处亚欧大陆东部,跨中低纬度区,深受季风及自然地理条件的影响,南北方、东西部气候差异很大,使中国水资源的时空分布极不均衡。

1. 水量在地区上分布不均衡

中国水资源地区分布不均衡,长江流域及其以南地区,国土面积只占全国 36.5%,水资源量占全国 81%;特别是广东、福建、浙江、湖南、广西、云南和西藏东南部等地区水系发达,水量丰沛,人均水资源占有量为 4 000 立方米左右。其以北地区,国土面积占全国 63.5%,其水资源量仅占全国 19%。如内蒙古、甘肃、宁夏、新疆西部和北部、东北西部等地区干旱少水,水资源严重缺乏,人均水资源占有量仅为 900 立方米左右,属于国际水资源紧缺限度标准中严重缺水的地区。

由于河流径流主要来自降水,因受海陆位置、气候条件、地形条件等因素的影响,中国水资源的地区分布与降水分布相似,呈东南多、西北少,由东南沿海地区向西北内陆递减,分布很不均匀。全国大部分地区降水受来自西太平洋的东南季风和印度洋、孟加拉湾的西南季风影响,雨季随这两个季风的进退而变化。东南沿海地区年降水量通常超过 2 000 毫米,西南部分地区,平原地区略少,约 1 600~1 800 毫米,长江中下游地区大部分超过 1 000 毫米,淮河流域为 800~1 000 毫米,华北平原和东北平原的年降水量约为 500~600 毫米,东北西部降水则更少，仅为 300~400 毫米，而大西北沙漠区，年降水量更是不足 25 毫米。

事实上，即使在水资源较充足的南方地区，由于下垫面的影响，同样感到缺水，如南方喀斯特地貌广泛分布的地区，由于地表蓄水功能差，每当降水后，地表水迅速下渗转化为地下水，形成了许多地下河、溶洞区，致使地表严重缺水。

2. 水量在时间分配上不均匀

由于受季风气候的影响，中国降水和径流在年内分配上很不均匀，年际变化大，枯水年和丰水年持续出现。降水的年际变化随季风出现的时间早晚、季风的强弱及其夹带的水汽量多少密切相关。降水量年际间变化大，使河流年径流量变化大，出现连续几年多水段和连续几年的少水段。

中国绝大部分河流径流的年内分配主要取决于降水的季节分配。冬季，大部分地区少雨雪，各河流均为枯水季，北方冬季径流量占全年的 4%~6%，长江流域及西南部分地区占到 6%~8%。春季随着气温回升，径流量也开始增加，北方河流春季径流量所占比例一般达 6%~8%，南方地区有些河流则开始进入汛期。全国降雨一般集中在 6—9 月，夏季汛期4 个月的径流量约占全年的 60%~70%，而北方河流的汛期径流更为集中，部分河流的最大4 个月径流量占全年径流量的 80% 以上。降雨量和径流量在年内分配上的不均匀以及年际变化大导致了水资源在时空分配上的不均匀，这不但容易造成频繁的大面积洪灾或旱灾，而且对水资源的开发利用也极为不利。

为了解决水资源在时间上分布不均的问题，人们通常采用修筑水利工程的办法，如在河流干支流上修筑大坝，在丘陵、盆地的低洼地段修筑水库甚至小规模的池塘等，洪水期蓄水，以供枯水期灌溉、使用，从而改变水资源在时间上的分配不均，提高水资源的利用率。

3. 水资源与人口、耕地的分布不相适应

北方地区包括东北、西北、山东半岛、海河流域、黄河流域、淮河流域的水资源量只占全国水资源总量的 14.4%，人口却占全国的 43.2%，耕地占全国的 58.3%。南方地区包括华南、东南、西南以及长江流域的水资源量占全国水资源总量的 81%，人口只占全国的54.7%，耕地占全国的 35.9%。以单位土地水量比较，南方的亩均水量约为 4 134 立方米，而北方的亩均水量约为 454 立方米，相差大，可见中国的水资源分布与人口、耕地的分布不相适应。

三、中国水资源利用存在的问题

中国水资源虽然总量丰富，但人均相对数量较少，缺水问题不容乐观。据统计，目前全国缺水总量估计为 400 亿立方米，每年受旱面积 200 万~260 万平方千米，影响粮食产量150 亿~200 亿千克，影响工业产值 2 000 多亿元，全国还有 7 000 万人饮水困难。自 20 世纪 80 年代以来黄河几乎年年出现断流，且断流流域不断延长，范围不断扩大，断流频数、历时不断增加，给工农业造成巨大损失，平均每年损失为 200 亿元，也给黄河两岸居民的生活造成很大影响。

水资源利用率不高，主要表现在农业灌溉大多采用漫灌的形式而非滴灌的形式，这直接导致农业用水利用率极低。工业单位产品耗水率高，居民生活用水浪费严重。据统计，2021年全国用水总量为 5 920.2 亿立方米。其中，生活用水为 909.4 亿立方米，占用水总量15.4%；工业用水为 1 049.6 亿立方米，占用水总量的 17.7%；农业用水为 3 644.3 亿立方米，占用水总量的 61.6%。农业用水量在全国水资源消费构成中比例最大。

水资源污染严重。近年来，江河水体受污染日益严重，全国每年排放污水高达360亿吨，除70%的工业废水和不到10%的生活污水经处理排放外，其余污水未经处理直接排入江河湖海，致使水质严重恶化，污水中化学需氧量、重金属、砷、氰化物、挥发酚等含量都呈上升趋势。松花江、淮河、海河和辽河水系污染严重，86%城市河流受到了不同程度的污染。水体污染造成了巨大的经济损失。

此外，经济产业结构不合理，高耗水量行业发展集中，生产管理水平低，生产用水浪费严重；人们缺乏危机感，节水意识差，城市生活用水、家庭用水浪费现象普遍；水的重复利用率低，相关法律、制度不健全等，都是中国水资源危机出现的原因。

此外，许多湖泊的富营养化也严重地困扰着人们，极大地妨碍着水资源的有效利用。

《 思考与练习 》

1. 说明中国河流的主要特点及其成因。
2. 比较长江和黄河在开发利用和治理方面的不同。
3. 以中国华北地区为例，解释水资源紧张的原因及治理措施。

第五章 资　源

　　资源，指一国或一定地区内拥有的物力、财力、人力等各种物质的总称，按资源性质划分为自然资源和社会资源两大类。自然资源通常是指在一定技术经济环境条件下对人类有益的资源，如阳光、空气、水、土地、森林、草原、动物、矿藏等。自然资源通常被分为可再生资源和非再生资源两大类。

　　可再生资源是指可以用自然力自我保持或增加蕴藏量的自然资源。可再生资源的再生速度超过消耗的速度。也就是说，在合理使用的前提下，可再生资源可以自己生产自己。比如我们常见的鱼、树木、森林等都可以自己实现再生产。只要不过度捕捞，大鱼可以生出小鱼，河湖海洋中的鱼类会一代一代地繁殖下去。只要合理砍伐，森林可以砍了再生，生了再砍，循环往复，无穷无尽。可再生资源还包括大气、水和各种生物。如果消耗的速度超过再生能力，可再生资源就不能再生，因此，可再生资源的再生能力是有条件的。

　　非再生资源也被称为可耗竭资源，是不能运用自然力增加蕴藏量的自然资源。一些非再生资源的消耗速度大大超过其再生速度，另一些非再生资源根本不能再生。一般来说，非再生资源不具备自我繁殖能力，由于不能自我繁殖，非再生资源的初始禀赋是固定的，用一点少一点，某一时点的任何使用，都会减少以后时点可供使用的资源，非再生资源有很多是以化石的形式经过漫长时间形成的。煤、铁、石油等矿藏是非再生资源的典型。非再生资源可分为可回收的非再生资源和不可回收的非再生资源。前者主要指金属等资源，后者主要指石油、煤、天然气等能源资源。在现实世界，许多资源是可再生和不可再生资源的混合，其特性介于两者之间，例如土壤。

　　社会资源是直接或间接对生产发生作用的社会经济因素。其中人口、劳动力是社会经济发展的主要条件。

　　本章主要介绍中国的土地资源、矿产资源和旅游资源。

第一节　土地资源

　　中国地理学家认为土地"是地表某一地段包括地质、地貌、气候、水文、土壤、植被等多种自然要素在内的自然综合体"。土地是人类赖以生存和发展的基础；土地资源是人类最基本的生产和生活资料，具有自然、经济和社会属性；合理开发利用土地资源，对于中国经济社会的可持续发展起着至关重要的作用。

　　由于中国自然条件复杂，土地资源类型多样，经过几千年的开发利用，中国逐步形成了多种多样的土地利用类型。一般分为耕地、林地、牧地、水域、城镇居民用地、交通用地、其他用地以及冰川和永久积雪、石山、高寒荒漠、戈壁沙漠等。

一、中国土地资源的特点

（一）土地资源比较丰富，土地利用类型复杂多样

中国陆地面积960万平方千米，占世界陆地面积的7.2%，占亚洲陆地面积的25%，仅次于俄罗斯、加拿大，居世界第三位。中国拥有山地、高原、丘陵、盆地、平原等多种类型。国土南北方向约跨50个纬度，气候类型复杂多样，由北向南纵跨温带、亚热带、热带等。东西跨近62个经度，由太平洋沿岸到欧亚大陆的中心，自东向西横跨湿润、半湿润、半干旱、干旱四个干湿区，形成了东部以种植业、林业为主和西部以牧业、绿洲农业为主的两大区域。

土地水、热条件组合的差异和复杂的地形地质条件，农业历史悠久，有利于中国农林牧副渔生产的全面发展，同时也充分说明了因地制宜的重要性。

（二）山地多，平地少，耕地比重小

山地多，平地少，耕地面积更少，这是中国土地资源构成的显著特点。全国山地面积33%，高原26%，丘陵10%，盆地19%，平原12%。2019年第三次全国国土调查数据显示：中国土地面积144亿亩，耕地19.18亿亩，约占全国总面积的13.32%；林地42.62亿亩，占29.60%；草地39.68亿亩，占27.56%。世界上许多国家（如印度、荷兰等）耕地比重都在30%以上，而中国只有13%左右；全国约有1/3的农业人口和耕地在山区，农林牧业生产条件相对较差。

（三）农业用地占比大，人均占有量少

中国现有耕地约19.18亿亩，居世界第四位；北部和西部的牧区、半农半牧区的天然草地约31.98亿亩，居世界第三位；林地面积约42.62亿亩，居世界第八位。但中国人均耕地约1.36亩，人均林地约3.02亩，人均天然草地约2.27亩，主要土地类型人均拥有量均低于世界平均水平。

目前全国已有1/3的省区人均耕地不及1亩，上海、浙江、福建、广东、湖南等省市人均耕地不及0.6亩。按联合国粮农组织的规定，要满足一个人的生存，至少要有0.8亩耕地来生产粮食。中国有666个县的人均耕地低于0.8亩警戒线，主要分布在人口稠密的东南沿海省份，加剧了全国粮食生产的地区不均衡。

（四）土地资源地区分布不均，土地生产力地区差异显著

1. 土地资源地区分布不均

从资源结构上看：东部、南部以耕地为主，耕地主要集中在东部季风区的东北平原、华北平原和长江中下游平原及珠江三角洲和四川盆地等，东部季风区集中了全国90%左右的耕地和林地；中部农牧交叉地带以耕地、草地为主，草原多分布在年降水量少于400毫米的非季风区内的高原、山地；西北部以草地和难以利用的土地为主。从资源利用程度上看：东部、南部农业历史悠久，土地利用率较高；中部土地利用率较低；西北部地区土地利用率低。从地势分布上看：平原与盆地以耕地、水域、非农建设用地为主；丘陵、岗地以耕地、林地为主；山地以林地、草地为主；蒙新高原、青藏高原以草地和难以利用的土地为主。

中国淡水养殖水面绝大部分在暖温带、亚热带和热带地区，自然生产力高。全国的海水可养殖总面积大约是260万公顷：浅海162万公顷、滩涂80万公顷、港湾18万公顷。目前利用率不高，实行养殖与捕捞相结合，可进一步提高海水水域的生产潜力。

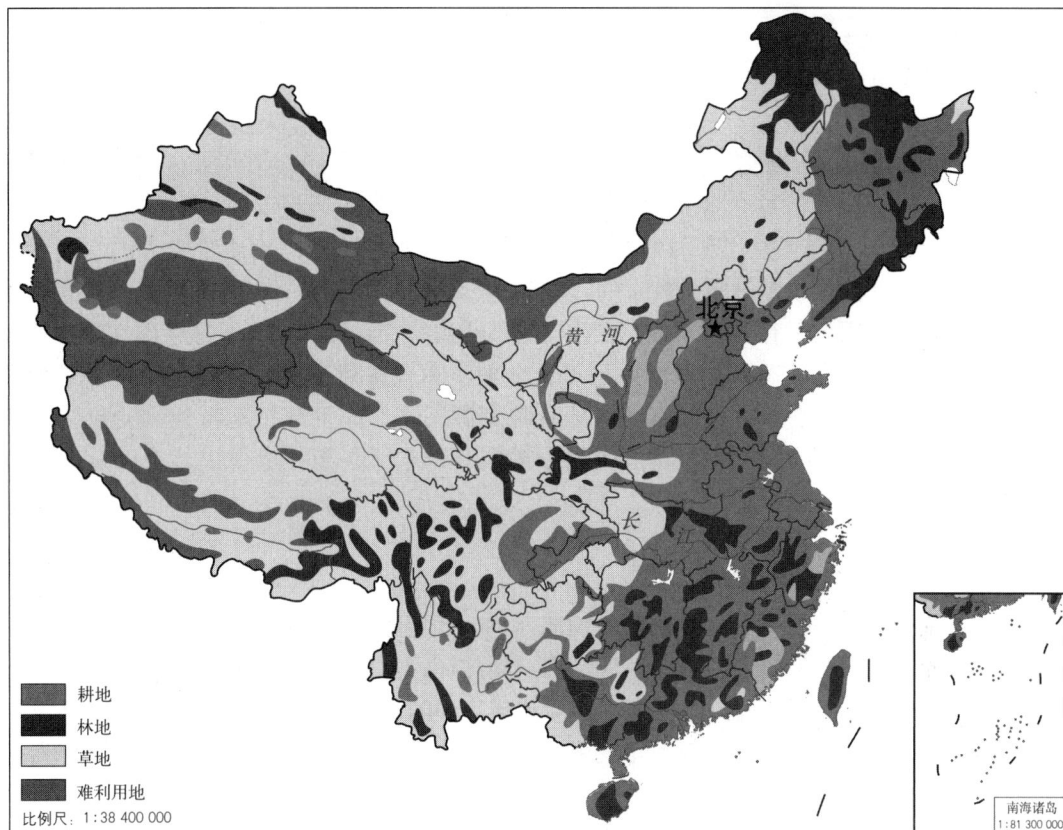

中国土地利用类型图

耕地
林地
草地
难利用地
比例尺: 1: 38 400 000

南海诸岛
1: 81 300 000

2. 土地生产力地区差异显著

　　土地资源分布不均，同时期各地气候资源不同，造成中国各地区土地生产力的巨大差异。在季风区内，东北地区属温带，土壤肥沃，但大部分地区热量略显不足，生长期短；华北地区耕地多，林地少，但水资源不足，旱涝盐碱灾害多；黄土高原虽然土层深厚，但土质疏松，水土流失严重，这三地农业生产的单位面积产量都比较低；南方热带、亚热带地区，水热丰富，生物资源多样，产量高。在西北内陆地区，既有荒瘠的沙漠，也有因冰雪融水灌溉而在山麓地带分布着土地生产力较高的绿洲。青藏高原山地海拔较高，土地生产力的垂直差异非常显著。

　　就土地类型而言：全国64%的耕地分布在秦岭—淮河以北。黑龙江、内蒙古、河南、吉林、新疆等5个省区耕地面积较大，占全国耕地的40%；草地主要分布在西藏、内蒙古、新疆、青海、甘肃、四川等6个省区，占全国草地的94%；林地集中分布在四川、云南、内蒙古、黑龙江等4个省区，占全国林地的34%；湿地主要分布在青海、西藏、内蒙古、黑龙江、新疆、四川、甘肃等7个省区，占全国湿地的88%。

　　土地资源分布不平衡，不仅指在地理分布上，在土地质量上的分布也极不均衡。土地资源中高产田占21.5%，中低产田占78.5%，而中低产田的80%分布在西北和黄土高原地区。现有耕地中，有灌溉设施的不到40%，还有近亿亩耕地坡度在25°以上，需要逐步退耕。干旱、半干旱地区40%的耕地不同程度地出现退化，全国30%左右的耕地不同程度地受到水土流失的危害。土地资源分布不平衡和耕地资源的质量不高，决定了中国不同地区土地的人口承载力相差很大和土地利用上的显著差异。

（五）难以利用和质量不高的土地比例较大，后备土地资源潜力不足

中国农业开发历史悠久，土地开发程度较高，可利用的土地大多已耕种，可利用尚未利用的土地数量十分有限，而且大多分布在边远山区，土地贫瘠，开发利用难度较大。中国科学院组织的历次边远地区综合考察报告显示，开发条件较好、质量又较高的宜农荒地将近5 000万亩，主要分布在黑龙江和内蒙古东部；开发条件有一定限制而质量中等的宜农荒地约1.2亿亩；尚有数量较多但质量较次的宜农荒地，则因分布偏僻开发不便，或者开发条件困难，一时难以利用。还有一些分布在农牧交错区或农林交错区，如果开垦将破坏牧用草场或林用坡地，甚至破坏生态平衡。由此可见，全国实际宜耕荒地不过2亿亩，按开垦系数0.5计算，开垦净得耕地不过1亿亩，耕地后备资源不足，而且开拓新耕地将受到资金投入、技术可行性和荒地资源本身特征等的限制，开发进度也不可能很快，难以及时适应需求。

二、合理利用及保护土地资源

土地资源是人类进行生产不可缺少的物质条件，也是人类赖以生存的物质基础。但是，由于自然原因或人为开发利用不当，土地资源遭到破坏，主要表现在大面积的土壤侵蚀、土地沙化和盐碱化不断发展。此外，分布在工业比较集中的城镇附近的大片土地遭到固体废物和污水的污染，以及城市、工交基本建设用地和农村住房的不断扩大，也使土地资源中耕地的面积不断缩小。

1. 切实保护现有耕地

保护有限的土地资源，是当前土地利用中的核心问题。土地资源人均相对量较少是土地资源的劣势，决定了中国土地利用只能精耕细作，走资源节约型的农业发展道路。

针对中国土地辽阔、类型多样，山地多、平地少、可耕地更少，各地区之间差异显著的具体特点，应根据各地的土地类型结构，以及人口、民族、经济基础等条件，本着"因地制宜，合理布局"的原则，合理安排农、林、牧、矿等生产，扬长避短，充分发挥土地生产优势，建立起与当地生态条件协调一致的生态系统。北方许多半干旱地区草地资源丰富，大力发展畜牧业要比垦荒种粮更为有利，这就要有计划地退耕还牧，更好地发挥牧业优势。

2. 应因地制宜合理利用土地

（1）制定土地利用规划，加强宏观控制和管理。通过规划可以因地制宜，扬长避短，发挥各地区土地资源的潜力；根据国家现代化建设和发展生产以及保障生活的要求，协调好各用地部门的关系，既保持必要面积的耕地，又保障必要的建设用地，注意经济效益与社会效益、生态效益相结合。

（2）合理利用和加强保护耕地必须同步进行，彻底改变重用轻养的局面，提高土地资源的生产能力。

（3）坚持节约用地与集约经营。发展节地型农业有多种形式，例如开发林粮间作、果林间作、农牧结合、林牧结合、农渔结合等多层次立体利用土地空间，发挥土地生态系统的综合效益。

（4）依靠科技进步，增加土地投入，改善生产条件，发展高效、优质、持续农业。

第二节　矿产资源

矿产资源指经过地质成矿作用，使埋藏于地下或出露于地表并具有开发利用价值的矿物或有用元素的含量达到具有工业利用价值的集合体。矿产资源是重要的自然资源，是社会生产发展的重要物质基础，现代社会人们的生产和生活都离不开矿产资源。目前世界已知的矿产有1 600多种，其中80多种应用较广泛。矿产资源属于非可再生资源，其储量是有限的。一个国家对矿产资源开发利用的广度和深度，从某种意义上来说，可以作为这个国家经济发展水平的标志。

一、中国矿产资源的特点

中国既是一个矿产资源大国，又是一个资源相对贫乏的国家；既有许多资源优势，同时又存有劣势。矿产资源的基本特点有以下几个方面：

（一）矿产资源总量丰富，人均资源相对不足

截至2020年底，中国已发现矿产173种，其中能源矿产13种、金属矿产59种、非金属矿产95种、水气矿产6种。已发现矿床、矿点20多万处，其中有查明资源储量的矿产地1.8万余处。煤、稀土、钨、锡、钼、钒、锑、菱镁矿、钛、萤石、重晶石、石墨、膨润土、滑石、芒硝、石膏等20多种矿产，无论在数量上或质量上都具有明显的优势，有较强的国际竞争能力。但是中国人均矿产资源占有量少，仅为世界人均占有量的58%，列世界第53位。有些重要矿产资源人均占有量大大低于世界人均占有量，如石油资源占有量仅为世界石油资源量的7.7%，若按中国占有世界20%的人口计算，人均占有石油资源量仅为世界人均量的35.4%。又如铁矿，中国人均占有铁矿资源量仅为世界人均量的34.8%。

（二）矿产种类齐全配套，资源丰度不一

世界上已知的168种主要矿产在中国均有发现，已探明储量的矿产多达153种。目前世界上绝大部分国家探明储量的矿产种类有限。中国是世界上矿产品种齐全配套的少数几个国家之一，这为中国立足国内资源，建成比较完整的国民经济体系创造了有利条件。但是，从已探明储量看，各矿种之间的资源丰富程度相差甚大，有的矿产可以或基本可以满足国内建设需要；有的矿产不能满足当前和长远国内建设要求，需要长期从国外进口，如石油、富铁矿、钾盐、铬矿、锰矿、金刚石、铜矿、天然碱等。

（三）矿产质量贫富不均，贫矿多、富矿少

中国有一些矿产质量优、品位高，如稀土、钨、锡、镑、钼、锯、菱镁矿、萤石、重晶石、润土、石墨、滑石、芒硝、石膏、盐等矿产，在世界上占有重要地位，具有一定的优势。

但是，一些矿产贫矿多、富矿少，在一定程度上影响开发利用，如铁、锰、铝土、铜、铅、锌、硫、磷等。全国铁矿储量中97.47%为贫矿，铁矿石平均品位33.5%，比世界平均水平低10%以上；与澳大利亚、巴西、印度等含铁品位在60%以上的大而富的铁矿相比，则相差更远。铜矿石含铜1%以下的贫矿占65%，含铜平均品位为0.87%，远低于智利、赞比亚等国家。从总体上讲，中国大宗矿产，特别是短缺矿产的质量较差，在国际市场中竞争

力较弱，制约其开发利用。

（四）共生伴生矿多，单矿种矿床少

中国的矿床中含单一成分的矿产少，往往是在一个矿床中有几种或多种矿产共生或伴生在一起。据统计，全国25%的铁矿、40%的金矿、80%的有色金属矿和大多数地区的煤矿都有其他矿产与之共生或伴生。如内蒙古白云鄂博铁矿中有稀土和稀有金属矿产与铁矿共生；甘肃金川镍矿中有铜、钴、铂及稀有分散元素矿产与镍矿共生；四川攀枝花铁矿中钒、钛等金属矿产与铁矿共生；安徽、四川等一些地区的煤矿中有硫铁矿与煤矿共生；山西等许多地区的煤矿中有耐火黏土矿、高岭土矿等共生；江西德兴铜矿等许多斑岩型铜矿中有钼矿、金矿以及一些分散元素矿产与之共生伴生。

（五）地理分布极不均衡，矿产高度集中区和严重短缺区并存

由于地质成矿条件不同，中国矿产分布广泛，相对集中。能源矿产（煤、石油、天然气）主要分布在西北、华北和东北地区，如煤炭集中于北方晋、陕、内蒙古三省区，占全国保有储量的68%，而南方缺煤省区多达10个；有色金属主要分布在江南、华南和西南地区，如磷矿高度集中于南方的云、贵、川、鄂四省，占全国保有储量70%，而北方和华东广大地区十分短缺；铝矿则集中于晋、豫、黔、桂四省。

铁矿主要分布在北方，集中于辽、冀、晋、川四省，占全国保有储量60%，而西北、华南地区很少。金矿主要集中在黑龙江、山东和新疆等省区。胶东金矿跃居世界第三大金矿富集区。稀土矿主要分布在内蒙古自治区。

矿产集中有利于建设原材料基地，但过分集中于边远地区，其开发利用就会受到交通条件的严重制约。由于中国矿产资源分布极不均衡，北煤南运、西电东输、南水北调、南磷北运，致使资源成本上升，效益降低。

二、重要矿产资源的分布

中国广袤无垠的大地和复杂多样的地质构造与地形地貌为储存丰富多彩的矿产资源提供了广阔的空间。在幅员辽阔的中国大地上，地层发育齐全，从太古宙到新生代这30多亿年的时间里，中国大地经历了多期广泛而又剧烈的岩浆活动，形成了多种类型的岩浆岩，广泛分布于全国各地；中国是欧亚大陆的重要组成部分，是全球地壳运动和构造演化的产物。按板块构造的观点来看，中国位于欧亚板块的东南部，东与太平洋板块和菲律宾板块相连，南与印度洋板块相接，受几种不同大地构造单元的影响，形成了多样性的矿产组合结构。正是由于以上诸种因素，才使得中国成为一个矿产资源大国。

（一）能源矿产

一次能源是指自然界中以原有形式存在的、未经加工转换的能量资源，可分为化石能源和低碳能源两大类。化石能源具体包括石油、天然气、煤炭，由于中国的资源禀赋一直是"富煤缺油少气"，因此化石能源大幅偏重于煤炭。低碳能源包括核电、水电、可再生能源（如光伏、风电、生物质能）等，中国的低碳能源以水电为主。根据中国自然资源部统计公报，截至2020年末中国主要能源矿产储量为：煤炭1 622.88亿吨，石油36.19亿吨，天然气62 665.78亿立方米，煤层气3 315.54亿立方米，页岩气4 026.17亿立方米。就能源矿产总储量而言，中国是一个资源能源大国，仅次于俄罗斯和美国，位居世界第三。

全国主要能源矿产地区分布不平衡。中国的煤炭资源60%分布在华北地区。石油资源

主要分布在东北、华北，有大庆油田、辽河油田、华北油田、胜利油田及中原油田。天然气田主要分布在长庆油田，新疆的轮南气田，柴达木的涩北气田，四川的泸州、江油、渠县和重庆的涪陵、万州等地区。近几年，页岩气勘探开发取得长足进展，川南气田年产量达到117亿立方米，涪陵气田年产量达到67亿立方米；发现了山西省沁水千亿立方米级煤层气田等大型气田。

根据中国自然资源部统计公报：2020年全国一次能源生产总量为40.8亿吨标准煤，较2019年增长2.8%；消费总量为49.8亿吨标准煤，增长2.2%，能源自给率为81.9%。2020年能源消费结构中煤炭消费总量为43亿吨，占56.8%；石油消费量6.7亿吨，占18.9%；天然气消费量3 306亿立方米，占8.4%；水电、核电、风电等非化石能源占15.9%。

中国能源消费结构不断改善，煤炭消费量占一次能源消费比重下降了13.4个百分点，水电、核电、风电等非化石能源比重提高了7.5个百分点，体现了中国能源消费结构以煤为主、多样化发展的格局。

目前，中国能源发展正处于转型变革的关键时期，面临着前所未有的机遇和挑战，实施能源结构优化升级战略：在水电方面全面统筹水电开发与生态保护，坚持生态优先，以重要流域龙头水电站建设为重点，科学开发西南水电资源；继续推进风电、光伏发电；以沿海核电带为重点，安全建设自主核电示范工程和项目；加快发展生物质能、地热能，积极开发沿海潮汐能资源；完善风能、太阳能、生物质能发电扶持政策；优化建设国家综合能源基地，大力推进煤炭清洁高效利用；积极开发天然气、煤层气、页岩油（气），推进炼油产业转型升级。

（二）金属矿产

中国金属矿产资源品种齐全，储量丰富，分布广泛。根据2021年中国自然资源部统计公报：2020年中国已探明储量的金属矿产有54种，主要金属矿产储量：铁矿石108.78亿吨，锰矿石21 295.69万吨，铬铁矿石276.97万吨，钒矿石951.20万吨，钛矿石20 116.22万吨，铜矿2 701.30万吨，铝土矿石57 650.24万吨。

这些主要金属矿产的分布具有普遍性，但又具有相对集中的特征，如铁矿集中于辽宁、河北、四川等省，辽宁的鞍山、湖北的大冶、四川的攀枝花都是有名的铁矿产地；铜矿主要集中于长江中下游地区；钨矿、锡矿、锑矿等优势资源则主要分布在湘、赣、桂、滇等省（区）。稀土矿主要分布在内蒙古。一些尚未开发利用的大型和超大型矿区，主要分布于西部边远地区。

稀土矿是门捷列夫化学元素周期表中镧系（镧、铈、镨、钕、钷、钐、铕、钆、铽、镝、钬、铒、铥、镱、镥）15个元素和元素钪、39号元素钇的总称。中国是世界上稀土资源最丰富的国家，素有"稀土王国"之称，TR_2O_3总保有储量约9 000万吨，居世界第一位。全国稀土矿探明储量的矿区有60多处，分布于16个省（区），以内蒙古为最多，占全国的95%，湖北、贵州、江西、广东等省次之。中国稀土矿产不仅储量大，而且品种多、质量好，矿床类型独特，如内蒙古白云鄂博稀土矿床和南岭地区的风化壳型矿床，在世界上均居独特地位。稀土矿产多与其他矿产共生，南方以重稀土为主，北方以轻稀土为主。稀土矿自元古宙至新生代均有矿床形成，尤以中生代的燕山期为盛。

（三）非金属矿产

金属矿藏以外的所有矿物和岩石均属非金属矿藏。前者如云母、石棉、金刚石、石墨、滑石、磷等，后者如花岗岩、玄武岩、石灰岩、大理石等。目前已知的非金属矿藏已近200种，其中矿物约150种、岩石50种。中国非金属矿产品种很多，资源丰富，分布广泛。

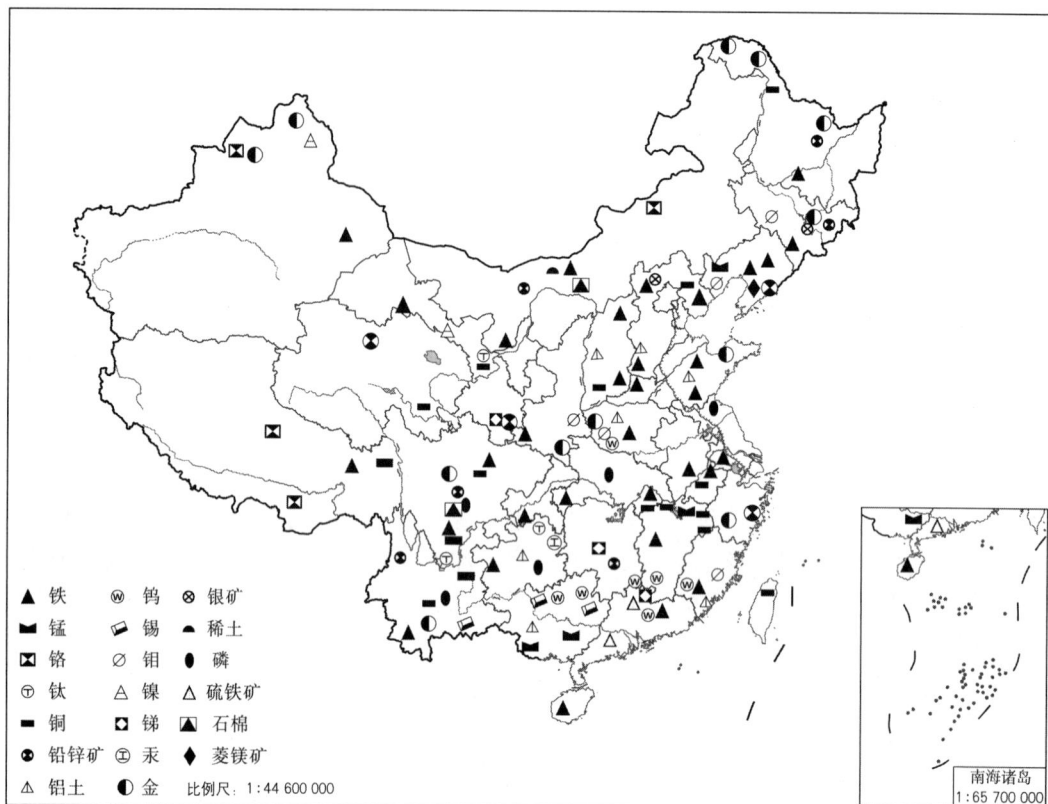

中国主要矿产分布图

三、合理开发利用矿产资源

在矿产资源的开发利用方面，一方面应因地制宜，发挥矿产资源的地区优势，发展矿产加工工业。由于矿产资源分布不均，应该扬长避短，充分发挥某一地区的资源优势，建设区域性矿产基地。如在湖南、江西、广东、广西建立有色金属矿产基地；在内蒙古建立稀土工业基地；在湖北、云南、贵州建设磷矿基地等。另一方面应开展综合利用，提高矿产利用效率。继续合理开发利用国内矿产资源，加强地质勘查，探明急需矿种储量。适当利用国外矿产，提高资源的优化配置，保护国内特殊矿种储量。矿产资源具有不可再生性，这就要求"保护矿产资源，节约、合理利用资源"，优化资源配置，实现矿产资源的最优消耗。坚决制止不合理的乱采滥挖，防止矿产资源的损失、浪费或破坏，对各种矿产精打细算地合理开发利用。

应提高矿产资源开发利用效率，减少废弃物的排放，建设资源节约型、环境友好型矿业。基本原则是要着力保护和合理开发资源，提高矿产资源利用率，减少废弃物的排放，有效地保护生态环境，实现以最小的资源消耗和环境代价，实现资源最大的经济效益、社会效益和环境效益。

第三节　旅游资源

旅游资源是对具有旅游吸引力的自然、社会现象和因素的统称。凡能对旅游者产生吸引力，并能为旅游业开发利用，可以产生经济效益、社会效益和环境效益的各种事物和因素，均称为旅游资源。

人们通常根据旅游资源的自然和人文属性将旅游资源分为自然旅游资源和人文旅游资源两大类。自然旅游资源为自然界天然赋存的或主要是由自然界的作用形成的自然属性或以自然属性为主的旅游资源；人文旅游资源则是由人为作用形成的或主要是由人为作用形成的人类文化属性或以人类文化属性为主的旅游资源，二者的事物属性（或成因）有着显著差异。

由于部分旅游资源同时具有自然和人文双重属性，二者相辅相成，缺一不可，且很难将其简单归入自然类或人文类旅游资源中，故近年来部分研究者主张在自然旅游资源和人文旅游资源之外增加自然与人文综合（复合）类旅游资源，即将旅游资源按三分法分类。

中国幅员辽阔，历史悠久，拥有得天独厚的旅游资源，无论是自然风光还是人文景观，都丰富多彩，引人入胜。

一、中国旅游资源总体特征

（一）旅游资源种类多样、内容丰富

中国旅游资源不但数量多、种类全，而且分布十分广泛。从总体上来说，中国的旅游资源大致上分为自然旅游资源和人文旅游资源。自然旅游资源又包括地质地貌景观、气象气候景观、水文地理景观、生物景观和综合景观。如黑龙江的五大连池、吉林的雾凇、贵州的黄果树瀑布、北京香山的红叶、吉林长白山的天池分别是以上这些自然景观的典型代表。人文旅游资源又可以分为古建筑景观、风土民情景观、文化艺术景观和历史文化名城、工艺特产和风味佳肴等旅游资源。如武当山古建筑群、内蒙古那达慕大会、乐山大佛以及六朝古都南京都可以作为典型来代表以上这些人文旅游资源。

不论是从旅游资源供给的角度还是从旅游消费的角度看，中国拥有世界旅游活动的各种资源和要素，可以开发成适合现代旅游趋势的各种旅游产品。很少有国家像中国这样具有如此多样和复杂的旅游资源系统，这一方面是由于中国的国土辽阔，地质复杂，气候多样；另一方面也与中国历史悠久、文明发达有关。资源种类的丰富度和多样性是中国旅游资源的一大重要特征。

（二）分布广，类型多

中国的风景旅游资源分布十分广泛，从东海之滨到中国西部边陲，从黑龙江到海南岛及南海诸岛，三大平原、四大高原、四大盆地、五大丘陵，纵横交错的各大山系，无不分布着各具特色的自然风景资源和人文风景资源。

中国是世界上旅游资源最丰富的国家之一。中国拥有类型多样、富有美感、不同尺度的风景地貌景观，这在世界上是独一无二的。从海平面以下 -154 米（2016 年）处的吐鲁番盆地的艾丁湖底，到海拔 8 848.86 米的世界第一高峰——珠穆朗玛峰，绝对高差达9 002.86 米。中国不仅有纬向地带性的多样气候带变化，还有鲜明的立体气候效应，尤其在横断山脉地区，即所谓"一山有四季，十里不同天"。中国不论南北东西都有繁花似锦的

美景,不仅有类型多样的海滨、山地、高原、高纬度地区的避暑胜地,而且还有银装素裹的冰雪世界,以及避寒休闲度假胜地海南岛。多样的风景地貌和多功能的气候资源,为生物界提供了优越的生存栖息环境,使自然景观更加多姿多彩。

▌阅读材料

中国的世界遗产名录

《世界遗产名录》是1976年世界遗产委员会成立时建立的。世界遗产委员会隶属于联合国教科文组织。联合国教科文组织于1972年11月16日在第十七次大会上正式通过了《保护世界文化和自然遗产公约》(以下简称《公约》)。其目的是保护世界文化和自然遗产。

被世界遗产委员会列入《世界遗产名录》的地方,将成为世界级的名胜,可接受"世界遗产基金"提供的援助,还可由有关单位组织游客进行游览。由于被列入《世界遗产名录》的地方能够得到世界的关注与保护,提高知名度并能产生可观的经济效益和社会效益,各国都积极申报"世界遗产"。

中国自1985年加入世界遗产公约,至2021年7月25日,共有56个项目被联合国教科文组织列入《世界遗产名录》,位居世界第一,其中世界文化遗产34处,世界自然遗产14处,世界文化与自然双重遗产4处,世界文化景观遗产4处。人类非物质文化遗产42项。源远流长的历史使中国继承了一份十分宝贵的世界文化和自然遗产,它们是人类的共同瑰宝。

一、世界文化遗产38项(含世界文化景观遗产4处)

《保护世界文化和自然遗产公约》规定文化遗产:从历史、艺术和科学观点来看,具有突出的普遍价值的建筑物、碑雕和碑画,具有考古性质成分或结构、铭文、窟洞以及联合体;从历史、艺术和科学角度看,在建筑式样、分布均匀或环境风景结合方面具有突出的普遍价值的单立或连接的建筑群;从历史、审美、人种学或人类学角度看,具有突出的普遍价值的人类工程或自然与人联合工程及考古地址等。

文化遗产保护区包括:历史建筑、历史名城、重要考古遗址和有永久纪念价值的巨型雕塑及绘画作品。

(1)长城:分布于北京、天津等17个省份,世界上最大的军事设施。1987年被列入世界文化遗产名录。

(2)北京和沈阳的明清皇家宫殿:北京故宫,位于北京,清朝历史、满族和中国北方其他部族的文化的历史见证,1987年被列入世界文化遗产名录;沈阳故宫,位于辽宁,2004年被列入世界文化遗产名录。

(3)莫高窟:甘肃敦煌鸣沙山东麓,雕像和壁画展示千年的佛教艺术。1987年被列入世界文化遗产名录。

(4)秦始皇陵及兵马俑坑:陕西西安,第一位统一中国的皇帝秦始皇陵墓和成千上万件陶俑。1987年被列入世界文化遗产名录。

(5)周口店北京猿人遗址:北京房山,远古时期亚洲大陆人类社会的一个罕见历史证据。1987年被列入世界文化遗产名录。

(6)承德避暑山庄及周边庙宇:河北承德,保留着中国封建社会发展末期的罕见历史遗迹。1994年被列入世界文化遗产名录。

（7）曲阜孔庙、孔林及孔府：山东曲阜，包括孔子及其后裔的宗庙、墓地和宅邸的庞大建筑群。1994 年被列入世界文化遗产名录。

（8）武当山古建筑群：湖北丹江口，中国宗教建筑艺术的典范。1994 年被列入世界文化遗产名录。

（9）拉萨布达拉宫历史建筑群：西藏拉萨，集行政、宗教、政治事务于一体的综合性建筑。1994 年、2000 年、2001 年被列入世界文化遗产名录。

（10）庐山国家公园：江西九江，集风景、文化、宗教、教育、政治为一体的千古名山。1996 年被列入世界文化遗产名录（文化景观遗产）。

（11）丽江古城：云南丽江，把经济和战略重地与崎岖的地势巧妙地融合在一起。1997 年被列入世界文化遗产名录。

（12）平遥古城：山西平遥，保存完整的汉民族城市的杰出范例。1997 年被列入世界文化遗产名录。

（13）苏州古典园林：江苏苏州，体现中国古典园林设计"咫尺之内再造乾坤"的理想。1997 年、2000 年被列入世界文化遗产名录。

（14）颐和园：北京皇家园林，中国风景园林设计中的杰作。1998 年被列入世界文化遗产名录。

（15）天坛：北京皇家祭坛，保存完好的坛庙建筑群。1998 年被列入世界文化遗产名录。

（16）大足石刻：重庆大足，被公认为"中国石窟艺术皇冠上的一颗明珠"。1999 年被列入世界文化遗产名录。

（17）青城山与都江堰：四川都江堰，年代最久、唯一留存、以无坝引水为特征的宏大水利工程。2000 年被列入世界文化遗产名录。

（18）皖南古村落——西递、宏村：安徽黄山黟县，保持 19 世纪已消失或改变了的乡村风貌。2000 年被列入世界文化遗产名录。

（19）龙门石窟：河南洛阳，代表中国石刻艺术的最高峰。2000 年被列入世界文化遗产名录。

（20）明清皇家陵寝：明显陵（湖北钟祥）、清东陵（河北遵化）、清西陵（河北易县），阐释封建中国持续五百余年的世界观与权力观，2000 年被列入世界文化遗产名录；明孝陵（江苏南京）、明十三陵（北京昌平），2003 年被列入世界文化遗产名录；清福陵和清昭陵（辽宁沈阳）、清永陵（辽宁新宾），2004 年被列入世界文化遗产名录。

（21）云冈石窟：山西大同，中国佛教艺术发展史的巅峰。2001 年被列入世界文化遗产名录。

（22）高句丽王城、王陵及贵族墓葬：辽宁桓仁、吉林集安，包括 3 座王城和 40 座墓葬。2004 年被列入世界文化遗产名录。

（23）澳门历史城区：澳门特别行政区，见证了东西方美学、文化、建筑和技术影响力的交融。2005 年被列入世界文化遗产名录。

（24）殷墟：河南安阳，商代晚期的古代都城。2006 年被列入世界文化遗产名录。

（25）开平碉楼与村落：广东江门开平，代表了近五个世纪塔楼建筑的巅峰。2007 年被列入世界文化遗产名录。

（26）福建土楼：福建龙岩、漳州，世界上独一无二的神话般的山村民居建筑。2008 年被列入世界文化遗产名录。

（27）五台山：山西五台，悠久的佛教文化传统及人与自然的和谐统一。2009年被列入世界文化遗产名录（文化景观遗产）。

（28）天地之中历史建筑群：河南登封，古代建筑中用于祭祀、科学、技术及教育活动的最佳典范之一。2010年被列入世界文化遗产名录。

（29）杭州西湖文化景观：浙江杭州，湖光山色引得无数文人吟咏兴叹。2011年被列入世界文化遗产名录（文化景观遗产）。

（30）元上都遗址：内蒙古正蓝旗，见证了北亚地区游牧文明和农耕文明之间的碰撞及相互交融。2012年被列入世界文化遗产名录。

（31）红河哈尼梯田文化景观：云南元阳，被誉为"伟大的大地雕刻"。2013年被列入世界文化遗产名录（文化景观遗产）。

（32）丝绸之路（长安—天山廊道的路网）：陕西、河南、甘肃、新疆，世界最长的文化遗产线路。2014年被列入世界文化遗产名录。另有哈萨克斯坦、吉尔吉斯斯坦两国参与申报，成为首例跨国合作、成功申遗的项目。

（33）大运河：北京、天津、河北、山东、江苏、浙江、河南、安徽，世界上建造时间最早、使用最久、空间跨度最大的人工运河。2014年被列入世界文化遗产名录。

（34）土司遗址：湖南永顺、湖北咸丰、贵州遵义，见证古代中国对西南山地多民族聚居地区独特的管理智慧。2015年被列入世界文化遗产名录。

（35）左江花山岩画艺术文化景观：广西崇左，世界岩画艺术的代表之一。2016年被列入世界文化遗产名录（文化景观遗产）。

（36）鼓浪屿：历史国际社区，福建厦门，素有"海上花园"之誉。2017年被列入世界文化遗产名录。

（37）良渚古城遗址：浙江杭州，杰出的早期城市文明代表。2019年被列入世界文化遗产名录。

（38）泉州：福建泉州，宋元中国的世界海洋商贸中心，完整呈现了10—14世纪在中国成功实践的海外贸易体系。2021年被列入世界文化遗产名录。

二、世界自然遗产14处

《保护世界文化和自然遗产公约》规定自然遗产为：从审美和科学角度看，具有突出的普遍价值的由物质和生物结构或这类结构群组成的自然面貌；从科学或保护角度看，具有突出的普遍价值的地质和自然地理结构以及明确划为受威胁的动物和植物生境区；从科学、保护或自然美角度看，具有突出的普遍价值的自然景观或明确划分的自然区域。自然遗产保护区包括：国家公园和其他早已指定的物种保护区。

（1）九寨沟风景名胜区：四川九寨沟，地势悬殊、气候多样、山明水秀。1992年被列入世界自然遗产名录。

（2）黄龙风景名胜区：四川松潘，素有"世界奇观""人间瑶池"的美誉。1992年被列入世界自然遗产名录。

（3）武陵源风景名胜区：湖南张家界，沟壑、峡谷纵横，溪流、瀑布随处可见。1992年被列入世界自然遗产名录。

（4）云南三江并流保护区：云南丽江、迪庆藏族自治州、怒江傈僳族自治州，是世界上罕见的高山地貌。2003年被列入世界自然遗产名录。

（5）四川大熊猫栖息地：四川卧龙、四姑娘山、夹金山脉，地球历史与地质特征研究的典型区域。2006 年被列入世界自然遗产名录。

（6）中国南方喀斯特：云南昆明石林、贵州荔波、重庆武隆，世界上最壮观的热带至亚热带喀斯特地貌样本之一，2007 年被列入世界自然遗产名录；广西桂林、贵州施秉、重庆金佛山、广西环江，2014 年被列入世界自然遗产名录。

（7）三清山国家公园：江西上饶，具有 1 600 余年历史的道教名山。2008 年被列入世界自然遗产名录。

（8）中国丹霞：广东丹霞山、江西龙虎山、浙江江郎山、贵州赤水、福建泰宁、湖南崀山，地貌跌宕起伏。2010 年被列入世界自然遗产名录。

（9）澄江化石遗址：云南澄江，"寒武纪生命大爆发"例证。2012 年被列入世界自然遗产名录。

（10）新疆天山：新疆博格达、巴音布鲁克、托木尔、喀拉峻—库尔德宁等，全球温带干旱区大型山地生态系统的最典型代表。2013 年被列入世界自然遗产名录。

（11）湖北神农架：湖北神农架林区，自然资源丰富，生物多样性高，珍稀物种多。2016 年被列入世界自然遗产名录。

（12）青海可可西里：青海玉树，位于青藏高原的东北角，被称为世界"第三级"。2017 年被列入世界自然遗产名录。

（13）梵净山：贵州铜仁，拥有 4 395 种植物和 2 767 种动物，是东方落叶林生物区域中物种最丰富的热点区域之一。2018 年被列入世界自然遗产名录。

（14）中国黄（渤）海候鸟栖息地（第一期）：江苏盐城，为 23 种具有国际重要性的鸟类提供栖息地，是全球数以万计迁徙候鸟的停歇地、换羽地和越冬地。2019 年被列入世界自然遗产名录。

三、世界文化与自然双重遗产 4 处

世界文化与自然双重遗产，又名复合遗产或混合遗产，是指自然和文化价值相结合的遗产。目前，中国有世界文化与自然双重遗产 4 项：

（1）泰山：山东泰安，中国艺术家和学者的精神源泉。1987 年泰山被联合国教科文组织批准列为中国第一个世界文化与自然双重遗产。

（2）黄山：安徽黄山，被誉为"天下第一奇山"。1990 年被列入世界文化与自然双重遗产名录。

（3）峨眉山—乐山大佛：四川乐山、峨眉山，佛教圣地和动植物多样性保护区。1996 年被列入世界文化与自然双重遗产名录。

（4）武夷山：福建武夷山，中国东南部最负盛名的生物多样性保护区，1999 年被列入世界文化与自然双重遗产名录；江西铅山武夷山，2017 年被列入世界文化与自然双重遗产名录。

　　　　　　　　　　　　　　　　　　——《中国的世界遗产》（2022 版）

（三）旅游资源空间组合不同，地域特色显著

中国从地域空间上分为华北、东北、华东、中南、西南、西北六个地区。每个地域由于气温和降水分布规律的不同，以及历史发展沿革和风土民情的差异，形成了各个地域不同特

点的旅游资源。例如，西北地区正是因多风、干燥、昼夜温差大等一系列自然特点才造就了独一无二的雅丹地貌，其中以新疆哈密魔鬼城为最典型的代表。奇异壮观的自然风光、古堡城垣、大漠奇石这些极具西北风格的景观在魔鬼城被展现得淋漓尽致，凸显了西北的特色。与西北地区粗犷豪放的风格不同，华东地区的含蓄典雅被江南水乡的小桥、流水、人家诠释得完美至极。较原始的自然风光与民族风情主要分布在西部地区，尤其是青藏高原东缘和四川、云南两省西部的横断山区，堪称原始自然旅游资源最富集的地区。旅游资源空间组合的差异使这些地区形成了不同的特点，向游客展现了中国多姿多彩的一面。

人类创造的各种人文景观及文化遗产，也都受到了地理环境的影响，留下了区域特征的烙印。以民居建筑为例，四合院、小胡同是老北京的标志，窑洞是黄土高原特有的民居，内蒙古牧区的牧民则主要居住帐篷与毡房，西南地区潮热地区的居民更喜欢"吊脚楼"，等等，这些民居的特点都与人们生活地的自然环境特异性密切相关。

阅读材料

神奇的张家界"四怪"

神堂湾奇怪的响声　神堂湾是一个天然的半圆形深谷，面积达10余公顷，三面悬崖峭壁，湾内深不见底，神秘莫测；有时霞光万道，瑞气煦煦；有时又阴风惨惨，雾雨绵绵。更令人惊叹的是，只要你靠近湾边，耳边便隐隐约约响起一片鸣锣击鼓、人喊马嘶的声音，似有千军万马在鏖战……每年大年三十晚上，神堂湾里鼓乐齐鸣，人声鼎沸，似千家万户聚在一起欢度节日一样。有人说，当年向王天子率众将士跳入神堂湾，那阵阵的喧闹声，是向王和众将士在过除夕。也有人说，神堂湾深不可测，里面"藏龙卧虎"，是那些动物发出的声音。还有人说，神堂湾的石头有磁性，录下了当年向王与官军作战的声音，录下了狂风暴雨、雷鸣电闪的声音，在一定的条件下这些声音又会被放出来。

月亮垭奇怪的红月　太阳是红色的，月亮是白色的，这个普通常识连三岁小孩都懂。可在武陵源的月亮垭，却能看到红色的月亮，真叫人惊奇不已。月亮垭的红月亮，一般是发生在春夏季的每月中旬，久雨初晴的晚上八九点钟的时候。圆圆的月亮像早晨初升的太阳，血红血红，发出黄昏时的光环，把贺龙公园、石家檐、神堂湾一带照得通明，如晨曦初照，给那直插云霄而静谧的大峰林染上一层金色。这种现象大约可持续一个多小时。

金鞭溪奇怪的影子　峨眉山上的佛光在世人的眼中，那是一圈圣洁的光环。武陵源金鞭溪那一人成三影的幻景，是当地人幸福吉祥的佳话。金鞭溪优雅清澈，似一条洁白的哈达飘动在武陵源的千峰万谷之间，把景区装点得更加富有罗曼蒂克的情调。秋天，当游客从水绕四门至张家界，沿途观赏五步一个景、十步一层天的景致时，溪水哗哗，鸟鸣蝉叫，山花新香，野果串串，如诗如画，好不惬意。当行至五公里许，若遇上秋高气爽晴空万里的好天气，你会惊讶地发现，你的影子由一变二，由二变三，人动影随，影随人至。

西海奇怪的光环　茫茫西海，是一个奇特的石林海洋，石峰数以千计，千姿百态，有的如擎天柱，有的如长鞭，有的如棒槌，有的如神剑……十几个层次的景致，展现出一幅多姿多彩的画幅。在神堂湾与贺龙公园的风景地段，一根高约200米的石柱，峰顶叠翠，两个小石峰，中间钳着一块小石头。就这块神奇的石头，就这个奇妙的石峰，每年要发生一次奇迹——发一次光，其光亮就像烧电焊那样，火光四射，四射的光芒照亮了神堂湾一带，把整个西海照得犹如白昼，其光由小到大，由此及彼，最大的亮度大约持续三四分钟，最后由强变弱，再慢慢地消失。

——中华网旅游论坛，2009 年 8 月 21 日

（四）自然景观和人文景观相互映衬、紧密结合

中国是世界人类文明的发源地之一，人类生活和生产活动的历史悠久。悠久的开发历史使得中国几乎所有的自然风景区都被打上了古老文化的烙印。单纯的自然景观或人文景观很难引起游客长久的兴趣，相互融合之后的旅游产品更具有内涵，更能吸引游客的眼球。比如泰山旅游景区。据史书记载，秦始皇率文武百官五次出巡，曾登临泰山封禅，说明至少在秦代，泰山就已成为能吸引帝王前去游览的名山。经过历代人民的开发、培育和改造，再加上佛教、道教建筑和纪念性建筑、刻石的涌现，泰山文化内涵越来越丰富。申报世界遗产时，国际上公认泰山是自然风光和人文景观完美融合的典范，应作为人类自然和文化双重遗产。在这些人文景观和自然景观相互融合的作用下，泰山的旅游业蒸蒸日上。

（五）人文旅游资源古老而独特

中国悠久的历史使其所有风景区几乎都渗透了文化内涵。特别是一些著名的风景名胜区，都是经过数千年的历程逐渐发展和完善而成的。旧石器时代遗址数不胜数，遍及全国。在众多的古人类遗存中，以元谋人历史最早，周口店龙骨山的古人类遗物最丰富，龙潭洞猿人化石的一具头盖骨最完整。中国旅游资源的古老性还表现在，远在数千年之前，中国的先人就开发了一系列的工艺艺术、宏大建筑，在世界文明史上留下了辉煌的一章。仰韶文化、半坡遗址、安阳殷墟、咸阳秦城、京杭运河、万里长城、秦兵马俑坑等，让全世界都惊叹于古老中国的伟大和神秘，这些人文旅游资源在世界上也都是鲜见的。

二、各类旅游资源的基本特征

自然旅游资源是指天然赋予的、由各种自然地理要素综合营造的产物，中国的自然旅游资源以山水风光最为重要。人文旅游资源是在古今人文因素作用下形成的旅游资源，它具有鲜明的历史性、民族性和创造性，中国的人文旅游资源以古代文化宝藏和不同地区、不同民族的风土民情最为重要。

（一）自然旅游资源

1. 地貌旅游资源

中国拥有各种类型的地貌旅游资源，其中以岩溶地貌、丹霞地貌、火山地貌、花岗岩地貌和黄土地貌旅游资源最具吸引力。

（1）岩溶地貌。岩溶地貌是指地表可溶性岩石受水的溶解作用和机械的作用共同形成的各种地貌形态，如石芽、石林、峰林、溶斗、落水洞、暗河、溶洞、溶蚀洼地等。中国碳酸盐类岩石面积是世界岩溶面积最大的国家。该种地貌以桂、黔、滇东部分布最广，岩溶发育最完善。因气候和岩性的差异，各地岩溶地貌发育程度相差大，或以地面奇峰为主，或以地下溶洞见长，或以泉水为特色。中国有不少地区由于岩溶地貌发育典型而形成著名风景区。如桂林山水是亚热带岩溶地貌的典型代表。

（2）丹霞地貌。丹霞地貌又称红层地貌，是指在巨厚的红色砂砾岩上发育的名山、奇峰、陡崖、赤壁、巨石等特殊地貌，具有较高的旅游价值。中国丹霞地貌主要分布在赣、

闽、粤、湘四省的交界处，特别是粤北仁化和闽西北武夷等地，发育十分典型。丹霞地貌风景资源丰富多彩，精巧玲珑，被誉为"丹山碧水"。如丹霞山、武夷山等是丹霞地貌的典型代表。

（3）火山地貌。火山地貌是因火山活动形成的地貌。火山的喷发奇景，休眠火山圆锥形体动人的风姿和熔岩流构成的奇异微地貌形态，都是十分吸引人的旅游资源。中国位于环太平洋火山地震带和地中海—喜马拉雅地震带，是一个多火山、多地震的国家。全国共有火山800余座，大多为死火山和休眠火山，集中分布在东北、云南和台湾等地，构成著名的火山地貌风景区。如五大连池火山群、镜泊湖等。

（4）花岗岩地貌。花岗岩在中国分布相当广泛，尤以南方为最。花岗岩岩性坚硬，但节理特别发育，在长期内外营力作用下，形成千姿百态的奇峰、奇石、台地、石丘、石蛋等花岗岩地貌形态。如黄山怪石、太姥山奇石，福建东山的风动石、厦门鼓浪屿的日光岩、普陀山上的"普陀西照"等。黄山地处皖南低山的中心，有72峰，群峰相连，以主峰莲花峰为最高，海拔1 873米。黄山风景名胜多为天然雕琢，以怪石、奇松、云海、温泉"四绝"最负盛名。黄山的花岗岩垂直节理发育，经长期的内外力作用，造就出各种奇峰怪石。

（5）黄土地貌。黄土地貌是黄土地区发育的一种特殊的沟谷流水地貌。中国黄土地貌分布之广、发育之典型举世罕见，高原面上形成梁、峁、塬、柱等地貌景观。黄土高原以它粗犷、豪放的高原面貌，壮观、奇特的土柱"峰丛"以及独具一格的黄土窑洞和民俗吸引着游客。

此外，还有海岸地貌、风沙地貌、冰川地貌和流水地貌等旅游资源。

2. 山地旅游资源

中国是一个多山国家，山地旅游资源丰富。许多山地雄伟、险峻、奇特、秀丽，有众多名胜古迹，是理想的游览、避暑和登山之地。

（1）五岳。五岳是中国五大名山的总称。它们是以中原地区为中心的东岳泰山、西岳华山、南岳衡山、北岳恒山和中岳嵩山。五岳是中国历代皇帝加封的。由于五岳独有的胜景，古今对之颂扬甚多，明代旅行家徐霞客就有"五岳归来不看山"的赞叹。

（2）四大佛教名山。"天下名山僧占多。"中国山水壮美的风景胜地，遍藏名寺古刹，成为著名的宗教圣地。山岳因宗教而扬名。五台山、峨眉山、九华山和普陀山为中国四大佛教名山。

（3）四大道教名山。道教是中国宗教之一，历史悠久，创立于东汉，盛行于南北朝，奉老子为教祖。中国有许多道教名山，著名的有山东崂山、四川青城山、湖北武当山、江西龙虎山，并称为"四大道教名山"。

（4）高山雪峰。高山雪峰不仅以它丰富多彩的冰川地貌吸引旅游者，而且还凭它的高、险成为登山探险的好场所。现在体育探险登山运动已成为一项很重要的旅游活动。自1980年以来，中国先后开放了珠穆朗玛峰、希夏邦马峰等九座山峰，有力地推动了中国及世界登山探险的旅游活动。

此外，还有许多风景名山。列入中国第一批国家重点风景名胜的风景名山主要有庐山、雁荡山、天柱山等。

3. 水域风光旅游资源

自然风光的基本要素是山和水。水体的形、态、声、色、光、影及其组合变化具有独特美学魅力，几乎所有的自然风景区都离不开水。水景使人感到温柔、秀丽、幽雅、清静。中国海洋、江河、湖泊、泉水兼备，水体旅游资源类型多样。

（1）江河旅游资源。中国江河如织，从涓涓细流的山涧到坦荡宽阔的大江，皆有特色。在众多的河景中，尤以桂林—阳朔间神奇的漓江和雄伟磅礴的长江三峡为佼佼者。咆哮奔腾的黄河峡谷，汹涌澎湃的钱塘江潮，诗情画意的富春江，潺潺流水的武夷山曲溪，四时长丰的珠江均别具情趣。

（2）湖泊旅游资源。波光潋滟的湖泊自古被人们视为风景佳地。中国湖泊遍布大江南北，许多湖泊因其风光明媚而具有疗养与旅游价值。"淡妆浓抹总相宜"的西湖驰名于世，全国以"西湖"命名的湖泊不下数十处。从水天一色的鄱阳湖与洞庭湖，烟波浩渺的太湖与五百里滇池，美如碧玉的洱海、天山天池、赛里木湖和阿尔泰山的喀纳斯湖，到京都侧畔的昆明湖，东西南北，闻名遐迩。中国各地兴建的水库已经有多处辟为游览地，如长江三峡水库、新安江水库、刘家峡水库、红枫湖水库、十三陵水库、丹江口水库等。

（3）瀑布旅游资源。中国疆域辽阔，地势复杂，为瀑布大量发育提供了基本条件。据统计，中国大小瀑布在数百个以上，瀑布群也不下数十个。其中，比较著名的有庐山瀑布群、雁荡山瀑布群、黄果树瀑布群、九寨沟瀑布群、天柱山瀑布群、壶口瀑布、长白山瀑布等。著名的黄果树瀑布上下22级并连，其中18级为地面瀑布，4级为地下瀑布，主瀑布落差74米。金华冰壶洞瀑布是在岩洞中形成的地下瀑布，瀑布跌入地下暗河潜流而去，人称其为"银河倒泻入冰壶"。九寨沟瀑布群被誉为中国最美的瀑布群；壶口瀑布是水量最大的瀑布，有翻江倒海之势。

（4）泉水旅游资源。中国泉水遍布各地，水质好、水量大，因奇水怪泉而闻名遐迩的"名泉"有上百处之多。因地下水的储存条件不同，它们中有四季如汤的温泉，刺骨冰肌的冷泉，喷涌而出的承压水泉，汩汩外流的潜水泉，水雾弥漫的喷泉，时淌时停的间歇泉，去病医疾的药泉，甘甜爽口的矿泉，还有离奇古怪的水火泉、甘苦泉、鸳鸯泉，更有北京西山的玉泉、杭州西湖的虎跑泉、江西庐山的聪明泉。这些名泉对风景名胜起到了锦上添花的作用。开发历史最早、历久不衰的矿泉风景名胜首推西安骊山华清池，广东从化、北京小汤山、云南安宁、黑龙江五大连池也都是驰名的矿泉疗养地。

（5）海滨旅游资源。海景旅游资源包括海蚀奇观、沙滩风景、五彩卵石、海滩森林、海底花园、大海波澜、神奇岛屿、海市蜃楼、海上观日、神秘海火。在中国疆域之内，漫长曲折的海岸线长达18 000多千米，分布着至少6 500个岛屿，50多个群岛和列岛。中国大连、北戴河、烟台、青岛、普陀山、厦门和三亚等都是发展旅游业条件优越的滨海风景区。

4. 生物景观旅游资源

生物景观是自然旅游资源中具有生命力的、最富有特色的类型。生物旅游资源蓬勃的生机、艳丽的色彩、多姿的形态、迷人的芳香往往给旅游者留下深刻印象。中国拥有许多特有的奇花名木，珍禽异兽。银杏、银杉、金钱松、白豆杉等皆为珍稀裸子植物；牡丹、芍药、月季、菊花、兰花、莲花、海棠、山茶、水仙、梅花为中国十大名花；珍稀特有动物资源如大熊猫、扬子鳄、白鳍豚、金丝猴、丹顶鹤等是地质历史的见证者。许多动植物既能起到烘托主景作用，又能独立成景，构成颇具魅力的旅游资源。一些动植物的栖息繁衍区，如黑龙江扎龙鹤乡，江西与青海鸟岛，福建鸳鸯溪，云南大理蝴蝶泉，世界罕见的物种基因库——武夷山自然保护区，有动植物生命摇篮之称的西双版纳自然保护区，景色奇秀的张家界国家森林公园，列入联合国教科文组织世界生物圈保护区网络的长白山、卧龙和鼎湖山自然保护区等，都是发展旅游业得天独厚的地方。

（二）人文旅游资源

人文旅游资源是人类创造的，反映各时代、各民族政治、经济、文化和社会风俗民情状况，具有旅游功能的事物和因素。

1. 历史古迹

中国作为一个文明古国，历史古迹遍及各地，尤以黄河流域最为集中，可供人们游览观赏并获得知识启迪的有古人类遗址、帝都宫苑、园林建筑、宝刹古寺、石窟碑碣、名人故居、革命文物等。

中国历史上作为中央王朝的帝都或封建割据政权首府的，从禹都阳城到元明清三代帝都的北京，不下百余处。其中安阳、北京、西安、洛阳、开封、南京、杭州居于显赫地位，被称为中国七大古都，遗留古迹很多。西安与北京几乎平分了封建社会前期和后期的帝都历史，举凡宫殿、祭坛、陵寝、王府、宅第、寺庙、道观、园囿等，大多集中在京城及其郊区，这使其成为人文旅游资源最丰富的名城。

2. 宗教古迹

历史与文化之间有着不可分割的渊源关系。在中国的文化遗存中，宗教文化影响深远。

五台山、普陀山、峨眉山、九华山是中国著名的四大佛教圣地；云冈石窟、龙门石窟、敦煌石窟和麦积山石窟是中国著名的四大石窟艺术宝库。白马寺、灵隐寺、独乐寺、华严寺、雍和宫、塔尔寺、扎什伦布寺等是中国著名寺庙。

伊斯兰教成为维吾尔族等民族的主要宗教以后，各种类型的清真寺也逐渐出现在天山南北。现在，新疆的清真寺数量居全国各省区之首，共有各类清真寺 2.43 万座，主要有艾提尕尔清真寺、加曼清真寺、小巷清真寺、麻札清真寺等几种类型，这些清真寺遍及新疆的城市乡村。伊斯兰教的代表性清真寺如广州怀圣寺、泉州清净寺、杭州真教寺、西安化觉寺、北京牛街清真寺和新疆艾提尕尔清真寺等。艾提尕尔清真寺位于新疆喀什，是新疆最大的清真寺，也是中亚最有影响力的三大清真寺之一，这是一个有着浓郁民族风格和宗教色彩的伊斯兰教古建筑群，坐西朝东，由寺门塔楼、庭园、经堂和礼拜殿四大部分组成。

此外，北京南堂、徐家汇天主堂、圣索菲亚教堂等是中国基督教的代表性教堂。

中国宗教类别多样，各教派的建筑风格各具特色，这些古老的寺庙、道观、经堂是建筑艺术的精华，而造像、壁画、碑碣、题楹等也极富文化价值，也是中国重要的人文旅游资源。

3. 古代建筑工程

中国古代建筑具有悠久的历史传统和光辉的成就。古代建筑的基本特征是：巧妙而科学的木框架式结构、庭院式的组群布局、独特的构件斗拱、丰富多彩的艺术形象。古代建筑工程包括古代工程、宫殿建筑和楼阁建筑等。

（1）古代工程。

古代工程包括防御工程、水利工程、桥梁工程等。防御工程典型代表如古城池、长城等；水利工程典型代表如京杭大运河、都江堰、新疆坎儿井和广西灵渠等；古代桥梁工程典型代表如河北赵州桥、北京卢沟桥、福建洛阳桥和广东湘子桥等。

赵州桥建于隋朝年间，距今已有 1 400 多年的历史，是当今世界上现存第二早、保存最完整的古代单孔敞肩石拱桥。赵州桥是古代劳动人民智慧的结晶，开创了中国桥梁建造的崭新局面。

洛阳桥原名万安桥，是古代中国桥梁建筑的杰作之一。修造于北宋，距今已有 900 多年的历史，是国家级重点文物保护单位。作为中国现存最早的跨海石桥，其"筏型基础""种蛎固基法"是中国乃至世界造桥技术创举，是世界桥梁筏形基础的开端，充分显示了中国古代劳动人民的非凡智慧。

湘子桥又称广济桥，是古代桥梁建筑的杰作。初建于宋代，距今已有800余年的历史。湘子桥奇特别致的结构，集梁桥、拱桥、浮桥等形式于一体，是凝结了古代劳动人民智慧和艺术的结晶。它是中国第一座也是世界第一座启闭式桥梁，以其"十八梭船二十四洲"的独特风格成为潮汕地区著名文物旅游胜地，也是全国重点文物保护单位。

（2）宫殿建筑。

门阙森森的宫殿建筑是中国古代建筑中规制最高、规模最大、艺术价值最高的建筑，是当时社会文化和建筑艺术的集大成者和最高体现。宫殿名称的内涵有一个演变过程，秦汉以后，"宫"和"殿"开始连在一起使用，并且有了等级的差别，指皇帝行使权力和日常生活的场所。现今保存完好的三大宫殿是北京明清故宫、沈阳清故宫和布达拉宫。其中北京故宫是现存最大最完整的古代宫殿建筑群，也是中国古代宫殿建筑艺术的顶峰。而沈阳故宫从它的规划布局、建筑形式以及建筑装饰几方面又充分展现了清朝早期建筑的特点，尤其体现清朝建立者满族的政治文化与民风民俗，使其成为中国现存皇室建筑群中地位仅次于北京故宫的重要建筑。布达拉宫是一座宫堡式建筑群，始建于公元7世纪吐蕃王朝藏王松赞干布时期，距今已有1 300年的历史。于17世纪重建后，成为历代达赖喇嘛的冬宫居所，为西藏政教合一的统治中心。布达拉宫的主体建筑为白宫和红宫两部分。1961年布达拉宫成为中国第一批全国重点文物保护单位之一。1994年布达拉宫被列为世界文化遗产。

（3）楼阁建筑。

古往今来，历朝历代，上至帝王，下到州官县府都喜欢修建楼阁。中国古代的楼阁，或用来纪念大事，或用来宣扬政绩，或用来镇妖伏魔，或用来求神拜佛，其中比较著名的有山西鹳雀楼，江南三大名楼滕王阁、黄鹤楼、岳阳楼，安徽琅琊山的醉翁亭、北京的陶然亭、长沙岳麓山的爱晚亭和杭州西湖的湖心亭四大名亭。

（4）园林建筑。

园林是把自然的或经过人工改造的山水地形、树木花草以及人工建筑，按照一定的艺术构思组合而成的综合艺术体。从殷商时期的"囿"，到春秋战国时期中国式园林的萌芽，到秦汉时期的"三山一池"传统，再到唐宋时期富有"诗情画意"的山水园林，直至元、明、清以后，中国的园林艺术逐渐达到了成熟的巅峰。中国自然式风景园林的突出特点是出于自然而又超于自然，遵循着一条基本的创作原则，就是因地制宜，顺应自然，力求达到"虽由人作，宛自天开"的效果。在中国古典园林的具体创作过程中，造景的主要手法有借景对景、障景、框景、夹景、抑景、透景、漏景等。

中国古典园林可根据不同意义分为不同的类别。按占有者身份可划分为皇家园林、私家园林、寺庙园林、风景名胜区园林等类别。按所处地理位置可分为北方型、南方型、岭南型等类别。北方多帝王园林，规模宏大，气势不凡，具雄伟的阳刚之气。保存下来的皇家园林有圆明园、颐和园、北海公园、承德避暑山庄等。江南历史上是文人墨客、名士商贾云集之地，私家园林小桥流水，玲珑精巧，清秀淡雅，尤以苏州、扬州最负盛名。苏州园林堪称中国园林代表，沧浪亭、狮子林、拙政园和留园分别代表着宋、元、明、清各个朝代的艺术风格。

（5）帝王陵墓。

帝王陵墓，实际上包括陵墓及其附属建筑，合称为陵寝。中国从第一个奴隶制王朝夏到最后一个封建王朝，历时三千余年，其间，汉族和其他少数民族建立的统一王朝和地方政权，共有帝王五百余人。至今地面有迹可循、时代明确的帝王陵寝共有一百多座，分布在全国半数以上的省区。所以中国的帝王陵寝不仅数量众多、历史悠久、在世界上独一无二，而且布局严谨、建筑宏伟、工艺精湛，具有独特的风格，在世界文化史上占有重要的地位。

中国历代帝王陵墓中规模较大、保存比较完整的如黄帝陵、乾陵、秦始皇陵、明十三陵、成吉思汗陵、清东陵、汉阳陵、西夏王陵等。

4. 民俗风情

中国是一个多民族国家，各民族的节日盛会或风俗习惯，带有浓厚的乡土气息，构成了一幅幅绚丽多姿的民族文化画卷。汉族的春节、壮族的歌圩、蒙古族的那达慕、藏族的浴佛节、回族和维吾尔族的开斋节、傣族的泼水节、彝族的火把节、白族的三月街、傈僳族的刀杆节等生动活泼的喜庆活动，吸引着中外游人。

阅读材料

中国的民俗风情

苗族、土家族：春节一般比汉族提前一两天，也有提前六七天的，称为"赶年"。"赶年"的时间，因姓氏宗支而异。以酉阳县为例：老寨乡彭姓，腊月二十九过"赶年"；后溪乡彭姓，腊月二十四过"赶年"；可大乡和沙滩乡李姓，腊月二十八过"赶年"。过"赶年"的方式，也不完全一样。可大乡、沙滩乡李姓过"赶年"时，禁止杀鸡、杀猪，晚上禁点油灯，只能点烛，并通宵不熄。部分彭姓过"赶年"时，清晨得由男子做饭。饭做好，祭祀祖先完毕，再喊女人、孩子起床。饭后，全家出门游玩。土家人平日用鼎罐做饭，"过饭"是将肉切好，加上佐料、一层米一层肉、萝卜等，合煮一锅。"赶年"做好，要先祭祀祖先。祭祀时，焚香燃烛，烧钱化纸，三跪九叩，怀念祖先功德，祈求祖先护佑。团年时，要先给果树和犁铧、牛栏、猪圈、鸡舍喂饭，给碓、磨、锄等贴"压岁钱"，以求五谷丰登、六畜兴旺、瓜果丰硕、财源兴隆。

达斡尔族：年年高。北方的达斡尔族有拜年的习惯，春节时，人们穿上节日盛装，逐家走访，互相祝贺。每家都备有蒸糕，拜年者一进门，主人就用蒸糕款待。"糕"在汉语中与"高"谐音，以糕款待，表示互相在新的一年中，生活水平进一步提高。节日期间，达斡尔族还举行歌舞、体育活动，一直持续半个月。

蒙古族：酒肉不尽。北方的蒙古族过春节却是另一番景象，节前家家户户都备下了当年生长的公羊和各种奶制品以及几坛美酒。除夕之夜，人们穿上漂亮的蒙古袍，全家席地坐在蒙古包中央，迎接新的一年的到来。午夜开始饮酒进餐，按常规要多吃多喝，酒肉剩得越多越好，这样象征着新的一年酒肉不尽，吃喝不愁。初一早晨，身穿各式服装的男女，跨上骏马，三五成群奔向"浩特"（村镇），挨个地串蒙古包。串包时，先要给长辈叩头祝愿，接着主人家的女婿为前来串包的客人敬酒，人们边歌边舞。

壮族：迎英雄。居住在中国南方的壮族，称春节为"新年节"。这一天，人们出门无论遇到谁都要相互祝贺，认为这样一年才能吉祥。在壮族民间还有过晚年的习惯，壮族称做"吃立节"。"吃立节"是在这个月的30号，相传在100多年前，壮族的一支农民武装在抗击外来侵略者后凯旋，这时春节已过，壮族群众为了欢迎他们，就在这个月的30号为他们重过春节。

布依族：姑娘抢挑第一担水。居住在中国西南边疆的布依族，每年除夕晚上，都通宵达旦地守岁。天一亮，姑娘们争着到屋外去挑水，谁先挑回第一担水，谁就是最勤劳的姑娘。

景颇族：景颇族人民喜欢在春节前举行打靶活动，姑娘们是这项活动的组织者和裁判员。她们把绣好的荷包用线吊在竹竿上，在树尖中左右摇摆，请小伙子射击。谁先射落荷包，姑娘们就把酒作为奖品送给谁。荷包里一般装有一枚硬币、几粒谷子和几颗装饰用的珠子，作为幸福的象征。

哈尼族：荡秋千。春节前几天，哈尼族居住的村寨就已经热闹起来，妇女们都忙着舂粑粑。粑粑是用糯米做的饼子。而小伙子们则忙着上山砍竹子，准备立秋千。那里的秋千有十几公尺高，哈尼族不管男女老少都很爱荡秋千。节日里，大家都穿着自己最喜爱的衣服去荡秋千，处处呈现出热闹、和睦的节日景象。

傣族：掷糠包。傣族青年男女喜爱甩糠包的游戏，春节期间，小伙子和姑娘们互相投掷糠包，看谁投得准，看谁接得着。玩到一定的时候，姑娘们就悄悄抢走小伙子身上佩的腰刀、包头布或拴着的马，跑回家去。假如小伙子有情就追随而来。父母见到女儿拿着头布、牵着骏马回来，便设宴款待。

高山族："围炉"。居住在台湾省的高山族，他们在过春节时则是另一番情趣。除夕晚上，一家老少围坐在放有火锅的圆桌上聚餐，叫做"围炉"。平常滴酒不沾的妇女，也要象征性地喝一口酒，以示吉利。"围炉"时吃的蔬菜不用刀切，洗净后带根煮熟，表示祝愿父母长寿。如果家里有人外出，也要空出一个席位，把这个人的衣服放在空位上，表示全家人对他的思念。

满族：挂旗。满族分"红、黄、蓝、白"四旗人。春节时，红旗人在门上贴红挂旗，黄旗人在门上贴黄挂旗，蓝旗人在门上贴蓝挂旗，白旗人在门上贴白挂旗。这些挂旗图案优美，色彩鲜艳，象征着一年的吉祥开端。

白族："放高升"。云南白族同胞过年时，有一种叫"放高升"的庆祝活动。所谓"放高升"就是用整棵的大竹子，在竹节里装上火药，点燃以后可以把整个大竹子崩上天空百十丈，成为名副其实的"高升"。有的地区的白族同胞与苗、壮族一样，从春节到元宵节，男女青年都进行"抛绣球"活动。凡接不住绣球的，要赠给对方纪念品，多次失球而又赎不回纪念品的人，就是表示接受对方的爱情了。

侗族：芦笙会。贵州、湖南一带的侗族同胞，春节期间盛行一种"打侗年"（又叫芦笙会）的群众活动。这种活动类似汉族的"团拜"，只不过比"团拜"显得更加欢乐、热烈。这种活动一般是由两个村庄共同商定举办的。两队在广场上正式举行芦笙歌舞比赛。这时两个村庄的观众，伴随着乐曲，翩翩起舞，尽情地欢乐。

彝族：跳虎。在云南省双柏县小麦地冲的彝族人过年时有着"跳虎节"的特殊风俗，正月初八，全村成年男子集于村后土地庙遗址，杀鸡献"咪司"（"咪"意为土，"司"意为主人，咪司即为土主神之意），随后由本村"毕摩"祭土主请虎神。8位村民化装成老虎翩翩起舞，"老虎们"两耳高耸，尾巴粗壮，浑身虎纹，额上绘一汉字"王"，颈上挂一个大铜铃，威风凛凛。"毕摩"念罢祭辞请虎神后，虎王率众老虎入村。

撒尼人：除夕，撒尼语叫"思搓期"。除夕之夜供祖，吃年饭，是很肃穆的。午后，家家门前插上绿树枝，枝上挂一顶草帽。这是无言的告示：请勿入内！不许谈话！就连家中的人也是不可以高声言谈的。

——《中国民俗文化》

5. 美味佳肴

中国菜肴名誉四海，色香味形兼美。中国烹饪选料讲究，刀工精细，配料巧妙，善于调味，技法多样，注意火候，盛器精美，品种丰富。八大菜系，各具千秋，其共同的特点是用料考究，刀工精细，制作精绝，百菜百味，回味无穷，余香满口。各地充分利用地方土特产，运用民间技艺，烹制了多种地方风味食品，如北京全聚德烤鸭、东来顺涮羊肉，天津狗不理包子，西安羊肉泡馍，新疆烤羊肉串，南京板鸭，杭州东坡肉等。

阅读材料

八大菜系

由于地理、气候、习俗、特产的不同形成了不同的地方风味，有鲁、川、苏、粤、闽、浙、湘、徽等八大菜系之分。各大菜系交相辉映，各有千秋。

鲁菜：是中国开创最早的地方菜系，它选料精细、讲究丰满实惠、善于烹调高热量高蛋白菜肴，口味鲜咸脆嫩，风味独特，制作精细，有"一菜一味、百菜不重"之称。

川菜：具有用料广博、味型多样、菜肴适应面广等特点。川菜以麻辣味浓著称，味浓、重油、主题突出。

苏菜：擅长炖、焖、蒸、炒，重视调汤，保持原汁，风味清鲜，浓而不腻，淡而不薄，酥松脱骨而不失其形，滑嫩爽脆而不失其味。

粤菜：用料广泛，选料精细，口味讲究清、鲜、爽、滑，并随季节时令而变化，调味遍及酸、甜、苦、辣、咸、鲜。

闽菜：注重清鲜、淡雅、爽脆，善于调汤，有"百汤百味""一汤十变""无汤不行"的传统说法。

浙菜：一是多选用得天独厚的特产来突出地方菜肴特色；二是注重火候，烹制海鲜有独到之处；三是口味清鲜、滑嫩，突出主料本色真味；四是秀丽雅致，美如其景。

湘菜：选料广泛，刀工精湛，口味重辣、酸、香、鲜、软、脆，常用的味型有酸辣味、咸鲜味等家常味型和咸甜酸香鲜兼有的多种复合味型。

徽菜：原料丰富，以烹制山珍野味著称，重油、重色、重火工，注意食补。

——《中国旅游地理》

三、中国旅游资源区划

中国旅游资源种类繁多、千姿百态，历史悠久、内涵丰富，分布广泛。就全国而论，各地区的旅游资源独具特色，客观上形成了不同的旅游资源区。根据自然和人文旅游条件的共同性和差异性，可将中国划分为八大旅游区。

（一）东北林海雪原、火山景观旅游区

包括辽宁、吉林和黑龙江三省。广阔的森林，冬季漫长严寒，大地封冻积雪不化，夏凉冬雪的气候，以及滨海风光、山川湖泊、火山奇景、特有动物、极光现象等，构成了以北国风光为特色的自然旅游资源；清代前期满族文化遗存为代表的历史文物及以满族、朝鲜族、鄂伦春族、赫哲族等为代表的少数民族风情，则构成了本区别具风采的人文旅游资源。

（二）华北古都古迹名胜旅游区

包括北京、天津两直辖市和陕西、山西、河北、河南、山东五省。华北是中国古文化的发祥地，以北京和西安等古都为代表，长期作为中国政治、经济、文化的中心，数千年的文明史留下了丰富多样的旅游资源，使这里成为中国旅游资源种类最多、数量最丰富、分布最集中、质量最高的旅游资源区。自然风光以山地最为突出，五岳中的东、西、北、中岳均在本区。人文旅游资源更是丰富，六大古都中的西安、洛阳、开封、北京都在本区。特别是首都北京，区位优势突出，是中国旅游业发展的核心区域，是全国最具实力的旅游区。

（三）华东名山—园林旅游区

包括江苏、浙江、安徽、江西、上海。华东区是中国人口密度最大的地区，经济又在全国处于领先地位，区内居民就是最大的客源。区内绿水青山，人杰地灵，旅游资源极其丰富多样。拥有庐山、黄山、雁荡山、九华山、普陀山等一批名山和长江、钱塘江、富春江、太湖、鄱阳湖等一批秀水。古都南京、杭州等历史文化名城也在这里。此外，杭州西湖风光、苏州园林、京杭古运河均为著名的旅游点。

本区既为"资源型"旅游区，又为"市场型"旅游区，成为一种结构完整、层次丰富、功能齐全的"综合型"旅游区。

（四）长江中上游名山峡谷区

包括湖南、湖北、四川、重庆。地处中国地貌、气候、植被等自然因素的过渡地带，原始的自然保护区风貌、壮丽的峡谷风光以及引人入胜的三国胜迹等主要旅游资源具有地域关联性，从而构成了独具特色的一级旅游资源区。拥有举世闻名的三峡风光以及王朗、卧龙、九寨沟等自然保护区和张家界国家森林公园等。人文旅游资源中以古代楚文化和三国遗迹最具特色。

（五）华南热带—亚热带景观旅游区

包括福建、广东、海南、台湾、香港、澳门。以热带、亚热带风光最为突出；地形以山地、丘陵为主，经流水切割和风化、溶蚀等作用，形成许多奇石、幽谷和名山。绵长的海岸地带有不同类型的海岩和滨海景观，特别是阳光海岸、沙滩、珊瑚岛礁独具特色。广东、福建是中国著名的侨乡。

北回归线横穿台湾中部，全岛属于亚热带—热带海洋性气候，特点是高温、多雨、多风。香港、澳门由于独特的地理位置和历史背景，现存有不少中西合璧的文物古迹，建筑物大都具有"以中为主，英葡结合"的特色。这使港、澳、台等地成为国际上著名的旅游胜地。

（六）西南奇山异水、民族风情旅游区

包括贵州、云南、广西。西南区内喀斯特景观发育典型，分布广泛；著名的桂林山水、路南石林均在本区。动植物资源非常丰富，有西双版纳、梵净山、玉龙、草海等自然保护区。中国政府积极推行少数民族政策，注意民族文化的保护与传承，尊重少数民族的风俗习惯，该区域少数民族的特色得以保存、发展，成为中国民族多样性最为典型的地区，也是少数民族聚居的主要地区之一。本区少数民族众多，有壮族、苗族、傣族等30多个少数民族，多民族的文化习俗绚丽多彩。

（七）西北干旱景观旅游区

包括新疆、甘肃、宁夏、内蒙古。位于亚欧大陆中部，深居内陆，属内陆型旅游资源区，以黄土高原、戈壁沙漠、森林雪山、塞外草原和片片绿洲构成中国西部风光。本区地貌特点是高山夹大型盆地，盆地内戈壁流沙千里。主要为荒漠环境，沙漠和戈壁分布面积甚广，特殊的环境成为别具一格的自然景观。历史上丝绸之路沿线有大量珍贵古迹，是中国与中亚等国进行经济、文化交流的重要枢纽，如敦煌是西北著名的旅游城市。

（八）青藏高原寒旱草原、冰雪旅游区

包括青海和西藏。青藏高原被称为"世界屋脊"，以高原高山、雪山冰川、大江大河源头为特色。这里有高山雪峰、星罗棋布的湖泊、深邃的峡谷，特别是雅鲁藏布江大峡谷；有茫茫草原、原始森林，又是野生耐旱动物的天然乐园等，构成了本区奇异诱人的自然旅游资源。而具有原始色彩的藏族风情、宗教文化与礼制建筑又构成本区神秘诱人的人文旅游资源。

本区在登山探险、科学考察、民族风情旅游开发上独具优势，是一个极富魅力、发展前景广阔的正在开发中的旅游区。

思考与练习

1. 讨论对中国"地大物博"的概念，应如何正确认识。
2. 为什么中国必须认真贯彻执行"十分珍惜和合理利用每一寸土地，切实保护耕地"的基本国策？试举实例说明。
3. 说明中国矿产资源的主要特点。
4. 举例说明中国旅游资源形式的多样性和综合性。
5. 分析中国风景旅游资源特点。

第六章　自然灾害

自然灾害是伴随着地球演化、给人类社会带来危害的自然变异过程和现象。自然灾害系统是由孕灾环境、致灾因子和承灾体共同组成的地球表层变异系统，灾情是这个系统中各子系统相互作用的结果。许多自然灾害，特别是等级高、强度大的自然灾害发生以后，常常诱发出一连串其他灾害，这种现象叫灾害链，由此导生的其他灾害称为衍生灾害。如大旱之后，地表与浅层淡水极度匮乏，迫使人们饮用深层含氟量较高的地下水，从而导致了氟病，这就是衍生灾害。

近年来，全球频发的自然灾害给人类社会造成了巨大的生命和财产损失，防灾减灾是世界各国共同追求的目标。随着全球气候变化和中国经济的快速发展、城市化进程的不断加快，中国的资源、环境和生态压力加剧，自然灾害防范和应对形势也变得更加严峻。

第一节　中国自然灾害的基本特征

中国幅员辽阔，自然条件复杂，致灾因素和灾害种类较多。同时，中国人口众多，人类活动的干预使中国成为世界上自然灾害最严重的国家之一。

一、自然灾害类型复杂多样，发生频率高

中国处在环太平洋带、北半球中纬度带两大自然灾害带交会的地区，自然灾害类型复杂多样，发生频率高；处在亚欧板块和太平洋板块、印度洋板块的交界处，地壳不稳定，是灾害点位最多的地区；山区面积广大，地貌类型复杂多样，加剧了自然变异的强度；不稳定的季风气候也导致中国频繁的旱涝灾害。中国主要自然灾害有地质灾害、气象灾害、水文灾害、生物灾害和森林草原火灾。除现代火山活动外，几乎所有自然灾害都曾经出现过。

▌阅读材料

中国是自然灾害发生频繁的国家，素有"三岁一饥、六岁一衰、十二岁一荒"之说。据史料统计，自公元前 206 年至公元 1949 年的 2 155 年中，共发生水灾 1 029 次，较大的旱灾 1 056 次，水旱灾害几乎年年有之，残废万人以上的灾害 10～20 年出现一次。1949 年以来，平均每年出现旱灾 7.5 次，洪涝灾害 5.8 次，登陆台风 7.0 个，低温冻害 2.5 次，7 级以上地震 1.3 次，沿海重大风暴潮 7 次，较大的崩塌、滑坡、泥石流每年近 100 次，严重农作物病虫害每隔 3～4 年发生一次。

经中华人民共和国应急管理部会同有关单位会商核定，2021 年，中国自然灾害形势复

杂严峻，极端天气气候事件多发，自然灾害以洪涝、风雹、干旱、台风、地震、地质灾害、低温冷冻和雪灾为主，沙尘暴、森林草原火灾和海洋灾害等也有不同程度发生。全年各种自然灾害共造成 1.07 亿人次受灾，因灾死亡失踪 867 人，紧急转移安置 573.8 万人次；倒塌房屋 16.2 万间，不同程度损坏 198.1 万间；农作物受灾面积 1 173.9 万公顷；直接经济损失 3 340.2 亿元。

2022 年，中国自然灾害以洪涝、干旱、风雹、地震和地质灾害为主，台风、低温冷冻和雪灾、沙尘暴、森林草原火灾及海洋灾害等也有不同程度发生。受极端灾害天气影响，发生珠江流域性洪水、辽河支流绕阳河决口、青海大通及四川平武和北川山洪灾害、长江流域夏秋冬连旱以及南方地区森林火灾等重大灾害，四川泸定 6.8 级地震造成重大人员伤亡。全年各种自然灾害共造成 1.12 亿人次受灾，因灾死亡失踪 554 人，紧急转移安置 242.8 万人次；倒塌房屋 4.7 万间，不同程度损坏 79.6 万间；农作物受灾面积 1 207.16 万公顷；直接经济损失 2 386.5 亿元。与近 5 年均值相比，因灾死亡失踪人数、倒塌房屋数量和直接经济损失分别下降 30.8%、63.3% 和 25.3%。

——中华人民共和国应急管理部发布

二、自然灾情强度大，破坏性严重

中国自然灾情强度大，破坏性严重。随着国民经济持续高速发展、生产规模扩大和社会财富的积累，灾害损失日趋严重。1998 年发生在长江、松花江和嫩江流域的特大洪涝，2006 年发生在四川、重庆的特大干旱，2007 年发生在淮河流域的特大洪涝，2008 年发生在南方地区的特大低温雨雪冰冻灾害，2008 年 5 月 12 日发生在四川、甘肃、陕西等地的汶川特大地震灾害等，均造成重大损失。自然灾害已经成为中国可持续发展的重要影响因素，必须引起高度重视。中国政府决定，自 2009 年开始，每年的 5 月 12 日为国家"防灾减灾日"。

阅读材料

2021 年全国十大自然灾害

1. 7 月中下旬河南特大暴雨灾害

7 月 17—23 日，河南省遭遇历史罕见特大暴雨，全省平均过程降雨量 223 毫米；有 20 个国家级气象站日降水量突破建站以来历史极值，其中，郑州气象观测站最大小时降雨量（20 日 16—17 时，201.9 毫米）突破中国大陆有记录以来小时降雨量历史极值。灾害造成全省 1 478.6 万人受灾，直接经济损失 1 200.6 亿元。

2. 黄河中下游严重秋汛

2021 年入秋后，冷暖空气在黄河中游持续猛烈交汇，带来连续降雨，黄河流域 9 月份平均降水量 179 毫米，为 1961 年以来历史同期最多，造成黄河中下游发生 1949 年以来最大秋汛，山西、陕西、河南、山东等省局地洪涝灾害严重，造成 666.8 万人受灾，直接经济损失 153.4 亿元。

3. 7 月中下旬山西暴雨洪涝灾害

7 月 10—23 日，山西省先后出现两轮强降雨天气过程，间隔时间短、累计雨量大，引发严重洪涝灾害，造成 61.2 万人受灾，直接经济损失 82.8 亿元。

4. 8 月上中旬湖北暴雨洪涝灾害

8 月 8—15 日，湖北省部分地区出现强降雨，造成 158 万人受灾，直接经济损失 31.2 亿元。

5. 4 月 30 日江苏南通等地风雹灾害

4 月 30 日，江苏沿江及以北大部地区遭受大风、冰雹等强对流天气袭击，多地大风观测突破建站以来历史极值，造成 2.7 万人受灾，直接经济损失 1.6 亿元。

6. 8 月中下旬陕西暴雨洪涝灾害

8 月 19—25 日，陕西省部分地区出现强降雨过程，引发严重洪涝灾害，造成 107.2 万人受灾，直接经济损失 91.8 亿元。

7. 11 月上旬东北华北局地雪灾

11 月 4—9 日，中国大部分地区出现寒潮天气过程，降温幅度超过 16℃的国土面积达 101 万平方公里。低温冷冻和雪灾造成内蒙古、辽宁、吉林、黑龙江等 9 省（区、市）35.1 万人受灾，直接经济损失 69.4 亿元。

8. 云南漾濞 6.4 级地震

5 月 21 日 21 时 48 分，云南大理州漾濞县发生 6.4 级地震，此后发生多次 5 级以上余震。地震造成 16.5 万人受灾，直接经济损失 33.2 亿元。

9. 2021 年第 6 号台风"烟花"

2021 第 6 号台风"烟花"于 7 月 25 日在浙江舟山普陀区沿海登陆，26 日在浙江平湖市沿海再次登陆。"烟花"移动速度慢、滞留时间长，风雨强度大，造成浙江、上海、江苏等 8 省（区、市）482 万人受灾，直接经济损失 132 亿元。

10. 青海玛多 7.4 级地震

5 月 22 日 2 时 4 分，青海果洛州玛多县发生 7.4 级地震，此后发生数次余震。地震造成果洛、玉树 11.3 万人受灾，直接经济损失 41 亿元。

——中华人民共和国应急管理部发布《2021 年全国十大自然灾害》

三、自然灾害分布地域广，但地域差异大

自然灾害所造成的灾情不仅与致灾因子的强度密切相关，而且与区域人口密度、经济密度及产业类型密切相关。同样强度的自然致灾因子，在人口密度、经济密度大的地区比在人口密度、经济密度小的地区，更容易造成较重的灾害。中国自然灾害地域差异以黑龙江黑河到云南腾冲连线为界，此线以东自然灾害多，而此线以东也是人口密度大、经济发达地区，故所形成的灾情也十分严重。

（一）中国自然灾害分布

中国各省（区、市）均不同程度受到自然灾害影响，70% 以上的城市、50% 以上的人口分布在气象、地震、地质、海洋等自然灾害严重地区，三分之二以上的国土面积受到洪涝灾害威胁。约占国土面积 69% 的山地、高原区域因地质构造复杂，滑坡、泥石流、山体崩

塌等地质灾害频繁发生。各省（区、市）均发生过 5 级以上的破坏性地震，主要发生在华北、西北、西南三大地震带上。东部、南部沿海地区以及部分内陆省份经常遭受热带气旋侵袭。东北、西北、华北等地区旱灾频发，西南、华南等地区严重干旱时有发生。水灾多出现在七大流域中下游沿河两岸；雪灾、寒潮大风主要分布于青藏高原和内蒙古高原；沙暴多发生在西北地区。滑坡、泥石流集中在地貌二级阶梯上且以西南地区最盛。生态脆弱带（沿海、长江中上游、北方农牧交错带）环境灾害严重。

自然灾害种类分布

	分布	原因
旱灾	黄淮海平原、东北平原为多发区	季节降水和年际降水的时空分布不均衡
洪涝	长江中下游平原、黄淮海平原为多发区	受夏季风的影响大，受夏威夷高压势力的大小、雨带进退快慢的影响
地震	台湾、华北、西北、西南为多发区	台湾位于板块交界区；西南位于地中海喜马拉雅地震带上；华北、西北位于环太平洋构造带上
滑坡、泥石流	西南为多发区	西南地区地形崎岖，地质构造复杂，大斜坡多，降水历时长
低温冷害	东北为多发区	纬度高、气温低，接近冬季风源地
台风	东南沿海为多发区	濒临西北太平洋

（二）中国自然灾害区划

中国东部地区位于季风区，受不稳定的大气环流影响大，以暴雨、洪水、内涝、台风、风暴潮、冷冻等气象灾害为主要灾害；加上位于环太平洋构造带，地壳运动活跃，地震也是本区的主要灾种。中部地区是平原向山地高原过渡，农业向牧业过渡，湿润和半湿润区向半干旱、干旱区过渡的复杂地带，南北差异显著。由于青藏高原的隆起，西部地区南北灾害有较大差异。根据自然灾害的空间分布规律，可将中国划分为 6 个灾害带。

（1）海洋灾害带。包括中国东部和东南部沿海。受海洋环境和夏季风等孕灾环境和致灾因子的影响，形成以台风、风暴潮、赤潮等为主的自然灾害，对中国海洋渔业、石油平台、港口等海洋建设造成威胁。

（2）东南沿海灾害带。主要指连云港以南的东南沿海地区。受海洋与陆地双重环境的影响，以台风、风暴潮、暴雨、洪涝、海水入侵等自然灾害为主，对城市、港口、海水养殖场等造成严重威胁。

（3）东部灾害带。主要指地势第三级阶梯。这里平原集中，是许多大江大河的下游地区，经济发达，人口最多，自然灾害类型多、强度大、频度高。洪涝、旱灾、病害虫等对平原地区的农业和城市危害严重，东北的霜冻、华北的地震也很显著。

（4）中部灾害带。包括青藏高原以东的地势第二级阶梯，是中国自然环境最为复杂、地表物质最不稳定的大斜坡地带。以暴雨、洪水、地震、滑坡、泥石流等自然灾害为主，而且水土流失、风蚀沙化等土地退化问题也十分严重，对农业、交通设施与建筑物造成严重危害。其中，内蒙古的雪灾，黄土高原的水土流失，西南地区的地震、滑坡和泥石流灾害尤为突出。

（5）西北灾害带。主要指西北内陆的新疆、甘肃、宁夏、内蒙古西部地区，是中国的干旱区。这里高寒、干燥面积大，山地、高原、沙漠分布范围广，生态系统脆弱。以地震、沙尘暴、霜冻、干旱、病虫害等自然灾害为主，对绿洲农业、城市建筑和畜牧业造成威胁。

（6）青藏高原灾害带。包括西藏、青海和四川西北部。以暴风雪、地震、寒潮、雪崩等致灾因子为主，对畜牧业造成严重威胁。

第二节　中国常见的自然灾害

中国的自然灾害类型多样，尤其以地震、干旱、洪涝、台风、风暴潮的危害最为严重。从人员的死亡来看地震是群害之首，而气象灾害所造成的经济损失更多。

一、地质灾害

地质灾害是指在自然或者人为因素的作用下形成的，对人类生命财产、环境造成破坏和损失的地质作用（现象），如地震、火山、滑坡、泥石流、崩塌等。中国地处亚欧板块和太平洋板块的交界地带，又处于亚欧板块与印度洋板块挤压碰撞带的北东边界，每年都有程度不同的地质灾害发生，范围遍及全国。地质灾害不是单一发生的，前灾往往是后灾的诱发因素，如地震和暴雨以及人类活动均会诱发滑坡和泥石流灾害。

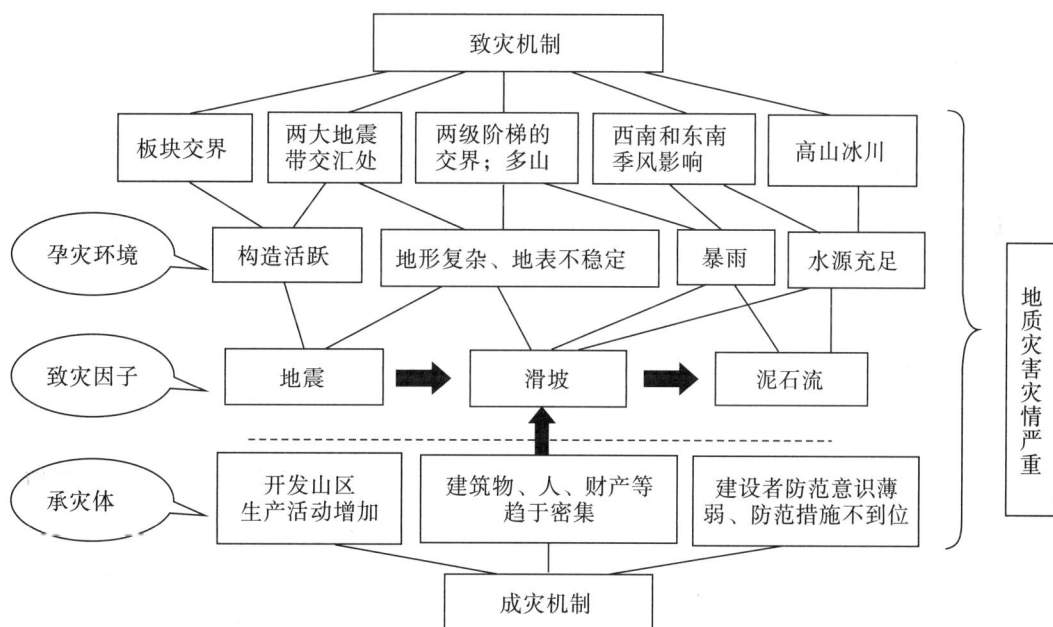

（一）地震

中国地震活动频度高、强度大、震源浅，分布广，是一个震灾严重的国家。中国地震带分布在华北地震区、青藏高原地震区、新疆地震区、台湾地震区和华南地震区。20 世纪以来，中国因地震造成死亡的人数，占国内所有自然灾害总人数的 54%，超过 1/2。

阅读材料

四川汶川地震

2008 年 5 月 12 日 14 时 28 分 04 秒，四川汶川、北川，8 级强震猝然袭来，大地颤抖，山河移位，满目疮痍，生离死别……这是新中国成立以来破坏性最强、波及范围最大的一次地震。根据国务院抗震救灾总指挥部授权发布的情况，截至 2008 年 9 月 25 日 12 时，汶川地震已确认 69 227 人遇难，374 643 人受伤，失踪 17 923 人，造成直接经济损失 8 451 亿元。

汶川大地震发生在地壳脆—韧性转换带，为逆冲、右旋、挤压型断层地震，震源深度为 10～20 千米，持续时间较长，因此破坏性巨大。由于印度洋板块向亚欧板块俯冲，造成青藏高原快速隆升，高原物质向东缓慢流动，在高原东缘沿龙门山构造带向东挤压，遇到四川盆地之下刚性地块的顽强阻挡，造成构造应力能量的长期积累，最终在龙门山北川—映秀地区突然释放。

——中国地震局官网

（二）滑坡和泥石流

山坡上的岩石和山体由于种种原因在重力作用下沿一定的软弱面（或软弱带）整体地向下滑动现象称为滑坡。在山区沟谷中，因暴雨、冰雪融化等水源激发的、含有大量泥沙石块的特殊洪流称为泥石流。地貌类型多变，地势起伏大，斜坡多，易发生滑坡；降水多，尤其是山区多暴雨、久雨天气，易发生泥石流；开垦、开矿等人为因素的影响，使地表松散物质增多，会诱发或加剧滑坡和泥石流。

中国山地面积广，山高谷深、地势陡峻、地质构造复杂、上层岩性相对松软、受重力和水力作用以及山地开发程度不断加大等因素影响，很容易形成滑坡和泥石流灾害。从太行山到秦岭，经鄂西、四川、云南到藏东一带滑坡发育密度极大；青藏高原以东的第二级阶梯，特别是中国西南地区，由于多地震、多山、多暴雨，是滑坡和泥石流的重灾区。

（三）土地资源灾害

土地资源是三大地质资源（矿产资源、水资源、土地资源）之一，是人类生产活动最基本的资源和劳动对象。地球表面的表层土壤是人类文明的基础。当新土壤的形成速度超过侵蚀速度，并经历漫长地质年代后，就形成了土地。土壤经过漫长的积累，形成了适合植物生长的环境，反过来，植物又保护土壤免受侵蚀。人类对土地的利用程度反映了人类文明的发展，但同时也造成对土地资源的直接破坏，其中水土流失尤为严重，联合国将水土流失列为全球三大环境问题之一。

1. 水土流失

水土流失是指在水力、重力、风力等外营力作用下，水土资源和土地生产力的破坏和损失，包括土地表层侵蚀和水土损失，是一种累进性或渐变性的地质灾害。中国是个多山国家，山地面积占国土面积的 2/3；中国又是世界上黄土分布最广的国家，黄土或松散的风化壳在缺乏植被保护情况下极易发生侵蚀。中国大部分地区属于季风气候，降水量集中，且多暴雨。易于发生水土流失的地质地貌条件和气候条件是造成中国发生水土流失的主要原因。中国人口多，粮食、民用燃料需求等压力大，在生产力水平不高的情况下，对土地大肆开垦，片面强调粮食产量，忽视因地制宜的农林牧综合发展，把只适合林、牧业利用的土地也辟为农田。大量开垦陡坡，以致陡坡越开越贫，越贫越垦，生态系统恶性循环；乱砍滥伐森林，甚至乱挖树根、草坪，树木锐减，使地表裸露，这些都加重了水土流失。另外，某些基本建设不符合水土保持要求，例如不合理修筑公路、建厂、挖煤、采石等，破坏了植被，使边坡稳定性降低，引起滑坡、塌方、泥石流等更严重的地质灾害。

水土流失是中国土地资源遭到破坏的最常见的地质灾害，其中以黄土高原地区最为严重。在长江中上游地区、东北黑土地区、北方土石山区、南方红壤丘陵地区，都有水土流失发生。

阅读材料

黄土高原的水土流失与治理

黄土高原是中国四大高原之一，亦为世界著名的大面积黄土覆盖区，是中华民族古代文明的发祥地之一。除许多石质山地外，大部分为厚层黄土覆盖。

黄土高原地区面积广阔，土层深厚、土质疏松，地貌复杂，降水集中且强度大，本身固有的自然环境脆弱，加上长期以来土地不合理利用破坏了地面植被和稳定的地形，导致严重水土流失，逐渐形成千沟万壑、地表支离破碎的特殊自然景观。"山上光秃秃，下面黄水流，年年遭灾害，十年九不收。"这曾经是黄土高原普遍的写照。水土流失带走了肥沃的土壤，降低蓄水保墒能力，使农作物产量下降；使沟谷增加、加深，进而导致耕地面积减少；大量泥沙下泄，造成渠道、水库淤积和河流淤塞，增大了流域开发治理的困难。黄土高原水土流失问题成为其经济发展的重要制约因素。

黄土高原水土流失治理问题历来受到国家高度关注，根据土壤侵蚀特点和沟道的输沙特性，采取了工程措施与生物措施相结合，以生物措施为主，以小流域为单元，综合治理、集中治理、连续治理等有效办法。生物措施模式主要由退耕还林、荒山造林和封山育林工程组成；工程措施模式包括修建梯田和淤地坝、治沟造地工程；小流域综合治理模式主要体现在坡面、沟道系统整治，生物和工程措施相结合的特点；区域综合整理模式则强调对生态系统进行整体保护、系统修复和综合治理，达到生态、社会、经济可持续发展。目前，黄土高原地区水土流失状况整体向好、生态环境持续改善，水土流失面积已由 1990 年的 45 万平方公里减至 2020 年的 23.42 万平方公里，林草植被覆盖率提高了 40 余个百分点，主色调已由"黄"变"绿"。

——李锐：《黄土高原水土保持工作 70 年回顾与启示》，《水土保持通报》2019 年第 6 期

南方低山丘陵水土流失与治理

南方低山丘陵地区的水土流失仅次于黄土高原。南方低山丘陵地区包括淮河以南、云贵高原以东、雷州半岛以北广大的低山丘陵地区，这里属于亚热带季风气候，夏季高温多雨；地表山丘、盆地、谷地交错分布，地形复杂且起伏大；河流众多，水系发达，地表侵蚀切割强烈；红壤广布，土质胶黏性差，抗蚀力弱；开发历史悠久，人口密度大，人多地少，人地关系比较紧张；能源短缺，乱砍滥伐；非法采矿、采石，剥离表土。自然因素是土壤侵蚀发生、发展的潜在条件。人为原因中的人地关系矛盾则是水土流失产生的主导因素。

南方低山丘陵地区的水土流失所带来的影响远比北方严重。从经济角度看，南方低山

丘陵地区水热条件更好，单位土地的生物生长量和产值更高，每寸土地水土流失造成的损失更大。从生态角度看，南方低山丘陵地区多为石质山地，土层薄，一旦表土蚀去，容易形成石漠化，而且恢复起来更难。从社会角度看，南方低山丘陵地区人口稠密，并且在江河下游地区多为重要的工农业生产基地和经济中心，水土流失对社会影响更大，造成的损失也更大。

南方低山丘陵地区由于水热条件好，其有效措施是封山育林恢复植被；推广省柴灶、炉灶技术革新、新兴小水电，大办沼气，营造薪炭林，解决农村生活用能问题；建梯田、修挡土坝等工程相结合，治理水土流失。

——史志华等：《南方红壤低山丘陵区水土流失综合治理》，《水土保持学报》2018 年第 1 期

2. 荒漠化

荒漠化是由于气候变化和人类不合理的经济活动等因素，使干旱、半干旱和具有干旱灾害的半湿润地区的土地发生退化现象。自然因素包括干旱（基本条件）、地表松散物质（物质基础）、大风吹扬（动力）、没有植被（保护）等。人为因素既包括过度樵采、过度放牧、过度开垦、矿产资源的不合理开发，也包括水资源不合理利用等人类的不当活动。人为因素和自然因素综合地作用于脆弱的生态环境，造成植被破坏，荒漠化现象开始出现和发展。荒漠化程度及其在空间的扩展受干旱程度和人畜对土地压力强度的影响。荒漠化也存在着逆转和自我恢复的可能性，这种可能性及荒漠化逆转时间进程受不同的自然条件（特别是水分条件）、地表情况和人为活动强度的影响。

中国是世界上荒漠化严重的国家之一，近 4 亿人口受到荒漠化的影响。根据 2019 年国家林草局第六次全国荒漠化和沙化调查结果，全国荒漠化土地面积 257.37 万平方公里；沙化土地面积 168.78 万平方公里。主要分布在西北和青藏地区。自 20 世纪 70 年代以来，中国政府累计投入数千亿元人民币，相继启动了三北防护林体系建设、京津风沙源治理、退牧还草、水土流失综合治理等重点生态工程，对沙化地区进行集中治理。目前，沙区生态状况、经济社会条件和农民生活水平明显改善。中国已成为世界上森林资源增长最快、生态治理成效最明显的国家。

3. 石漠化

因水土流失而导致地表土壤损失、基岩裸露、土地丧失农业利用价值和生态环境退化的现象称为石漠化。石漠化多发生在中国西南部石灰岩地区，贵州省石漠化土地面积最大。由于长期以来自然植被不断遭到破坏，大面积的陡坡开荒，造成地表裸露，加上喀斯特石山区土层薄，基岩出露浅，暴雨冲刷力强，大量的水土流失后岩石逐渐凸现裸露，呈现石漠化现象，并且随着时间的推移，石漠化的程度和面积在不断加深和发展。石漠化发展最直接的后果就是土地资源的丧失；又由于石漠化地区缺少植被，不能涵养水源，其往往伴随着严重的人畜饮水困难。中国石漠化分布相对比较集中，主要发生于坡度较大的坡面上，轻度、中度石漠化土地占石漠化总面积的 73.2%。

石漠化治理应遵循水土保持的原则，因地制宜；要坚持以水土流失综合治理为核心，以提高水土资源的永续利用率为目的，把石漠化治理与退耕还林、防护林种植、水土保持、人畜饮水、扶贫开发等生态工程有机地结合起来加以综合防治。防治石漠化的对策，首先要立足保护好岩溶地貌地区尚未发生石漠化的地方，预防潜在石漠化的继续恶化演变；对已发生石漠化的地区要实行综合治理，使其逐步向良性发展，重点应放在轻度和

中度的石漠化上。

4. 土地盐碱化

土地盐碱化常见于中国华北平原、西北灌溉农业区的河西走廊、河套平原、宁夏平原。气候干旱、地下水位高（高于临界水位，也与人为的不合理灌溉有关）和地势低洼、没有排水出路均可能形成盐碱土。地下水都含有一定的盐分，如其水面接近地面，而该地区又比较干旱，由于土壤毛细管作用上升到地表的水蒸发后，便留下盐分，日积月累，土壤含盐量逐渐增加，形成盐碱土。没有排水出路的洼地，水分蒸发后即留下盐分，也形成盐碱地。

改良盐碱化土壤的方法有四个方面：一是改良水利，主要从灌溉、排水、放淤、种稻和防渗等几个关键入手。二是改良农业措施，在平整土地、改良耕作、施客土、施肥、播种、轮作、间作、套种等方面加强农业管理，尽量合理化种植。三是生物改良，种植耐盐碱的植物，或者是种植牧草、绿肥、造林，尽可能地增加土壤中的有机质含量，改善土壤的理化性质。四是化学改良，主要采用施入石膏、磷石膏、亚硫酸钙等化学物质来进行改良，这种方法见效相对较快，但不是长久之计。这四种方法各有优点，而且每个地区的盐碱地情况也有各自的特点，所以具体如何操作，采用何种方式，要结合当地的耕作条件以及土壤盐碱化性质来进行。

二、气象灾害

气象灾害是影响面最广的灾害。中国海陆兼备，大部分地区受季风控制，气候极不稳定，决定了季节降水和年际降水的时空分布不均衡，导致气象灾害种类多，其中旱灾、台风、寒潮等危害影响范围最广、灾情最重。

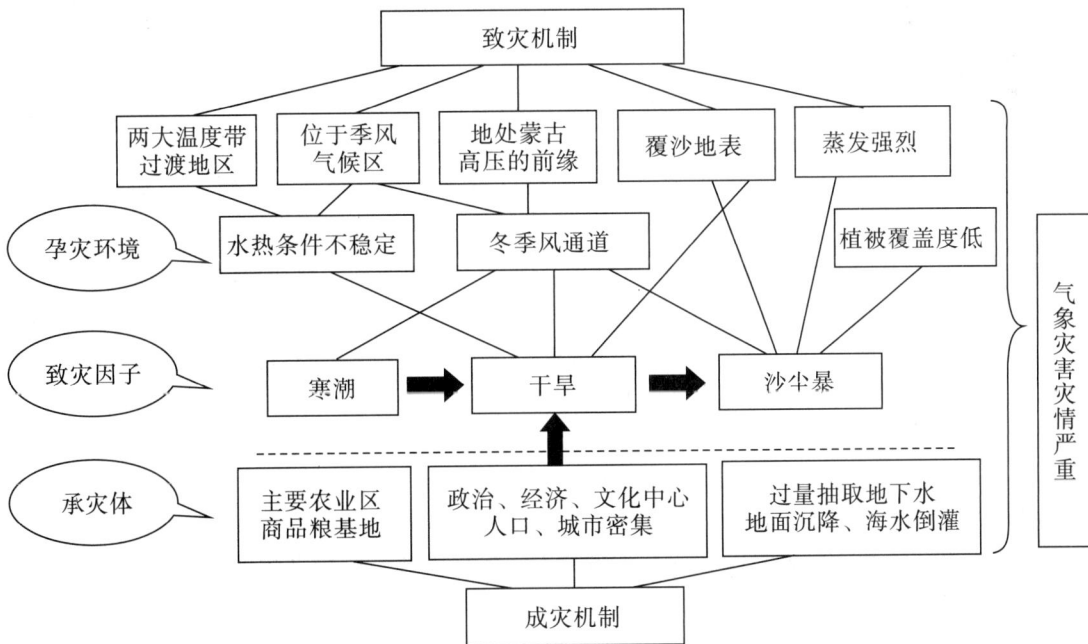

（一）旱灾

中国的自然灾害当中72%以上是气象灾害，而气象灾害里面70%以上是旱灾。旱灾是发生范围最广、频次最高、持续时间最长的渐发性气象灾害。中国旱灾以春旱发生地域最广、频率最高，夏旱和秋旱次之。华北、华南、西南和江淮地区是中国四个旱灾多发中心。其中华北地区降水季节分配不均且地表径流少，春季气温回升快，蒸发旺盛；人口密集、有超大城市群，生活用水多；既是国家商品粮基地，又是综合性工业基地，灌溉用水和工业用水多；居民生活污水、工业废水、农田农药与化肥污水、海水倒灌等一系列污染水造成水质性缺水，导致华北地区旱灾严重。

（二）台风

热带气旋是发生在热带或亚热带洋面上的低压涡旋，是一种强大而深厚的热带天气系统。中国把西北太平洋的热带气旋按其底层中心附近最大平均风力（风速）大小划分为6个等级，其中心附近风力达12级或以上的，统称为台风。

中国位于太平洋西岸，由于西太平洋台风具有向西北方向移动的特征，因此极易遭受台风的袭击，是世界上少数几个遭受台风影响最严重的国家之一。中国台风发生的时间主要为盛夏至秋初，台风造成的损失约占全国自然灾害损失的15%～20%。其中沿海地区的台风灾情最重。因为沿海地区人口、财产密集，工农业生产发达，台风常造成巨大的破坏和社会经济影响。

阅读材料

6903 号台风

1969年7月28日上午10时半，6903号台风"维奥娜"在汕头沿海登陆。台风中心最大风速达到每秒75米，相当于风力等级18级。

台风恰逢天文大潮涨潮，汕头一带突破历史最高潮位。巨大的风暴增水让整个汕头市海陆不分，市区平均进水2～3米，郊区甚至达到4米以上。惠来、潮阳和揭阳之间一片汪洋，几十吨重的机帆船被潮水推着深入内陆十多千米，局部海潮入侵甚至超过30～40千米。潮阳县牛田洋垦区的85千米长、3.5米高的海堤被削去2米，只剩下1.5米高。风助水势，仅汕头地区，民房崩塌14.1万多间，仓库和工厂倒塌3 500多间，堤围崩决上百公里，超过140万亩农田被大水淹没，上千人死于非命。

——广东省三防办公室：《以人为本　防避结合　最大限度减轻台风灾害损失》，《中国防汛抗旱》2005年第4期

（三）寒潮

寒潮是冬季的一种灾害性天气，习惯上把寒潮称为寒流。寒潮是北方的冷空气大规模地向南侵袭，造成大范围急剧降温和偏北大风的天气过程。寒潮一般多发生在秋末、冬季、初春时节，即9月至次年5月。气象部门规定：冷空气侵入造成的降温，一天内达到10℃以上，而且最低气温在5℃以下，则称此冷空气爆发过程为一次寒潮过程。可见，并不是每一次冷空气南下都称为寒潮。寒潮的入侵会造成沿途大范围的剧烈降温、大风和风雪天气，由寒潮引发的大风、霜冻、雪灾、雨凇等灾害对农业、交通、电力、航海都有很大的影响。中

国寒潮发生的次数较多,活动范围广。除青藏高原、滇南谷地外,全国大部分地区受到寒潮影响,东北地区最多,华北次之,再次为西北和长江流域,华南最少。

(四) 沙尘暴

沙暴是指大风把大量沙粒吹入近地层所形成的挟沙风暴;尘暴则是大风把大量尘埃及其他细颗粒物卷入高空所形成的风暴。沙尘暴是沙暴和尘暴的总称,是荒漠化的标志,具有突发性和持续时间较短特点,是概率小、危害大的灾害性天气现象。

沙尘暴天气主要发生在冬春季节。由于冬春季半干旱和干旱区降水甚少,地表极其干燥松散,抗风蚀能力很弱,强风从地面卷起大量沙尘,使水平能见度小于 1 千米,形成沙尘暴天气。中国沙漠、戈壁及沙漠化土地总面积为 168.9 万平方千米,占国土面积的 17.6%。沙尘暴主要发生在北方地区,其中南疆盆地、青海西南部、西藏西部及内蒙古中西部和甘肃中北部是沙尘暴的多发区。

阅读材料

2000 年沙尘暴记事

2000 年 3 月至 4 月,沙尘暴天气连续 10 次肆虐中国北方。时间之早、频率之高、范围之广、强度之大,为历史同期所罕见。据卫星遥感探测,沙尘天气影响到中国内蒙古、宁夏、北京、天津、辽宁、吉林、山东、河南、湖北、江苏、安徽等省、市、自治区,总面积约 200 万平方千米。

3 月 22 日至 23 日,内蒙古自治区出现大面积沙尘暴天气,部分沙尘被大风携至北京上空,加重了扬沙的程度。3 月 27 日沙尘暴袭击北京时,局部地区瞬时风力达到 8 至 9 级。正在安翔里小区一座两层楼楼顶施工的 7 名工人被大风刮下,两人当场死亡。一些广告牌被大风刮倒,砸伤行人,砸坏车辆。海淀区某饭馆 5 米高的烟囱被刮成"斜塔"。

3 月 28 日,南京市受沙尘暴袭击,成为一座灰城,污染指数超过了 300,形成重度污染;沙尘暴到达上海时,恰逢降雨,上海出现泥雨天气。沙尘暴给受灾地区的农牧业、工矿业和人民生活造成了巨大危害。

沙尘暴的形成及其大小,直接取决于风力、气温、降水及与其相关的土壤表层状况。2000 年春季气候异常,这是造成沙尘暴的气候原因。3 月份以来,华北地区和西北地区东部气温显著偏高;这使土壤解冻的时间比往年提前,加速了土壤水分的蒸发,疏松的沙土极易被大风扬起。北方大部分地区降水稀少,内蒙古、甘肃、青海、华北平原南部和黄淮大部地区基本无降水;解冻后大面积表层土壤干燥、疏松,植被还未形成,且在每次大风到来之前均没有可以抑制扬沙的明显降水过程。2000 年入春以来,由于受"拉尼娜"影响,冷空气较往年更加活跃,寒潮大风频繁;寒潮或强寒潮造成大风、沙尘、低温、冰冻等灾害性天气,随之出现一次又一次沙尘暴天气。另外,在全球气候变暖的背景下,中国西北和华北地区气候也有气温升高、降水减少趋势,有利于沙尘暴发展。

——杨民等:《2000 年春季中国北方沙尘暴天气气候成因研究》,《中国沙漠》2001 年第 A1 期

三、水文灾害

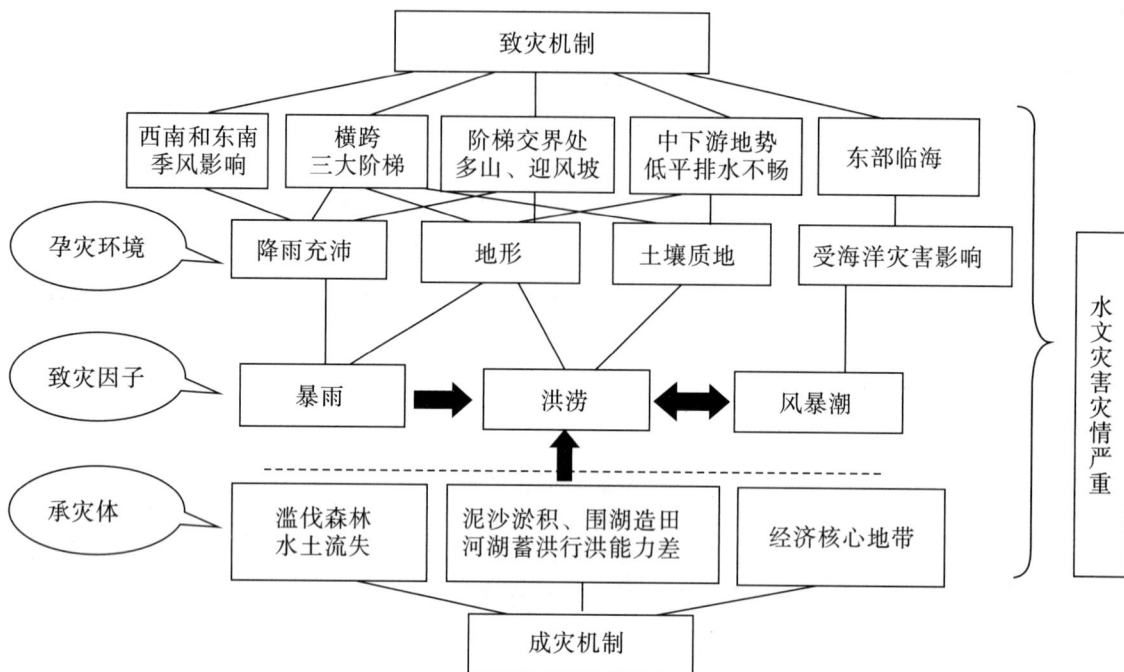

（一）洪涝灾害

特大地表径流不能被江河、湖库容纳，水位上涨而泛滥的现象称为洪涝，一般发生在以降水为主要补给的河流汛期。江河的两岸，尤其是中下游地区是洪水的直接威胁区。涝渍是洼地积水不能及时排除的现象，多发生在蒸发弱、排水不畅的低湿洼地。洪水和涝渍往往接连发生，在低洼地区很难截然分开。从气候因素看，洪涝集中在中低纬度地区，主要是亚热带季风区、亚热带湿润气候区、温带海洋性气候区。

中国洪水灾害分布具有以下特点：东部多，西部少；沿海多，内陆少；平原低地多，高原山地少；山脉东坡和南坡多，西坡和北坡少。涝渍集中分布在东经 110°以东，北纬 20°～45°这一范围。范围广、发生频繁、突发性强且损失大是中国洪涝灾害的灾情特点。其中，农业受洪水灾害影响最为严重。东部平原是中国农业的精华地带，主要商品粮基地均位于此，洪涝的多发地区恰是中国农业最集中的地区，也是工业、商业贸易最发达的地区，人口、建筑、交通道路密集，加重了受灾体的脆弱性，也加大了灾情的严重性。

（二）风暴潮

风暴潮是一种灾害性的自然现象。由于剧烈的大气扰动，如强风和气压骤变（通常指台风和温带气旋等灾害性天气系统）导致海水异常升降，使受其影响的海区的潮位大大地超过平常潮位的现象，称为风暴潮。风暴潮根据风暴的性质，通常分为由台风引起的台风风暴潮和由温带气旋引起的温带风暴潮两大类。

台风风暴潮多见于夏秋季节。来势猛、速度快、强度大、破坏力强是其主要特点。凡是有台风影响的海洋国家、沿海地区均有台风风暴潮发生。西太平洋是发生风暴潮最多的地区。台风风暴潮主要分布在东南沿海，其中长江口、钱塘江口、珠江三角洲、台湾、海南等地受灾最为严重。

温带风暴潮主要发生在中国北方海区沿岸。与台风风暴潮相比，其增水过程比较平缓，增水高度较低。温带风暴潮多发生于春秋季节，夏季也时有发生。

（三）咸潮

咸潮又称咸潮上溯、盐水入侵，是一种天然水文现象，它是由太阳和月球（主要是月球）对地表海水的吸引力引起的。当淡水河流量不足，令海水倒灌，咸淡水混合造成上游河道水体变咸，即形成咸潮。咸潮一般发生于冬季或干旱季节河海交汇处，例如长三角、珠三角周边地区。影响咸潮的主要因素有天气变化及潮汐涨退。尤其在天文大潮时，咸潮上溯的情况更为严重。另外，全球气候变化导致海平面上升过程让咸潮十分缓慢地增加，但长期的累积也在逐渐显现。咸潮来临时，对居民生活、工业生产以至农业灌溉都有相当大的影响。自来水会变得咸苦而难以饮用，长时期饮用氯化物含量多的水对人体健康危害较大；工业生产使用含盐分多的水会损害机器设备；农业生产上，使用咸水灌溉农田，会导致农作物萎蔫甚至死亡。

■ 阅读材料

咸潮影响珠三角地区

珠三角地区曾多次受到咸潮影响，出现大面积停水的情况。1998年，广东出现50年一遇的大旱，珠三角部分地区海水倒灌，咸潮造成中山市大面积停水。1999年，几十年罕见的咸潮袭击羊城，广州4家自来水厂被迫间歇性停产。2002年至2004年，珠江流域连续三年降雨严重偏少，珠江上游来水量逐年减少。至2004年冬，时值天文大潮，遂引发了珠三角地区几十年来最大规模的咸潮，受影响人口超过1 500万，范围包括广州、珠海、深圳、东莞、惠州、中山、江门、顺德、澳门和香港等地。2011年12月，因遭遇珠江流域干旱，广东出现自有监测记录以来最严重的咸潮情况，截至18日，广东珠海平岗泵站已连续14天无法取水。

2021年下半年开始，珠海、中山、广州、汕头等地区供水就已受到了咸潮影响。珠海、中山主要取水口连续多天无法取水，本地水库水源储备迅速消耗；广州、东莞部分取水口出现短时含氯度超标，水厂取水受影响，广州黄埔区科学城等片区供水压力降低，地势较高的区域面临短暂停水；汕头部分地区甚至采取"供三停三"的紧急供水方式。

当咸潮发生时，河水中氯化物浓度从每升几毫克上升到超过250毫克。水中的盐度过高，就会对人体健康造成危害，老年人和患高血压、心脏病、糖尿病等病人不宜饮用。水中的盐度高还会对企业生产造成威胁，生产设备容易氧化，锅炉容易积垢。在咸潮灾害中，生产中用水量较大的化学原料及化学制品制造、金属制品、纺织服装等产业受到的冲击较大，其中一些企业不得不停产。咸潮还会造成地下水和土壤内的盐度升高，给"鱼米之乡"的珠三角农业生产造成严重影响，危害当地的植物生存。所以，应提倡人们节约用水，提高水的利用效率，以减轻咸潮的危害。

——咸志明、包芸：《珠三角咸水入侵变化趋势及其动力因素影响分析》，《广东广播电视大学学报》2009年第3期

（四）赤潮

赤潮又称红潮，是在特定的环境条件下，海水中某些浮游植物、原生动物或细菌爆发性增殖或高度聚集而引起水体变色的一种有害生态现象。赤潮并不一定都是红色，主要包括淡水系统中的水华及海洋中的一般赤潮、褐潮（抑食金球藻类）、绿潮（浒苔类）等。

赤潮是海洋生态系统中的一种异常现象。随着现代化工、农业生产的迅猛发展，沿海地区人口的增多，大量工农业废水和生活污水排入海洋，其中相当一部分未经处理就直接排入海洋，导致近海、港湾富营养化程度日趋严重。同时，沿海开发程度的加大和海水养殖业的扩大，也带来了海洋生态环境和养殖业自身污染问题；海运业的发展导致外来有害赤潮种类的引入；全球气候的变化也导致了赤潮的频繁发生。

赤潮是一种世界性的公害。赤潮的发生破坏了海洋的正常生态结构，因此也破坏了海洋中的正常生产过程，从而威胁海洋生物的生存。

阅读材料

赤潮

2021 年 12 月 15 日，广东珠海一海域出现赤潮，市民在游玩时，朝海域扔了一块石头，瞬间就泛起蓝色水花。

赤潮又称红潮，白天海水呈现出鲜艳的红色，到了夜晚呈现蓝色。赤潮现象在中国的渤海、黄海、东海、南海都有发生的可能。1933 年赤潮在浙江近海首次发现，60 年代以前只发现了 4 次，70 年代达到 15 次，80 年代以来达 260 次。近年来，赤潮不仅在中国的内海、内湾频繁发生，也在开阔的近海海域发生。2021 年 3 月中旬至 4 月下旬，香港、广东近海发生了一次最严重的赤潮，无论在持续时间上还是在波及范围上都创下了历史纪录。这次赤潮导致大批成鱼和鱼苗死亡，据不完全统计，仅广东省就有 300 多吨养殖鱼类死亡，直接经济损失超过 4 000 万元，自然海域损失更大。

据技术人员介绍，夜光藻本身不含毒素，但一旦它大量繁殖形成赤潮时，易粘附在鱼鳃上阻碍鱼类呼吸，导致鱼类缺氧窒息死亡。鱼类死亡后，分解产生的尸碱和硫化氢会使海水变质，危害水体生态环境，致使一些海洋生物不能正常生长、发育、繁殖，导致一些生物逃避甚至死亡，破坏了原有的生态平衡。出现赤潮时，不能采捡不明死因的海洋生物食用，以防食物中毒。

——《珠海海域出现赤潮》，中国新闻网

第三节　中国可持续发展中的减灾对策

防灾减灾是人类持之以恒的重要任务。自然灾害监测系统是由国家、区域及地方等各级组织，通过不同平台对自然灾害进行监测和分析的网络系统。自然灾害监测系统主要起灾前预警、灾中跟踪、灾后评估以及提出减灾决策方案等作用，评估区域资源开发所可能面临的风险，有利于建立资源开发—减灾一体规划的区域发展模式。

中国已经运用现代科学技术建立起各种自然灾害监测系统，减灾事业也有了长足的进步。气象、农业、水利、林业、地震、海洋、地质等自然灾害和社会性的防灾减灾等，都有了多方面的减灾实效。减灾建设已成为中国稳定社会、保障经济持续发展的重要对策。中国政府制定了"以防为主，防抗救相结合"的减灾建设基本方针，将减灾作为政府的一项公益事业，确保区域的持续发展。此外，减灾建设还体现了"除害兴利并举"的经济原则，以确保国家经济与社会持续稳定地发展。目前，灾害管理体制、机制和法制建设取得重要进展，灾害监测预警预报体系初步建成，自然灾害应急处置体系基本形成，减灾工程建设取得重大进展。

近年来，中国政府颁布实施一系列减灾法律、法规，逐步把减灾工作纳入法制化轨道。中国的减灾建设包括减灾工程建设与减灾非工程建设两部分。减灾工程建设包括防洪（潮）抗旱工程，防震抗震工程，泥石流、滑坡、地裂缝防治工程，防沙治沙、森林防火及防护林体系建设，农林牧生物灾害防治工程。中华人民共和国成立以来，中国的减灾工程建设主要分布在大江大河的中下游地区、生态系统比较脆弱的地区及多灾易灾、灾情比较严重的地区，如长江三峡工程、葛洲坝工程、小浪底工程、"三北"防护林工程、京津风沙源治理工程等一批防灾减灾骨干工程。中国减灾非工程措施主要包括自然灾害监测、评估与预报警报系统的建立、灾害保险、灾害救援等。

思考与练习

1. 说明中国自然灾害的基本特征。
2. 讨论学校所在地常见的自然灾害成因与防治。
3. 比较中国黄土高原、南方低山丘陵地区水土流失的原因和特点。
4. 探讨可持续发展中的减灾对策。

第七章　环境问题与环境保护

环境问题是指人类赖以生存和发展的地理环境，由于自然或人为的原因，出现了影响人类生活和生产，甚至影响人类生存的种种问题。包括由于人类活动而造成的环境污染和生态破坏。随着人口数量的快速增长和科学技术的发展，人类对环境的影响越来越大，造成的污染和破坏也日趋严重，环境问题已成为世界普遍关心的问题。

第一节　中国的环境问题

《中华人民共和国环境保护法》界定："本法所称环境，是指影响人类生存和发展的各种天然和经过人工改造的自然因素的总体，包括大气、水、海洋、土地、矿藏、森林、草原、湿地、野生动物、自然遗迹、人文遗迹、自然保护区、风景名胜区、城市和乡村等。"

从广义上看，环境问题是由于自然或人为引起生态平衡破坏，最后直接或间接影响人类的生存与发展的一切客观存在的问题。从狭义上理解，是由于人类过度开发利用资源和环境的情况下发生的环境破坏或环境退化，从而危害人类和其他生物生存与发展的所有问题。根据引起环境恶化的原因，可将环境问题分为原生环境问题和次生环境问题。原生环境问题是由于自然原因引起的环境问题，如火山爆发、地震、山崩、泥石流、台风、海啸、寒潮、水旱等自然界固有的自然灾害。次生环境问题是人为原因引起的种种环境问题，主要有环境污染和生态破坏。原生和次生两类环境问题是相对的，它们常常相互影响，彼此重叠发生。如过量开采地下水有可能诱发地震，大面积破坏森林可导致降雨减少等。

阅读材料

环境问题的产生与发展

人类社会早期的环境问题：因乱采、乱捕破坏人类聚居的局部地区生物资源而引起生活资料缺乏甚至饥荒，或者因为用火不慎而烧毁大片森林和草地，迫使人们迁移以谋生存。

以农业为主的奴隶社会和封建社会的环境问题：一是局部地区出现土地沙漠化、水土流失等生态破坏问题；二是在人口集中的城市，各种手工业作坊和居民抛弃生活垃圾，出现环境污染。

产业革命以后到20世纪50年代的环境问题：出现了大规模环境污染，局部地区的严重环境污染导致"公害"病和重大公害事件的出现。由于自然环境的破坏，造成资源稀缺甚至枯竭，开始出现区域性生态平衡失调现象。

当前世界的环境问题：环境污染出现了范围扩大、难以防范、危害严重的特点，自然环境和自然资源难以承受高速工业化、人口剧增和城市化的巨大压力，世界自然灾害显著增加。

——《科学决策》

环境问题是伴随着人口问题、资源问题和发展问题而出现的，四者相互联系、相互制约。环境问题的本质就是发展问题，是在发展的过程中产生的，必须在发展的过程中解决。

一、环境污染

中国人口众多，目前又处在经济飞速发展时期，但由于经济基础薄弱、技术落后等因素的影响，环境污染问题日趋严峻。

（一）大气污染

过去几十年，随着中国经济的快速发展和城市化，许多城市都出现了严重的空气污染。环保部门 2009 年开展的试点监测显示，天津全年灰霾天数 51 天，深圳为 115 天，重庆为 133 天，上海为 134 天，苏州为 169 天，南京竟达 211 天。中国城市大气总悬浮微粒浓度年日均值为 320 微克/米^3，污染严重的城市超过 800 微克/米^3，高出世界卫生组织标准近 10 倍。参加全球大气监测的北京、沈阳、西安、上海、广州五座城市，都排在全球监测的五十多座城市里污染最严重的前 10 名之中。20 世纪 90 年代以来，以长沙、赣州、怀化、南昌等地为代表的华中酸雨区已成为全国最严重的酸雨区，其中心区域年均 pH 值低于 4.0，酸雨频率高于 90%。全国酸雨覆盖面积已占国土面积的 29%，而且酸雨严重区已越过长江，向黄河流域蔓延，全国每年因此而造成的经济损失达 140 亿元。

当大气污染物质的浓度达到有害程度，破坏了生态系统和人类正常生存和发展的条件，对人或物造成危害的现象叫做大气污染。造成大气污染的原因，既有自然因素又有人为因素，尤其是人为因素，如工业废气、燃烧、汽车尾气和核爆炸等。随着人类经济活动和生产的迅速发展，在大量消耗能源的同时，也将大量的废气、烟尘物质排入大气，严重影响了大气环境的质量，人口稠密的城市和工业区域尤为严重。

阅读材料

霾

空气中的灰尘、硫酸、硝酸、有机碳氢化合物等粒子使大气混浊，视野模糊并导致能见度恶化，当水平能见度小于 10 000 米时，这种非水成物组成的气溶胶系统造成的视程障碍被称为霾（Haze）或灰霾（Dust-haze），香港天文台称烟霞（Haze）。一般相对湿度小于 80% 时的大气混浊视野模糊导致的能见度恶化是霾造成的，相对湿度大于 90% 时的大气混浊视野模糊导致的能见度恶化是雾造成的；相对湿度介于 80%～90% 之间时的大气混浊视野模糊导致的能见度恶化是霾和雾的混合物共同造成的，但其主要成分是霾。霾的厚度比较大，可达 1～3 千米左右。由于灰尘、硫酸、硝酸等粒子组成的霾，其散射波长较长的光比较多，因而霾看起来呈黄色或橙灰色。

霾作为一种自然现象，其形成有三方面因素。一是水平方向静风现象的增多。随着城市建设的迅速发展，大楼越建越高，增大了地面摩擦系数，使风流经城区时明显减弱。静风现象增多，不利于大气污染物向城区外围扩展稀释，并容易在城区内积累高浓度污染。二是垂直方向的逆温现象。逆温层好比一个锅盖覆盖在城市上空，使城市上空出现了高空比低空气温更高的逆温现象。污染物在正常气候条件下，从气温高的低空向气温低的高空扩散，逐渐循环排放到大气中。但是逆温现象下，低空的气温反而更低，导致污染物的停留，不能及时排放出去。三是悬浮颗粒物的增加。近些年来随着工业的发展，机动车辆的增多，污染物排放和城市悬浮物大量增加，直接导致了能见度降低，使得整个城市看起来灰蒙蒙一片。霾的形成与污染物的排放密切相关，城市中机动车尾气以及其他烟尘排放源排出粒径在微米级的细小颗粒物，停留在大气中，当逆温、静风等不利于扩散的天气出现时，就形成霾。据研究，在中国存在着4个霾天气比较严重的地区：黄淮海地区、长江河谷、四川盆地和珠江三角洲。

——王雅茹：《雾、霾、浮尘及烟的区别与联系》，《中国航班》2020年第7期

空气质量事关公众健康，加之又与气候变化问题同根同源，因此日益成为全球关注的热点。过去五十年间，中国做出了巨大努力，成功实现了空气质量的显著改善。在大气污染治理取得重大进展的基础上，一方面要基本消除重点地区秋冬季重污染天气，推动更多城市达到空气质量二级标准，同时扭转多地夏季臭氧污染的多发态势；另一方面，多数城市的稳定达标，也为通过环境空气质量标准进一步升级来引导深入打好蓝天保卫战创造了条件。

根据中国气象局发布的《2021年大气环境气象公报》，2021年全国大气环境继续改善。2021年全国平均霾日数为21.3天，较2020年和近5年平均分别减少2.9天和6.9天。全国出现6次大范围霾天气过程，较2020年和近5年平均分别减少1.0次和1.2次。中国环境监测总站数据显示，2021年全国地面$PM_{2.5}$和臭氧平均浓度分别较2020年下降9.1%和0.7%。但是，北方区域受冷空气偏强、风速偏大、积雪覆盖面积偏少等影响，2021年沙尘天气偏多偏强，中国共出现了13次沙尘天气过程，较2020年多3次，较近5年平均多0.8次。中国已成为全球大气质量改善速度最快的国家，而国际社会也普遍对中国空气污染治理的成就予以高度评价。

（二）水污染

过去，全国七大水系近一半河段污染严重，86%的城市河段水质超标；据对15个省市29条河流的监测，有2 800千米河段鱼类基本绝迹；淮河流域191条支流中，80%的水呈黑绿色，一半以上的河段完全丧失使用价值，沿岸不少工厂被迫停产，一些地区农作物绝收。1994年7月，淮河发生特大污染事故，两亿吨污水排入干流，形成70千米长的污染带，使苏皖两省150多万人无水可饮。各地由于水污染导致的停工、停产及纠纷事件频频发生。

根据《2021中国生态环境状况公报》，中国水污染治理取得较好效果，水体变得更加清澈。"十三五"以来，重点流域水质持续改善，长江、珠江流域等水质持续为优，黄河流域水质明显改善，淮河、辽河流域水质由轻度污染改善为良好。全国地下水Ⅰ—Ⅳ类水质点位比例为79.4%。地级及以上城市监测的876个在用集中式生活饮用水水源水质达标率为94.2%，总体保持稳定。管辖海域海水水质整体持续向好，水质优良海域面积比例持续提升、劣四类海域面积持续下降。符合一类海水水质标准的海域面积占97.7%，同比上升0.9个百分点；劣四类海域面积同比减少8 720平方千米。近岸海域水质优良（一类、二类）比例为81.3%，同比上升3.9个百分点。

（三）噪声污染

主要是指交通噪声、工业噪声、建筑噪声和社会噪声。由于机动车辆数目的迅速增加，交通噪声已成为城市的主要噪声来源。工业噪声声级一般较高，对工人及周围居民带来较大的影响。建筑噪声多发生在人口密集地区，严重影响居民的休息与生活。2021年，全国

12369 环保举报联网管理平台统计数据显示，涉及噪声的举报占比为 45.0%，居各污染要素的第二位。在全国噪声扰民问题举报中，施工噪声扰民问题以 45.4% 的比例占据首位。

根据《中华人民共和国环境噪声污染防治法》要求，国家有关部门和各级地方政府积极采取措施，不断加大环境噪声污染防治力度。2021 年，全国地级及以上城市开展了功能区声环境、区域声环境和交通声环境质量三项监测工作。各级地方政府还开展了噪声自动监测、"绿色护考"行动、相关科研及能力建设等工作，针对工业噪声、建筑施工噪声、交通运输噪声和社会生活噪声采取了多种有效措施，为改善声环境质量提供了保障。《中华人民共和国噪声污染防治法》2022 年 6 月 5 日起施行。对恼人的夜间施工噪声、机动车轰鸣疾驶噪声、娱乐健身音响音量大、邻居宠物噪声扰民等问题，法律都作出了相应规定，还静于民，守护和谐安宁的生活环境。

（四）固体废弃物污染

固体废弃物按来源大致可分为生活垃圾、一般工业固体废弃物和危险废弃物三种。此外，还有农业固体废物、建筑废料及弃土。随着人民生活水平的逐渐提高，相应资源消耗量不断增加，中国固体废物产生量长期居高不下，无害化处理不足，资源化利用率偏低。

固体废弃物如未妥善收集、利用和处理处置将会侵占土地，污染大气、水体和土壤，危害人体健康。中国大部分地区现阶段存在的固体废弃物收集和利用方式仍然是以简单填埋为主，导致固体填埋量持续迅猛增加，资源化效率低，损害生态环境，并引发一系列社会和环境问题。中国根据国情，提出实现固体废弃物无害化、减量化、资源化作为控制固体废弃物污染的技术政策，推行绿色发展方式，促进清洁生产和循环经济发展，倡导简约适度、绿色低碳的生活方式，推行生活垃圾分类制度，引导公众积极参与。固体废弃物污染环境防治是实现可持续发展的必然要求。

二、生态环境破坏

生态环境问题是指由于生态平衡遭到破坏，导致生态系统的结构和功能严重失调，从而威胁到人类的生存和发展的现象。生态环境破坏主要包括水土流失、沙漠化、荒漠化、森林锐减、土地退化、生物多样性减少，此外还有湖泊的富营养化、地下水漏斗、地面下沉等。过去，由于人口的增长和经济的飞速发展，乱捕滥猎、乱砍滥伐、毁林造田时有发生，造成区域生态平衡严重失调、生物多样性锐减、农村生态环境质量持续下降。

2012 年以来，中国生态环境保护发生历史性、转折性、全局性变化。推动绿色发展的自觉性和主动性显著增强，生态环境工作已见成效。

阅读材料

"中国这十年"生态环境保护成绩单

2022 年 9 月 15 日"中国这十年"系列主题新闻发布会，介绍了 2012 年以来"贯彻新发展理念，建设人与自然和谐共生的美丽中国"有关情况。

第一，空气质量发生了历史性的变化。空气质量指标 $PM_{2.5}$，也就是细颗粒物全国的平均浓度从 2015 年的 46 微克/米^3 降到了 2020 年的 33 微克/米^3，进一步降到了去年的 30 微克/米^3，历史性达到了世卫组织第一阶段过渡值。另外，优良天数比率去年达到了 87.5%，比 2015 年增长了 6.3 个百分点，中国已经成为世界上空气质量改善最快的国家。根据美国彭博新闻社的报道，2013 年到 2020 年这 7 年，中国空气质量改善的幅度相当于美国《清洁空气法案》启动实施以来 30 多年的改善幅度。

第二，水环境质量发生了转折性的变化。这十年，中国 I—III 类优良水体断面比例提升了 23.3 个百分点，达到了 84.9%，已经接近发达国家水平。地级及以上城市的黑臭水体基本得到了消除，人民群众的饮用水安全也得到了有效的保障。

第三，土壤环境质量发生了基础性的变化。这些年中国出台了第一部土壤污染防治的基础性法律《中华人民共和国土壤污染防治法》，开展了全国农用地和建设用地的土壤污染详查，实施土壤污染风险管控。土壤污染加重的趋势得到了有效遏制。

——中华人民共和国生态环境部官网

中国地域广大，且受季风气候的影响，由北向南、从东到西，气候和地势有明显差别，形成了类型众多的生态系统。由于自然和人为的原因，在不同生态系统背景下产生了不同的生态环境问题。东北、西南、华南地区的生态环境问题主要表现为森林破坏，内蒙古、青海、宁夏、新疆主要表现为草原退化，三江平原、湖滨湖海主要表现为湿地萎缩，林区、草原、近海海域主要表现为生物多样性减少，黄土高原、东南丘陵主要表现为土壤侵蚀，西北、华北、半干旱区主要表现为荒漠化。

三、中国环境保护和建设的主要对策

保护生态环境和自然资源直接关系到国家全局和长远发展。《中华人民共和国宪法》明确规定："国家保护和改善生活环境和生态环境，防治污染和其他公害。""国家保障自然资源的合理利用，保护珍贵的动物和植物。"为了实现可持续发展，中国把保护环境作为一项基本国策，并推出了一系列环境管理政策和制度。

（一）坚持可持续发展方式，把环境保护和建设纳入国民经济和社会发展计划

环境问题具有广泛性、长期性、复杂性和综合性的特点。它在发展过程中产生，也必须在发展过程中解决。环境问题与人口、资源和发展密切相关，如果仅就环境问题论环境问题，无助于环境问题的彻底解决，甚至会出现治理了这种污染的环境问题，又出现另一种污染的环境问题，如燃煤电厂烟气脱硫，消除了大气二氧化硫，又出现了含硫固体废渣污染的难题。只有以防为主，统一规划，综合防治，强化管理，才能彻底解决环境问题。

污染防治是一项投资巨大、内容复杂、范围广泛的艰巨任务。生态破坏是一种不可逆转的过程。坚持可持续发展方式，是防治环境污染和生态破坏的基本对策。防治环境污染要有资金保证。环保投资与环境目标密切相关。目标过高，投资过大，影响发展速度，损害人民群众的根本利益。目标过低，污染过重，不但危害群众的身心健康，也制约国民经济和社会发展。只有保证适当的环保投资比例，兼顾环境和发展两方面的目标，才能实现可持续发展目标。

（二）促进人口与经济、社会、资源、环境协调发展

中国人口数量已大大超过中国自然环境和自然资源合理的承载能力，也大大超过中国社会经济发展水平的负荷能力。以自然资源而言，中国种类繁多，总量丰富，许多自然资源总储量或开采量都名列世界前茅，属于资源大国。但中国的人均资源占有量相当低，一些基本

自然资源如森林、草原、土地、水、矿产等，不但低于世界大多数国家，而且只占世界人均占有量的 1/7 至 1/2 不等，属于资源小国。钢铁、煤炭、石油、粮食、棉布等主要工农业产品总产量虽居世界前列，但人均占有量也较低。例如，2021 年粮食总产量居世界首位，但人均占有粮食只有 483.5 千克。实施计划生育政策以来，人口增长过快得到有效控制，极大地缓解了人口对资源、环境和社会的压力。当前，中国人口发展形势已发生转折性变化，优化生育政策，有利于促进人口与经济、社会、资源、环境协调发展。在自然资源利用和经济社会发展各个方面，也应该树立人均意识，养成勤俭节约的习惯。

（三）制定和严格实施环境法规和标准

环境法规是国家制定和颁布，并由国家强制实施的关于保护环境和自然资源，防治污染和其他公害的法律规范的总称。它调整人与人之间在保护环境和自然资源方面的社会关系，协调经济发展和环境保护关系。环境标准是国家根据环境法规和政策，对环境中污染物或污染因素容量，以及污染源排放污染物的数量和浓度所作的规定，它是确定合法和违法的定量界线。

中国从 1973 年开始制定环境法规，到目前为止，已初步形成比较完整的、具有中国特色的环境法规体系。1973 年，中国召开了第一次全国环境保护会议，确定了"全面规划、合理布局、综合利用、化害为利、依靠群众、大家动手、保护环境、造福人民"的环境保护"32 字方针"，通过了《关于保护和改善环境的若干规定（试行草案）》。发布了第一个国家环境保护标准——《工业"三废"排放试行标准（GBJ 4—73）》，规定了工业废气中一些污染物的容许排放浓度和排放量。中国环境科学研究院和中国环境监测总站于 1978 年成立，标志中国环境科学研究和环境质量监测体系开始形成。1978 年第五届全国人民代表大会将"保护环境和自然资源，防治污染和其他公害"写入《中华人民共和国宪法》，并于 1979 年颁布了第一部环境保护基本法——《中华人民共和国环境保护法（试行）》。1982 年中国发布了首个《大气环境质量标准（GB 3095—82）》，规定划分三类环境空气功能区，不同功能区针对不同的保护对象，执行不同的大气污染物标准浓度限值。1992 年中国参加了在巴西里约热内卢召开的联合国环境与发展会议。1994 年国务院批准《中国 21 世纪人口、环境与发展白皮书》，成为中国实施可持续发展战略的行动纲领。2020 年 9 月，中国在联合国大会上做出了 2030 年前实现"碳达峰"、2060 年前实现"碳中和"的承诺，这是中国经过深思熟虑做出的战略决策。自"十四五"开始，中国环境保护工作已进入以降碳为主、减污降碳协同增效的新时期，空气质量有望在"双碳"进程中得到更大改善。

（四）大力推行城市环境综合整治

建立合理的城镇体系，加快城市化进程。严格贯彻执行"控制人城市的规模，合理发展中等城市，积极发展小城镇"的方针，以乡镇企业为依托，建设一批布局合理、交通方便、具有地方特色的新型小城镇，实行农村人口"离土不离乡，进厂不进城"的战略转移。

搞好城镇总体规划，对每个城市和小城镇的性质、规模、布局、功能分区、基础设施建设等做出具体规定和要求，以此来指导城市的环境保护和建设，并将城市的环境保护和建设规划纳入城市总体规划之中，使城市经济建设、社会进步与环境保护协调发展。

在城市建设过程中，大力推行城市环境综合整治，加强城市基础设施的建设，调整不合理的工业布局，综合治理城市大气、水、固体废弃物和噪声污染，发展园林绿化，把城市建设和城市综合整治有机地统一起来，改善和提高城市环境质量。

（五）结合技术改造防治工业污染

制定和实施国家产业政策，通过产业结构调整，减少环境污染和生态破坏。严格控制能源消耗高、资源消耗大、环境污染严重的企业和行业的发展，大力发展能耗低、节约资源、少污染或无污染、经济效益好的科技密集型的工业；对于污染密集型的基础工业，要改革工艺和革新设备，尽量在生产过程中对污染物加以清除，即发展清洁生产工艺。

（六）建立以合理利用能源和资源为核心的环境保护战略

节约能源和资源，提高其利用率，是缓和供求矛盾、减少污染、保护环境的重要途径。

发展煤炭洗选加工，逐步提高煤炭转换成电力和煤气的比重，重点推广城市热电联产和集中供热，积极推广民用型煤、更新改造燃煤设备以及推广煤炭燃烧、脱硫、除尘新技术。在农村普遍推广省柴、节煤灶，提高能源利用效率，发展沼气，节约生物能源。

开展植树造林，加速绿化，做好森林生态工程和速生用材林基地建设，不断提高森林覆盖率，建立绿色生态屏障，防治水土流失，保护耕地和草场，防风治沙，改善农业生态环境。推广生态农业，发展绿色食品。

开展水利工程建设，节约用水，推广节水工艺，实行计划定额供水和水资源有偿使用制度，合理保护和利用水资源。

对矿产资源实行合理开采和综合利用的方针；努力提高回采率、选冶加工回收率，并对综合利用矿产资源实行奖励政策。

保护近海渔业资源，发展沿岸水产养殖业，大力发展远洋渔业。

（七）坚持以强化监督管理为中心的环境管理政策

包括预防为主、谁污染谁治理和强化管理三大环境政策及其配套的运行机制——八项环境管理制度。

1. 三大环境政策

（1）预防为主、防治结合的政策。它要求在经济增长和社会进步的同时，采取积极主动的保护环境措施，力求防患于未然。在工业化过程中，控制新污染源产生；在城市化过程中，实行城市综合防治，提高城市环境质量；在自然资源开发建设过程中，采取保护生态环境的措施，避免对生态环境造成大的破坏。

（2）谁污染谁治理、谁开发谁保护的政策。它规定了在开发利用过程中对环境带来污染和破坏的法人和个人，必须承担相应的环境治理和恢复的责任与义务。

（3）强化环境管理的政策。通过建立环境管理机构，组建监督管理队伍，依据法律、法规、规章、政策、标准等，运用行政、法律、经济、科技和教育五种手段，对法人和个人的各种损害环境、破坏资源的行为，实行严格的监督管理。

2. 八项环境管理制度

（1）"三同时"制度：所有新建、改建、扩建项目，其防治污染设施必须与主体工程同时设计、同时施工、同时投入运行。

（2）排污收费制度：对排放污染物超过排放标准的企事业单位征收超标排污费，用于污染治理。

（3）环境影响评价制度：规定所有建设项目，在建设前对该项目可能对环境造成的影响进行科学论证评价，提出防治方案，编报环境影响报告书或表，避免盲目建设对环境造成损害。

（4）环境保护目标责任制：规定了各级政府负责人应对本地区的环境质量负责，企业法人应对本企业污染防治负责，确定他们在任期内的环境保护任务目标，并列为政绩进行考核。

（5）城市环境综合整治定量考核制度：对城市推行综合整治的成效、城市环境质量，制定量化指标，进行考核，每年评定一次，反映城市各项环境建设与管理的水平。

（6）排放污染物许可证制度：包括排污申报、确定污染物总量控制目标和分配排污总量削减指标、核发排污许可证、监督检查执行结果等四项内容。

（7）污染集中控制制度：根据中国国情，环境污染治理应坚持集中与分散相结合，以集中治理作为发展方向。

（8）限期治理制度：对老的污染源、区域性综合治理项目和行业污染治理项目等，由国家或地方政府分别做出必须采取四限定的方法完成治理任务，即限定治理时间、治理对象、治理内容和治理效果。

前三项管理制度是所谓"老三项"制度，后五项是所谓"新五项"制度。

第二节 生物多样性和自然保护区

生物多样性是生物（动物、植物、微生物）与环境形成的生态复合体以及与此相关的各种生态过程的总和。生物多样性包括动物、植物、微生物的物种多样性，物种的遗传与变异的多样性及生态系统的多样性。生物多样性既是生物之间以及生物与其生存环境之间复杂的相互关系的体现，也是生物资源丰富多彩的标志。一个区域或一个生态系统保护得是否完好，在很大程度上要看生物多样性保护是否完好。

中国幅员辽阔，陆海兼备，地貌和气候复杂多样，孕育了丰富而又独特的生态系统、物种和遗传多样性，是世界上生物多样性最丰富的国家之一。中国的传统文化积淀了丰富的生物多样性智慧，"天人合一""道法自然""万物平等"等思想和理念体现了朴素的生物多样性保护意识。作为最早签署和批准《生物多样性公约》的缔约方之一，中国一贯高度重视生物多样性保护，不断推进生物多样性保护与时俱进、创新发展，取得显著成效，走出了一条中国特色生物多样性保护之路。中国的生物多样性保护采取就地保护和迁地保护相结合的途径。

就地保护通过区域性生物区系调查和分析，确定不同区域的生物多样性中心，建立自然保护区、国家森林公园、禁猎区等，通过保护生境的办法来保护生物多样性。目前，中国已有612种国家级珍稀濒危动植物被列为重点保护对象，近200个珍稀濒危野生动物繁殖和驯养中心，60多种珍稀濒危野生动物人工繁殖成功；麋鹿、野马、高鼻羚羊等动物经引种繁殖已初步得到恢复。近年来，中国积极推动建立以国家公园为主体、自然保护区为基础、各类自然公园为补充的自然保护地体系，为保护栖息地、改善生态环境质量和维护国家生态安全奠定基础。自1956年建立第一个自然保护区以来，截至目前，中国已建立各级各类自然保护地近万处，约占陆域国土面积的18%。2015年以来，先后启动三江源、大熊猫、东北虎豹、海南热带雨林、武夷山等10处国家公园体制试点，整合相关自然保护地划入国家公园范围，实行统一管理、整体保护和系统修复。通过构建科学合理的自然保护地体系，90%的陆地生态系统类型和71%的国家重点保护野生动植物物种得到有效保护。野生动物栖息地空间不断拓展，种群数量不断增加。中国创新生态空间保护模式，将具有生物多样性维护等生态功能极重要区域和生态极脆弱区域划入生态保护红线，进行严格保护。初步划定的生态保护红线，集中分布于青藏高原、天山山脉、内蒙古高原、大小兴安岭、秦岭、南岭，以及黄河流域、长江流域、海岸带等重要生态安全屏障和区域。生态保护红线涵盖森林、草原、荒漠、湿地、红树林、珊瑚礁及海草床等重要生态系统，覆盖全国生物多样性分布的关键区域，保护绝大多数珍稀濒危物种及其栖息地。此外，还划定了35个生物多样性保护优先区域，这对有效保护重要生态系统、物种及其栖息地具有重要意义。

中国高度重视生物安全，把生物安全纳入国家安全体系，颁布实施生物安全法，系统规划国家生物安全风险防控和治理体系建设。陆续发布4批《中国自然生态系统外来入侵物种名单》，制定《国家重点管理外来入侵物种名录》，共计公布83种外来入侵物种。启动外来入侵物种普查，开展外来入侵物种监测预警、防控灭除和监督管理。加强外来物种口岸防控，严防境外动植物疫情疫病和外来物种传入，筑牢口岸检疫防线。

阅读材料

感受生物多样性之美

央视网消息：2022年5月22日是第22个国际生物多样性日，主题是"为所有生命构建共同的未来"，中国的宣传主题是"共建地球生命共同体"。

生物多样性是指地球上生命的多样性以及将其联系在一起的相互作用、循环和自然过程。"微笑天使"江豚、憨态可掬的大熊猫、深谷中的"奇花异草"……正是生物的多样性让我们这颗蓝色的地球变得美丽又丰富。

青海湖地处青藏高原东北部，是中国最大的咸水湖，总面积约4625.6平方千米，也是中国35个生物多样性保护优先区域之一。2021年5月的青海湖碧波万顷、万鸟翔集，数以万计的候鸟迁徙到青海湖地区开始筑巢繁殖，现在鸟岛、海星山等核心区域都成了鸟类的大产房，它们觅食、孵化，到处充满着勃勃生机。目前，湖区水鸟总量约57.1万只，种类达到了97种。水面上有动静，水下也不"太平"，还生活着珍贵鱼种青海湖裸鲤，每年的6到8月产卵期洄游至环湖周边淡水河流产卵，形成"湟鱼洄游"奇观。最新数据显示，2021年青海湖裸鲤资源蕴藏量达到10.85万吨，较2020年增加0.81万吨。分布在青海湖环湖地区的普氏原羚是国家一级保护野生动物，数量由20世纪90年代的不足300只增加到了2021年的2800多只。现在的青海湖水域面积稳步增长，水体自净能力显著提高，生物多样性和物种丰富度也得到了全面加强，逐步形成了水、鱼、鸟共生的生态平衡体系。

江豚是长江流域仅剩的鲸类动物，是珍稀濒危物种。2022年，鄱阳湖的江豚数量已经超过700只，鄱阳湖也变成了江豚最大的生存乐园。由于这片区域处于赣江与鄱阳湖的连接部，水生浮游生物密集，鱼类资源比较丰富，江豚也把这里当成它们的产房。为了保证分娩安全，当地政府还成立了江豚护卫队，24小时日夜守护。为了更好保护鄱阳湖湿地的生物多样性，在鄱阳湖国家湿地公园内，错落有致地分布着数千个类似"小房子"的生物塔，营造出适合各种生物生存的环境条件。近年来，到鄱阳湖越冬的候鸟达70多万只，全球98%以上的白鹤在此栖息。目前，鄱阳湖区记录鸟类达到463种，湿地植物140多种。通过保护修复，湖区生态条件持续改善。鄱阳湖生物多样性的全面加强也对整个长江流域生物多样性的保护起到了一个重要支撑作用。

黄河河南段生态廊道在 2022 年底实现全线贯通，这条协同自然保护区、湿地公园的复合型生态廊道也为珍稀濒危鸟类栖息、野生动植物繁育等提供了重要的生物通道。作为黄河下游支流的金堤河，也从一条不起眼的行洪河道发展成兼具防洪排涝功能的内陆生态湿地系统。这两年，金堤河湿地公园新增野生植物 500 多种，栽种乔木灌木 10 万株，吸引了一大批濒危珍稀鸟类来此栖息、繁育。

云南是中国生物多样性最丰富的省份，虽然国土面积仅占全国的 4.1%，却囊括了地球上除海洋和沙漠外所有的生态系统类型。随着当地生态环境日益改善，野生动植物种群持续增加。黑颈长尾雉是国家一级保护动物，种群数量稀少。这几年，云南昌宁县对全县 46 个重点区域内的重点物种开展保护性监测，监测发现黑颈长尾雉、猕猴、黑熊等国家级保护动物种群数量不断增加。不仅对动物的保护全面加强，对珍贵植物物种同样如此。大树杜鹃是杜鹃花科中最高大的乔木树种，它生长缓慢，是云南乃至世界具有代表性的明星物种，所存野生种仅有 1 000 余株。2015 年开始，云南高黎贡山国家级自然保护区就开始摸索人工繁育大树杜鹃，专业技术人员成功地培育出 80 多株幼苗，之后这些幼苗被移栽至与原生地森林植被及气候类型相似的高黎贡山林家铺进行回归种植试验。截至目前，当初移栽的大树杜鹃还有 48 株成活，成活率超过 60%。近年来云南加大了对各级自然保护区和湿地的生态保护力度，截至 2021 年底，云南省已建立各级自然保护地超过 350 处，初步形成了以就地保护为主、迁地保护和离体保存为辅的物种保护体系，全省超过 90% 的国家重点保护植物和 80% 的国家重点保护动物得到有效保护。

从南方到北方，从内陆到海滨，越来越多珍禽异兽正在回归，尽显自然之美、生态之美。中国是全世界生物多样性最丰富的国家之一，我们的野生植物达到了 3.7 万种，脊椎动物达到 7 300 多种。中国这些年一直加大保护力度，很多重要的野生动植物种类的种群都是稳中有升的。联合国秘书长古特雷斯 2022 年 5 月 22 日发表致辞说，为实现人人享有的可持续的未来，世界需要采取紧急行动保护生物多样性。他警告说，当前物种消失的速度比过去 1 000 万年的平均速度高出数十到数百倍，而且还在加速。人们必须结束对大自然毫无意义的毁灭性战争。古特雷斯呼吁，每个人都行动起来，共建地球生命共同体。

——《感受生物多样性之美》，央视网

加大生态保护修复力度，提升生态系统质量和稳定性，对维护国家生态安全具有基础性、战略性作用。中国实施系列生态保护修复工程，以恢复退化生态系统、增强生态系统稳定性和提升生态系统质量为目标，持续开展多项生态保护修复工程，有效改善和恢复了重点区域野生动植物生境。稳步实施天然林保护修复、京津风沙源治理工程、石漠化综合治理、三北防护林工程等重点防护林体系建设、退耕还林还草、退牧还草以及河湖与湿地保护修复、红树林与滨海湿地保护修复等一批重大生态保护与修复工程，实施 25 个山水林田湖草生态保护修复工程试点，启动 10 个山水林田湖草沙一体化保护和修复工程。制定实施《全国重要生态系统保护和修复重大工程总体规划（2021—2035 年)》，确定了新时代"三区四带"生态保护修复总体布局。中国森林面积和森林蓄积连续 30 年保持"双增长"，成为全球森林资源增长最多的国家，荒漠化、沙化土地面积连续 3 个监测期实现了"双缩减"，2020 年草原综合植被盖度达到 56.1%，草原生态状况持续向好。2016—2020 年，累计整治修复岸线 1 200 千米，滨海湿地 2.3 万公顷。2000—2017 年全球新增的绿化面积中，约 25% 来自中国，贡献比例居世界首位。

阅读材料

三北防护林工程

为了从根本上改变中国西北、华北、东北地区风沙危害和水土流失的状况，1978 年 11 月 25 日，国务院批准国家林业总局《关于在西北、华北、东北风沙危害和水土流失重点地区建设大型防护林的规划》，至此，三北防护林体系建设工程（简称三北工程）正式启动实施。

三北工程建设地区位于西北、华北以及东北西部地区，东起黑龙江的宾县，西至新疆维吾尔自治区的乌孜别里山口，北抵国界线，南沿天津、汾河、渭河、洮河下游、布尔汗布达山、喀喇昆仑山，东西长 4 480 千米，南北宽 560～1 460 千米。工程涉及 13 个省（区、市）的 725 个县（市、区、旗）和新疆生产建设兵团，土地总面积 435.8 万平方千米，占国土面积的 45.3%。工程规划从 1978 年到 2050 年，历时 73 年，分 3 个阶段 8 期工程建设。三北工程预计造林 3 508.3 万公顷，三北地区的森林覆盖率由 5.05% 提高到 14.95%，工程区水土流失得到基本控制、沙化面积不再扩大、风沙危害有效遏制。

三北工程在中国北疆筑起了一道抵御风沙、保持水土、护农促牧的绿色长城，并取得了巨大的生态、经济、社会效益，成为全球生态治理的成功典范。

———《三北防护林体系建设工程总体规划》，国家林业和草原局官网

生物多样性是人类赖以生存和发展的基础，是人与自然和谐共生的重要基础。人类必须尊重自然、顺应自然、保护自然，加大生物多样性保护力度，促进人与自然和谐共生。

思考与练习

1. 简述中国环境问题形成的背景及原因。
2. 我们应该如何保护环境？
3. 中国采取了哪些措施保护生物的多样性？

第二编 人文地理

第八章 人口与城市

第一节 人 口

一、中国人口概况

中国是世界上人口最多的国家之一。根据第七次全国人口普查结果，2020 年 11 月 1 日零时全国人口（指中国大陆 31 个省、自治区、直辖市和现役军人的人口，不包括居住在 31 个省、自治区、直辖市的港澳台居民和外籍人员）总量共 141 178 万人，与 2010 年第六次全国人口普查的 133 972 万人相比，全国共增加了 7 206 万人，增长 5.38%，年平均增长率为 0.53%，比 2000 年到 2010 年的年平均增长率 0.57% 下降 0.04 个百分点。数据表明，中国人口 10 年来继续保持低速增长态势。

（一）人口增长

人口增长具有继承性和惯性。其增长速度是由出生率与死亡率决定的，出生率是一年内出生婴儿数占总人数的比率；死亡率是一年内死亡的人数占总人数的比率。自然增长率为出生率与死亡率之差。

中国人口总数一直居于世界首位。公元前中国人口大约在 1 000 万；公元初到 17 世纪中期在 5 000 万~6 000 万，占当时世界人口的 1/10。1684 年中国人口突破 1 亿；1760 年人口突破 2 亿。从 1760—1900 年，经过 140 年由 2 亿增长到 4 亿。从 1900—1954 年，经过 54 年由 4 亿增长到 6 亿。从 1954—1969 年，经过 15 年由 6 亿增长到 8 亿。从 1969—1982 年，经过 13 年由 8 亿增长到 10 亿。2000 年全国人口达 12.95 亿，2010 年全国人口达 13.4 亿，2020 年全国人口达 14.12 亿，近 20 年全国人口增加了 1.17 亿。从人口增长数据分析，全国人口增长速度呈明显下降趋势。

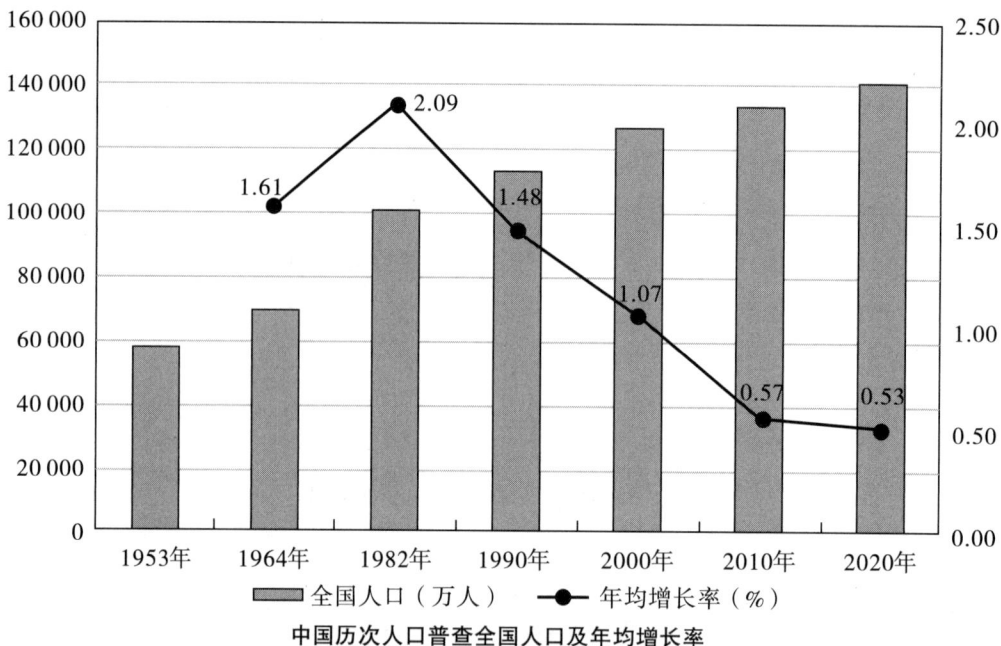

中国历次人口普查全国人口及年均增长率

数据来源：国家统计局。

中国是人类起源地区之一，几百万年以来，在中国辽阔的土地上，始终有人类繁衍生息，其历史之悠久，分布之广泛，人数之众多，文化之灿烂，在世界范围内是少见的；经过漫长的历史时期，终于发展成为今日拥有 14 亿多人口的大国。历史上，由于战乱频繁，高死亡率抵消了高出生率，中国人口数量的增长十分缓慢。

中华人民共和国成立后，随着社会安定，国民经济的发展和人民物质、文化生活水平的提高，人口死亡率显著下降，而人口出生率却多年保持在高水平上，因此，人口自然增长率大大提高，人口以前所未有的速度迅速增长。1949 年至 20 世纪 80 年代末期的 40 年间，中国人口的年平均增长率为 18.1‰，1961 年更高达 33.33‰。人口增长速度及数量，超过了历史上其他任何时代。中国人口的高速增长，给社会生活各个方面都带来了巨大的压力，直接影响到人民生活水平的改善、提高。20 世纪 70 年代以来，国家逐步采取措施，大力开展计划生育，控制人口增长，使人口自然增长率明显下降，人口发展逐步走向可控制的平稳增长时期。2009 年中国人口出生率、死亡率和自然增长率分别为 12.13‰、7.08‰、5.05‰。2019 年中国人口出生率、死亡率和自然增长率分别为 10.48‰、7.14‰、3.34‰。这反映出中国人口增长速度已经发生了很大变化。

人口和计划生育政策的成功实施以及经济社会的快速发展，使中国实现了由贫困到温饱再到小康的历史性跨越，完成了现代型的人口再生产类型的根本转变，人口受教育水平迅速提高，使人口素质得到极大提高。中国为世界人口与发展做出了积极贡献。

（二）人口分布

1. 人口分布特点

中国地域辽阔，自然环境和经济发展的地域差异巨大，人口分布很不平衡。胡焕庸根据当时创制的 1933 年人口分布图和人口密度图，描绘出中国东半部人口十分稠密，西半部人口十分稀疏，两者之间明显地看出有一条人口分界线。这条线的东北端起于当时黑龙江省的瑷珲（现称黑河），以此向西南画一条直线直达云南省的腾冲。当时把这条线称作瑷珲—腾冲人口地理分界线，这条线以东的中国东半部面积约占全国总面积的 36%，而人口却占全国的 96%；这一线以西的西半部，国土面积约占全国的 64%，人口仅占全国的 4%。到 20 世纪 80 年代，胡焕庸利用 1982 年的人口普查资料，重新计算了这条线东西两侧的人口分布，得出结论：东半部面积占全国的 42.9%，人口占全国的 94.4%；西半部面积占全国的 57.1%，而人口仅占全国的 5.6%。与 1933 年的统计数字相比，西部地区人口占比仅有 1.6 个百分点的差别。其人口密度，在分界线以东平均每平方千米达 231 人，以西只有 10 人。

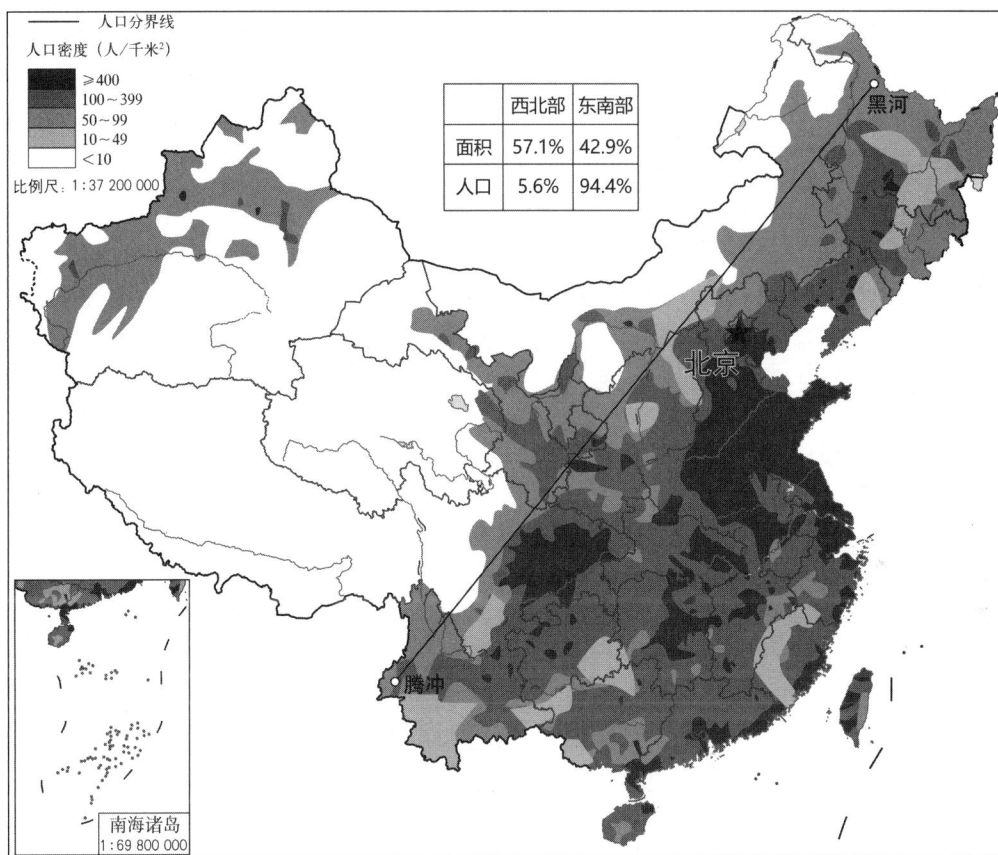

中国人口分布

据 2020 年第七次全国人口普查数据，中国人口地区分布的特点：东部地区（指北京、天津、河北、山东、江苏、上海、浙江、福建、广东、海南 10 省、直辖市）人口为 563 717 119 人，占 39.93%；中部地区（指山西、河南、安徽、湖北、江西和湖南 6 省）人口为 364 694 362 人，占 25.83%；西部地区（指内蒙古、陕西、四川、重庆、贵州、广西、云南、西藏、青海、甘肃、宁夏、新疆 12 省、自治区和直辖市）人口为 382 852 295 人，占 27.12%；东北地区（指辽宁、吉林、黑龙江 3 省）人口为 98 514 948 人，占 6.98%。与 2010 年相比，东部地区人口所占比重上升 2.15 个百分点，中部地区下降 0.79 个百分点，西部地区上升 0.22 个百分点，东北地区下降 1.20 个百分点。在 31 个省、自治区、直辖市中人口超过 1 亿人的省份有 2 个，分别是广东省和山东省，这说明全国人口地区分布向经济发达区域、城市群进一步集聚。

2. 影响人口分布的因素

人口分布受社会经济条件、自然条件和开发时间长短等因素的制约。人口的地区分布，最初是一些初级居民点。这些居民点的形成是因为那里能生产出人类生存所必需的物质资料。人类社会发展的不同阶段，由于生产力水平和生产关系的不同，人口分布的特点、趋势也不同。封建社会以个体农业经济为主，人口聚集在农业发达地区，形成许多分散的居民点。资本主义社会，由于工业生产的发展，城市人口迅速增加。即使在同一社会形态下，在一定时期内，由于各个地区生产力水平的差别，人口分布也会有差异。因此，人类的生产方式和经济活动，对人口分布有着非常重要的影响。

人类生活在一定的自然环境之中，人们的生产活动离不开自然条件。在生产力水平较低的社会，更是如此。当前，世界人口的绝大部分居住在温带、亚热带的平原地区、河流两岸地势较平坦地区，高山、寒冷和沙漠地区人烟稀少或无人定居。这是因为人们总是选择具有优越自然条件的地区进行生产活动。因而，自然条件对人口分布有很大影响。此外，政治、军事、历史等因素，也往往对人口的分布有一定影响。

（三）人口构成

人口构成主要由年龄构成、职业构成、城乡人口构成三方面组成。人口年龄结构指一定时刻、一定地区各年龄组人口占该地区总人口的比例，又称人口年龄构成，通常用百分比表示。它不仅对未来人口发展的类型、速度和趋势有重大影响，而且对今后的社会经济发展也将产生一定的作用。根据反映人口年龄结构的一定指标，将人口年龄结构类型划分为年轻型、成年型和老年型。

国际上通行的指标及其数值标准表

	年轻型	成年型	老年型
少年儿童系数（0~14 岁人口在总人口中的比重）	40% 以上	30%~40%	30% 以下
老年人口系数（≥65 岁人口在总人口中的比重）	5% 以下	5%~10%	7% 以上
老少比（≥65 岁人口/0~14 岁人口）	15% 以下	15%~30%	30% 以上
年龄中位数	20 岁以下	20~30 岁	30 岁以上

人口出生率和死亡率的变动是老年型年龄结构形成的主要原因。在一个较长的时期内，当人口出生率相对较低，而死亡率相对较高时，少年儿童在总人口中占的比重相对较小，中老年人口在总人口中占的比重相对较大，人口便进入老年型。较长时期的人口低速增长（或零增长、负增长）必然导致老年型的出现。老年型的出现是预期人口低速增长的原因。

老年型年龄结构的主要人口问题是：老年人的赡养、照顾、医疗保健问题和未来劳动力是否充裕等。

中国人口年龄结构已呈现由成年型向老年型变化的趋势。根据第七次全国人口普查结果，2020 年全国人口中，0~14 岁人口约为 25 338 万人，占 17.95%；15~59 岁人口约为 89 438 万人，占 63.35%；60 岁及以上人口约为 26 402 万人，占 18.70%，其中 65 岁及以上人口约为 19 064 万人，占 13.50%。与 2010 年第六次全国人口普查相比，0~14 岁人口的比重上升 1.35 个百分点，15～59 岁人口的比重下降 6.79 个百分点，60 岁及以上人口的比重上升 5.44 个百分点，65 岁及以上人口的比重上升 4.63 个百分点。其中，人口老龄化较严重的地区是东北地区，辽宁省、黑龙江省、吉林省人口在 60 岁及以上的比重分别为 25.72%、23.22%、23.06%。全国人口老龄化最严重的直辖市是上海市，人口 60 岁及以上的比重为 23.38%，而西藏是全国人口年龄构成最年轻的自治区，这一年龄段的比例仅为 8.52%。

2020 年中国人口年龄构成

年龄	人口数/人	比重/%
总计	1 411 778 724	100.00
0～14 岁	253 383 938	17.95
15～59 岁	894 376 020	63.35
60 岁及以上	264 018 766	18.70
其中：65 岁及以上	190 635 280	13.50

数据来源：国家统计局。

根据第七次全国人口普查结果，2020 年全国人口中，男性人口约为 72 334 万人，占 51.24%；女性人口约为 68 844 万人，占 48.76%。总人口性别比（以女性为 100，男性对女性的比例）为 105.07，与 2010 年第六次全国人口普查基本持平。

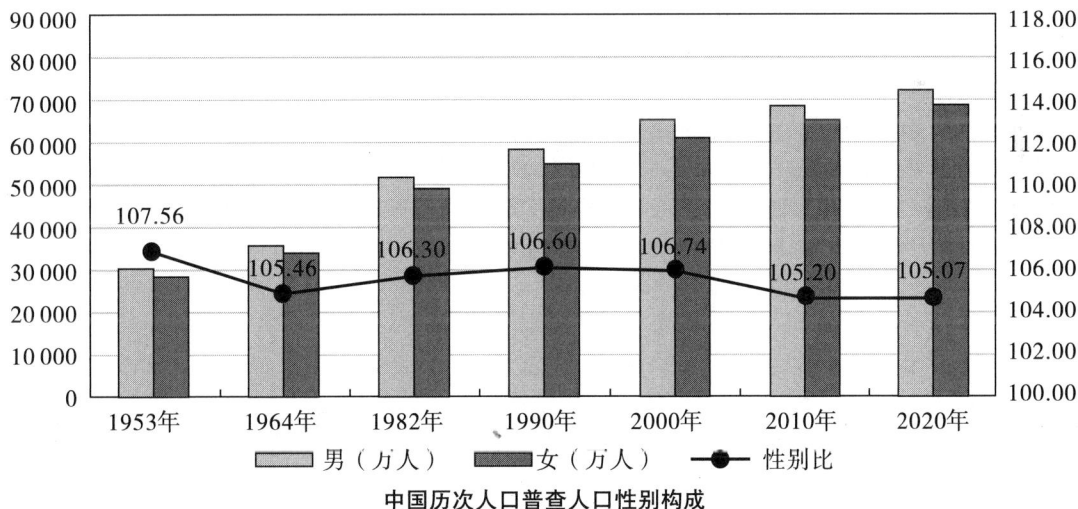

中国历次人口普查人口性别构成

数据来源：国家统计局。

从城乡人口构成看，城镇人口比重不断上升，乡村人口比重不断下降。根据第七次全国人口普查结果，2020 年中国人口中，居住在城镇的人口为 90 199 万人，占 63.89%；居住在乡村的人口为 50 979 万人，占 36.11%。与 2010 年第六次全国人口普查相比，城镇人口增加 23 642 万人，乡村人口减少 16 436 万人，城镇人口比重上升 14.21 个百分点。

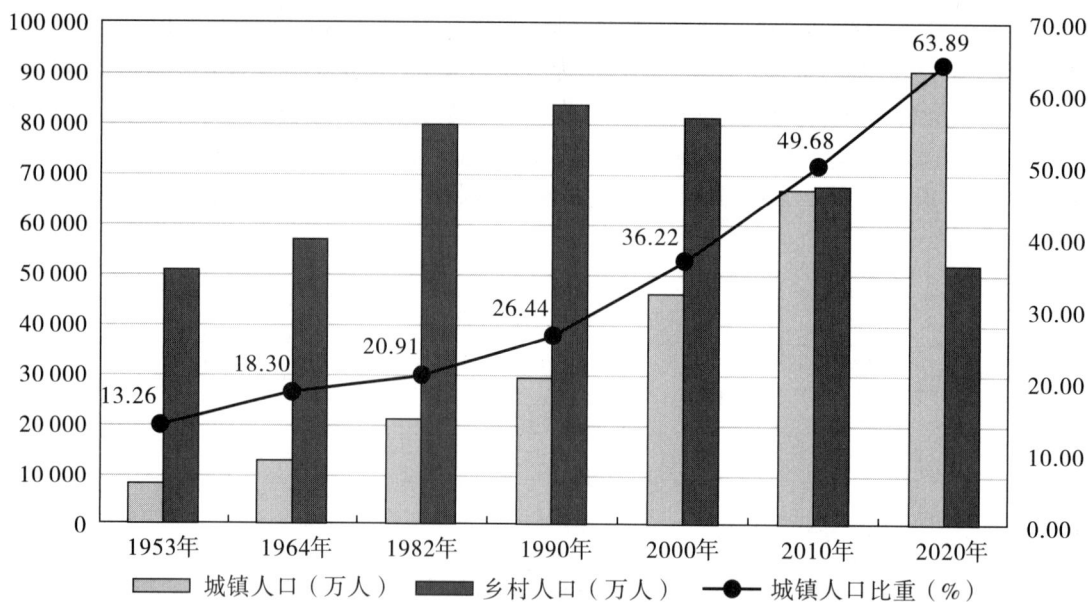

中国历次人口普查城乡人口变化趋势图

数据来源：国家统计局。

（四）人口迁移

人口迁移是人口移动的一种形式，是指人口分布在空间位置上的变动，一般指的是人口在两个地区之间的空间移动。这种移动通常涉及人口居住地由迁出地到迁入地的永久性或长期性的改变。

黄河中下游平原是中华民族的发源地。从秦汉时期开始，由于自然环境和社会原因，中国人口频繁迁移，由黄河中下游平原向四周扩散，特别是向长江流域和珠江流域扩散，从而使人口逐步扩散到中国的每一个地区。据中国地理学家胡焕庸教授估计，由"安史之乱"引发的人口大迁移，从根本上改变了中国人口地理分布的格局，使南方人口第一次超过了北方地区，中国人口地理分区的中心首次由黄河流域移到了长江流域。

引起中国历史上人口迁移的原因是多种多样的，其中最直接的原因是移民支边、战争和自然灾害。历史上，每当北方地区发生一次战乱或者灾荒，就会引起一次较大规模的人口南迁。

中华人民共和国成立到 20 世纪 80 年代中期这一时期，由于实行计划经济和严格的户籍管理，加上政策限制农村居民迁入城市，中国的人口迁移和流动数量较少。从规模上看，一般认为这一时期人口迁移规模较小，频率比较低。据统计，1954—1984 年，跨越乡镇及城市办理迁移手续的迁移人口为 5.94 亿人，平均每年在 1 900 万人以上。人口迁移情况大致可分为三个阶段。

1954—1984 年中国人口迁移的三个阶段

阶段	特点	总迁移量/亿人	年均迁移量/万人
1954—1960 年	活跃时期	1.958	2 797
1961—1976 年	低潮时期	2.548	1 593
1977—1984 年	回升时期	1.437	1 796

数据来源：参考胡焕庸的《中国人口地理》。

1954—1984 年中国省际人口迁移情况：从迁移方向上看，这一时期人口净迁出地区主要是辽宁、山东、上海和四川等省市，西藏为迁出和迁入持平地区，其余地区为人口净迁入地区。人口迁移主要有以下几种：支援新开发工业基地建设的人口迁移；移民垦荒支援边疆建设农林牧业新基地的人口迁移；新修水利和水库库区移民引起的人口迁移；压缩城市人口规模引起的人口迁移；少量的自发迁移。总的来说，这一时期人口迁移受国家政策和户籍管理制度影响较多，自发人口迁移和流动相对较少。

20 世纪 80 年代，随着中国实施改革开放战略决策，特别是东部沿海地区设立经济特区和经济开发区等，经济发展地区不平衡，使省际人口迁移出现重大变化。1984 年下半年，由于国家放宽了农村人口到城镇做工、经商等户口迁移的规定，加上设立镇的标准降低，中国的城镇人口出现较快增长。这一时期中国国内人口迁移情况：由中西部地区流向东部沿海地区，主要由农村人口流向城镇，具有自发性、流动人口数量庞大的特点。人口净迁出地为河南、安徽、江西、湖南、湖北、贵州和四川等。人口净迁入地为珠江三角洲地区、长江三角洲地区和环渤海地区。

【阅读材料】

中国人口发展的地理基础

有利的自然环境是中国成为世界第一人口大国的基础条件。中国的领土总面积为 960 多万平方千米，早在新石器时代，人类活动的足迹就已经遍布这块辽阔土地的几乎每一个角落。国土辽阔为人类活动提供了地理空间，在农业社会尤其是这样。首先，在大致相同的自然条件下，土地面积与绝对人口容量是成正比例的。其次，土地越广阔，地理环境的差异性往往也越大，构成了劳动分工的基础，成为促进生产力发展的重要因素。最后，广阔的土地为民族和人口的发展提供了较大的回旋余地，使中华民族屡折屡起，在巨大的灾难面前，中华文明不仅始终延续，生生不息，而且不断发扬光大。

自然环境对中国人口进一步发展的制约作用。中国农业自然条件既有显著优点，又有重大缺陷。中国大部分地区处于亚热带和温带，光热条件好，且雨热同期；但平原所占比重偏小，而气候寒冷，土壤贫瘠的山地、丘陵和高原则占到全国总面积 69%。中国还有近 40%的地区属干旱区和半干旱区，由于水资源贫乏，农业生产也深受影响。加之中国人口总数巨大，主要资源的人均占有量远低于世界平均水平。以上因素结合起来，显著降低了中国国土的农业利用价值，其中相当一部分即使在可以预见的将来，也难以改造利用，从而对中国人口的进一步发展产生严重影响。

——胡焕庸：《中国人口地理》

二、中国的人口问题

人口问题是指人口发展与社会经济发展不相适应，与环境、资源不相协调。其实质主要表现为人口再生产与物质资料再生产的失调。近几年中国经济飞速发展，国民经济持续稳定增长，但大部分的成果被新增长的人口所消耗，使人口的生活质量难以大幅度提高。所以，中国社会的人口及其产生的问题日益成为经济发展的制约因素，进而产生了一系列的问题。

（一）人口的老龄化

20 世纪 90 年代以来，中国的老龄化进程加快。目前中国人口已经进入老年型。2020 年全国人口中 60 岁及以上人口占 18.70%，其中 65 岁及以上人口占 13.50%。预计到 2040 年，65 岁及以上老年人口占总人口的比例将超过 20%。

中国人口老龄化与先期进入人口老年型的国家相比，具有老龄化发展快、老年人口数量大、地区之间不平衡、超前于社会经济发展等特点。这些新特点将给中国国民经济和社会发展带来巨大的挑战。许多发达国家进入老年型国家时人均国民生产总值至少有 1 万美元，而中国进入老年型国家时只有 1 000 美元左右。由于农村人口比重大，农村老人数目也大，随着城市化的发展，剩余劳动力向城市迁移，农村老龄化将更为突出。老龄化表现出"两高两大两低"的基本特征，即高速、高龄，基数大、差异大，社区养老社会水平低、社会养老意识低的现状。与之相应的赡养问题、劳动力人口老化、抚养比升高都将成为亟须解决的问题。

（二）人口的性别结构不平衡

性别结构的常用指标是性别比，是指总人口中男性人口与女性人口数之比（以女性人口为 100）。2020 年全国人口中，男性人口占 51.24%，女性人口占 48.76%，总人口性别比（以女性为 100，男性对女性的比例）为 105.07。性别比的不平衡会使社会的不稳定因素增加，从而影响社会的和谐。

（三）社会就业压力加大

总体来说，高文化、高素质的人才供不应求，而一些对技术要求不高的基层工作岗位存在人员过剩现象，因此，就业压力问题成为重要的社会问题。近年来，中国高校毕业生人数呈上升趋势，就业压力加大。2017 年全国普通高等学校毕业生 795 万人。2018 年全国普通高等学校毕业生 821 万人。2019 年高校毕业生 834 万人。2020 年高校毕业生 874 万人。2021 年高校毕业生人数达到 909 万人，首次突破 900 万人。2022 年，全国高校毕业生人数约为 1 076 万人。目前，中国 14 亿多人口中只有 1.7 亿名大学生，预计到 2030 年中国将拥有 3 亿多名大学生，就业工作面临复杂严峻的形势。

第二节　城　市

城市是以非农业产业和非农业人口集聚形成的较大居民点。城市的形成和发展是社会经济、文化发展的结果。城市包括住宅区、工业区和商业区，并且具备行政管辖功能。近年来，中国城市建设得到了前所未有的发展。

一、城市化与城市化进程

城市化是指人口和产业活动在空间上集聚、乡村地区转变为城市地区的过程。城市人口占总人口的比重持续上升，劳动力从第一产业向第二、三产业逐渐转移，城市用地规模不断扩大等是城市化的特征。

在城市化进程中，城市能够创造出比较多的就业机会，大量吸收农村剩余劳动力；城市化进程能带动广大农村的发展，有利于改善地区产业结构；城市化有助于提高工业生产的效率，工业化使城市化获得持续推进的动力；科技的进步和信息化的推进，使现代化大城市成为主要的科技创新基地和信息交流中心；城市文化向乡村广泛地扩散和渗透，影响着乡村的生产生活方式，并提高乡村的对外开放程度。

发达国家与发展中国家，表现出不同的城市化进程。发达国家的城市化起步早，城市化水平高，并出现逆城市化现象。发展中国家的城市化起步晚，发展快，城市化水平较低，城市化发展不够科学和完善。

城市是人类对环境影响最深刻、最集中的区域，也是环境污染最严重的地方。在城市化进程中产生的主要问题，首先是环境问题日趋严重：空气污染严重，加剧热岛效应和温室效应；水体污染使水资源短缺。其次是社会问题日益突出：交通拥挤，就业困难，居住条件差，社会保障压力加重；同时地价上涨，生产生活成本上升。

二、城市的区位因素

中国城市的分布，一方面是各地区社会、经济、人口和历史等人文因素综合作用的结果，另一方面又受地理条件的深刻影响。

1. 地形

平原地区地形平坦，土壤肥沃，便于农耕，且有利于交通联系和节省建筑投资，是人口集中分布地区，也是城市发育的理想环境。中国是一个多山的国家，中西部山地和高原面积很大，而东部丘陵和平原占比相对较大。中国主要城市集中分布于海拔小于500米的东部丘陵、平原地区，高原山区城市较少。

2. 气候

由于季风和降水的影响，广大的亚热带地区是温暖、湿润的气候区，是世界上著名的农业发达地带，同时也是城市分布的集中地区。此外，暖温带、中温带地区也是中国城市分布比较密集的区域。青藏高寒区和西北干旱区，城市密度和规模都比东南沿海地区小。

3. 河流

河流是平原的塑造者，对城址选择具有深远的影响。许多城市周围有河流流过，"沿河设城"是中国南方城市分布的一般规律。如扼守长江与京杭大运河咽喉的扬州，从唐代就是繁华大都市，为"百货所集"之地；宋代以后城市规模扩大，更成为地区商业中心；清代有漕、盐、河三大要政，扬州则"地兼三者之利"成为"东南一大都会"。

4. 资源

自然资源丰富的地区，一般都是兴建城市的理想场所。资源型城市主要分布于资源赋存地。大庆市、攀枝花市分别是在开采石油、铁矿的基础上发展起来的。新疆维吾尔自治区由于气候干燥，城市发展对水资源依赖性大，多数城市分布在山前冲积洪积扇或河流三角洲地带，如阿克苏、喀什、石河子等；另一部分则位于河谷盆地，如伊宁、博乐、阿勒泰等具有绿洲型城市的特征。五大连池、黄山、武夷山、井冈山、桂林等旅游城市也都是由于风景旅游资源的开发而逐渐发展起来的。

5. 交通

在城市的发展历史中，贸易是其产生的重要因素之一，为了贸易的顺利实现，就需要有便利的交通运输条件。中国城市的分布现状具有沿海、沿江、沿线（铁路和公路）和沿边（境）的特征，这种空间格局是城市分布的交通指向结果。据统计，中国约70%城市的区位由交通指向决定，尤其近代以来形成和发展的城市大多与铁路、港口的建设相关。如湖南省株洲市就是在铁路枢纽上发展起来的，是典型的"火车拉来的城市"。

6. 政治、军事、宗教

许多城市是一个地区的政治中心。世界上许多国家的首都就是本国最大的城市。中国历史上的古都如西安、北京、洛阳、开封、南京、杭州、安阳等城市都是当时的政治中心。

在城市文明向世界扩散的过程中，军事活动起着重要作用，军事要塞就逐渐发展为新的城市。

历史上许多城市同时是一个地区宗教活动的中心，如沙特阿拉伯的麦加城、中国的拉萨等城市就是在宗教因素的影响下发展起来的。

三、城市的形态和空间结构

从城市个体来看，每个城市都有自己的外部形态，而且每个城市内部不同区域都有不同的作用，以及各具特色的内部空间结构。

（一）城市形态

1. 概念

每个城市总是占据一定的空间，有着特定的外部轮廓形状，称为城市形态。

2. 类型

（1）团块状城市。平原地区的城市用地较为规整，形成集中发展的城市形态。如江淮平原上的合肥市，原为一个普通的小县城，中华人民共和国成立后被确定为省级行政中心，在平原上逐渐发展成一个团块状城市。

（2）组团状城市。如重庆市地处长江和嘉陵江的交汇处，又是丘陵地区，地形的崎岖不平使城市发展在地域上失去了完整性。全市形成了几个片区，各片区之间被河流、山岭等间隔，形成了组团状城市形态。

（3）条带状城市。山区或丘陵地区的城市用地比较破碎，往往形成分散发展的城市形态。如兰州市位于黄河谷地，其发展被迫沿谷地向东西延伸，形成条带状格局。

总之，城市外部形态与地形的关系十分密切。即平原地区城市多呈团块状；河流谷地的城市多呈条带状；在河流和地形的共同影响下，城市多呈组团状。如下表所示：

城市形态与影响因素

城市形态	团块状	组团状	条带状（或放射状）
影响因素	平原地形、市中心吸引作用	城市用地限制或河流阻隔、规划控制等	沿交通线分布或受地形限制
地域形态	各组成部分比较集中，连成一片	城市由几片组成，每片就近组织各自的生产和生活，各片互不连属	城市地域沿主要交通干线或地形区延伸
主要优点	便于集中设置比较完善的基础设施，各种设施的利用率高，方便生活，便于管理，节省投资	便于城市扩大规模，有利于保护城市环境	城市各部分接近郊区，亲近自然
主要缺点	易造成城市环境污染	用地分散，各片联系不方便，市政建设投资大	城市交通主要集中于某一方向，且运距很长
城市举例	成都市、合肥市	重庆市、上海市浦东新区	兰州市、延安市

每个城市受自然环境的影响，都有特定的形态，但形态并不是固定不变的。早期城市的形成以团块状为主，然后集中连片地向郊区扩展。当城市再扩大时，又以分散的"组团式"发展。到了第三阶段，由于城市中心吸引能力加强，各组团彼此吸引，城市又趋于集中。到了最后，城市规模太大需要控制时，又不得不以分散的方式，在其远郊发展卫星城或新城。

（二）城市空间结构

1. 定义

城市空间结构一般指城市地域结构，是指构成城市的具有各种功能及其相应的物质外貌的功能分区。

2. 城市功能分区

就城市功能对城市进行分区，可划分为商业区、居住区、市政与公共服务区、工业区、交通与仓储区、风景游览区与城市绿地、特殊功能区等。

3. 主要功能分区特点

（1）商业区主要是人们进行商业活动的场所，多位于市中心、交通干线的两侧或街角路口，主要为点状或条状分布。在有些大城市和特大城市的市中心，还会形成一个特殊的商业区、中心商务区，它不但是商业活动的中心而且还是服务中心。

（2）住宅是为城市居民提供生活和居住的场所，往往也是一天当中居民活动时间最长的场所，因此，住宅区是城市中最为广泛的一种土地利用方式。有的城市住宅区分中高级住宅区和普通住宅区。

（3）工业区是由城市内部工业部门相互聚集而形成的。往往在靠近河流、铁路、公路等交通比较便捷的地带布置厂房、仓库等设施，是城市经济的主要支柱之一。它为城市提供了大量的物质财富和众多的就业机会。

（4）文化和高科技区是城市发展的动力源泉，是城市文化教育发达的地区，是城市人口文化素质最高的地区。

各功能区如下表所示：

三种最基本的城市功能分区

功能分区	形态	特征	位置	
商业区	占地面积小，呈点状或条状	经济活动最繁忙；人口数量昼夜差别大，建筑物高大稠密；内部有明显的分区	城市中心，交通干线两侧、街角路口	
工业区	集聚成片	不断向市区外缘移动，并趋向于沿主要交通干线分布	市区外缘，交通干线两侧	
住宅区	占地面积大，是城市的主要功能区；工业化后出现分化	在建筑质量上，高级与低级住宅区分化；在位置上，高级与低级住宅区背向发展	高级住宅区	城市的外缘，与高坡、文化区联系
			低级住宅区	内城，工业区附近，与低地、工业区联系

四、城市规模体系

1. 城市规模

衡量城市大小的数量概念，包括城市人口规模与城市地域规模两个指标，各国的具体分级标准不尽一致。通常人口规模是衡量城市规模的决定性指标，因为城市地域规模会随着人口规模的变化而变化。

2014 年，中国印发《关于调整城市规模划分标准的通知》，对原有城市规模划分标准进行了调整，明确了新的城市规模划分标准。新的城市规模划分标准以城区常住人口为统计口径，将城市划分为五类七档：

（1）城区常住人口 50 万以下的城市为小城市，其中 20 万 ~ 50 万的城市为Ⅰ型小城市，20 万以下的城市为Ⅱ型小城市；

（2）城区常住人口 50 万 ~ 100 万的城市为中等城市；

（3）城区常住人口 100 万 ~ 500 万的城市为大城市，其中 300 万 ~ 500 万的城市为Ⅰ型大城市，100 万 ~ 300 万的城市为Ⅱ型大城市；

（4）城区常住人口 500 万 ~ 1 000 万的城市为特大城市；

（5）城区常住人口 1 000 万以上的城市为超大城市。

此外，许多地区虽没有达到设市建制的标准，但由于非农人口比重较大，工商业比较集中，也属于城市的一种城镇居民点。

目前，中国最具发展潜力的五大城市群为京津冀地区（环渤海地区）、长三角地区、珠三角地区、长江中游地区及成渝城市群等。

2. 城市的服务范围

城市是由多种复杂系统所构成的有机体，城市功能是城市存在的本质特征，是城市系统对外部环境的作用和秩序。城市主要功能有：生产功能、服务功能、管理功能、协调功能、集散功能、创新功能。城市功能是主导的、本质的，是城市发展的动力因素。城市功能所辐射半径的空间范围，即城市的服务范围。

3. 不同等级城市服务范围差异

不同等级城市的服务范围不同，等级越高，服务范围越大，城市的数量越少；等级越低，服务范围越小，城市的数量越多。它们以市中心为圆心呈放射状，一般大城市的辐射范围是不会相重叠的。

五、中国主要城市

中华人民共和国成立初期，中国城市只有 58 个，到 1952 年百万人口以上的城市只有 9 个。自 1978 年以来，中国城市化进程加速，城市数量由 1979 年的 193 个发展到 1999 年的 668 个，百万人口以上的大城市 37 个。截至 2020 年，共有 91 个城市市域人口超过 500 万，其中 18 个城市常住人口超过千万，分别是重庆、上海、北京、成都、广州、深圳、天津、西安、苏州、郑州、武汉、杭州、临沂、石家庄、东莞、青岛、长沙和哈尔滨等。

改革开放以来，社会经济持续发展，城市化水平不断提高，城市人口占总人口的比重不断增加。从城乡人口构成来看，2021 年城镇常住人口为 91 425 万人，比上年末增加 1 205 万人；乡村常住人口为 49 835 万人，比上年末减少 1 157 万人；城镇人口占全国人口比重（城镇化率）为 64.72%，比上年末提高 0.83 个百分点。中国城市化水平高于发展中国家的平均水平，但是距离发达国家的水平还有差距，发达国家城市化水平一般都在 75% 以上。

（一）北京

北京，简称京。截至 2020 年全市常住人口 2 189.3 万人，总面积为 16 410.54 平方千米。北京是中国首都，是全国政治中心、行政管理中心、对外国际交往中心，又是全国重要的工业基地和第二大城市。北京还是全国最大的交通和通信枢纽，是国际、国内人流、物流和信息流的集散中心。

北京是中国历史文化名城，有 3 000 多年的悠久历史、800 多年的建都历史。它拥有丰厚的历史遗迹，如众多的古代宫殿、皇家园林、宗教庙宇等，成为世界著名的旅游城市。这里有作为北京象征也是中国象征的天安门城楼和世界最大的城市广场天安门广场；有世界最大、最完整的古建筑群故宫（旧称紫禁城）；有被称为世界七大奇迹之一的八达岭长城；有世界最大的祭天神坛天坛；有世界最广阔的皇家园林颐和园；有世界最集中的皇陵十三陵；有世界面积最大的四合院恭王府。其中，故宫、长城、周口店北京猿人遗址，已被联合国教科文组织列为世界文化遗产。

（二）上海

上海，简称沪、申。截至 2020 年全市常住人口 2 423.78 万人，总面积为 6 340.5 平方千米。上海是中国直辖市、国家中心城市、超大城市，中国的经济、交通、科技、工业、金融、贸易、会展和航运中心，首批沿海开放城市。作为中国重要的综合性工业基地和海港，上海港货物吞吐量和集装箱吞吐量均居世界第一，是一个良好的滨江滨海国际性港口。上海也是中国首个自由贸易试验区。上海与江苏、浙江、安徽共同构成的长江三角洲城市群已成为国际六大世界级城市群之一。

上海是一座国家历史文化名城，拥有深厚的近代城市文化底蕴和众多历史古迹。江南传统吴越文化与西方传入的工业文化相融合形成上海特有的海派文化，上海人多属江浙民系，使用吴语。"上海"之名早在宋代就有了，1843 年后上海成为对外开放的商埠并迅速发展成为远东第一大城市，现在上海已经发展成为一个国际化大都市。

（三）天津

天津，简称津。截至 2020 年全市常住人口 1 386.6 万人，总面积为 11 946.88 平方千米。天津是中国直辖市、国家中心城市、超大城市、环渤海地区经济中心、首批沿海开放城市、全国先进制造研发基地、北方国际航运核心区、金融创新运营示范区、改革开放先行区。天津位于华北平原，东临渤海，市中心距北京 137 千米。天津市位于环渤海经济圈的中心，是中国北方最大的沿海开放城市、近代工业的发源地、近代北方最早对外开放的沿海城市之一，是中国北方的海运与工业中心。天津港口条件优越，是首都北京出海的门户，水陆交通发达，天津机场是中国大型机场之一。2009 年国家批复同意天津市调整滨海新区行政区划，天津滨海新区被誉为"中国经济未来第三增长极"。

2014 年 12 月 12 日，位于天津市滨海新区的中国（天津）自由贸易试验区正式获得国家批准设立。2015 年 4 月 21 日，中国（天津）自由贸易试验区正式挂牌。中国（天津）自由贸易试验区为中国北方第一个自贸区。

（四）重庆

重庆，简称巴、渝。截至 2020 年全市常住人口 3 205.42 万人，总面积为 82 402.95 平方千米。重庆是中国直辖市、国家中心城市、超大城市、长江上游地区经济中心、金融中心和创新中心，是中国西南地区最大的工商业中心和长江上游水陆交通枢纽。它位于长江、嘉陵江汇合处，市中心区三面环江，形如半岛，依山建城，有"山城"之称。

1997 年 6 月 18 日恢复成立中央直辖市后，重庆老工业基地改造振兴步伐加快，形成了电子信息、汽车、装备制造、综合化工、材料、能源和消费品制造等千亿级产业集群，农业农村和金融、商贸物流、服务外包等现代服务业快速发展。拥有两江新区、渝新欧国际铁路以及若干个保税区，享有过境 72 小时内免签等优惠政策。

具有 3 000 年悠久历史的重庆旅游资源丰富，既有集山、水、林、泉、瀑、峡、洞等为一体的壮丽自然景色，又有熔巴渝文化、民族文化、移民文化、三峡文化、陪都文化、都市文化于一炉的浓郁文化景观。雄伟壮阔的长江三峡、璀璨多彩的重庆夜景、秀丽怡人的芙蓉江、火爆刺激的重庆火锅等都是具有重庆特色的旅游资源。

（五）广州

广州，简称穗。截至 2020 年全市常住人口 1 867.66 万人，总面积为 7 434.4 平方千米。广州是广东省省会、国家中心城市、超大城市，是国务院定位的国际大都市、国际商贸中心、国际综合交通枢纽、国家综合性门户城市、国家历史文化名城。从秦朝开始，广州一直是华南地区的政治、军事、经济、文化和科教中心。它是中国海上丝绸之路历史上最重要的港口，唐宋时期成为中国第一大港，明清两代成为中国唯一的对外贸易大港。广州是 2 000 多年长盛不衰的大港，这是世界海上交通史的奇迹，可以称为"历久不衰的海上丝绸之路东方发祥地"。

广州是中国重要的工业基地、华南地区的综合性工业制造中心，形成了门类齐全、轻工业较为发达、重工业有一定基础的外向型现代工业体系。中国 40 个工业行业大类中，广州就拥有 34 个。汽车制造、电子通信和石油化工三大支柱产业的工业产值约占广州工业总产值的 1/3。

广州被全球最权威的世界城市研究机构之一 GaWC 评为世界一线城市；五次被福布斯评为中国内地最佳商业城市第一位。享誉全球的中国进出口商品交易会从 20 世纪 50 年代至今一直在广州举行，以规模最大、时间最久、档次最高、成交量最多而荣膺"中国第一展"的称号。琶洲国际会展中心将把"中国第一展"提升到世界级博览会的层次。

（六）深圳

深圳，简称深。截至 2020 年全市常住人口 1 756.01 万人，总面积为 1 996.85 平方千米。深圳是广东省下辖的副省级市、超大城市、经济特区、全国性经济中心城市和国际化城市。

深圳地处广东南部、珠江口东岸，东临大亚湾和大鹏湾，西濒珠江口和伶仃洋，南隔深圳河与香港相连，是粤港澳大湾区四大中心城市之一、国际性综合交通枢纽、国际科技产业创新中心、中国三大全国性金融中心之一，并全力建设全球海洋中心城市、中国特色社会主义先行示范区、综合性国家科学中心。深圳水陆空铁口岸俱全，是中国拥有口岸数量最多、出入境人员最多、车流量最大的口岸城市。

深圳市于 1979 年成立，1980 年设置经济特区，是中国设立的第一个经济特区，是中国改革开放的窗口和新兴移民城市，是连接香港和内地的纽带和桥梁，是华南沿海重要的交通枢纽。深圳在中国高新技术产业、金融服务、外贸出口、海洋运输、创意文化等多方面占有重要地位，尤其是在国家的制度创新、扩大开放等方面肩负着试验和示范的重要使命。

（七）西安

西安，简称镐，古称长安、镐京。截至 2020 年全市常住人口 1 295.29 万人，总面积为 10 108 平方千米。西安是陕西省省会、副省级市、特大城市、关中平原城市群核心城市。它是新欧亚大陆桥中国段和黄河流域最大的中心城市，大飞机的制造基地，中西部地区最大最重要的科研、高等教育、国防科技工业和高新技术产业基地。

西安地处关中平原中部、北濒渭河、南依秦岭，八水润长安，是联合国教科文组织于 1981 年确定的"世界历史名城"，是中国历史上建都时间最长、建都朝代最多、影响力最大的都城，也是中华民族的摇篮、中华文明的发祥地、古丝绸之路的起点。从公元前 11 世纪起，先后有 10 多个王朝建都于此。这里名胜古迹众多，距今 6 000 多年的母系氏族公社村落半坡遗址，2 200 年前的秦始皇陵兵马俑，以及唐代的大雁塔、小雁塔，宋代的碑林等风景名胜名扬海内外。

2018 年 2 月，中国发布《关中平原城市群发展规划》，支持西安建设国家中心城市、国际性综合交通枢纽，建成具有历史文化特色的国际化大都市。

（八）武汉

武汉，简称汉。截至 2020 年全市常住人口 1 418.65 万人，总面积为 8 494 平方千米。武汉是湖北省省会，中部地区最大都市及唯一的副省级市，中国内陆地区最繁华都市、国家区域中心城市。早在 6 000 年前的新石器时代，已有先民在此繁衍生息。北郊的盘龙城遗址作为武汉建城开端，距今有 3 500 年历史。民国时期汉口高度繁荣，被誉为"东方芝加哥"。武汉三镇综合实力曾仅次于上海，位居亚洲前列。

武汉位于长江和汉水交汇处，地处中部地区的中心位置，素有"九省通衢"之称，是中国中部最重要的水陆交通枢纽、综合性工业城市，为中部经济区的核心城市。

武汉历史上以商业著称。明末清初，汉口与朱仙镇、景德镇、佛山镇并称全国四大名镇。1858 年开埠通商后成为著名中心。19 世纪中叶出现近代工业，中华人民共和国成立之初武汉工业在全国仅次于上海居第二位。此外，武汉还拥有较强的科技力量。

2016 年中国颁发了《长江经济带发展规划纲要》，将武汉列为超大城市，明确要求武汉加快建成以全国经济中心、高水平科技创新中心、商贸物流中心和国际交往中心四大功能为支撑的国家中心城市。

《思考与练习》

1. 叙述中国人口的基本特点。
2. 说明当前中国人口发展中存在的主要问题。
3. 分析影响城市分布的主要因素。
4. 比较北京、上海、广州三个城市的地理位置、在中国的地位和主要特征。

第九章　经济发展

第一节　农　业

一、农业生产

农业是利用动植物的生长发育规律，通过人工培育来获得产品的产业。农业的劳动对象是有生命的动植物，获得的产品是动植物本身。农业是人类最基本的物质生产部门，是人类生存和进行各种生产的先决条件，是国民经济和社会发展的基础。在国民经济产业结构中，农业属于第一产业。

农业，广义上包括种植业、林业、畜牧业、渔业、副业五种产业形式，狭义上是指种植业，包括生产粮食作物、经济作物、饲料作物等农作物的生产活动。

农业生产过程中具有典型的特点。首先在空间上具有地域性。不同生物的生长发育需要的自然条件、经济技术条件不同，应因地制宜。同时，世界各地的自然条件和经济技术条件差别很大，所以农业生产具有极为明显的地域性。其次在时间上具有季节性和周期性。动植物的生长发育受热量、水分、光照等自然因素的影响，农业生产活动需要按季节顺序安排，应做到"不违农时"。同时，自然因素随着季节变化而变化并具有一定周期性，因此，农业生产应因时制宜。

中国农业历史悠久，传统农业经验丰富，栽培品种繁多，在历史上对世界农业发展做出过重大贡献。中国南方的水稻栽培、黄河流域的谷子栽培都是世界上最早的。中国又是大豆的原产地、栽桑养蚕和栽培茶树的故乡。目前，中国是世界上粮食产量、棉花产量最多的国家。根据中国《2021 年国民经济和社会发展统计公报》，2021 年全国全年粮食产量 68 285 万吨。全年谷物产量 63 276 万吨，其中，稻谷产量 21 284 万吨，小麦产量 13 695 万吨，玉米产量 27 255 万吨。全年棉花产量 573 万吨，油料产量 3 613 万吨，糖料产量 11 451 万吨，茶叶产量 318 万吨。全年猪牛羊禽肉产量 8 887 万吨。全年水产品产量 6 693 万吨，其中，养殖水产品产量 5 388 万吨，捕捞水产品产量 1 305 万吨。全年木材产量 9 888 万立方米。蔬菜、水果、茶叶、花卉等园艺产品生产快速发展，不仅满足了国内生活需求，而且出口创汇额逐年增加，成为农民增收的重要增长点。

二、中国农业生产的条件

农业生产与发展的条件包括自然条件和社会经济条件。中国具有发展农业的得天独厚的优越条件，但同时存在着不利的方面。

（一）自然条件

1. 气候条件

中国国土跨 5 个温度带和高原气候区，各温度带的热量条件不同，其适宜耕种的农作物种类及熟制差别很大。除青藏高原外，中国大部分地区处于中、低纬度地带，光热条件比较优越。同时，受夏季风的影响，夏季普遍高温，雨量充沛。雨热同期的气候条件，有利于作物的生长，如水稻、棉花的种植北界为世界最北。暖温带及以南地区农作物均可复种。但全国降水量与水资源的时空分布不均，南方有余而北方不足，且年际变化大。水热资源的分布不均，给农业带来重大影响。东南部地区雨量充沛，雨热同期，极有利于植物生长，全国 90% 以上的耕地分布在东部季风区的平原地区。西北地区降水不足，大部分是草原和荒漠，农业生产必须依靠灌溉，限制了农林业的发展。此外，冬季寒潮降温面积大，春秋低温也影响全国大部分地区。旱涝、冰雹、干热风及沿海地区的台风等，对部分地区的农业生产也有重大影响。

2. 地形条件

中国土地类型多样，有利于农、林、牧、副、渔业的全面发展。但山地多（占2/3），平地少，人均耕地面积少，使中国农业尤其是种植业的发展受到一定的限制。山地自然条件的多样性，要求因地制宜、采取多种利用方式，方可发挥其生产潜力。

3. 耕地

经过长期的精耕细作之后，耕地的质量比较好。根据 2019 年 12 月中国第三次全国国土调查数据，全国耕地 12 786.19 万公顷（191 792.79 万亩）。其中，水田 3 139.20 万公顷（47 087.97 万亩），占 24.55%；水浇地 3 211.48 万公顷（48 172.21 万亩），占 25.12%；旱地 6 435.51 万公顷（96 532.61 万亩），占 50.33%；64% 的耕地分布在秦岭—淮河以北。黑龙江、内蒙古、河南、吉林、新疆等 5 个省（区）耕地面积较大，占全国耕地的 40%。耕地中一年三熟制地区的面积约 1 882.91 万公顷（28 243.68 万亩），占全国耕地的 14.73%；一年两熟制地区的耕地 4 782.66 万公顷（71 739.85 万亩），占 37.40%；一年一熟制地区的耕地 6 120.62 万公顷（91 809.26 万亩），占 47.87%。年降水量 800 毫米以上（含 800 毫米）地区的耕地面积约 4 469.44 万公顷（67 041.62 万亩），占全国耕地的 34.96%；年降水量 400 ~ 800 毫米（含 400 毫米）地区的耕地面积约 6 295.98 万公顷（94 439.64万亩），占 49.24%；年降水量 200 ~ 400 毫米（含 200 毫米）地区的耕地面积约 1 280.45 万公顷（19 206.74 万亩），占 10.01%；年降水量 200 毫米以下地区的耕地面积约 740.32 万公顷（11 104.79 万亩），占 5.79%。

由于农垦历史悠久，耕地后备资源为数不多，且主要分布在黑龙江、新疆等边远地区，自 2000 年以来，中国政府决定停止对"北大荒"的开垦，以保护现存的上百万公顷湿地。对重点保护地区要求尽快还林、还草、还湿地，促进山水林湖草生态的良性发展。

4. 生物资源

中国是世界上生物多样性最为丰富的 12 个国家之一，拥有森林、灌丛、草甸、草原、荒漠、湿地等地球陆地生态系统，以及黄海、东海、南海等海洋生态系统；拥有高等植物 34 984 种，居世界第三位；脊椎动物 6 445 种，占世界总种数的 13.7%；已查明真菌种类

1 万多种，占世界总种数的 14%。而且，中国生物物种资源丰富，是水稻、大豆等重要农作物的起源地，也是野生和栽培果树的主要起源中心。据不完全统计，中国有栽培作物 1 339 种，其野生近缘种达 1 930 个，果树种类居世界第一。中国还是家养动物品种最丰富的国家之一，有家养动物品种 576 个。但由于长期以来人口的持续增长及对资源的不合理利用，生物资源遭到不同程度的破坏，致使一些物种数量减少乃至消失，因此也是世界上生物多样性丧失严重的地区之一。

（二）社会经济条件

中国农业人口众多，劳动力资源充足、巨大的城乡农产品消费市场、悠久的农业发展历史和农业经营的传统技术、初具规模的工业基础和各级农业科技体系、发达的交通运输网、国家长期以来一直重视发展农业的传统等，都是中国农业生产有利的社会经济条件。但目前中国尚处于发展中国家，经济基础还较薄弱，农业科技水平较低，农业机械化程度不高，各地农业的发展还很不平衡，这些都制约着中国农业的发展。

由于各地区在农垦历史、民族生活习惯、人口密度、工业、交通、城市分布及不同时期国民经济需要等社会经济条件方面的差别，往往在相同的或相似的自然条件下会出现不同的农业特点。如黄河中下游地区，农垦历史已超过 3 000 年，东北地区北部、内蒙古东部等地区只有一两百年甚至只有几十年，两地农业生产集约程度差别显著。藏族、蒙古族、哈萨克族、塔吉克族等都是长期从事畜牧业的民族，而汉族、维吾尔族、回族等则习惯以种植业为主。这些民族的不同分布区，基本上也就是牧区和农区的所在地。朝鲜族擅长种植水稻，东北地区的水稻分布区过去往往就是朝鲜族分布区。

人口密度影响农业劳动力的保证程度和农产品的需要程度，从而影响土地利用集约程度和作物布局。全国粮食单产较高的地区，往往为人口稠密地区，这同劳动力充裕、精耕细作有关。如长江中下游平原、成都平原、江淮平原和华北平原等地区。

粮食商品率的高低，不仅同粮食单产有关，更重要的是与人均耕地面积、当地粮食自给需要量的大小有关。黑龙江省是中国最大的粮食生产基地和商品粮输出基地。截至 2021 年黑龙江土地总面积 47.3 万平方千米，农用耕地 11.87 万平方千米，全省人均耕地面积 4.6 亩，是中国人均耕地面积最多的省份。黑龙江省耕地面积仅占全国 1/10，生产出占全国 1/7 的商品粮，可养活全国 1/6 的人口。其粮食产量、粮食增量、粮食商品量和输出量，均摘下中国"第一粮食大省"的桂冠。2021 年黑龙江省粮食播种面积 21 826.95 万亩，全省粮食产量 7 867.7 万吨，占全国总产量的 11.5%，连续十一年位居全国第一。

三、中国主要农作物的生产与分布

（一）粮食作物

粮食是人类最基本的生活资料，是农业的基础，是中国农业结构中的绝对主导部门。中国粮食作物种类繁多，可分为稻谷、小麦和杂粮三大类。杂粮是指除稻谷、小麦以外所有粮食作物的总称，包括玉米、高粱、谷子、豆类、薯类等。

1. 水稻

水稻喜高温、多湿、短日照，对土壤要求不严，但是水稻土最好。稻的栽培历史可追溯到 12 000～16 000 年前的中国湖南。1993 年，中美联合考古队在道县玉蟾岩发现了世界最早的古栽培稻。水稻在中国广为栽种后，逐渐向西传播到印度，中世纪引入欧洲南部。水稻生长的最北界限是黑龙江省呼玛，但主要的生长区域是中国南方。目前，水稻主产区是长江流域、珠江流域、东北地区。其中，华南地区双季稻稻作区位于南岭以南，包括闽、粤、桂、滇的南部以及台湾省、海南省和南海诸岛全部。华中地区双季稻稻作区东起东海之滨，西至成都平原西缘，南接南岭，北毗邻秦岭、淮河，是中国最大的稻作区。西南高原地区为单双季稻稻作区，地处云贵高原、青藏高原、黔东湘西高原。华北单季稻稻作区位于秦岭、淮河以北，长城以南，关中平原以东，包括京、津、冀、鲁和晋、陕、苏、皖的部分地区。东北地区早熟单季稻稻作区位于辽东半岛和长城以北，大兴安岭以东及内蒙古东北部。西北干燥区单季稻稻作区位于大兴安岭以西，长城、祁连山与青藏高原以北。

近 20 年，中国水稻种植面积基本稳定在 3 000 万公顷（4.5 亿亩）左右。2011—2015 年，中国水稻种植面积从 3 034 万公顷增长至 3 078 万公顷。2016—2019 年，中国水稻种植面积从 3 075 万公顷下降至 2 969 万公顷。2020 年，中国稻谷种植面积为 3 008 万公顷，同比增加 1.3%。2021 年，中国稻谷种植面积稳中略降，同比下降 0.5%，降至 2 992 万公顷。

目前，中国水稻种植逐步向高产型转变。2006—2019 年，水稻单产从 6 276.3 千克/公顷增加至 7 056.2 千克/公顷。据统计，2021 年水稻单产达到 7 113.4 千克/公顷，当年全国水稻总产量为 2.13 亿吨。水稻是中国种植面积最大、产量最多的粮食作物，也是世界水稻产量最大的国家。

2. 小麦

小麦是小麦系植物的统称，是一种在世界各地广泛种植的禾本科植物。小麦属于温带性作物，适应性较强，能耐一定程度的干旱，因此，小麦在中国分布很广，除高寒山区外，各地农村的旱地几乎都有小麦的分布。西亚地区两河流域是世界上最早栽培小麦的地区，中国是世界最早种植小麦的国家之一。

小麦也是中国最重要的口粮之一，小麦产业发展直接关系到国家粮食安全和社会稳定。中国小麦主要集中分布在三大主产区：

（1）春小麦主产区。长城以北、岷山、大雪山以西地区。处在高寒或干冷地带，冬季严寒；无霜期短促，常年在 200 天以下，栽培制度绝大部分是一年一熟。

（2）北方冬小麦区。长城以南，六盘山以东，秦淮以北地区，是全国最大的小麦集中产区和消费区，播种面积和总产量约占全国 2/3。一般实行一年两熟或两年三熟，仅北部长城沿线两侧地带为冬、春麦混合的过渡地带。冬小麦是越冬作物，种植冬麦与其他粮食作物矛盾较少，因此能减少冬闲地面积，扩大夏种面积，增加粮食总产量。

（3）南方冬小麦区。在秦淮以南、折多山以东，播种面积和总产量占全国 30% 左右。由于本区人民多以稻米为主要口粮，因此，小麦的商品率较高，是中国商品小麦重要产区。

中国是世界上小麦总产量最高、消费量最大的国家。小麦种植面积占中国粮食作物总面积的 22% 左右，产量占粮食总产量的 20% 以上，是中国主要的粮食作物和重要的商品粮、战略储备粮品种。2021 年全国小麦播种面积 2 291.1 万公顷，小麦产量 13 695 万吨，单位面积产量 5 977.5 千克/公顷。虽然中国小麦总产量高，但由于国内消费需求巨大，仍须进口部分小麦以补产量不足。根据中国海关数据，2021 年 1—6 月中国小麦进口数量为 537 万吨，进口金额为 16.24 亿美元。近年来，小麦生产情况见下表：

2015—2021 年中国小麦生产情况

	2015 年	2016 年	2017 年	2018 年	2019 年	2020 年	2021 年
种植面积/万公顷	2 456.7	2 466.6	2 447.8	2 426.6	2 372.8	2 338.0	2 291.1
产量/万吨	13 255.5	13 318.8	13 424.1	13 144.1	13 359.6	13 425.0	13 695.0
单位面积产量/（千克/公顷）	5 395.7	5 399.7	5 484.1	5 416.7	5 630.3	5 742.1	5 977.5
小麦进口量/万吨	300.7	341.2	442.2	309.9	348.8	837.6	537.0

数据来源：国家统计局。

（二）经济作物

经济作物亦称"工业原料作物"，一般指为工业，特别是指为轻工业提供原料的作物。中国纳入人工栽培的经济作物种类繁多，包括纤维作物（如棉、麻等）、油料作物（如芝麻、花生等）、糖料作物（如甘蔗、甜菜等）、三料（饮料、香料、调料）作物、药用作物、染料作物、观赏作物、水果和其他经济作物等。

经济作物通常具有地域性强、经济价值高、技术要求高、商品率高等特点，对自然条件要求较严格，宜于集中进行专门化生产。世界上一些主要经济作物如棉花、甜菜、甘蔗、麻类及热带、亚热带经济作物的集中化与专门化程度均较高。

中国主要的经济作物分布：东北林区主要有红松、落叶松，大豆、甜菜；辽东半岛、山东半岛主要有苹果；黄河流域主要有葡萄、梨、桃、杏、柿、枣、栗、核桃；南方地区主要有柑橘、香蕉、荔枝、桂圆、菠萝、茶、油茶、油桐、漆树、毛竹、杉树、樟树、蚕桑、油菜、青梅等；西北地区主要有新疆的葡萄、哈密瓜、长绒棉；台湾地区主要有樟树（樟脑）、甘蔗、茶叶、香蕉、菠萝等。

1. 棉花

中国是世界棉花产量最多的国家。棉花种植带大致分布在 18°N ~ 46°N 和 76°E ~ 124°E 之间，气温 ≥ 10℃的地区，积温在 2 600℃ ~ 3 100℃的地区，可种早熟陆地棉；超过 3 200℃的地方，可种中熟陆地棉；4 000℃以上的地方，可种早熟或中熟海岛棉；低于 2 600℃的地方就不能种棉花。从全国区域分布上来看，主要集中三大产棉区，即新疆棉区、黄河流域棉区、长江流域棉区。

目前，新疆是中国最重要的棉花生产基地。新疆棉区主要包括新疆和甘肃地区。该区域日照充足，气候干旱，雨量稀少，属灌溉棉区；耕作制度为一年一熟，棉田集中，种植规模大，机械化程度较高；单产水平高，原棉色泽好，是中国重要的长绒棉产区。

黄河流域棉区是中国种植棉花面积较大的棉区，主要集中在河北省、山东省、河南省等。黄河流域棉区日照较充足，热量条件尚好，土壤肥力中等，年降水量适中，有利于棉花早发稳长和吐絮，在正常年份下，纤维品质较好。但由于某些地区生产过程中套种的配置不当，病虫危害程度各异，加上有些年份后期阴雨低温少日照，造成年度间纤维品质不稳定。

长江流域棉区主要集中在鄱阳湖棉区、洞庭湖棉区、江汉平原棉区、南襄盆地棉区及四川盆地棉区等。其中棉产量比较多的是湖南、湖北两省。其棉花特点是成熟度好，纤维偏粗，三丝少，短绒率比河南低，颜色发灰。棉花质量不如黄河流域棉区，但本区技术水平较高，区内纺织业发达，运输条件便利，促进了棉花生产的发展。

近年来，中国棉花种植出现了一些新变化：

（1）全国棉花播种面积下降。2021年全国棉花播种面积为3 028 100公顷，比上年减少140 800公顷，下降4.4%。其中，全国最大产棉区新疆棉花播种面积为2 506 100公顷，比上年增加4 100公顷，增长0.2%。新疆棉花播种面积增加的主要原因是国家对该地区继续实行棉花目标价格补贴政策，加之2020年以来棉花价格上涨，农户种棉积极性较为稳定。其他棉区棉农受种植效益和种植结构调整等因素影响，2021年棉花播种面积为522 100公顷，比上年减少144 900公顷，下降21.7%，自2009年以来连续13年下降。其中，长江流域棉区播种面积为232 100公顷，比上年减少51 700千公顷，下降18.2%；黄河流域棉区播种面积为266 100公顷，比上年减少91 800公顷，下降25.6%。

（2）全国棉花单产有所提高。2021年全国棉花单位面积产量为1 892.6千克/公顷，比上年增加27.4千克/公顷，增长1.5%。据统计，世界棉花籽棉的平均单产为108.99千克，美国棉花籽棉的平均单产为123.77千克，而新疆地区的棉花籽棉平均单产能够达到245.56千克。从单产上来讲，新疆棉花当之无愧被称为"世界第一棉"。

（3）全国棉花产量有所下滑。2021年全国棉花产量573.1万吨，比2020年减少18.0万吨，下降3.0%。其中，新疆棉花产量512.9万吨，比上年减少3.2万吨，下降0.6%；其他地区棉花产量60.2万吨，比上年减少14.7万吨，下降19.6%。目前，中国83%的棉花种植集中在新疆，全国近90%的棉花产量在新疆。新疆是中国单产量最高、品质最好的棉花种植区域。

2. 油料作物

油料作物种类繁多，包括花生、油菜、向日葵、芝麻、胡麻等草本油料，油茶、油棕、椰子、油橄榄、腰果、文冠果等木本油料，以及一些粮豆作物、纤维作物与野生植物的种子。

中国是世界上油料产出大国，油料作物播种面积一直处于高位。受到多方面因素的影响，中国油料作物播种面积一直处于缓慢下降的趋势，到2018年中国油料作物播种面积下降至1 287.24万公顷。2018—2020年播种面积缓慢回升，到2020年播种面积突破1 300万公顷，达到13 129.12公顷。按省份分布，2020年油料作物播种面积居全国前四位的省份分别是河南省、四川省、湖南省和湖北省。

中国国家统计局数据显示，2013—2017年中国油料产量并没有随着油料作物播种面积的下降而下降，反而存在上升的趋势，到2017年中国油料产量上升至3 475.24万吨。2018年虽然有所下降，但是很快回升，到2020年中国油料产量上升至3 586.4万吨。

中国国家统计局数据显示，2013—2020年中国油料单位面积产量不断上升，从2013年的2 491.46千克/公顷，上升至2020年的2 731.64千克/公顷。其中，山东省是油料作物单产最高的省份，达到4 366千克/公顷。其次为河南省和天津市。

花生是中国最主要的油料作物，花生亩产量、产油值与创造经济价值各项指标皆是油料作物中最高的。花生喜温、耐旱，可在较瘠薄的沙土、红壤中生长。在中国暖温带、亚热带、热带广大地区都可种植，其中山东省的产量居全国首位，其次是广东省。目前，中国花生生产集中分布在两个地区：一是渤海湾周围的丘陵及沿河沙土地区，是中国最大的花生生产基地和出口基地；二是华南地区的福建、广东、广西、台湾等地的丘陵及沿海地区。

　　油菜是中国播种面积最大、地区分布最广的油料作物。中国是世界上生产油菜籽最多的国家。油菜是喜凉作物，对热量要求不高，对土壤要求不严。根据播种期的不同，可分为春、冬油菜，春、冬油菜分布的界限，相当于春、冬小麦的分界线而略偏南。中国以种植冬油菜为主。长江流域是中国冬油菜最大产区，其中四川省的播种面积和产量均居全国之首。其次为安徽、江苏、浙江、湖北、湖南、贵州等省。春油菜主要集中在东北、西北北部地区。

　　中国是世界上生产芝麻最多的国家之一。芝麻是一种含油率很高的优质油料作物。中国芝麻分布广泛，主要分布在河南、湖北、安徽、山东等省份，其中河南省产量居全国首位。

　　中国是大豆的故乡，早在 5 000 年前，大豆就扎根于华夏沃土，到了中世纪以后，大豆经阿拉伯人传入西方。大豆是喜温作物，生长旺季需要高温，收获季节以干燥为宜，很适宜在北方温带地区栽培，而以东北松辽平原和华北的黄淮平原最为集中。松辽平原是中国最主要的大豆生产基地，主要集中于松花江、辽河沿岸和哈大线沿线。其中，哈尔滨、辽源、长春被称作中国大豆的"三大仓库"。

3. 糖料作物

　　糖料作物是为制糖工业提供原料的作物。主要有甘蔗、甜菜以及糖用高粱等。中国北方以甜菜为主，南方以甘蔗为主。甜菜南扩、甘蔗北移的趋势在加强。

　　中国食糖生产集中度较高，特点是局部生产、全国消费、南糖北运。国产糖料分为北方甜菜糖与南方甘蔗糖，甘蔗糖按产地分为广西糖、云南糖、广东糖、海南糖等，甜菜糖按产地分为新疆糖、内蒙古糖等。各地区因自然资源禀赋不同，制糖周期与生产成本略有差异，由于所处区域位置不同，其辐射的销售市场范围也不尽相同。其中，广东、广西和云南是最重要的甘蔗糖生产区，其产糖量约占全国甘蔗糖产量的95%。黑龙江、吉林、内蒙古、新疆是中国甜菜的四大产区。

　　中国是重要的食糖生产国之一，糖料种植在农业经济中占有重要地位，其产量和产值仅次于粮食、油料、棉花，居第四位。2021—2022 年甘蔗播种面积为 1 205 万公顷，甜菜为 160 万公顷。甘蔗的单产也大于甜菜，2021—2022 年甘蔗单产为 65.6 吨/公顷，甜菜为 54.2 吨/公顷。2019 年中国成品糖的累计产量为 1 356.52 万吨，2021 年成品糖产量为 1 457.1 万吨。随着成品糖产业投入加大、行业技术突破与规模积累，其未来发展不断加速。

　　中国是重要的食糖消费国之一，食糖产销量仅次于巴西、印度、欧盟，居世界第四位。近年来中国食糖产量和消费量都超过 1 000 万吨。食糖进口主要来自巴西、泰国、印度、古巴、韩国等国；出口目的地主要是中国香港、蒙古国、日本等。根据中国海关统计：2020年中国食糖进口量527 万吨，2021 年食糖进口量为 567 万吨。

四、三大区域的农业生产基本状况

　　从农业生产的角度来看，中国大致可分为三类，即东部季风区农业生产、西北内陆区农业生产和青藏高原区农业生产。

（一）东部季风区农业生产

　　东部季风区是指大兴安岭—阴山—贺兰山—巴颜喀拉山—冈底斯山一线以东、以南的广大地区，包括第二级阶梯的黄土高原、四川盆地、云贵高原、横断山区，以及第三级阶梯的沿海平原和丘陵地区。面积约占全国陆地面积的 45%，人口约占全国总人口的 95%。

1. 东部季风区农业生产的自然优势明显

（1）气候：夏季受海洋季风影响显著，气候湿润，雨热同期，普遍高温多雨，冬季受北方冷气流影响，大部分地区寒冷干燥。风向、降水、气温等随季节变化而有明显的更替。雨季主要集中在5—9月，湿润程度较高，年降水量均大于400毫米。

（2）地形：海拔较低，大部分地区在海拔1 000米以下。东部有许多广阔的平原，平原间的高地多为海拔500米以下的低山丘陵，集中了全国90%左右的耕地和林地。

（3）水文：河流为外流河，长江、黄河、珠江、辽河、海河等大河自西向东注入海洋，且河湖众多。地表水的补给以雨水为主，绝大部分地区属于外流区，地下水资源比较丰富。

（4）生物：植被以森林和森林草原为主，大量分布农作物和人工林等人工植被。土壤多为森林植被下发育的土壤，土质肥沃。人类对自然界的影响广泛而深刻，除极少数的地方以外，天然植被已不复存在，栽培植物广泛分布，是中国的主要农耕地区。

2. 东部季风区农业生产的区内差异

东部季风区根据地理环境要素的差异性，传统上可以分为南方地区与北方地区。南北方地区的分界线秦岭—淮河一线，也是中国800毫米等降水量线，水田旱地分布分界线，一月份0℃等温线，水稻与小麦种植分界线，亚热带与暖温带的分界线，温带落叶阔叶林和亚热带常绿阔叶林的分界线，湿润与半湿润的分界线，亚热季风气候与温带季风气候的分界线。

北方地区农业发展情况：

（1）农业生产条件。

有利条件：①夏季气温高，降水多，高温期与多雨期一致，水热配合较好。东北地区冬季积雪厚，夏季日照长；黄河中下游地区秋季晴天多，华北平原地下水丰富。②平原广阔，土层深厚。东北地区，黑土肥沃，人均耕地多，宜农荒地多，森林资源丰富。③黄河中下游地区农业生产历史悠久。

不利条件：①东北地区生长期短，热量不足，受寒潮影响大；西部风沙威胁大。②黄河中下游地区春旱、夏涝突出；水土流失和土壤盐碱化严重。

（2）农业活动特点。重要的农耕区，以旱作为主。长城以北一年一熟，长城以南两年三熟。农耕区以畜牧业为主，东北林区面积广大。

（3）农业在全国的地位。①东北平原是中国最大的商品粮基地和林业基地，农业机械化程度高；黄河中下游地区是中国三大棉麦产区之一；黄泛区为全国最大水果带。②拥有三江平原、松嫩平原、黄淮海平原等全国性商品粮基地。

（4）主要农产品。①种植业主要作物有小麦（东北地区种植春小麦、华北地区种植冬小麦）、玉米、高粱（主要分布在东北地区、黄土高原）、谷子、大豆、甜菜、亚麻、棉花、花生、烤烟等。②林业以用材林为主。如红松、落叶松（主要分布在东北林区）等。③经济作物主要有苹果、梨、柿、桃、枣、板栗等。④畜牧业主要种类有黄牛、马、驴、骡、绵羊、鸡等。⑤水产业包括海水养殖和海洋捕捞，主要海产品有海带、对虾、贝类等。

南方地区农业发展情况：

（1）农业生产条件。

有利条件：①高温期与多雨期一致，水热资源丰富、配置合理（台湾、海南、滇南西双版纳是全国水热条件最好的地区）。江淮地区梅雨适时适量，有利于水稻生长。②长江中下游平原、珠江三角洲地势低平，土壤肥沃，河汊纵横，既灌溉便利，也利于发展淡水养殖；四川盆地紫色土肥沃；横断山区，森林资源丰富，树种多，人类活动影响小，有利于发展林业生产。③长江流域农业生产历史悠久，生产水平高。

不利条件：①江淮地区伏旱期，气温高，降水减少，蒸发旺盛，易对水稻生产产生影响，南部沿海地区夏秋季台风影响也很大。②长江以南地区为红壤分布区，土壤酸性强，土质黏重，不利于种植业的发展。③云贵地区喀斯特地貌发育，地表崎岖，土层薄，地表水缺乏，不利于农业发展。

（2）农业活动特点。全国重要的农耕区之一，以水田为主。长江以北一年两熟，长江以南一年三熟。农耕区中分布一定的乳畜业。淡水养殖发展很快。南部地区（海南、云南西双版纳等）发展热带经济作物种植。海洋渔业发达，舟山渔场是中国最大的渔场，沈家门港濒临舟山渔场，是中国最大的渔港，天然良港。

（3）农业在全国的地位。①重要的商品粮、桑蚕、糖料作物、油料作物、棉花、黄麻、亚热带热带作物和淡水渔业产区；长江中下游平原和珠江三角洲是著名的"鱼米之乡"，四川盆地素有"天府之国"之美誉。②商品粮基地主要有成都平原、江汉平原、洞庭湖平原、鄱阳湖平原、太湖平原、珠江三角洲、江淮地区。③棉花基地主要有江汉平原、长江三角洲。④热带经济作物基地主要有海南岛、西双版纳。⑤糖料作物基地主要有广东、海南、广西、云南、四川等省区。⑥农产品出口基地主要有太湖平原、珠江三角洲。⑦淡水渔业基地主要有长江中下游平原、珠江三角洲。⑧桑蚕基地主要有太湖平原、珠江三角洲、成都平原。⑨用材林基地主要有横断山区、东南林区。

（4）主要农产品。①种植业主要作物有水稻（全国最大产区）、小麦、棉花、油菜籽（长江流域）、甘蔗等。②林业主要以用材林为主，如杉、马尾松、竹等。③经济林主要有茶叶、油茶、油桐、橡胶、剑麻、柑橘、香蕉、荔枝、桂圆、菠萝、蚕桑等。④畜牧业主要种类有水牛、山羊、猪、鸭、鹅、鸡等。⑤水产业包括海水养殖和海洋捕捞，主要鱼类有带鱼、大黄鱼、小黄鱼、墨鱼、贝类等；淡水养殖主要有青、草、鲢、鳙、蟹、虾等。

（二）西北内陆区农业生产

中国西北内陆区包括内蒙古自治区、宁夏回族自治区、新疆维吾尔自治区、甘肃省等省区。西北地区国土辽阔，人口稀少，水资源短缺，自然环境对发展农业生产局限性十分突出。

1. 农业生产的自然条件

（1）典型的温带大陆性气候。本区地处亚欧大陆腹地，深居内陆，远离海洋，加上周围高山、高原的阻挡，海洋水汽难以送到，水循环很不活跃，是中国气候最为干旱的地区。气候表现为强烈的大陆性气候，其特点是降水少，风沙多，气候干燥；晴天多，云量少，日照丰富；气温日变化和年变化大。

（2）水资源匮乏。本区由于深居内陆，气候干燥，河流以内流河为主，河流径流量少；湖泊面积小、数量少；区内农牧业生产的主要水源依靠山地降水和冰雪融水。西北区光热充足，气温日较差大，白天气温高、光照强，加强了植物的光合作用，有利于碳水化合物的合成；夜间气温低，减弱了植物的呼吸作用，有利于减少养分的消耗，因此，本区所产瓜果品质十分优良。

2. 农业生产的区域特色

（1）富有特色的灌溉农业和绿洲农业。本区农耕必须依靠灌溉，有河水、冰雪融水、地下水灌溉的地区，小麦、水稻、棉花、油菜、甜菜等都生长良好。

宁夏平原、河套平原是中国著名的灌溉农业区。人们利用黄河流向微微倾斜的自然坡度，开挖引水渠，引黄河水自流灌溉。宁夏平原至今保存有秦渠、汉渠等古代著名灌溉渠道。平原上沟渠纵横，阡陌相连，稻田密布，村舍相望，被人誉为"塞上江南"。河套平原发展成为"塞上米粮川"。

甘肃河西走廊和新疆的灌溉农业仅限于高山山麓的冲积平原上，这里土质较好，山地降水、冰雪融水和地下水等水源充足，利用这些有利的自然条件，开荒垦殖，引水灌溉，把荒漠变成了肥沃的绿洲。塔里木盆地和吐鲁番盆地是中国长绒棉的主要产区，这里无霜期较长，夏季气温高，积温量大，日照充分。新疆吐鲁番盆地至今仍保留着古代著名的水利工程——坎儿井。

（2）重要的畜牧业基地。内蒙古草原是中国最大的天然牧区，东北部的呼伦贝尔草原因降水较丰而成为中国水草最丰美的牧场和打草场，三河一带出产的三河牛、三河马，闻名全国；宁夏所产的滩羊是稀有的优质裘皮羊品种；新疆境内的天山、阿尔泰山，地形雨较多，山腰以云杉林为主的山地针叶林，森林带上下两侧生长牧草，以上为夏季牧场，以下为冬季牧场，天山山地是新疆的主要牧区，所产细毛羊是优良畜种。

3. 农业生态问题严重

西北内陆区经过几次大规模的开发，经济社会发展和人民生活有了很大程度的改善。但在长期的开发过程中，由于对自然生态环境缺乏保护措施，西北内陆区也产生了比较严重的农业生态问题，主要表现为：土地荒漠化面积扩大，草地退化，绿洲萎缩；植被破坏，水土流失面积不断增加；土壤盐渍化，耕地土壤污染严重；河湖萎缩，干涸断流，地下水超采等问题严重。这些问题不仅制约着中国西北内陆区农业的可持续发展，也严重影响了西北内陆区乃至全国的生态环境建设。防风固沙，减少风沙危害，防止沙漠蔓延和草场退化，是本区环境治理和改造的重要任务。

（三）青藏高原区农业生产

青藏高寒区是中国三大自然地理区划之一，处于中国地形的第一阶梯，由于海拔较高，被誉为地球"第三级"和"世界屋脊"。高原上空气稀薄，大气干燥，风力强劲，降水稀少，太阳辐射强烈，气温低而且年较差小、日较差大。高原区内耕地面积较少而且分布不均，集中分布在河谷台地。区内湖泊众多，除少数淡水湖之外（如鄂陵湖、扎陵湖），大部分是咸水湖和盐湖。由于气候自东部温暖湿润向西北寒冷干旱递变，植被也相应呈森林带、草甸区、草原区、荒漠带依次更迭。

青藏高原区特殊的自然条件形成了独特的农业生产类型：河谷农业和高寒牧区。

1. 河谷农业

高山地区的河谷地带，由于地势较山地低，气温较高，无霜期比山地长，降水条件较好，河水又可作为灌溉水源，河谷两侧的山岭一般都有森林，使谷地土壤的腐殖质较丰富，土壤比较肥沃，是山区适宜耕作的地区，河谷地带的农业发达，被称为河谷农业。河谷农业一般沿河呈带状或条状分布。本区河谷农业主要分布在青海省黄河谷地、湟水谷地和雅鲁藏布江谷地。青藏高原区的主要农作物是青稞、小麦、豌豆等；经济作物主要是油菜。青稞主要产自西藏、青海等地，是藏族人民的主要粮食。农作物，一年一熟制；小麦的生长期比较长，单位面积产量高。

2. 高寒牧区

高寒牧区是地处高寒自然条件下，以经营耐高寒、耐粗饲、适应性强、具有高原特色的牲畜为主的畜牧业地区。这类牧区海拔多在 4 500～5 200 米，年平均气温 0℃～5℃，日照充足，太阳辐射强；其牧草生长期短，产量季节不平衡，植株低矮；因气温日较差大，利于营养物质的积累，牧草的粗蛋白、粗脂肪、营养较丰富，适于发展高寒畜牧业。青藏高原区属典型的高寒牧区，牦牛、藏绵羊、藏山羊等就是在高寒、缺氧、空气稀薄等较严酷的高原自然环境中顽强地成长起来的优良畜种。优良品种主要有青海土族人养殖的浩门马及河曲马，藏族人培养的西藏瘦肉型猪和亚东奶山羊等。本区是中国放牧畜牧业的重要生产基地之一。

第二节　工　业

工业是指采掘自然物质资源和对工业品原料及农产品原料进行加工的社会生产部门。工业可分为重工业和轻工业。

重工业是指为国民经济各部门提供物质技术基础的主要生产资料的工业。重工业按生产性质和产品用途，可以分为下列三类：采掘（伐）工业、原材料工业、加工工业。

轻工业指主要提供生活消费品和制作手工工具的工业。轻工业按所使用的原料不同，可分为两大类：①以农产品为原料的轻工业，是指直接或间接地以农产品为基本原料的轻工业。②以非农产品为原料的轻工业，是指以工业品为原料的轻工业。

工业活动是人类主要的经济活动之一，它不仅为国民经济各部门提供生产必需的原材料、能源、技术装备，也为广大人民生活创造丰富多样的生活资料，在国民经济中处于主导地位。在国家产业结构中，工业属于第二产业。

一、中国工业发展的历程与成就

（一）中国工业发展的历程

中华人民共和国成立以来，中国工业发展历程大致分为两个阶段：第一个阶段是中华人民共和国成立到改革开放前；第二个阶段是改革开放到现在。第二个阶段中国工业发展主要历程，大致可分四个阶段：

（1）消费导向型阶段（1979—1991 年）。1979—1984 年，轻工业增长迅速，总产值年均增长 11.7%。轻工业主要产品产量大幅度增长，增长最快的是纺织工业、传统"老三大件"（指冰箱、彩电和洗衣机）和其他家用电器。在工农业总产值中，农业、轻工业、重工业的比例关系为 34∶31.7∶34.3，基本实现均衡发展。同时，探索深圳、珠海、汕头和厦门经济特区建设，在中国沿海地区开始来料加工、委托制造、转运出口，中国工业生产开始逐步融入世界。

（2）全面市场化转型阶段（1992—2000 年）。在政府主导下，沿海地区率先大力发展外向型经济，外贸依存度逐年提高。1992 年中国外贸依存度仅为 34.2%，到 2002 年已经提高到 48.9%。中国经济国际化程度逐步提高，外向型经济的格局基本形成。

（3）新型工业化阶段（2001—2014 年）。2001 年，中国正式加入世贸组织，中国企业面临全球化的市场竞争，倒逼企业转型升级，国家实施新型工业化发展战略。

（4）技术密集型产业主导阶段（2015 年至今）。这一阶段，战略性新兴产业和技术密集型产业加速发展并逐步占据主导地位，这个阶段以《中国制造 2025》出台为标志，正式提出制造强国战略"三步走"规划,促进中国从制造大国到制造强国转变。

(二)中国工业化取得的主要成就

经过 70 多年的艰苦努力,中国工业发展跨过工业化初级阶段、中级阶段,再到工业化后期阶段,使工业成为国民经济增长最有力的引擎。

1. 工业经济快速增长

中国工业经济快速发展,工业生产能力稳步提升。工业增加值由 1952 年的 119.8 亿元上升至 2018 年的 305 160.2 亿元,年均增长 12.61%。中国制造业增加值从 2012 年的 16.98 万亿元增加到 2021 年的 31.4 万亿元,占全球比重从 22.5% 提高到近 30%,持续保持世界第一制造大国地位。

2. 工业生产体系完备

截至 2021 年,按照国民经济行业分类,中国制造业有 31 个大类、179 个中类和 609 个小类,是全球产业门类最齐全、产业体系最完整的制造业。

3. 制造业连续多年稳居世界前列

1990 年中国制造业占全球的比重为 2.7%,居世界第九位;2021 年 4 月,联合国工业发展组织发布的最新版的"全球制造业竞争力指数(以 2018 年指标为准)"显示德国、中国、韩国、美国、日本成为全球 5 个最具工业竞争力的国家。德国制造业竞争力全球第一,中国第二,韩国排第三。

4. 工业生产结构优化,战略性新兴产业快速成长

中国改革开放后优先发展轻纺工业,重点加强基础产业,大力振兴支柱产业,积极发展高技术产业和战略性新兴产业等。大国重器亮点纷呈,"蛟龙"潜海、双龙探极、C919 试飞、"嫦娥"揽月、"北斗"组网、神舟绕地、"九章"问世(中国量子计算原型机),一大批重大标志性创新成果引领中国制造业不断创造新的高度。

5. 工业生产深度参与全球产业链分工

1978—2017 年,中国的贸易伙伴已由 40 多个国家和地区发展到 231 个国家和地区。贸易对外依存度逐步提升,2018 年达到 33.7%。从工业产品贸易数据来看,中国制成品贸易竞争力提升,初级产品贸易竞争力逐步降低。中国制造深度参与全球制造业产业链分工,一方面中国进口相关原材料等初级产品,另一方面通过加工制造形成工业品出口到世界各地,中国世界工厂的地位愈发明显。

二、影响工业的区位因素

工业分布是工业生产的空间组织形式。工业建设必须进行工业布局,研究影响工业地区分布的因素及其发展变化的规律,使工业做到合理布局,生产收到最大效益,并达到促进整个国民经济发展的目的。

(一)自然资源和自然条件

1. 自然资源

工业的主要成本之一是原料的成本,工业产品最终要销售以实现其价值,这就决定了原料地与市场是工厂区位的两个主要区位因素。矿产资源是工业特别是传统工业发展和布局的重要物质基础和条件,矿产资源的地理分布直接影响工业结构和工业布局。如石油资源开采推动了大庆、玉门、克拉玛依等城市的工业发展,鞍山、包头、攀枝花的钢铁工业也是在铁

矿石产地发展起来的。水资源关系到第一、二、三产业的方方面面，是现代化大工业生产的重要资源和条件。

从整个工业发展进程来看，原料地对工厂区位的影响力正逐渐减弱。由于技术进步，工业所用原料的范围越来越广，可替代的原料越来越多。随着交通运输条件的改善，原料的运输越来越方便。在原料地对工厂区位的影响减弱的同时，市场对工厂区位的吸引力正在加强。但由于原料在生产成本中占一定比重，它仍是不可忽略的工厂区位因素之一。

2. 自然条件

工业企业选择厂址和布局，要求占用一定数量和质量的土地，因此，地表的各自然要素——地质、地貌、气候、水文等是工业生产发展和布局的必需基础和环境。

（二）技术条件

技术条件对工业生产和布局具有重要影响，是制约工业布局的重要因素之一。随着技术不断进步，原有资源的利用广度和深度逐步向新领域发展，新资源也不断被发现，使工业布局随之从原来自然资源和自然条件的束缚中解放出来。

技术进步使缺少原料、能源的地区和国家有发展原材料加工工业的可能。特别是大型远洋船只的建造和陆路交通的改善，使区际、国家间甚至洲际的大量原料、能源运输变得十分便捷和经济，使具有特色的沿海型工业布局得以形成。

高技术工业的发展导致技术密集型工业布局的涌现。随着世界新技术革命的到来，产业集约化、高技术产业和尖端技术工业相继出现。中国高新技术产业开发区的建设，起步较晚，但发展较快。1985年7月，中国第一个高新技术产业开发区即深圳科技工业园建立，1988年建立的中关村科技园区是中国第一个国家级高新技术产业开发区。中国高新技术产业开发区的区位选择考虑的主要因素是智力基础、工业基础和政策环境。

如果说传统工业布局是以"硬资源"（指矿产原料、能源资源等）为重要基础，那么新兴工业布局则以"软要素"（指科学技术、信息等优势）为重要支柱。

（三）经济条件

经济条件主要是指农业、运输业、商业、公用事业等，它们对工业布局有重要的影响和制约作用。

农业是工业（主要是轻工业）的主要原料来源，为工业提供原料、粮食、劳动力，广大农村还为城乡工业提供市场，因而农业布局也影响着工业布局，促进城市发展和城乡结合。

商业担负着产品生产过程流通环节，并创造和追加一部分价值，也是国民经济中的重要物质生产部门。考察工业项目建设区域的商业经营基础条件时，除了应了解商业基础设施和发展水平，所在区域人们商品观念、竞争意识外，还应研究原料、燃料、装备等的来源渠道、产品（最终产品和中间产品）销售渠道、国内市场容量与范围、外向型经济的国际市场商情等。

交通运输对工厂区位的选择、企业的地理分布和空间结构、工业区域的形成和发展具有重要意义，传统的区位分析把运输作为最重要的区位因素。由于运输是原料地、工厂和市场三者联系的纽带，从减少生产费用、提高经济效益着眼，工业布局要考虑如何接近原料产地、燃料产地和消费市场，以节省运输费用，降低生产成本。交通运输业对于高度专业化与协作的工业发展和布局来说，也是不可缺少的必要条件之一。

（四）社会条件

一个地区的人口、劳动力、文化素质、民族状况，以及人们的生活习惯、消费水平等，对工业布局产生着深刻影响。

中国人口众多，消费市场潜力巨大，但人口地区分布不平衡，对地区工业的发展有不同的影响：在人口密度大的地区，可发展劳动密集型工业，以解决劳动力就业问题，并发挥劳动力资源的优势；而在人口密度低的地区，如果其他条件合适，可发展技术密集型工业，以较多的物化劳动代替活劳动的占用量。但人口地区分布的不平衡，不仅表现在数量上，也表现在质量上。一般来说，中国人口密度高的地区，往往也是开发较早、经济文化较发达的地区，从而产生人口在文化素质、劳动技能上的地区优势。这一点也影响着地区工业的发展。如上海、江苏、浙江等地，工业发展的资源条件并不好，但工业经济效益较高，这在很大程度上是由于劳动者的文化素质较高，科技力量比较雄厚，熟练工人较多，经营管理水平较高。相反，中西部省区，自中华人民共和国成立以来，工业投资相当多，就职工的技术装备看，并不次于沿海地区，甚至还高于沿海一些地区，但工业经济效益较差。究其原因，主要是劳动者的文化素质相对较低，建设和管理现代化工业的经验较少。

人口地区分布在量上的不平衡和在质上的不平衡，对工业布局产生了相反的作用：量上的不平衡，要求人口密度小的地区多发展一些技术密集型工业，而质上的不平衡，又使得这些地区发展技术密集型工业受到技术因素的制约。因此，从长远看，中国要通过人口有计划地移动，使人口的移动同工业的扩散相适应，更要进行技术的转移，调整科技文教事业的布局，加快人口稀少地区科技文教事业的发展步伐，同时从量和质两个方面，改善人口分布不平衡的状况，从而为调整工业布局、协调各地区间生产发展比例创造一个良好的条件。

工业布局既要注意经济效益，也要注意生态效益和社会效益。如果环境污染严重，生态平衡被破坏，经济效益最终也就丧失。所以环境保护问题，愈来愈引起人们的重视。不仅要选择合适厂址，还要注意使工厂污水排放口远离水源地和河流上游；排放大量烟尘和有害气体的工厂，不要布置在城镇和其他居住区盛行风向的上风地带，以避免污染城镇的水源和大气；而且要把环境保护作为一个重要因素与其他因素结合起来综合考虑。

（五）政府调控

中国制定全国产业政策、地区发展战略通常以五年作为一个发展规划阶段，在全国或地区的宏观政策上对推进工业结构升级换代、促进区域协调发展将产生深远影响。此外，在分析和评价社会因素对工业布局的影响和作用时，还必须考虑工业布局的政治、军事、文化等方面的社会效益。

在生产力发展不同的社会阶段，在不同时间、不同地点，影响工业分布的主导因素不尽相同。因此，在研究影响工业布局的因素，制订工业布局方案时，要因时、因地、因工业部门制宜，从实际出发，将经济、政治、国防、社会等方面的需要和自然条件有机结合，以选择切实可行的最佳方案。

三、中国主要工业基地和工业地带

工业基地是指在一定地域范围内集中相当发达的工业和比较完整的工业生产体系，并在经济、生产、技术上对国家或一个大地区起主导或基地作用。工业基地一般是以一个或若干个大型骨干企业为基础逐步发展起来的，有的集中在一个地方，有的分布在一个相当大的地域范围内的若干地方。

工业基地按部门结构特点分为综合性工业基地和专业性工业基地。目前，中国自北向南形成以辽中南、京津唐、沪宁杭、珠江三角洲等为代表的四大综合性工业基地。

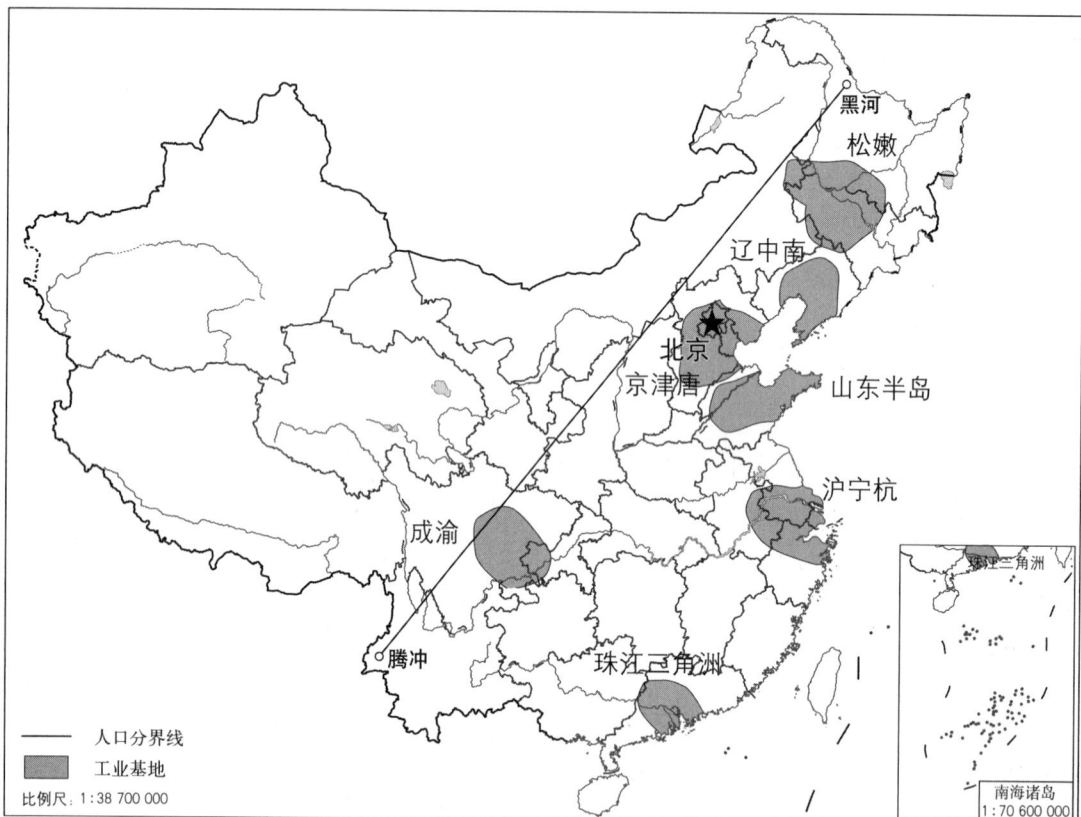

中国主要工业基地分布图

（一）主要工业基地

1. 辽中南工业基地

辽中南工业基地，以沈阳和大连为中心，包括鞍山、本溪、抚顺、辽阳等工业城市，是中国具有代表性的老工业基地，是中国最重要的经济区和重工业基地之一，也是中国最大的重工业基地。

辽中南工业基地位于渤海湾北部和黄海西北岸，拥有海岸线2 100千米。它包括除朝阳市、阜新市区及阜新县以外的辽宁省域，面积118 501平方千米。

辽中南工业基地是全国著名的重工业基地。区内丰富的煤、铁、石油资源，便利的交通和良好的工业基础为发展重工业提供了有利的条件。鞍山—本溪的钢铁工业，沈阳的机械工业，大连的造船工业，抚顺的石油加工工业、装备制造工业，辽阳的化学工业，锦州的石油工业等一批工业企业，都是国家重工业骨干。

辽中南工业基地重工业门类较全面，但工业结构老化，技术水平滞后，各方面负担重，经济效益相对较差。本区能源与水资源亦不足。

今后，应优化产业结构，引进先进技术，发挥先进装备制造业优势，大力发展新兴产业和第三产业；充分发挥国家扶持政策的优势；加强交通、通信等基础设施的建设；适当限制耗能、环境污染严重的产业，注重生态保护。

2. 京津唐工业基地

京津唐工业基地位于华北平原北部，濒临渤海，主要包括北京市、天津市和河北省的唐山市，是中国四大工业基地之一，也是中国北方最大的综合性工业基地。

本区地理区位优越，位于中国东部沿海地带的北部，是中国北方地区的海上门户，与日本、朝鲜和韩国等国联系便捷，拥有"亚欧大陆桥"东端的天津港、秦皇岛港，是中国华北地区政治、经济核心区。本区自然条件优越，自然资源丰富，拥有探明储量占全国40%的铁矿石和石油资源，以及大面积的沿海滩涂，海洋资源十分丰富。

本区农业生产稳定而且十分发达，基础工业实力强大，工业体系门类齐全，特别是石油工业、煤化工业、冶金工业、海洋化工、机械电子工业等都很发达，是中国北方最大的工业密集区，全国第二大综合性工业基地。本区文化科技发达，人力资源素质较高，研究开发潜力巨大。尤其是京津地区是全国知识最密集的区域，能够提供经济发展所需的各类高级人才。

本区经济发展的最大问题是水资源和能源紧缺，其次是大气污染较严重，尤其是沙尘暴危害。

今后要加强农业建设，发展节水型生态农业；发挥交通发达、科技人才集中和钢铁石油资源丰富的优势，积极发展汽车、电子和高新技术产业，提高钢铁、石油化工、重型机械制造等优势产业的技术水平和开发创新能力，加快产业结构向知识密集型产业方向发展；同时要加快基础设施的建设，大力发展信息、金融、商贸、旅游等第三产业。

3. 沪宁杭工业基地

沪宁杭工业基地也称长江三角洲工业基地，范围大致包括上海全市，江苏省南京以东，扬州以南，主要是苏南地区，浙江省北部的杭嘉湖和宁绍地区，包括苏州、无锡、常州、杭州、南京等工业中心在内，是中国规模最大、结构最完整、技术水平和效益最高的综合性大型工业基地。这一地区也是中国最大的城市群。

沪宁杭工业基地位置优越、交通发达。本区地处中国海岸线的中间和长江入海口，通过海运可联通东北、华北、华南地区及通往国际各地，通过内河航运线与长江流域各省市相沟通，还可通过铁路与中、西部地带的各省市相联系，经济影响几乎遍及全国。

本区的工农业生产水平居全国领先地位，是中国经济实力最强的经济核心区，其面积仅占全国的1%，人口占全国的6%，但国内生产总值占全国的15%，在全国占有举足轻重的地位。一方面，本区自然条件好，农业基础好，是全国闻名的高产稳产农业区，总体农业生产水平比全国平均水平高出30%～50%；另一方面，本区是中国最大的综合性工业基地，有纺织、化纤、电气、电子、机械、化学、黑色冶炼及压延加工、交通运输设备制造、金属制品、食品、服装加工等多种行业。此外，微电子与电子信息、精细化工、新材料、生物工程、机电一体化等高新技术产业发展迅速，并初步形成一定的研发、生产规模。

乡镇工业发展迅速。本区大部分县级乡镇工业产值已超过整个工业的1/2，乡镇工业已成为农村经济的主要支柱。乡村工业化的发展同时促进了乡村城镇化的发展，各种人口规模的城镇等级齐全，使本区成为中国城镇化程度最高的地区之一。

本区发展也存在一些限制性因素，如矿产资源缺乏、土地资源紧缺、区域环境质量下降等。

今后的主要发展方向是：调整产业结构，改造传统产业，促进产业更新换代，加快发展高新技术产业；加快发展金融、保险、外贸、商业等第三产业；发挥上海作为长江三角洲的经济核心地位和龙头地位，调整上海市的产业结构，带动长江三角洲的产业结构调整与经济发展。

4. 珠江三角洲工业基地

珠江三角洲工业基地位于广东省中南部，环绕珠江口。本区地理位置相当优越，位于中国东南沿海，同香港、澳门毗邻，靠近东南亚，具有平原广阔、气候温和、河流纵横等优越的自然条件，是中国人口、城镇密集，经济发达地区之一，同时是中国著名的侨乡，国家对外开放的前缘地带。

珠江三角洲工业基地以广州、深圳、东莞、珠海、佛山、中山为中心，包括珠江东岸及西岸各城市，也是粤港澳大湾区的核心地区。

珠江三角洲工业基地是中国重要的轻型工业基地，形成了以轻工业为主、重化工业较发达、工业门类较多、产品竞争能力较强的工业体系。家用电器、消费类电子、纺织服装、食品饮料、医药、玩具、手表、自行车、多种日用小商品等轻工业均居全国前列。珠江三角洲工业基地已成为全国重要的新兴电子工业基地，是全球电子工业品的最大出口基地之一。

改革开放的优惠政策，吸引了大量港澳资金及国外资金，促进了本区的发展。资金进入的同时还引进了先进的技术设备和经济管理方法，并对传统工业进行技术改造，创办了一批现代外资、合资企业，成为本区经济增长的重要源泉。珠江三角洲与港澳地区形成"前店后厂"的生产与销售格局。

珠江三角洲在经济迅速发展的同时，耕地面积呈快速下降趋势，传统农业受到明显削弱，但由于城市新型市场需求，鲜花种植、养殖业等新型农业得以发展；此外，生态环境问题也不容忽视。

因此，珠江三角洲在今后的发展中，可进一步与港澳进行分工协作，互相补充；深度参与国家粤港澳大湾区建设，加快向全球价值链高端迈进，打造具有国际竞争力的现代产业先导区；加快推动制造业转型升级，重点培育发展新一代信息技术、生物技术、高端装备、新材料、节能环保、新能源汽车等战略性新兴产业集群；扩大珠江三角洲与港澳金融市场要素双向开放与联通，打造引领泛珠江三角洲、辐射东南亚、服务于"一带一路"的金融枢纽；在发展工业制造业的同时应加强耕地保护、加大农业投入，为经济发展提供良好的物质基础。

（二）工业地带

工业地带通常指在面积较大的国家内，工业生产活动分布相对集中的连片地带，是社会劳动地域分工的宏观空间表现形式之一，在优越的自然条件与地理位置以及雄厚的经济基础上经过长期开发建设而形成的。

工业地带的特征：一般由若干个工业地区和众多的工业城市、工业枢纽及工业点组成。地带内工业部门较为齐全，生产技术及管理水平先进，工业及城镇人口密集，公用基础设施较完备，并与非工业地带及其他地区有广泛的经济联系。工业地带的地域范围跨度大，工业地域组织系统发育较完善，工业空间组合类型多种多样，它们在生产、管理、技术和经济上存在密切和广泛的相互联系，使工业地带成为一个整体。同时，这些组成部分又保持各自的发展特征，在地带内承担着不同的职能，起着不同的作用。目前，中国已形成三个较大规模、联系密切的工业地带。

1. 东部沿海工业地带

东部沿海工业地带包括辽宁、河北、北京、天津、山东、江苏、上海、浙江、福建、广东、广西、海南等 12 个沿海省（自治区、直辖市）。面积占全国 13.6%，截至 2020 年，该地带人口占全国 46.50%。这里是中国最早对外实行开放的地带。这个地带拥有总吞吐能力达 3 亿吨以上的众多港口，有通达国内外许多地区和国家的海运航线，是中国引进外资和技术、发展外向型企业和对外贸易的重要地带。

东部沿海工业地带内主要分布：①中国主要的工业基地——以上海为中心的沪宁杭工业区，以京津唐为中心的工业区，以沈阳、大连为中心的辽中南工业区，以济南为中心的经济开发区，以广州为中心的珠江三角洲工业区等；②经济特区——深圳、珠海、汕头、厦门、海南等 5 个经济特区；③沿海港口城市——大连、秦皇岛、天津、烟台、青岛、连云港、南通、上海、宁波、温州、福州、广州、湛江、北海等 14 个沿海港口城市；④经济开放区——长江三角洲、珠江三角洲、福建和广西沿海、辽东半岛、山东半岛等；⑤自由贸易区，目前中国已设立的自由贸易区基本分布在东部沿海工业地带。

东部沿海工业地带发展的重点：加强传统工业和现有企业的技术改造，大力开拓新兴产业；加快经济特区、沿海开放城市和经济开放区的建设，使这一地带逐步成为中国对外贸易的基地，海洋开发的基地，向全国传送新技术、提供咨询和信息的基地。

2. 长江沿岸工业地带

长江沿岸工业地带指长江流域中从上海至四川攀枝花，东西绵延 3 000 多千米，南北宽度大致在长江两岸 100～200 千米的范围，包括云南、四川、重庆、贵州、湖南、湖北、安徽、江西、浙江、江苏、上海等 11 个省（直辖市）。

目前，长江沿岸工业地带已经形成了四个工业基地和四大工业走廊。工业基地包括：①沪宁杭工业基地等形成的工业带是中国最大的综合性工业基地。②以武汉为中心的工业带是中国钢铁、轻纺工业重要基地。③以宜昌、重庆为中心的电力、冶金等工业基地。④以攀枝花、六盘水为中心的钢铁、煤炭工业基地。工业走廊包括：①钢铁工业走廊：沿江地带有上海宝山、安徽马鞍山、湖北武汉、重庆、四川攀枝花等钢铁工业基地，它们构成了"钢铁工业走廊"。②汽车工业走廊：沿江地带有上海、南京、武汉汽车工业基地以及重庆汽车摩托车基地，它们构成了沿江"汽车工业走廊"。③石油化工工业走廊：沿江地带有上海、南京、安庆、武汉、岳阳、成都等石油化工工业基地，它们构成了沿江"石油化工工业走廊"。④轻纺工业走廊：沿江地带有上海、杭州、南京、武汉、长沙、重庆、成都等轻纺工业基地，它们构成了沿江"轻纺工业走廊"。

这个地带是中国工农业发达、人口众多、矿产和水力资源丰富、水运条件得天独厚，由沿海深入内地，综合性强的工业地带，今后将逐步向着拥有水电、有色冶金、化工、钢铁、轻纺、机械、电子等多种产业的方向发展。随着上海浦东新区的开发和发展，作为长江经济龙头的上海必将带动整个长江沿岸工业的发展。

3. 陇海—兰新沿线工业地带

陇海—兰新沿线工业地带，是指以陇海线、兰新线等大铁路为纽带，沿线大中工业城市为骨干，以东部开放城市连云港为口岸、西部伊犁哈萨克自治州霍尔果斯等开放口岸而联结起来的带状经济区域。这一地带东西长为 4 123 千米，将江苏、河南、陕西、甘肃、新疆等省区连接起来。兰新铁路西段已与中亚铁路接轨，成为第二欧亚大陆桥的重要组成部分，是中国跨洲铁路运输——中欧班列主要通道，也是从西欧通向亚洲、太平洋地区最近的陆上通道。

陇海—兰新沿线工业地带不仅交通便利，而且资源丰富。其自东向西依次拥有苏北的煤炭，华北平原的棉花、有色金属矿，陕西的石油、煤炭、天然气，甘肃的石油、有色金属、风能，新疆的石油、煤炭、天然气等，是三大工业地带中能源、资源最丰富的地带，工业发展前景广阔。目前，主要的工业城市包括连云港、徐州、郑州、洛阳、西安、兰州、乌鲁木齐等，拥有徐州煤炭工业、郑州轻纺工业、洛阳机械工业、西安飞机制造工业、兰州石油化工、新疆石油工业等工业基地。

第三节　交通运输业

交通运输业是存在于流通领域的重要物质生产部门，其产品就是旅客或货物被运输的距离。交通运输通过各种交通工具（如汽车、火车、轮船、飞机等）和运输线路（公路、铁路、水道等），使运输对象（货物或旅客）发生空间位置的变化。在当今市场经济、商品经济的社会中，交通运输起着经济"先行官"的作用，是联系生产与消费、工业与农业、城市与乡村的桥梁，是地区与地区之间联系的纽带。

一、主要交通运输方式及其特点

现代运输方式包括铁路、公路、水路、航空和管道运输等。自20世纪50年代起，人们开始重视各种运输方式的技术、经济特性及其综合发展。运费低、速度快、连续性强、灵活性高成为合理安排运输的基本要求。

各种运输方式的经济技术特征和优缺点

运输方式	基建投资		运量	运价	速度	连续性	灵活性	劳动生产率
	线路	运具						
铁路运输	5	1	2	3	2	1	3	3
公路运输	4	4	4	4	3	2	1	5
海洋运输	1	2	1	1	4	4	5	1
内河运输	3	3	3	2	5	5	4	2
航空运输	2	5	5	5	1	3	2	4

注：表中数字表示某指标的优劣次序，效益最高为1，最低为5。

（一）铁路运输

铁路运输具有运载量大、速度快、长途运输成本较低、受季节影响比较小、有一定连续性等优点。但是，修筑铁路造价高，消耗金属材料多，占地面积广，短途运输成本高。一般来说，铁路运输适合大宗货物的长途运输和旅客的长途旅行。目前，铁路运输是中国最重要的运输方式，客、货运量都最大。

（二）公路运输

公路运输是发展最快、应用最广的陆路运输方式。公路运输对各种自然条件的适应性强，具有机动灵活、周转速度快、装卸方便等优点，可以深入到农村、厂矿甚至车间，实现"从门到门"的运输。公路运输的主要缺点是运量小、能耗多、成本高。它更适合小批量的货物运输和短途运输。

（三）水路运输

水路运输既有悠久的历史，又是现代交通运输的重要方式。水路运输分为内河（湖）运输和海洋运输，海洋运输又可分为沿海运输和远洋运输。水路运输是最经济的运输方式，如海运价格只有铁路的八分之一，且具有运量大、投资少等优点。但水运的速度慢，灵活性和连续性差，受航道的水文状况和气象等自然条件影响大。因此，它适合于对时间要求不高的大宗笨重货物的远距离运输。目前，海运是国际大宗货物往来的主要方式。

（四）航空运输

航空运输是最快捷的现代化运输方式，具有特殊的作用。它的优点是速度快、灵活性强、基建投资少、客运能力大；主要缺点是运量小、能耗大、运费高，且飞机造价高，受自然条件影响大，技术要求最严格。因此，空运只适于客运和小批量的邮件、贵重物品、鲜活物品、急需物品的运输。

（五）管道运输

管道运输是一种新型而经济的运输方式。它利用钢管主要运送石油、天然气，也可运输粉末状或颗粒状的固体等货物（如煤、铁矿砂等）。管道运输的优点是损耗小，连续性强，平稳安全，管理方便，而且可以昼夜不停地运输，运量很大。管道运输的缺点是要铺设专门管道，设备投资大，灵活性差，不能兼营客运。

总之，各种运输方式各有优势，同时也存在一些不足。因此，发展现代交通运输，应注意合理安排，充分发挥各种运输方式的优势，取长补短，协调发展。人们在进行运输活动时，应本着"多、快、好、省"的原则，根据运输对象的特点和运输要求，选择合理的运输方式和运输线路。由于不同地区之间，人们交往和经济联系越来越密切，现代交通运输方式正朝着高速化、大型化、专业化方向发展。

二、中国的交通运输

中国的交通运输业是以铁路为骨干，公路为基础，努力发展航空制造业和航空运输技术，加大水路运输能力，加快沿海港口的建设，适当发展管道运输，建设一个全国统一的、协调的综合交通运输体系。

目前，中国综合交通运输体系基本形成，交通运输能力不断增强，运输生产持续快速增长，管理体制改革稳步推进，交通运输技术和管理水平不断提高，交通运输业为整个国民经济快速发展、社会和谐稳定奠定了坚实基础。

阅读材料

　　根据国家交通运输部发布的《2021年交通运输行业发展统计公报》数据表明：截至2021年12月，中国交通运输业发展取得重大成就。全国铁路营业里程达到15.0万千米，其中高铁营业里程达到4万千米。铁路复线率为59.5%，电化率为73.3%。全国铁路路网密度156.7千米/万平方千米。全国公路总里程528.07万千米，其中高速公路里程16.91万千米，国家高速公路里程11.70万千米。公路密度55.01千米/百万平方千米。全国内河航道通航里程12.76万千米，等级航道通航里程6.72万千米，占总里程比重为52.7%。全国港口生产用码头泊位20 867个，其中沿海港口生产用码头泊位5 419个，内河港口生产用码头泊位15 448个。全国民用航空运输机场248个，其中定期航班通航机场248个，定期航班通航城市（或地区）244个。

——《2021年交通运输行业发展统计公报》

（一）中国的铁路运输

　　中国铁路发展史见证了一个国家百年巨变。中国铁路起步于清政府统治日渐衰落的时期，比世界上最先使用铁路的国家晚了半个多世纪。1876—1911年，中国大地上先后修建了9 100余千米的铁路。1949年全国铁路里程仅有2.18万千米，主要分布在东北和沿海地区，由于设备陈旧，管理落后，总体经济效率较低。

　　目前，中国已经形成了连通各地的铁路网。各省、自治区的省会（首府）及直辖市都有铁路与首都北京相连接，形成了以北京为中心的全国铁路网。从"龙号"机车到时速350公里的高速列车，再到具有自主知识产权、使用中国标准动车组"复兴号"，中国铁路建设、铁路技术正向专业化、集团化、智能化迈进，积极参与国际铁路建设，开拓以中国标准的成套铁路技术出口的国际市场。

　　中国铁路网分布的基本特点：①东北地区铁路网已自成体系，全区铁路无论是通车里程还是铁路密度都高于全国平均水平。②山海关内各省区的铁路网则以纵贯南北和横贯东西方向形成网格状骨架。③西南地区和南疆地区则形成环状结构分布。

　　目前中国铁路网络骨架的主要干线如下：

1. 哈大线、滨洲—滨绥线

　　东北铁路网以哈尔滨和沈阳为中心，哈大线与滨洲—滨绥（三棵树—绥芬河）线相连，构成了"丁"字形铁路干线，通过哈尔滨、长春、四平、沈阳、牡丹江、吉林、齐齐哈尔、锦州等大中型铁路枢纽，连接东北地区70多条干支线，把东北地区的工矿企业和城市连成了一个经济整体。

　　哈大线北起哈尔滨，经长春、四平、沈阳、鞍山到大连，纵贯南北，长达946.5千米，全线均为复线。滨洲线、滨绥线横贯东西，西端的满洲里与俄罗斯西伯利亚大铁路接轨。这三条铁路线不仅联结东北三省省会，而且与海港相通，构成东北地区铁路网的"脊梁骨"。沿线物产丰富，经济发达，城市较多。如大兴安岭林海是中国重要的木材供应基地，呼伦贝尔市是中国著名的良种牲畜与乳肉制品基地，松嫩平原和三江平原是中国粮食、大豆和甜菜糖的生产基地，大庆、齐齐哈尔、长春、沈阳、抚顺、鞍山等城市是全国驰名的石油、煤、钢铁、汽车和重型机器重要产地，南端的大连港是东北海运咽喉，也是中国重要的对外贸易大港之一。

2. 京沈线、京通线和京承线

京沈铁路是京哈铁路的一部分，从北京经天津到辽宁沈阳，全长859千米。京哈铁路是中国一条从北京经天津、唐山、沈阳、长春，到黑龙江哈尔滨的铁路，全长1413千米。其中唐山至胥各庄段原为开滦公司所建，是中国第一条标准轨距铁路。京哈铁路连接华北与东北地区，是东三省的核心铁路干线。京沈铁路在北京枢纽连接京广、京包等线，在沈阳枢纽与哈大、沈丹、沈吉等线相连，通过沈丹线，可达朝鲜首都平壤。京沈铁路沿线自然资源丰富，是华北地区煤、铁、石油等生产基地比较集中的地带，布局有首钢（石景山）、天津、唐山等钢铁厂，有开滦、阜新、北票的煤炭，有盘锦的石油，还有东北林区的木材、鞍山的钢铁和沈阳的重型机器设备等企业。因此，它是目前全国旅客列车最多、货运密度较大的铁路线之一。

京通线自北京昌平，经河北隆化，直抵内蒙古东部的赤峰和通辽，全长804千米，并与通让线相连接，它是沟通华北和东北地区的第三条主要交通干线，对减轻京沈线的运输压力有重要意义。

京承线于1955年动工，1960年通车，自北京由东向东北，横跨长城，过兴隆、寿王坟到达承德，长254.8千米，沿线地形复杂，线路坡路大，运输能力小。再由承德往东接锦承线，是京沈线的一条辅助线，东北进关部分物资经锦承线转京承线运入，从而减轻京沈线繁重的运输负担，对加强关内、外经济联系起着一定作用。

3. 京沪线、皖赣线和鹰厦线

这三条铁路组成了华东铁路网的骨干。京沪线是连接北京和上海的客货共线国铁Ⅰ级双线电气化铁路，线路呈南北走向，是中国铁路网中南北走向的大动脉之一。京沪线自北京、天津、济南、徐州、南京、常州、无锡、苏州抵达上海，全长1463千米。沿线是中国东部沿海人口密集、工农业发达的地区。因此，京沪线运输的物资数量巨大，成为中国客货运输最繁忙的铁路干线之一。南下的主要货物有钢铁、煤炭、木材、棉花、油料和杂粮等，北上的主要货物有机械设备、机电、仪表、布匹、百货、面粉和茶叶等。

皖赣线是一条连接安徽省芜湖和江西省鹰潭的铁路，建于1958年，1981年全部建成，1982年通车运行。皖赣铁路是沟通安徽、江西两省的铁路干线，全长约580千米，被称为华东第二通道。它对减轻宁沪、沪杭和浙赣三线的运输压力，加强与鹰厦线的运输联系具有重要意义。

鹰厦线是一条连接江西省鹰潭和福建省厦门的铁路，是中国东南沿海重要的铁路干线，是福建省第一条干线铁路、第一条出省铁路通道，也是中国继成渝铁路后第二条开工建设的干线铁路。1958年1月3日，鹰厦铁路全线通车运营；1986年8月26日，鹰厦铁路电气化改造工程开工；1993年12月28日，鹰厦铁路全线开通。截至2017年12月，鹰厦铁路北起鹰潭站、南至厦门站，全长705千米。该线建成后，使福建与全国各地紧密地联系起来，大大改变了福建省长期以来交通闭塞的局面，对于福建省全面开发和对外开放以及巩固中国东南海防都具有极其重要的意义。

4. 京广线

京广线也称京广铁路，是连接北京与广州的国家Ⅰ级客货共线铁路；线路呈南北走向，串联华北、华中和华南地区，为中国三横五纵干线铁路网的一纵。

京广铁路的前身是京汉铁路与粤汉铁路，1957年10月15日，武汉长江大桥建成投入使用，原京汉铁路与粤汉铁路合并成京广铁路。京广铁路北起北京丰台站，南至广州站，正线全长 2 263 千米，是中国纵贯南北的交通大动脉。京广线在北京枢纽与京包、京沈、京通、京承、京原等线相接，在广州又有广三线、广深线、广九线可直达香港，从而使全国铁路网脉络相通，成为中国南北交通的中枢。

京广线货运量巨大，南下的货物主要有煤炭、钢材、机械、木材、石油以及中国经由广州出口的物资，北上的货物主要有稻米、茶叶、桐油、蔗糖、亚热带水果、有色金属以及经由广州进口的物资。

5. 集二线、同蒲线、太焦—焦枝—枝柳线

这是中国又一条南北交通大干线。集二线自内蒙古乌兰察布集宁南站至中蒙边境的二连浩特，全长 331 千米，是连接乌兰巴托、莫斯科的国际联运干线。1953 年 5 月开工，1955 年建成，使北京到莫斯科的距离比经满洲里的运程缩短了 1 141 千米。

集二线铁路是中国连接欧亚大陆桥的重要铁路干线。铁路沿线的生态环境不断恶化导致沙尘暴频发，严重影响了铁路运输和铁路行车安全，并给铁路运输企业、客户造成了巨大损失。

内蒙古自治区被誉为中国"羊、煤、土、气"之宝地，依托资源、区位优势谋发展，以国家实施西部大开发、振兴东北老工业基地等战略为契机，加快工业和农牧业现代化步伐。自治区工业已形成能源、冶金、化工等特色优势产业体系，农牧业产业化水平在国内也处于领先地位。内蒙古经济社会的快速发展，使物流需求的增长速度保持上升趋势。集二铁路的建设极大地促进了内蒙古的地方经济，对内蒙古的经济发展有着重要意义。

同蒲线北起大同经太原南至运城，在风陵渡过黄河，在华山站接入陇海铁路，全长 865 千米。同蒲铁路贯穿山西省中部的南北铁路干线，也是沟通晋、陕两省的交通大动脉。

太焦—焦枝—枝柳线北起太原，经焦作、洛阳、荆门、枝城、怀化、柳州，全长 2 072.5 千米。太焦—焦枝—枝柳全线通车后，使同蒲、京包、石太、京广、陇海、湘黔、黔桂、黎湛等铁路干线和长江水系沟通起来，这不仅加强了华北、中南两地区的紧密联系，而且使中部地区出现了同京广铁路平行的又一条纵贯南北的交通大动脉，对改善中国铁路交通布局、提高山西煤炭外运能力、发展地方经济都具有极其重大的意义。

6. 宝成线、成昆线、昆河线、成渝线、南昆线

这五条铁路线是中国西南铁路网的环状网络架构。宝成线是中国"一五"时期建成的重要铁路干线，北起宝鸡，南达成都，长 669 千米，再从成都到昆明称成昆线，长 1 093 千米，全长 1 762 千米。宝成—成昆线经秦岭、大巴山地、川西平原、横断山区，沿线地形复杂，工程艰巨，气候多变。宝成—成昆线上有几百个隧道和 1 000 多座桥梁，桥梁和隧道总长度达 511 千米。在隧道里或桥梁上建成众多"地下车站"或"空中车站"，工程之艰巨，为世界铁路建筑史上所罕见。这条铁路的建成，不仅为加强中国各民族之间的团结、促进西南地区的经济建设、改变沿海和内地的工业布局提供了有利条件，而且进一步密切了西北、西南和全国各地的联系，同时大大促进了中国铁路网的进一步形成。

昆河线是连接云南昆明经中越口岸河口的铁路，前身是滇越铁路滇段，是中国西南地区的第一条米轨铁路，呈南北走向，于 1910 年 4 月 1 日竣工通车，截至 2013 年线路全长 465 千米。线路质量很差，通过能力很小，有待进一步改造。

成渝线自成都至重庆，全长 505 千米，是中国 1949 年后经济恢复时期修建的铁路。全线经过物产丰富、经济发达的四川盆地，并将富饶的盆地中心与长江互相连接。宝成线、襄渝线和川黔线的建成，又使成渝线与全国铁路网相连，从而使西北、西南和华东紧密联结，

特别是对促进川黔两省之间的物资交流、经济繁荣，具有巨大作用。

南昆线东起广西南宁市，西至云南昆明市，北接红果，途经广西、贵州、云南，全长828 千米，是南方铁路网中一条东西向运输大干线，也是西南地区通往防城、北海、湛江港最便捷的通道，是西南出海通道的组成部分。南昆铁路建成后，东与湘桂、南防铁路相接，西与成昆、内昆、昆河铁路相通，北与盘西、贵昆铁路相交，纵横交错，四通八达，把西南内陆与华南沿海口岸紧密地连成一体，形成新的经济优势和开放格局，对促进西南地区乃至全国的经济发展和社会进步，加快扶贫开发，缩小东西部差距，造福西南各族人民，增进民族团结，都具有十分重要的意义。

7. 京包—包兰线

京包线起于北京，越冀北山地，过张北高原，经大同盆地，出长城，经集宁、呼和浩特，到达钢铁工业基地包头市，全长 816.2 千米。北京至张家口段，建于 1905 年，是中国自行设计和修建的第一条铁路。铁路沿线穿越丛山峻岭，地形复杂，尤其因南口—康庄间，坡度陡，弯道急，通过能力受到很大限制，所以"一五"期间，不仅新建了 104 千米工程艰巨的丰（台）沙（城）铁路，且将沙城—大同间改为复线，提高了通过能力，对山西煤炭外运和呼和浩特、包头两大工业基地的建设与发展，具有重大意义。

包兰线由包头沿黄河西行，经宁夏、河套平原，过干塘至兰州，全长 989.2 千米，为中国"一五"期间修建的主要铁路干线之一。另有干塘至武威的铁路，把包兰线和兰新线就近联系起来。京包线、包兰线共同组成了沟通华北与西北的第二条东西干线，使东北和北京至兰州的运输距离大大缩短，并分担了京广线北段和陇海线西段的运输压力，有力地支援了西北地区的经济建设和国防建设。

8. 陇海—兰新线

这不仅是横贯中部 6 个省区的东西大动脉，而且对串联全国铁路网，以及对沟通东部和西部，沿海和内地，建设新疆和青海，都具有极其重要的意义。

陇海线东起连云港，向西穿过豫东平原、豫西山地、关中平原，再越过西北黄土高原到达西北重镇兰州，全长 1 759 千米，是中国铁路横贯东西的大动脉。

兰新线是内地通往西北边陲新疆地区的唯一铁路干线，东起兰州，越过乌鞘岭（海拔3 000 米），穿行河西走廊，出玉门关，经哈密、吐鲁番，过天山山口至乌鲁木齐，全长2 423 千米。

陇海—兰新线上的开封、洛阳、西安、咸阳等都是历史上的古都名城，文物古迹相当丰富，也是新兴的工业城市，因此吸引着国内外大量游客。徐州、郑州、洛阳、宝鸡、兰州则是重要的铁路枢纽，分别和京沪、京广、焦枝、同蒲、宝成、兰青、兰新、包兰等几条重要干线交会，客货运输任务十分繁忙。

9. 沪杭线—浙赣线—湘黔线—贵昆线

沪杭线东起上海，西至杭州，长 189 千米，全为复线。浙赣线东起笕桥站、西至株洲站，全长 945 千米，途中在鹰潭与鹰厦线相交，可通往厦门和福州，在株洲枢纽与京广、湘黔两线相通。铁路干线经过经济发达的长江三角洲，又穿过中国稻米、茶叶、蚕丝主要产区钱塘江、赣江和湘江流域，沿线工农业比较发达，人口稠密，特别是西段，煤、铁等矿产资源丰富。因此，客货流运输繁忙，是中国东南各省重要铁路干线。

湘黔线东起株洲，经湘潭，到贵阳，全长 902 千米。这条铁路不仅有利于加快湘西、黔东少数民族地区的开发，而且对湘、黔两省的经济建设也有促进作用。

　　贵昆线自贵阳到昆明，1958 年 8 月开工，于 1966 年 3 月建成，全长 639 千米。1970 年 12 月交付运营。全线通过矿产资源丰富，特别是著名的六（枝）盘（县）水（城）煤田等地区。这条铁路除了负担煤运外，还有水城钢铁厂的矿石运输及云南磷矿外运等任务。贵昆线不仅是云南省对外联系的重要通道，而且由于它同川黔、成昆、黔桂等铁路线相接，故形成了中国西南地区铁路网的重要组成部分，现为八横八纵铁路网中沪昆通道的一部分。

　　2016 年 12 月 31 日，中国铁路第六次大提速，将沪杭线、浙赣线、湘黔线、黔桂线贵定到贵阳段、贵昆线合并更名为沪昆铁路，沟通了上海、浙江、江西、湖南、贵州、云南五省一市，并与北方陇海铁路平行，成为中国横贯东西的又一条交通大动脉。同时，对于加强与北京及华东、中南等各大区的联系均具有重大的政治、经济意义。

　　10. 兰青线、青藏线

　　兰青线是一条连接兰州市和西宁市的铁路，是中国首条通往青藏高原的铁路。全长 216 千米，1960 年 2 月通车运营，是联系甘肃和青海的铁路干线，是西北铁路网中重要枢纽线路之一。这条铁路沿线经过的地区，不仅是中国少数民族的重要聚居区之一，而且是石油、天然气、有色金属等矿产资源，盐、化工原料极为丰富的地方，其对于繁荣少数民族地区经济、增强民族团结均有重要意义。

　　青藏线是一条连接西宁市至拉萨市的国铁 I 级铁路，是中国新世纪四大工程之一。它是通往西藏腹地的第一条铁路，是世界上海拔最高、线路最长的高原铁路。青藏铁路于 2006 年 7 月 1 日全线通车，线路全长 1 956 千米，其中西宁至格尔木段 814 千米，格尔木至拉萨段全长 1 142 千米。青藏铁路建成以后，以拉萨火车站为中心向外辐射，兴建 3 条客运、货运支线。这 3 条铁路支线分别是拉萨至林芝（拉林铁路）、拉萨至日喀则（拉日铁路）、日喀则至亚东（日亚铁路）。全部建成通车后，青藏铁路将和这 3 条支线形成一个大大的 Y 字形，总长度将达到 2 000 多千米。其中，拉日铁路于 2014 年 8 月 15 日建成通车，拉林铁路于 2021 年 6 月 25 日开通运营。日亚铁路正处于规划建设中。青藏线大部分线路处于高海拔地区和"生命禁区"，其在建设过程中面临着三大世界铁路建设难题——千里多年冻土的地质构造、高寒缺氧的环境和脆弱的生态。

　　青藏铁路的建成通车，将形成铁路、公路和航空的立体化交通，彻底解决"进藏难""出藏难"的问题，有利于开发青海、西藏两省区丰富的旅游资源，促进两省区经济可持续发展。建设青藏铁路，也是加强国内其他地区与西藏联系，促进藏族与其他各民族的文化交流，增强民族团结的需要。修建进藏铁路，从政治、军事上看是十分必要的，从发展旅游、促进西藏地区与内地的经济文化交流上看也是非常有利的。

　　11. 新疆铁路

　　新疆铁路是中国铁路网络的重要组成部分，主要分布在新疆维吾尔自治区。根据铁路线路的地域特点分为区内铁路、区际铁路、国际铁路三大类型。

　　（1）区内铁路：南疆铁路、喀和铁路（喀什—和田）、和若铁路、哈罗铁路（哈密—罗布泊）、奎北铁路（奎屯—北屯）、北阿铁路（北屯—阿勒泰）、克塔铁路（克拉玛依—塔城）。

　　和若铁路位于新疆南部和田地区和巴音郭楞蒙古自治州境内若羌县，2022 年 6 月建成通车，线路全长 825 千米。该线路为喀和铁路的东延工程，起自喀和铁路和田站，途经和田市、洛浦县、策勒县、于田县、民丰县、且末县、若羌县 7 个市（县），终点接入库格铁路的若羌站。

　　和若铁路地处世界第二大流动性沙漠——塔克拉玛干沙漠南缘，全线有 534 千米分布在风沙区域，占线路总长65%，是一条典型的沙漠铁路，开通运营后将与格库铁路若羌至库尔勒段、南疆铁路库尔勒至和田段共同构成世界首个沙漠铁路环线——长达2 712千米的环塔克拉玛干沙漠铁路环线。

和若铁路是中国《中长期铁路网规划（2016—2030年）》中的重要铁路干线，中国西部地区重要的区域路网干线，新疆"四纵四横"铁路主骨架的重要组成部分，也是南疆通往内地便捷通道的重要组成部分。和若铁路的建成通车，结束了和田地区洛浦、策勒、于田、民丰等县，巴音郭楞蒙古自治州且末县等地不通火车的历史，将进一步完善新疆铁路网结构，加快西部边疆铁路网建设，极大便利沿线各族人民群众出行和货物运输，带动沿线资源开发，对维护民族团结、巩固边疆国防、助力乡村振兴，具有十分重要的意义。

（2）区际铁路：兰新铁路、哈额铁路、库格铁路。

库格铁路也称格库铁路，是库尔勒至格尔木的铁路，2020年12月全线贯通运营，全长1 213.7千米，其中新疆境内708.1千米，青海境内505.6千米。东西方向连接青藏铁路及和若铁路、南疆铁路，南接成格铁路，北接库伊铁路。

库尔勒是新疆中部交通中心之一，通过218国道通向伊宁市、中亚地区。这是新疆出疆的第二条大通道，对新疆特别是南疆的经济发展起着重要作用。

库格铁路对完善中国西北铁路网骨架，促进西部与内地交流，推动新疆、青海两省区经济社会发展，加强民族地区团结和巩固国防安全均有重要意义。

（3）国际铁路：中亚铁路和中巴铁路。

中亚铁路是兰新铁路延伸到边境的霍尔果斯口岸，通往哈萨克斯坦、中亚、土耳其以及俄罗斯等国家的国际大通道，构成横贯欧亚两洲的大陆桥，这不仅对促进北疆经济发展起推动作用，而且为中外经济贸易往来创造了更加便利的条件。

中巴铁路是喀什市至巴基斯坦瓜达尔港的石油运输铁路，正在建设中。中巴铁路建成通车有利于中国破解海洋石油运输线上的"马六甲困境"，有利于发展喀什市的石油冶炼工业和运输工业，有利于发展喀什市的经济。

2016年7月，中国发布了《中长期铁路网规划（2016—2030年）》，勾画了新时期"八纵八横"高速铁路网的宏大蓝图。"八纵"通道包括沿海通道、京沪通道、京港（台）通道、京哈—京港澳通道、呼南通道、京昆通道、包（银）海通道、兰（西）广通道。"八横"通道包括绥满通道、京兰通道、青银通道、陆桥通道、沿江通道、沪昆通道、厦渝通道、广昆通道。

（二）中国的公路运输

中国的公路运输在整个交通运输中占有特殊地位。在铁路与水运都较发达的东部地区，公路起着辅助运输作用，承担短途运输；在西南和西北地区则担负着干线运输的任务。截至2021年，全国公路总里程528.07万千米，平均每100平方千米有公路55.01千米。其中，国道里程37.54万千米，省道里程38.75万千米，农村公路里程446.60万千米，高速公路里程16.91万千米，国家高速公路里程11.70万千米。全国基本实现了县县通公路，但公路网的分布，具有明显的地区差异性。

1. 全国公路网布局特点

（1）东北地区。平均每100平方千米有公路12.3千米。公路运输在这一地区大部分以承担各市、县境内短途运输为主。公路网分布以沈阳、四平、长春、哈尔滨等铁路枢纽为中心，沿铁路向两侧伸展，相互交叉成网。

（2）华北地区。平均每 100 平方千米有公路 21.5 千米。公路分布以北京、天津、张家口为中心，交织成网。公路运输除在铁路稀少的山区及内蒙古草原地区承担干线运输外，主要发挥沟通城乡之间的联系，为铁路、海港集散货物的短途运输作用。

（3）华东地区。平均每 100 平方千米有公路 21.7 千米，公路质量较好。区内公路汽车运输一般仅起着水运、铁路的营养线、辅助线作用。但在鲁中、鲁南、皖南、闽西和赣南等丘陵山区以及苏北这类缺少铁路和水运薄弱地区，常成为当地主要运输方式。公路中心有济南、徐州、合肥、南京、上海、杭州、南昌和福州等。

（4）中南地区。中国公路最发达地区，平均每 100 平方千米有公路 23 千米。公路运输主要作为铁路和内河航运干线的营养线，担负沟通城乡的短途运输任务，为铁路、水运集散物资发挥作用。郑州、武汉、长沙、南宁、广州是全区公路中心。

（5）西南地区。公路运输是区内长途货物和经济联系的主要运输方式之一。公路线网密度低于华东、东北和华北 3 区，每 100 平方千米仅有公路 7.6 千米。重庆、贵阳、昆明、雅安、成都、拉萨为区内重要公路交通中心。

（6）西北地区。公路运输是这一地区内外联系的主要运输方式之一。目前平均每 100 平方千米仅有公路 0.035 千米。以西安、延安、汉中为中心组成陕西省公路网；以兰州、银川、西宁为中心组成陇西公路网；以乌鲁木齐、乌苏、伊宁为中心形成北疆公路网；以库尔勒、阿克苏、喀什为中心形成南疆公路网；在青海则以格尔木为中心形成柴达木盆地公路网。

2. 全国高速公路网布局特点

中国国家高速公路网采用放射线与纵横网格相结合布局方案，计划用 30 年时间完成。即由 7 条首都放射线、9 条南北纵线和 18 条东西横线组成，简称为"7918"网。总规模约 8.5 万千米，其中主线 6.8 万千米，地区环线、联络线等其他路线约 1.7 万千米。

（1）首都放射线高速公路：京哈高速、京沪高速、京台高速、京港澳高速、京昆高速、京藏高速、京新高速等。

（2）南北纵线高速公路：鹤大高速、沈海高速、长深高速、济广高速、大广高速、二广高速、包茂高速、兰海高速、银昆高速等。

（3）东西横线高速公路：绥满高速、珲乌高速、丹锡高速、荣乌高速、青银高速、青兰高速、连霍高速、宁洛高速、沪陕高速、沪蓉高速、沪渝高速、杭瑞高速、沪昆高速、福银高速、泉南高速、厦蓉高速、汕昆高速、广昆高速。

（三）中国的水路运输

水路运输是以船舶为主要运输工具，以港口或港站为运输基地，以水域包括海洋、河流和湖泊为运输活动范围的一种运输方式。水运仍是世界上许多国家最重要的运输方式之一。水路运输具有运成本低、运能大、开发价值大等特点，很多企业在选择运输方式时对其具有较高的倾向。

中国水运历史悠久。目前中国基本形成了包括主要港口、地区性重要港口和其他一般港口三个层次的现代化港口体系，在长三角、珠三角、环渤海、东南沿海、西南沿海五大区域形成了规模庞大并相对集中的港口群，在长江干线、西江干线、长三角、珠三角地区建成了一批集装箱、大宗散货和汽车滚装等专业化泊位。

1. 内河运输

中国河流很多，截至 2021 年末全国内河航道通航里程 12.76 万千米。其中等级航道通航里程 6. 72 万千米，占总里程比重为 52. 7%。各水系内河航道通航里程分别为：长江水系 64 668 千米，珠江水系 16 789 千米，黄河水系 3 533 千米，黑龙江水系 8 211 千米，京杭运河 1 423 千米，闽江水系 1 973 千米，淮河水系 17 500 千米。主要内河航线有长江、珠江、黑龙江、淮河和京杭运河。

长江是横贯中国东、中、西部的水上大通道，穿越西南、华中和华东三大经济区。长江干流通航里程达 2 800 多千米，素有"黄金水道"之称。结合三峡工程建设，上游航道可以通行千吨级船队，实现了长江干线航道全河段全天候通航，这使长江航道成为流域经济快速发展的重要支撑。长江航线以重庆、武汉、南京、上海为中心，干流沿岸有几十个港口，许多港口与铁路相连，有利于水陆联运。

珠江航线为中国华南水运大动脉，干支流总长 30 000 多千米。万吨轮船可从河口到达广州，千吨轮船可以从河口到达广西梧州。珠江航线主要港口有香港、广州、深圳、高栏、肇庆、南宁、贵港和梧州等。随着西南地区经济的快速发展，珠江航线会发挥更大的作用。

京杭大运河是世界上最长的一条人工运河，是中国重要的一条南北水上干线。全年通航里程为 877 千米，主要分布在黄河以南的山东、河南、江苏和浙江。沿线的鲁、苏、浙三省对大运河各段进行了整治、扩建和渠化，使千年古运河重新焕发了青春，成为中国仅次于长江的第二条"黄金水道"。运河沿线的主要港口有济宁、徐州、淮阴、淮安、高邮、扬州、镇江、常州、无锡、苏州、吴江和杭州等。

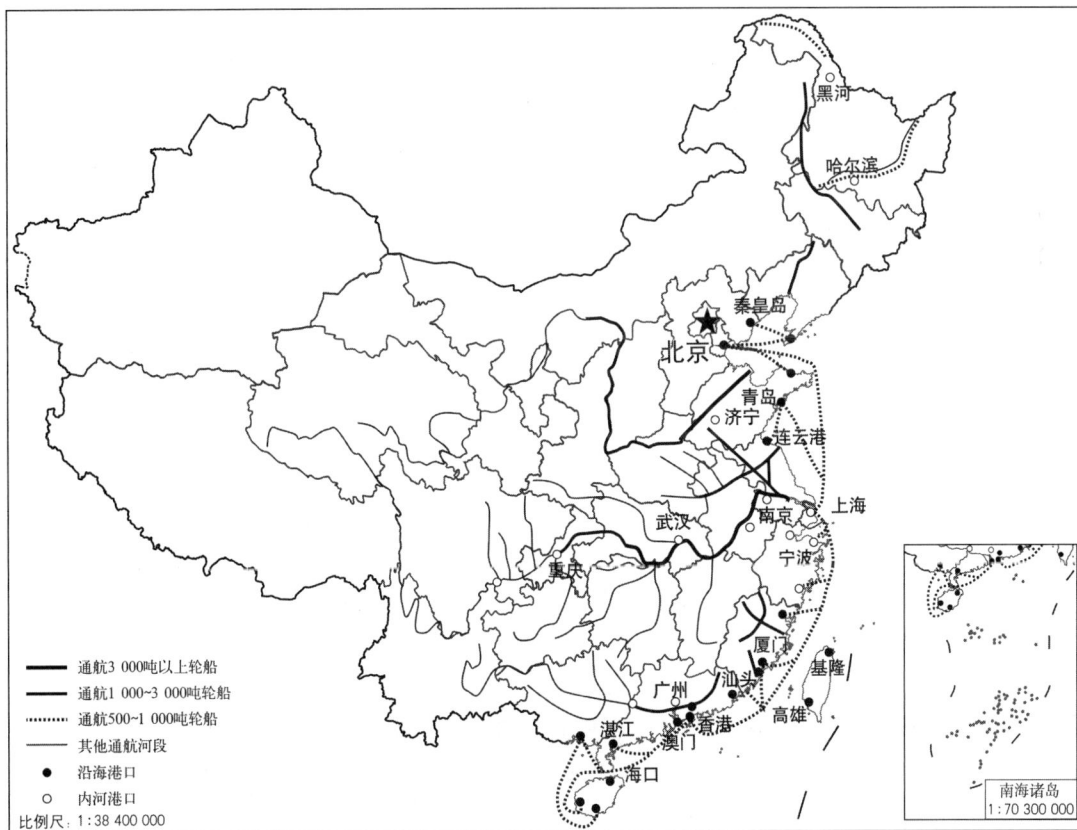

中国主要港口、内河航线和航海线

2. 海洋运输

海洋运输又称"国际海洋货物运输",是国际物流中最主要的运输方式。它是指使用船舶通过海上航道在不同国家和地区的港口之间运送货物的一种方式,在国际货物运输中使用最广泛。2/3 以上国际贸易总运量、约80% 中国进出口货运总量都是通过海上运输。

中国大陆海岸线长 18 000 多千米,岛屿海岸线长 14 000 多千米,港湾、岛屿较多,有利于发展海洋运输。目前,中国已拥有一支庞大的海洋运输船队,是世界海运大国之一。沿海港口逐步建设了一大批专业化泊位,港口集装箱、大宗散货和汽车滚装等大型专业化码头,港口机械化和专业化水平不断增强,作业效率显著提高。2021 年末,全国港口完成货物吞吐量 155.45 亿吨,其中外贸货物吞吐量 46.97 亿吨。完成集装箱吞吐量 2.83 亿标准集装箱。在货物吞吐量方面,宁波舟山港完成货物吞吐量 12.2 亿吨,位居全国首位,连续 13 年领跑全球。上海港完成集装箱吞吐量 4 703 万标准集装箱,稳居世界第一大集装箱港口的宝座。

2021 年,全国港口货物吞吐量排名前十的港口分别为宁波舟山港、上海港、唐山港、广州港、青岛港、苏州港、日照港、天津港、烟台港、北部湾港。全国港口集装箱吞吐量前十名分别为上海港、宁波舟山港、深圳港、广州港、青岛港、天津港、厦门港、苏州港、北部湾港、营口港。

中国沿海运输分为北方航区和南方航区。北方航区以大连、上海为中心,包括通往秦皇岛、天津、青岛、烟台、连云港的许多航线。南方航区以广州为中心,包括通往福州、厦门、汕头、海口、湛江、北海的许多航线。此外,香港是世界著名的海港,基隆、高雄是台湾的主要海港。

中国的远洋运输则以上海、大连、天津、秦皇岛、青岛、广州、湛江等港口为进出口港,远洋航线覆盖全球 160 多个国家和地区的 1 600 多个港口。2020 年中国远洋运输货运量约为 82 411 万吨。为了加快沿海港口建设,充分发挥沿海港口的优势,中国对外开放了 14 个沿海港口城市,分别是大连、秦皇岛、天津、烟台、青岛、连云港、南通、上海、宁波、温州、福州、广州、湛江、北海。

(四)中国的航空运输

中国航空运输始于 1929 年,专业航空始于 1930 年。中华人民共和国成立前,航空线路既短又少,航空运输设施差,运输能力低。中华人民共和国成立初期,中国仅有 12 架小型飞机,12 条短程航线。1978 年以来,中国航空运输业在改革中迅速发展,目前国内已经形成了以北京为中心的、连接全国各地、四通八达、干线与支线相结合的航空运输网络。

2021 年,全国民用航空航线总数为 4 864 条,其中民用航空国内航线数为 4 585 条,民用航空国际航线数为 279 条,实现了定期通航 62 个国家及 153 个城市。运输总周转量从 2005 年开始已连续 16 年位居世界第二。2021 年全国民用航班飞行机场数为 248 个,定期航班通航机场 248 个,定期航班通航城市(或地区)244 个,形成了以北京、上海、广州、深圳、成都等城市为起点联结世界主要国家和地区的航空运输网络。

中国通用航空发展亦很快,自 1951 年起已逐步建立起农林病虫害防治、飞播造林、飞播牧草、除草施肥和其他飞行项目。此外,在航空摄影与遥感、物理探矿、人工降雨、森林防护、地质测量和急救等方面均发挥了重要的作用。为石油勘探开发、水利电力建设服务的直升机飞行业务也有新的发展。

（五）中国的管道运输

中国虽然是世界上最早使用管道运输的国家，但发展却是比较缓慢的。1949 年以前，中国的长输管道建设几乎是空白的。1958 年克拉玛依油田开发后，中国才建成了从克拉玛依到独山子炼油厂两条并行全长 300 千米的输油管道。这是中国自行设计建造的长输管道，它的建成掀开了中国长输管道建设史上的新篇章。

截至 2020 年底，中国油气长输管线包括国内管线和国外管线，总里程达到 16.5 万千米，其中原油管道为 3.1 万千米，成品油管道 3.2 万千米，天然气管道 10.2 万千米，已基本形成管道网络。国内原油和成品油运输管网已实现"西油东送""北油南下""海油上岸"，天然气则形成"西气东输""川气出川""北气南下"的油气输送格局。其发展速度和技术水平已跨入了世界先进行列，成为继铁路、公路、水路、航空运输之后的第五大运输行业。

近年来，中国为了确保能源进口安全，在东北、西北、西南分别建设和开通了中俄、中哈、中缅等陆上管道。陆上油气通道完全建成后，每年至少可输送原油 5 700 万吨、天然气 420 亿立方米，占目前进口原油量 25%、天然气消费量的一半左右，有利于减轻油气进口对海上运输的依赖。现已建成运营的油气管道工程有：

（1）西北通道。一是中哈原油管道：起自哈萨克斯坦阿塔苏，止于新疆阿拉山口，年输送原油 2 000 万吨；二是中亚天然气管道：西起土库曼斯坦和乌兹别克斯坦边境，在新疆霍尔果斯入境，每年引进 300 亿立方米天然气。

（2）东北通道。即中俄原油管道，起自俄罗斯远东管道斯科沃罗季诺，止于黑龙江大庆，年输送原油 1 500 万吨。

（3）西南通道。一是中缅原油管道：起于缅甸西海岸马德岛皎漂市，止于云南昆明，年输送原油 2 200 万吨，油源主要来自中东和非洲；二是中缅天然气管道：输送缅甸西海天然气，止于广西南宁，年输气 120 亿立方米。

思考与练习

1. 评价中国农业发展的条件。

2. 在地图上指出中国主要的商品粮基地、商品棉基地和四大牧区。

3. 列表比较中国三类不同地区的农业发展条件、发展特点。

4. 比较沪宁杭、京津唐、辽中南、珠江三角洲工业基地的特点；分析东部沿海、长江沿岸、陇海—兰新沿线地带的交通条件对工业发展的作用。

5. 说明影响中国工业的区位因素。

第十章　传统文化与民族文化

文化是指人类社会发展过程中创造出来的所有物质财富和精神财富之和，可分为物质文化（包括生产工具、生活用具、生产技术等）和精神文化（包括语言、文字、艺术、宗教、法律、风俗、制度等）两种形态。世界上凡是由人类创造的事物或经过人类活动改造的自然物都属于广义文化的范畴。自人类出现就有了文化，人类的历史有多久，文化的历程就有多长。文明是指文化发展到了较高阶段，通常以文字的出现、国家的产生和城市的出现为主要标志。所以，文明的历史较之文化晚了许多。

第一节　中国传统文化的形成

中国传统文化是指居住在中国地域内的中华民族及其祖先所创造的、为中华民族世世代代所继承和发展的、具有鲜明民族特色的、内涵博大精深、历史悠久且传统优良的文化。它是中华民族几千年文明的结晶，除了儒家文化这个核心内容外，还包含其他文化形态，如道家文化、佛教文化等。在地理学意义上，是指发生、发展于今天中国版图之内的，或在历史上曾经属于中国版图之内的一切文化现象、文化成就。它的覆盖范围甚至包括受其影响的周边国家和地区，也称"汉文化圈"。

一、中国传统文化的地理背景

地理环境对文化有深刻的影响，不同的地理环境是不同的文化类型出现和形成的物质基础。在人类历史的早期，人类文化的创造受制于它的地理条件，随着时间的推移，地理环境施加在文化上的烙印也越来越深。它决定着一个地区人们的生存质量和心理状态。

中国地处亚洲东部、太平洋西岸。除东南及东部面向海洋外，东北、北部、西北、西部、西南皆与欧亚大陆连接，却被高原、高山、沙漠所阻隔，形成了一个相对封闭的地理单元。西部是亚欧大陆中心的帕米尔高原，它向四方伸延出几条大山脉，把亚洲分为东亚、西亚、南亚和北亚。这里高山峻岭，山路崎岖，汉代已开通了丝绸之路，然而这干寒荒凉之地，在古代仍然是难以逾越的；青藏高原西南边缘的喜马拉雅山是中国与南亚的天然分界线。横断山脉及其江河、热带丛林也是中国与南亚、东南亚的天然阻隔；中国北部是广漠无垠的草原和沙漠，地势起伏不大，然而在中国古代，因气候严寒等原因，从贝加尔湖到外兴安岭一线南、北方各民族人民交往极少；中国东部及东南是广阔的海岸线。

中国地势西高东低，呈三级阶梯状分布：青藏高原为第一阶梯，平均海拔在4 000米以上，号称"世界屋脊"；青藏高原以北、以东为第二阶梯，海拔在1 000~2 000米，主要地形区有内蒙古高原、黄土高原、云贵高原、塔里木盆地、准噶尔盆地、四川盆地等；第三阶梯为大兴安岭—太行山脉—巫山—雪峰山一线以东地区，平均海拔在500米以下，主要地形区有东北平原、华北平原、黄淮平原、长江中下游平原、江南丘陵、珠江三角洲等。

中国季风气候显著，各地干湿冷暖差别很大。就干湿度而言，第三级阶梯除华北以外一般湿润多雨，第二级阶梯除云贵高原以外一般为半干旱、干旱气候，西北内陆成为最干旱地区。就冷暖度而言，由南向北以名山大川为天然分界，呈现出热带、亚热带、暖温带、中温带、寒温带的渐次递变。

中国的地理环境并不是一成不变的。地形地貌方面，从辽东湾到杭州湾的大部分沿岸地区都是最近两三千年陆续成为陆地的。许多大江大河都有过决口和改道的历史，尤以辽河、海河、黄河、淮河最为突出。许多湖泊的形状、面积都发生了很大变化，有的甚至消亡，如洞庭湖、罗布泊、梁山泊等。此外，植被减少、水土流失、草原退化、沙漠扩大等现象越来越严重，尤其是在中国西北地区，在地质史上曾经是温暖湿润的地方，猿人时期今华北一带也比现在要温暖湿润得多，那时，森林茂密，河流纵横，沼泽四布，虎、豹等凶禽猛兽时常出没，马、牛、羊、鹿等食草动物成群结队。因气候变迁，许多绿洲和繁华城市消失，如古楼兰文明。

二、中国传统文化的地理特征

（一）地理环境对中国文化特征的影响

1. 文化的多样性与多元一体格局

考古发现，早在新石器时代，中国已有黄河流域和长江流域两大地域文化以及岭南、辽河流域到北方草原文化的分行。至春秋战国时，出现了各有特色的秦、三晋、燕、齐鲁、楚、吴、越、巴蜀、岭南等地域文化，从秦汉开始，上述各区域文化融合，形成文化地域，并以此为中心形成了地域上包括周边草原、山地文化在内的中国大文化。

由于地理环境的独特性和复杂性，中国在古代就形成了东南地区、中原地区以耕作业为主，西北内陆以畜牧为主的人文生产景观。同时，从南到北温度和干湿度的变化，决定了秦岭—淮河以南以水稻种作为主，以北地区以小麦种植为主，长城以北广大的草原地区则以游牧业为主。中原地区自然环境相对优越，文明起步较早，形成了各民族内聚、多元文化类型融合的趋势，从而出现了中国传统文化形成发展过程中的多元一体格局。

2. 文化的封闭性大于开放性

相对封闭的自然环境特点，使中国古代一直缺乏对外开放、向外进取的条件和动力。但相对优越的地理环境，加上中华民族的勤劳智慧，使古代中国在西方近代文明兴起之前，长期成为世界东方乃至整个世界最富足、最强大的国度。

长期以来，绝大部分人口都集中在地理环境相对优越的中原、东南农耕区域，造成了人口增长与土地面积不足的矛盾。人们只能在有限的土地上，精耕细作，集约经营，对土地产生了一种特殊的感情，塑造了中国人安土重迁、安分守己、乐天知命的民族性格，并由此培养了中华民族对乡土的眷恋和对故国的深切情怀，增强了民族凝聚力。

（二）地域的广泛性决定中国文明的道路和文化方向

中国大陆地域广阔，是一个族群林立的国家，而这个国家的整体性影响着中国文化走向统一。中国文明时代的开始，家国社会的建立，正以这一基本情况为前提。古埃及和古巴比伦都仰仗大河的灌溉，而周围广大地区是浩瀚沙漠。古希腊文化产生于地中海的半岛和岛屿，各地理单元都有着很强的独立性。中国文化的发祥地虽也是河流流域——黄河，但它所依赖的不是黄河干流本身，而是它众多支流、河汉所形成的河曲湿润地区。这就决定着中国古代不可能走古希腊式的商业形态的城市民主文明道路。

中华祖先在创建它的古代文明时，首先面临着多族群的特点。如何将这众多的来源不同、文化互异的人群融合为文化整体？在西亚古国，各族群经常为争夺沙漠世界的生存地而进行着一个族群对另一个族群的残酷征服。在中国，虽然也有战争征服，但古代文明最终依靠的是成功的联合与融会。中国文明道路既不同于古埃及、古巴比伦，更不同于古希腊，独特的地理条件制约着它独特的文明形态和文化方向。短暂分裂与融合统一是中华民族发展进程的两大现象，而统一趋势总是在历史进程中起主导作用。

（三）地缘的特征性与中国文化的历史命运

从地理的角度观察中国文化历史发展，应特别注意中原文化中心形成后与北方边地草原人群的地缘关系。在西北方向，帕米尔高原在相当长的时期里，分隔着东方与西方两大文化世界。但在北方，中原文明必须长期面对一个由草场、山地、沙漠构成的辽阔地域和以游牧为基本特征的文明区域。在这个区域内，截至蒙古族兴起，没有一个民族是它的固定主人。从文献记载可以看到的最早的人群是猃狁，之后是北狄，秦汉以后有匈奴、鲜卑、突厥、契丹、党项、金以至蒙古、满族。除满族之外，基本都是在前一个民族迁徙、草原出现"真空"状态时，另一个民族从原来的居住地大举跃进，充当新的主人。在中原政治稳定、社会经济兴旺时，他们逡巡于它的周围，学习中原文化制度，有的人群还被强大的中原王朝击溃，或远徙或内迁；当中原朝政陷于混乱衰弱时，他们便大举进攻，进而入主中原，导致中原固有居民向南迁移，他们则成为中原文化的接受者和新的创造者。在短暂的迟滞后，新的文明沿着中原固有的文化方向升温、繁荣。若干年以后，南迁的中原人不断强大，最终击败游牧民族，重新入主中原。这样的反复多次出现就是中原文明的历史命运。世界上几个古代文明，只是在地球的几个点上出现的，一旦文明世界形成后，人类内部就出现了先进与落后、文明与野蛮的差异和矛盾，而人类也正是在这差异带来的对峙、冲突、融合中，走向同步发展。古希腊、罗马文化带动着欧洲文明的同步化发展，中原文化则带动着地域更加辽阔的东亚文明的同步化发展。

广阔的地域，为中国历史的发展提供了可资回旋的舞台。世界古代文明中，古埃及和古巴比伦文明是被毁灭了。其原因很多，有一点应当是与其地理条件有关。在两河流域和尼罗河流域周围，是大片的沙漠，人类能够生存的地方实在太狭窄，因此人群之间为争夺生存居住地的斗争十分残酷。在中国，中华文化虽然起源于黄河流域，但是它广大的地域为它准备了潜在的历史舞台。每当遇到北方边地民族大举南进的时候，中原文化人群都有一个南方作为他们的后方。因此每当北方进入民族融合时期，南方则进入开发的高潮期。实际在南北朝时期，中国文化的重心已经移到南方，接着才是经济中心的南移。因此在中国历史上常常出现这样的南北对峙：南方的经济高潮与北方剧烈的民族融合并举，构成南北不同的历史景观。黄河流域与长江流域，同时充当着这对峙文化高潮的两大历史舞台。文化中心与经济中心从西北向东南逐渐移动，是中国几千年历史发展的大势。广阔的回旋舞台，是中国文明历史悠久的前提条件之一。

不过，这种南北对峙在元明清时有了新变化，出现了政治中心在北方、经济中心在南方的局面。北方在经济上的相对落后，主要表现为单一的农业经济占上风；而南方，早已走过这样的阶段进入农工商贸全面兴旺的局面。南北对峙，变成政治与经济的对立和矛盾，中国文化发展的迟滞真正开始。

三、区域文化的形成与特征

对整个世界来说，中国文化是一个整体，甚至可以说是东亚文化的代表。但就中国内部而言，又存在不同的区域性文化。除了少数民族文化区外，汉族文化区内部也存在丰富多彩的区域文化。

（一）区域文化的形成

区域文化是指由于地理环境和自然条件不同，导致历史文化背景差异，从而形成的明显与地理位置有关的文化特征。

在一个辽阔的地域上，由于地理环境的差异和人群构成的不同，存在区域性的文化分布是必然的。在现代地理学领域，中国根据其地理的自然特征可以划分为东部季风区，西北半干旱、干旱地区和青藏高原高寒区，并可继续细分出一些自然区域。在相当一段时间里，中国的区域文化职能可分为北方狩猎—游牧文化、华北粟作文化、江南稻作文化、南方渔猎—稻作文化四大类。古代人也曾以山川为标志，将天下划分为冀、兖、青、徐、扬、荆、豫、梁、雍等九州，并详细记载了各州的土壤肥瘠、物产和植被情况。

地理条件的特殊或得天独厚是地域文化创造的重要因素。由于古代燕齐地区东面的东海偶然出现海市蜃楼，那里兴起浓郁的神仙崇拜信仰。明代晋商的兴起与其北靠蒙古、南接中州、左连陕西、右邻河北的地理位置，以及境内丰富的食盐资源这两个得天独厚的条件密切相关。以此类推，扬州及周围地区，盛极一时的商业文化，也大体属于得天独厚一类。

一个地区的"民智资源"对区域文化的形成起潜移默化的感召作用。唐、宋以来，随着科举制度的不断完善和推广，各地涌现出一批所谓的"状元乡""文化县"，对周围地区的文化教育起示范性作用，形成某地区重视教育、注重人才培养、整体文化素质较高的社会环境。另外，地域文化的相互交融，可以产生文化的典范人物、典范著述，从而推进正统文化，并作用于地域文化的发展。历代京城都是八方荟萃之地，不同地域的人们汇聚京师，互相交流、互相观摩、互相影响，各竞优势；不仅是京城，任何交通便利的城镇都具有这样的文化功能。

（二）代表性的区域文化

不同的文化，都产生在具有鲜明特点的自然环境之内。根据中国各地区文化特征的差异性，全国主要区域文化可分为东部汉族农耕文化和西部少数民族游牧文化两大部分。每一个大文化区内又可分若干个亚文化区或细文化区。

1. 齐鲁文化

齐鲁之地，古称"海岱"，是因为它以大海和泰山为地理标志。新石器时代，东夷在这里创造了北辛、大汶口和龙山等文化系列，成为齐鲁文化的源头。之所以称为"齐鲁文化"，主要是因为西周分封，齐、鲁均为大国，春秋时期齐国曾为"霸主"，而鲁国实力虽稍弱，但它保留了周朝制定的礼乐制度，这使其在文化上代表了华夏文化传统的正宗。由于齐国地处沿海，有渔盐之利，工商业发达，以临淄为代表的城市经济非常繁荣，思想开放而自由，荟萃百家的"稷下学宫"在全国享有盛誉，使齐国实力较为强盛。到战国时期，鲁文化逐渐融入齐文化之中，鲁国的原始儒学在齐国多种思想的影响下，向新的形态转化。因此，鲁国的农业、齐国的工商业，加上孔子、孟子、管子、墨子、孙武、邹衍等一大批生于并主要活动于齐鲁大地的文化巨人，构成了齐鲁文化的鲜明个性。在以后的历史发展中，齐鲁文化一直具有文化的和政治的象征意义。自汉武帝"罢黜百家，独尊儒术"以来，孔子就被历代统治者尊为"至圣"，孟子则为"亚圣"，曲阜的"三孔"（孔府、孔庙、孔林）及邹县的孟庙为文人朝拜和皇帝尊崇之地。而东岳泰山的神圣性又吸引历代皇帝前去"封禅"，从而显示自己的正统地位。

齐鲁之地农业发达，又因濒临沿海和运河、黄河流经而商业繁荣，民间手工业如陶瓷、纺织、冶炼等也颇发达。由于传统文化悠久，由济南菜、胶东菜和孔府菜构成的"鲁菜"闻名全国，是中国八大菜系之一。一般说来，齐鲁文化具有粗犷古朴、豪爽热烈的特点。《水浒传》中描写的梁山好汉等，也反映出这样的文化特点。

2. 燕赵文化

燕赵之地，主要指今河北、山西和陕西中北部地区。周朝初年，封召公于燕，都城即在今天的北京琉璃河。赵国前身是晋国，公元前5世纪三家分晋，赵国出现，其后才有了"燕赵"之说。由于赵国是"三晋"的一部分，所以燕赵文化与三晋文化有所重叠。由于燕、赵国处在当时农耕与畜牧分界线地区，带有相近的文化风格，而与占据中州之地的韩、魏文化有所区别，故从"三晋文化"中游离出来。燕赵地区气候相对干冷，农业以粟、豆类为主，畜牧业也占相当地位，赵国的城市商业也比较发达，与三晋情况类似。赵武灵王"胡服骑射"，说明燕赵文化与边外游牧文化关系密切。后有"自古燕赵多慷慨悲歌之士"之说，经荆轲刺秦时"风萧萧兮易水寒"的验证，已成为燕赵文化的象征。

燕赵文化在后来发展过程中，依然保留了这种文化特征。这一地区虽属汉族农业文化地区，但自北朝、辽、金、元、清等朝以来，一直处在少数民族与汉族交融状态，不仅在血缘上相互混杂，而且文化上也有强烈的胡族风格。为了抵御外侵，也必须习拳练武，于是形成善武好搏击的特点。在历史上，这里名将辈出，如乐毅、张飞、赵云、赵匡胤、杨家将等，并形成悠久的武术传统。河北吴桥为杂技之乡，其惊险灵巧的特点与武术的要求同出一脉。燕赵地区的戏曲、歌舞、音乐也都带有热烈、高亢、火爆的特点，同时加入了边外苍凉悲壮的风格。但自金开始，历代统治者定都北京，都市文化特点也在很大程度上影响了燕赵文化。

3. 三秦文化

公元前206年，项羽统率各路诸侯西入关中灭秦，随后分封灭秦有功将领。其中，他将函谷关以西，秦岭以北的原秦国疆土封给章邯、司马欣、董翳三人，三位诸侯王都是秦降将，故人们称他们为"三秦王"。与之相应的，这三诸侯国之地称为"三秦"，沿袭下来，"三秦"也就成了陕西的代称。秦人以法家思想治国，文化上具有鲜明的功利主义特点，加之其地理位置便于与北方和西域的文化交流，这使其在农耕文化的基础上，具有包罗万象、兼容并蓄的特点，不仅留下了历史上各民族文化、各种宗教、各种艺术形式的痕迹，商业文化也很发达。由于文化中心逐渐向东南转移，这里的社会经济文化发展逐渐滞后，原有的文化开放性日益式微，同时也保留了较为传统的文化心态和文化特征，比如传统窑洞居住形式，民间剪纸、窗花的质朴大方，秦腔的高亢激昂，都体现了这里的文化风格。

4. 三晋文化

三晋文化，指的是华夏文化中山西地区的文化。因该地在春秋时是晋国所在地，到战国时则分成韩、赵、魏三国，故称为"三晋"。当时的晋或三晋疆域都远超过山西。后世所用的晋或三晋则指山西省。

三晋文化是中华文化的重要组成部分。作为一种地域文化，它又有自己鲜明的特点。

一是开放性。这是三晋文化与生俱来的特点。春秋五霸之一的晋文公，曾经长期被迫流浪在外，走过了许多国家和地方，广泛接触华夏和夷狄的文化，即位以后，加以融会贯通，形成了三晋文化的基础。其中突出一点就是重视人才。不仅放手使用本国人才，而且大力招揽国外人才。"楚才晋用"这个成语，概括的就是这种情况。另一个突出例子是赵武灵王"胡服骑射"。赵武灵王认识到中原传统的车战不够机动灵活，因此力排众议，学习匈奴人的办法，用骑兵代替车兵，同时发挥弓箭远程作用，大大提高了三军战斗力，培养出了李牧等名将。

二是务实。从思想方法上说，就是实事求是；从政治理念上说，就是关心民生疾苦，是民本思想。务实精神可以说是三晋文化的精髓。这种文化思想，实际上促成了中国封建朝代史上两个最好时期的出现——"文景之治"和"贞观之治"。

三是求新。三晋文化中的求新精神也是值得特别关注的。唐诗是中国古代文学的瑰宝。唐诗能得到如此蓬勃的发展，与唐王朝当局者开放的、兼收并蓄的政策密切相关，与一大批山西籍诗人如王勃、王维、柳宗元等做出的杰出贡献分不开。唐代诗人既继承了北朝文学朴实敦厚的传统，又充分吸取了南朝文学的营养，在融会贯通的基础上，又在内容和形式上不断做出新的探索，这才有了唐诗的繁荣。

5. 楚文化

楚文化分布于现在的两湖、安徽、江西西北部和河南南部，其中以两湖和安徽为核心地区，淮河流域和鄱阳湖流域等作为其边缘地区。华夏文化的主流汇合了当地蛮夷文化的支流，共同构成了楚文化。

楚文化的特征一直保留到后世。传统的龙舟竞渡风俗反映了楚文化中楚人勇武进取的性格，又借着纪念屈原而一直风行至今，传播于外。古老的丝织艺术以"湘绣"之名流传下来，成为中国"四大名绣"之一。浪漫主义的艺术风格还体现在当地的民歌和口传故事中，甚至湖南、湖北作家的小说，如沈从文的作品，就带有浓郁的乡风乡情。楚文化极大地影响了淮河流域部分地区和江西部分地区的文化，这是因为当年楚国统治区一直覆盖到这里。可以看到，江汉平原上极流行的说唱艺术三棒鼓、碟子曲与安徽凤阳花鼓，湖南与江西采茶戏，安徽与湖南花鼓戏，都有类似艺术形式和风格。

6. 吴越文化

吴越文化上古源流几乎和黄河文化一样古老，又由于春秋时期吴国和越国的影响而传承下来，由吴文化和越文化构成。吴文化，主要指以江苏、无锡、梅里为核心的环太湖区域的吴地文化；越文化，主要指以浙江绍兴为核心区域的越地文化，即以太湖为中心，包括今天江苏、浙江、上海地区，影响到安徽东部和江西的东北部。这里气候温和，土地肥沃，水网密布，雨量充沛，农业极为发达。由于历史变迁，中国经济和文化重心逐渐从北方转移到这里。到明清时期，沿海地理优势充分显露出来，商业贸易迅速发展，城市极为繁荣，人口密集程度为全国之冠。因此便有了"风景领华夏之美，人文冠古今之绝"的美誉。这里自古纺织业极发达，"苏绣"为"四大名绣"之一，具有精美细腻的特点。以"吴侬软语"为特征的吴语，是汉语言中七大方言之一，构成独特的语言文化系统，强化了区域文化特征。这里山光水色之魅力，由"上有天堂，下有苏杭"一语道出。此区内江南丝竹音乐、戏剧中百戏之祖的昆曲、婉转柔美的越剧、说唱中的苏州评弹等，均带有细腻、恬淡、婉转、雅致、清新的风格，与北方各区域文化形成鲜明的对比。

7. 巴蜀文化

巴蜀文化是当地少数民族与汉族共同创造的混合文化体。这里以四川为中心，辐射到陕南、鄂西和云贵部分地区，由川东巴文化和川西蜀文化共同构成。由于这里与中原地区存在自然阻隔，古有"蜀道难，难于上青天"之叹，有助于强化地域色彩浓厚的文化传统。巴蜀地区在独特的地理单元内，发展起自己的独特文化。成都平原土地肥沃，有"天府之国"的美称，农业发达，丝织业也很著名，"蜀绣"也是"四大名绣"之一。由于这里古称益州，所以秦汉时就有"扬一益二"之说，富庶程度在全国名列前茅。巴蜀文化的风格以热烈、诙谐、高亢为特征。武王伐纣时，就是"巴人勇锐，歌舞以凌殷人"。后来川剧的高腔和著名的川江号子，都反映了高亢激越而又热烈活泼的特点，与讲究麻、辣、烫的川菜，对热烈鲜艳的芙蓉花的喜爱，具有相同的文化特征。三国时蜀国的建立和以后历代统治者偏安此地，赋予这里较强的地方历史意识，也强化了这里的地域性传统。

8. 岭南文化

岭南文化指南岭山脉以南地区的文化，涵盖学术、文学、绘画、书法、音乐、戏曲、工艺、建筑、园林、民俗、宗教、饮食、语言、侨乡文化等方面。从地域上，岭南文化又分为广东文化、桂系文化（广西文化）、海南文化等亚型文化区。广东文化又分为广府文化、潮汕文化、客家文化、雷州文化、高凉文化等。

岭南文化，源远流长。历史上，在汉民族的形成和发展，在维护国家统一、民族团结等方面，岭南文化都做出了不可磨灭的贡献，在中华民族文化的发展史上居于重要地位，起着重要作用。近代岭南文化更是近代中国的一种先进文化，对近代中国产生了巨大的影响。岭南文化以其独有的多元、务实、开放、兼容、创新等特点，采中原文化之精粹，纳四海之新风，在中华大文化之林独树一帜，对岭南地区乃至全国经济、社会发展起着积极的推动作用。

岭南文化吸取由中原传入的儒、法、道、佛等各家思想并进行创新，诞生了陈献章、湛若水等儒学大家，开创了明代心学先河；诗人张九龄、屈大均享誉全国；惠能创中国化佛教——禅宗南派，影响全国乃至世界；清代广州十三行成为中国与世界贸易、文化交流的唯一窗口，向世界各地传播着东方文明；近代，岭南成为中国民主革命的策源地，孕育出以郑观应、康有为、梁启超、孙中山等为代表的近代中国杰出人物。岭南文学、岭南绘画、粤剧等艺术具有浓郁的地方特色，电影最先从岭南传入，岭南教育领近代教育革命之先。

9. 东北文化

东北地区由于长期处在少数民族文化影响下，同时汉族在此活动的时间较晚，所以作为汉族文化系统内的区域文化形成更晚。东北文化在辽、金、元、清时期具有浓厚的游猎文化特色，但在不断与汉族文化融合过程中，在辽东地区形成了农耕文化与游猎文化交融的特征。从清中叶开始，特别是晚清时期，大量汉族人口从河北、山东等地迁到这里，使这里得到大面积的开发，与本地文化传统结合起来，形成了有特色的区域文化。后人常用某些俗语来概括东北文化的特点，比如"东三省，三宗宝：人参、貂皮、乌拉草"，揭示了这里有特色的山林物产和经济活动特点。再比如"关东城，三宗怪：窗户纸糊在外，养活孩子吊起来，两口子睡觉头朝外"，这都是因东北天气寒冷而形成的习俗。东北民间信仰除与北方汉族地区相同的以外，还有崇拜"山神老把头"的，传说故事中则有"人参娃娃"的主题，这也是与特定环境密切联系的。至于流传至今的民间文艺形式"二人转"、冰雪艺术作品等，均为特定环境的产物。

以上简要概括了东部汉族文化区内部的各个区域文化，其加上北方和西北的游牧文化和西南地区的多民族文化，共同构成了中国文化的整体。汉族文化圈中各区域文化虽有不同特征和风格，但实际上，由于它们共处在同一个文化圈之内，文化上的共同性也是很多的，甚至在许多地区，共同性要大于文化上的差异性；不同的区域文化被包容在同一个文化结构之中，是后者的组成部分。对此，不能因为强调其不同而加以忽略。

第二节　民族与民族文化

民族是历史上形成的一个有共同语言、共同地域、共同经济生活、共同文化与共同心理素质的稳定的人群共同体，是一种文化现象。民族存在于一个相对独立的地理单元之中。民族不同，形成了政治、经济、意识形态等各方面的空间差异。正由于民族的地域性特征，其发展进程中常具有宗教观念，形成独自的宇宙观和人生观，进而影响其文化创造活动及其创造物。有些民族甚至以其独特的宗教观念而著称，通过特定的宗教使其民族性得到强化。在中国，不同宗教往往以特定的民族为依托，有的宗教文化区实际上就是一个民族文化区。

中国是一个统一的多民族国家，共拥有 56 个民族，各民族在历史和文化上虽然发展程度不同，但他们互相联系、互相影响，共同发展、共同创造了中华民族多元性的文化共同体，这种多元性和多样性正好给中华文化增添了层次丰富的色彩和无限的魅力。

一、统一的多民族国家

中国自古以来就是一个统一的多民族国家。根据中国人口第七次普查，全国共有 56 个民族。汉族人口为 1 286 311 334 人，占 91.11%；各少数民族人口为 125 467 390 人，占 8.89%。与 2010 年第六次全国人口普查相比，汉族人口增加 60 378 693 人，增长 4.93%；各少数民族人口增加 11 675 179 人，增长 10.26%。目前，全国人口上千万的少数民族有壮族、维吾尔族、回族、苗族和满族等 5 个民族；人口上百万的有彝族、土家族、藏族、蒙古族、布依族、侗族、瑶族、白族、哈尼族、朝鲜族、黎族、哈萨克族、傣族等 13 个民族；低于 1 万人的有鄂伦春族、独龙族、赫哲族、珞巴族、塔塔尔族、高山族等 6 个民族。

中国的民族具有大杂居、小聚居、相互交错居住的分布特点。这种分布格局是长期历史发展过程中各民族间相互交往、流动所形成的。汉族的分布遍及全国各地，以东部和中部最为集中；少数民族主要分布在西南、西北和东北等边疆地区。云南省是中国民族成分最复杂的省份，世居云南共有 25 个少数民族。中国几乎没有一个县或市是只有一个民族的。

中华人民共和国成立后，贯彻执行民族平等和语言平等的政策，在各少数民族聚居的地方实行民族区域自治，建立了自治区、自治州、自治县、民族乡等。各民族保留了自己独特的风俗习惯、丰富多彩的文化艺术和传统的体育活动，这些民族文化的瑰宝是中国灿烂文化的重要组成部分，也是各民族地区得天独厚的旅游资源。

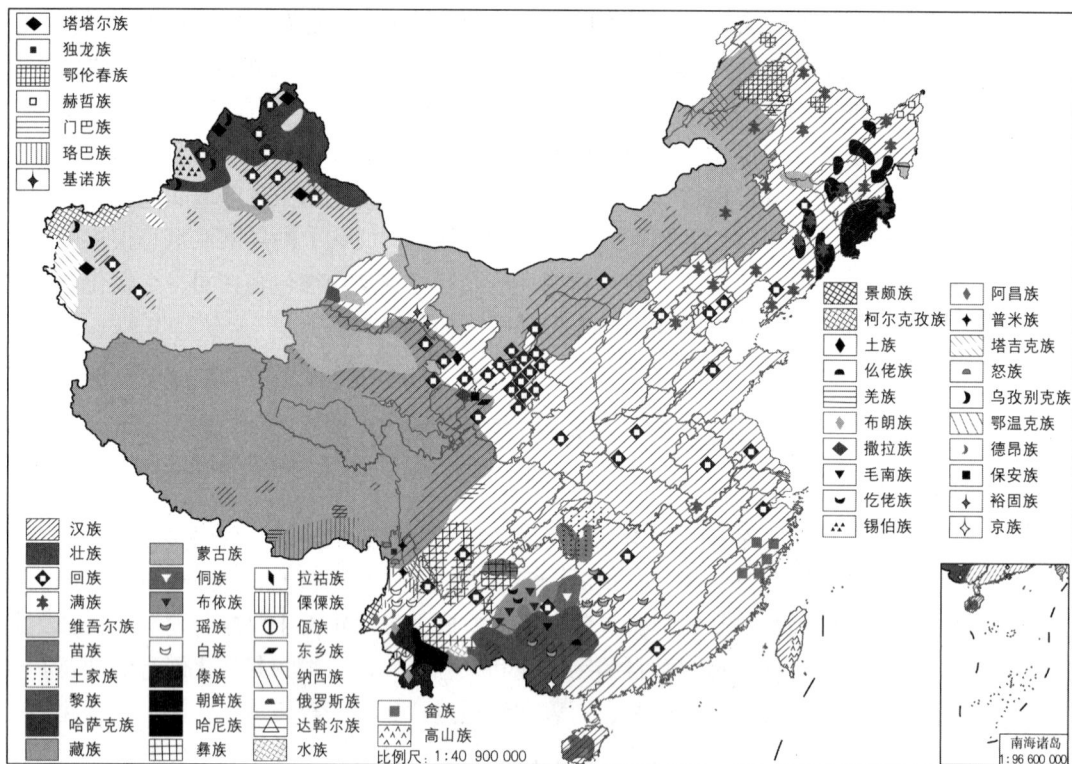

中国各民族分布区域

阅读材料

55 个少数民族名单

蒙古族、回族、藏族、维吾尔族、苗族、彝族、壮族、布依族、朝鲜族、满族、侗族、瑶族、白族、土家族、哈尼族、哈萨克族、傣族、黎族、傈僳族、佤族、畲族、高山族、拉祜族、水族、东乡族、纳西族、景颇族、柯尔克孜族、土族、达斡尔族、仫佬族、羌族、布朗族、撒拉族、毛南族、仡佬族、锡伯族、阿昌族、普米族、塔吉克族、怒族、乌孜别克族、俄罗斯族、鄂温克族、德昂族、保安族、裕固族、京族、塔塔尔族、独龙族、鄂伦春族、赫哲族、门巴族、珞巴族、基诺族。

——中国国家统计局

二、多民族格局的形成

中华民族是由许多分散孤立存在的民族单位经过接触、混杂、联结和融合，同时也有分裂和消亡，形成一个"我中有你、你中有我"，而又各具特性的多元统一体。其中更主要的是，作为这个多元一体的核心，即从华夏族到汉族，在不断壮大的同时，渗入其他民族的聚居区，构成起具有凝聚作用和联系作用的网络，奠定了在中国疆域内许多民族联合成不可分割的统一体的基础，使这一统一体成为一个自在的民族实体，经过民族自觉而成为中华民族。

炎黄文化起源于同一区域，原本比较相近，在随后的长期冲突、合作中逐渐融合为一，成为后来华夏族的主体。夏、商、周是中国境内民族形成最频繁、最活跃的时期，华夏族形成于此时，作为许多现代少数民族前身的古代民族也形成于此时，即所谓"蛮、荆、戎、狄"，至战国时已形成"内诸夏而外夷狄"的民族分布格局。从秦以后，华夏——汉民族成为主体民族，由于文明程度较高，其影响日益从中原向四方扩展。周边少数民族或内附融合于主体民族，成为其新鲜血液；或日益僻处边陲，成为独立的单元。此时汉人大量南迁，融合了居于长江流域的僚、蛮、越各支，由于这一地区的生态环境和生产方式与汉族的情况类似，所以在长江以南的广大地区，民族融合或"汉化"的速度较快。

隋唐时期是统一多民族格局形成的重要时期。在这一时期，南北文化求同存异已完全成为主流，长安成为世界瞩目的中心。在发达文明的吸引力和与周边民族交流增多的前提下，唐王朝对周边的政治控制增强了。这个时期以后，虽然中原王朝与周边各族的关系日益密切，但民族文化区的格局却基本上确定下来了。随着各族文化的发展，在相对独立的地理单元内，先后出现了若干强大的少数民族政权，由政治组织强化了这些民族的民族性，这些民族几乎都曾进入中原腹地，甚至在中原建立过自己的政权，他们受汉族文化影响，与中央政权的关系都大大加强。特别是元朝、清朝，由于是来自北方和东北的少数民族所建的正统王朝，促使东北、西北和北方少数民族地区进一步向心于汉文化中心地区，对中央政府形成较为牢固的行政统属关系才能维护其统治。因此，上述地区，特别是西藏、青海和天山南北诸地，才成为汉文化圈的组成部分，中国统一多民族的格局终于正式形成。

中华民族成为一体的过程是逐步完成的，民族融合主要是出于社会和经济的需要，但统一多民族格局的形成与地理环境息息相关。中国的周边地带分别是高山、大海、大漠和戈壁，这种相对封闭、自成一体的地理环境在阻隔了与区域外交通的同时，又有利于区域内各民族的密切交往。各民族在历经迁徙、贸易、婚嫁，以及冲突甚至兵戎相见之后，形成了大杂居、小聚居、交错杂居的分布格局。

三、各民族文化的空间差异

经过几千年的发展演变，中国统一多民族的格局到清朝基本形成。在东部地区基本上是以汉族为主体，即汉族文化区，只有东北地区生活着满、蒙古、鄂伦春、鄂温克、赫哲等民族，台湾省则是高山族较集中分布区。少数民族生活地区集中分布在北部（蒙古族等）和西部，包括西北和西南，即今甘、宁、青、藏、新、滇、黔、桂等省区，在四川、湖南、海南等省也生活着一些少数民族。

由于各民族起源地不同，不同的自然条件决定了其经济生活和风俗习惯的差异，如北部和西北地区长期干燥多风的荒漠条件、大面积的草原，促使这一地区的居民以发展游牧经济为主，形成游牧民族，逐水草而居，食牛羊肉，饮奶茶，住帐篷，善骑射，耐寒冷，性格刚毅而剽悍，音乐高亢而苍凉，这些成为高原地区居民的共同特征。在蒙古高原、青藏高原以及甘肃、宁夏、新疆等地区的游牧民族，无论是蒙古族、藏族，还是哈萨克族，都有这些共同特征。但在这一大的区域内，还有一些是半游牧半农耕的民族，或是绿洲农业民族，比如维吾尔族等，他们处在定居状态，文化与前者存在明显区别，主食以农产品为主，文学艺术风格活泼而诙谐。还有一些游牧民族，比如回族、满族等，后来逐渐从事定居农业，居住区与汉族接近或混杂在一起，生活方式上也向汉族趋近，民族特点主要靠特定的宗教信仰来保持。

中国人以蒙古人种居多，古代的华夏族、羌、狄、夷及其后裔都是居于北方的蒙古人种。虽然文明程度较高的汉族人大量南迁，分布较广，但其他属蒙古人种的民族大都留居北方。南方及西南各族为古代羌、苗及百越的后代，亦多为蒙古人种，但也有部分为马来人种。在西北地区，也有一些少数民族属突厥人种。当然，也有认为后面的这些人种属于亚洲地理人种，即蒙古人种中的不同亚种。人种的区别，造成各民族体貌特征、语言等的不同，从而形成不同的民族文化特点。

少数民族文化的空间差异，最为明显的是语言差异和经济文化类型差异。民族语言的差异是民族差异的重要表现之一，中国境内的语言分布主要属五大语系，其中除汉藏语系中的汉语族之外，其他四种语系（阿尔泰、南亚、印欧和马来—玻利尼西亚）和汉藏语系的其他语族，均为少数民族语言，它们的使用人数不多，但占据面积较大，如果划分语言文化区的话，它们将与民族文化区完全一致。关于经济文化类型，渔猎采集类型局限于东北的大、小兴安岭山林及黑龙江、松花江和乌苏里江三江交汇处，达斡尔族、鄂伦春族、鄂温克族、赫哲族等族的经济文化属此类型；畜牧经济类型分布在大兴安岭以西内蒙古草原、新疆、青藏高原大部，蒙古族、藏族、哈萨克族、柯尔克孜族、锡伯族等许多民族的经济文化属此类型。农耕经济类型除广大汉族地区采用水田稻作亚型之外，维吾尔族、回族、东乡族等属于绿洲耕牧亚型；云贵地区许多少数民族分别为山林刀耕火种亚型、山地耕牧亚型和山地耕猎亚型等，还有朝鲜族、壮族、白族等族与汉族一样，为水田稻作亚型。

自然条件和经济文化类型的差异决定了社会组织、风俗习惯、文学艺术等方面的不同。比如处在渔猎采集类型和农耕类型之山林刀耕火种亚型的民族，往往保留着氏族制末期的社会组织形式。北方游牧民族多食牛羊肉，着长袍、风帽、长靴，住帐篷毡房；南方民族的衣着则少有皮毛制品，女性穿裙较为普遍（如傣族和景颇族的筒裙、彝族的百褶裙、佤族和黎族的短裙等，湘西土家族在清中期以前男女皆着八幅罗裙），住房则以上下两层的干栏式建筑为主，以适应炎热而潮湿多雨的环境。少数民族的文学艺术十分丰富而又各有特点。文明程度较高、文化传统较长的民族往往有长篇的英雄史诗，较为原始的民族则保留着古老神话故事；北方音乐舞蹈热烈奔放，南方则多细腻婉转，西北则苍凉诙谐；北方及西北民族的聚会中，往往有赛马、摔跤等力量型表演，而西南民族的对歌则是其节庆聚会的特征。但是，某些文化因子在一些民族里具有普遍性和特殊性，有部分民族文化区兼具几种不同的经济文化类型，也有几个民族文化区同属一个宗教文化区。文化空间定位与民族空间定位并不完全一致。

从民族文化空间差异的形成和保持来说，自然因素十分重要，但人为或文化因素是强化或弱化这种差异的后天因素。以藏族来说，本是羌人后裔，由于其逐渐定居在青藏高原上，基本生活在一个相对独立的地理单元之内，在过去交通条件十分不便的情况下，民族之间的交往不频繁，特别是自隋唐以来，藏族发展起了一套较完整的文化系统，因此强化了自己的民族特性；而同样是羌人一支的党项族，后来逐渐东迁，到了与中原文明接近的陕、甘、宁地区，虽然也建立了自己的政权西夏，但逐渐与汉族融合，原来的民族特性便逐渐淡化了。西南地区的少数民族众多，在云、贵等地，越是地处偏僻、人迹罕至的山林之中的民族，其文化传统与汉族差别就越大，民族特性就越能得到保留；而广西壮族与汉族生活地域接近，民族文化差别就要小得多；即使是在云南的边疆地区，生活在平原上、从事农业的民族（比如傣族），就比生活在高山上的民族（如基诺族）更容易与汉族或其他民族交流。蒙古族和满族的情况也颇能说明问题。这两个民族都曾在中原建立过统一的王朝。但蒙古族在消灭南宋、建立元朝之前，"汉化"程度较低，建元之后，依然在很大程度上保留原有的、适合游牧民族文化的各种制度，因此与中原汉族文化发生较大碰撞，元朝灭亡后，依然退居蒙古大草原，恢复其游牧生活。在其后的明、清两朝，双方多次发生冲突，但蒙古戈壁依然构成一个相对独立的地理单元，政府不可能把那里变成农耕之地，游牧文化与农耕文化的差别依旧，因此蒙古族的民族特性基本保存了下来。相反，满族在入关前"汉化"程度就较高，而且绝大部分满族人进入关内，与汉族杂居，这使清朝在统治全国时较为得心应手，但淡化了其民族特性。

《思考与练习》

1. 分析地理环境对中国文化产生的影响。
2. 分析中国传统文化的地理特征。
3. 比较中国各主要区域文化及其特点。
4. 举例说明中国各民族文化的空间差异。

第十一章　地域分异

地理环境是指一定社会所处的地理位置以及与此相联系的各种自然条件的总和，包括气候、土地、河流、湖泊、山脉、矿藏以及动植物资源等。地理环境是能量的交错带，位于地球表层，即岩石圈、水圈、土壤圈、大气圈和生物圈相互作用的交错带上，其厚度约10～30千米。自然环境是由岩石、地貌、土壤、水、气候、生物等自然要素构成的自然综合体。

地理环境是人类赖以生存和发展的生活空间和物质基础，是人类社会存在和发展的必要条件。地理环境的基本特征主要表现为地域整体性和地域差异性。

第一节　地理环境的整体性和差异性

一、地理环境的整体性

地球表面的地貌、气候、水文、生物、土壤等要素通过密切的相互作用共同构成了地理环境，它是一个自然综合体。地理环境各要素的相互联系、相互制约和相互渗透，构成了地理环境的整体性。

1. 地理环境各要素作为整体的一部分发展变化

中国西北内陆地区，由于距海远，海洋潮湿气流难以到达，气候干旱，降水很少，地表水缺乏，化学风化微弱。但是由于气温日较差大，物理风化剧烈，岩石崩解破碎，形成了戈壁沙漠；风力侵蚀显著，但流水侵蚀微弱。由于气候干旱导致植物稀少，土壤有机质含量少。

2. 某一要素的变化会导致其他要素甚至整个环境状态的改变

中国的黄土高原，植被多遭破坏，加速了流水侵蚀，造成了千沟万壑的地表形态。气候要素使岩石产生风化，地质作用也会对气候产生影响。气候状况影响植被类型甚至改变整个生态系统，而生态系统的变化又会影响地貌过程。

二、地理环境的地域差异

陆地环境整体及其各组成成分按照一定的方向发生分化，从而形成多级自然区域的现象称为地理环境的地域差异。地域差异在地理环境中是普遍存在的。

各地所处纬度位置和海陆位置各不相同，热量和水分条件有所差异，产生与之相对应的、具有代表性的植被和土壤类型，在陆地上形成一系列占有一定宽度、呈长带状分布的自然带。自然带内自然地理特征鲜明，自然地理景观比较一致。植物是自然带最明显的标志。陆地自然带按分异规律可分为地带性、非地带性两大类型。

1. 地带性分布

地带性是指自然环境各要素在地表近于带状延伸分布，沿一定方向递变的规律性，包括纬度地带性、经度地带性和垂直地带性。

（1）地带性因素。

由于地球球体形状所致和地球自转与公转运动的影响，太阳辐射能分布因纬度而不同，气候主要受纬度因素制约，水文、植物、土壤等因素都受到气候因素的影响，它们的分布一般都呈带状分布。所以气候、水文、植物和土壤等，称为地带性因素。地带性规律就是受地带性因素影响而表现出来的，其中气候是地带性因素中的主导因素。

（2）地带性分异规律。

①纬度地带性。自然地理现象在地球上的分布具有沿着纬线方向呈东西延伸、南北更替的条带状规律性，叫做纬度地带性。纬度地带性在广阔平坦的平原上表现得最为明显。纬度地带性是由于地球的形态、自转及黄赤交角导致太阳辐射能在地表分布不均匀，从赤道向两极成带状递减，使气温、降水、蒸发、风向、风化作用、成土过程以及土壤和植被等一系列自然地理要素有规律地变化。

②经度地带性。在同一纬度带中，自然地理现象显示呈东西方向更替的规律性。这种自然带的分布大体上与经线平行，并伸展成条带状，称为经度地带性。经度地带性的产生受海陆分布和山脉的南北走向控制，而大气湿度、降水等因素所引起的自然地理特征，在东西方向差异上表现最为明显。

③垂直地带性。在高山地区，从山麓到山顶，温度、湿度和降水随着高度的增加而变化，这就形成了山地垂直气候带。生物、土壤等受气候影响也相应地有垂直分布的规律性。自然带的这种垂直地带分布，称为山地垂直自然带。垂直带的划分，通常以植被和土壤为主导标志，并结合热量和水分状况来进行，其数量、顺序等结构形式被称为垂直带谱。带谱中最底部的自然带称基带。垂直带谱的性质和类型主要取决于带谱所处的水平地带性类型，还受山体本身相对高度与绝对高度、坡向、山体排列形式及局部地貌条件的变化等的影响。如中国秦岭山地、长白山和西南部横断山等山地垂直自然带非常明显。在世界各大山脉都分布着山地垂直自然带，又称垂直带。

2. 非地带性

自然地理环境因素中，由于海陆分布、地形起伏、洋流等因素的影响，陆地自然带的分布不具备水平地带性分异规律和山地垂直地带性分异规律的特征。地形是形成非地带性分布的主导因素。

（1）非地带性现象。自然现象并不都是由地带性规律支配，并非所有自然现象都呈带状分布。例如，湖泊、沼泽分布就不是带状的，它们主要受地形因素影响。凡是有局部洼地，即可积水成湖；局部洼地、排水不畅，地下水位过高、土壤过湿，就可以形成沼泽和沼泽土。平原地区有湖沼，山地区域也有湖沼分布；低纬度地区有湖沼，高纬度地区也有湖沼。所以湖泊、沼泽和沼泽土等的分布，都属于非地带性现象。当然，湖泊、沼泽的形成与气候因素也有一定关系，例如气温低、蒸发量小，更加有利于沼泽的产生。

（2）非地带性的表现。①地带性自然带的缺失。如南纬56°～65°的地区是广阔的海洋，陆地面积很少，因此南半球大陆上缺失苔原带和亚寒带针叶林带。②改变了地带性分布的自然带。如南美安第斯山南段西侧处于温带落叶阔叶林带；东侧巴塔哥尼亚高原，因受地形影响，位于西风带的背风坡，成为温带荒漠。③地带性自然带空间分布受到约束。如南北美洲西部沿海地区的自然带直逼海岸线，其空间分布范围受到极大约束，而且与东部地区的自然带割断，这是科迪勒拉山系分布于美洲大陆西部沿海地区的结果。④自然地理现象的斑块状分布。如荒漠带中呈板块状分布的绿洲，是受高山地形和土壤、水分等非地带性因素影响。

中国天山山麓地带，因为高山冰雪融化形成较为丰富的地下水和地表水，形成众多的块状绿洲散布于干旱地区的山麓，与周围广阔的温带荒漠现象截然不同。因此，绿洲也属于非地带性现象。

总之，地球上不同地区的地理环境有各自不同的区域特征，而且地理环境的整体性是相对的，而分异性是绝对的，但其分异也是有规律可循的。研究地域分异规律是认识自然地理环境特征的重要途径，也是进行自然区划的基础，对于合理利用自然资源、因地制宜进行生产布局具有指导作用。

3. 地域分异规律的等级

按地域分异的规模和作用范围不同，地域分异规律可分为 4 个等级。

（1）全球性规模的分异规律。全球性的热量带，一般划分为寒带、亚寒带、温带、亚热带、热带。

（2）大陆和大洋规模的分异规律。横贯整个大陆的纬度自然地带和海洋上的自然带。

（3）区域性规模的分异规律。在温带地区从沿海向内陆因干湿度变化而产生森林带、草原带和荒漠带。山地所表现的自然景观及其组成要素随海拔高度递变的垂直带性，也是区域性的分异规律。

（4）地方性分异规律。地方性分异可分为两类：一是由地方地形、地面组成物质和地下水埋藏深度的不同所引起的系列性地域分异；二是由地形的不同所引起的坡向上的地域分异。

第二节　中国景观的地域分异

一、中国自然景观的地域分异

中国自然景观的地域分异规律是指自然地理综合体及其组成成分沿地理坐标确定的方向，从高级单位分化成低级单位的形成过程中所表现出的空间组合规律。

（一）纬度地带性分异规律

在东部湿润森林区，由于温度随着纬度的增加而逐渐降低，在气候上自北向南依次出现寒温带、温带、暖温带、亚热带和热带气候，因此受气候影响，植被自北向南依次分布着寒温带针叶林、温带针阔叶混交林、暖温带落叶阔叶林、北亚热带含常绿成分的落叶阔叶林、中亚热带常绿阔叶林、南亚热带常绿阔叶林、热带季雨林、热带雨林。

西部地区由于地处亚洲内陆腹地，在强烈的大陆性气候笼罩下，再加上从北向南出现了一系列东西走向的巨大山系，如阿尔泰山、天山、祁连山、昆仑山等，打破了纬度的影响，西部从北到南的植被水平分布为温带半荒漠、荒漠带，暖温带荒漠带，高寒荒漠带，高寒草原带，高原山地灌丛草原带。

1. 寒温带针叶林带

寒温带针叶林是由耐寒的常绿或落叶针叶树种组成，为中国分布面积广、资源丰富的森林类型。主要由云杉属、冷杉属、落叶松属及一些耐寒的松属和圆柏属植物组成。它是寒温带大兴安岭北部一带的地带性植被类型。这种针叶林能适应寒冷、潮湿或干燥的气候条件，它们分布界限往往是森林上线。寒温带针叶林一般可分为两类：一类为寒温带落叶针叶林，另一类为寒温带常绿针叶林。代表性植被是耐寒的兴安落叶松。此外还有小片的樟子松林。发育的土壤是漂灰土，土壤中的硅含量丰富而盐基贫乏，土壤溶液呈酸性至强酸性。

寒温带针叶林具有较高的生产力，特别是随纬度南移，森林生产力增加，是中国主要木材基地，同时也是造纸和人造纤维的原料基地。这类森林多分布在山地，对于水土保持起着重要作用。

2. 温带针阔叶混交林带

温带针阔叶混交林是寒温带针叶林和夏绿阔叶林间的过渡类型，通常由栎属、槭属、椴属等阔叶树种与云杉属、冷杉属、松属的一些种类混合组成，主要分布在长白山与小兴安岭。由于夏季风的影响，群落的种类组成较欧洲的混交林丰富，群落的结构亦较复杂。这里分布着以海洋性针叶林为主的针阔混交林，针叶林主要有红松，阔叶树种有枫桦等原始林。原始林经采伐后，生长山杨、白桦林，如果再经破坏则成为杂木林。暗棕壤是地带性土壤，肥力较高。

3. 暖温带落叶阔叶林带

暖温带落叶阔叶林是指分布在30°N～50°N的温带地区，以落叶乔木为主的森林。在中国主要分布于辽东半岛及华北的山地丘陵区。

暖温带落叶阔叶林的主要树种是栎、山毛榉、槭、梣、椴、桦等。它们具有比较宽薄的叶片，秋冬落叶，春夏长叶，故这类森林又叫做夏绿林。群落的垂直结构一般具有四个非常清楚的层次：乔木层、灌木层、草本层和苔藓地衣层。藤本和附生植物极少。各层植物冬枯夏荣，季相变化十分鲜明。夏绿林中的消费者动物有鼠、松鼠、鹿、鸟类，以及狐、狼和熊等。

棕壤土是地带性土壤，土层深厚、肥力较高，适于发展暖温带果木林。

4. 亚热带常绿阔叶林带

亚热带常绿阔叶林分布在南北纬25°～35°之间的大陆东部，如中国长江流域、日本南部和美国东南部、澳大利亚东南部、非洲东南部以及南美洲东南部。中国秦岭—淮河以南，南岭以北，横断山脉以东广大地区，依植被、土壤的分布又可分为北、中、南等三个景观地带。

（1）北亚带。位于34°N～32°N。≥10℃的积温为4 500℃～5 000℃，年均温15℃～18℃，最热月均温26℃，最冷月均温1℃～2℃，年降水量为750～1 000毫米，无霜期为210～250天。分布于长江以北，秦岭—淮河以南的低山丘陵区。以含有青冈栎等常绿阔叶树的落叶林为主。针叶树以马尾松等为主。在现状植被中，由于群落的次生性较强，因而外貌近似落叶阔叶林。北亚带的地带性土壤为黄棕壤和黄褐土。

（2）中亚带。位于32°N～24°N。≥10℃的积温为5 000℃～6 500℃，年均温18℃～19℃，最热月均温27℃～29℃，最冷月均温2℃～8℃，年降水量为1 000～1 600毫米，无霜期为250～310天。中亚热带常绿阔叶林带是亚热带的典型部分，主要分布于江南丘陵及云贵高原东部等地。植被叶面多革质、光滑发亮，亦称"照叶林"。针叶树有马尾松、云南松、杉树、柏树等。毛竹林分布也很广。本地带适宜发展茶、油桐等亚热带经济林。中亚带的地带性土壤为红壤和黄壤。

（3）南亚带。位于24°N～22°N。≥10℃的积温为6 500℃～7 500℃，年均温19℃～21℃，最热月均温29℃，最冷月均温9℃～12℃，年降水量为1 500～2 000毫米，无霜期为310～330天。南亚热带常绿阔叶林带分布于滇、粤、桂三省区南部，闽东南及台湾中南部。

天然植被为常绿阔叶林，并有藤本和附生、寄生植物。南亚带的地带性土壤为砖红壤性红壤。

5. 热带雨林、季雨林带

热带雨林是地球上一种常见于赤道附近热带地区的森林生态系统，主要分布于东南亚、澳大利亚东北部、南美洲亚马孙河流域、非洲刚果河流域、中美洲和众多太平洋岛屿。

热带雨林是地球上抵抗力稳定性最高的生态系统，常年气候炎热，雨量充沛，季节差异极不明显，生物群落演替速度极快，是世界上动植物物种的栖息地。热带雨林主要的作用是调节气候，防止水土流失，净化空气，保证地球生物圈的物质循环有序进行。

中国的热带雨林由于纬度偏北，温度略低，与典型的热带雨林不尽相同，但也有异常丰富的植物种和热带雨林的一切特征，属于热带雨林性质的植被类型，龙脑香科、肉豆蔻科、玉蕊科等种属均能见到，但种属不如东南亚热带雨林丰富。主要分布于台湾南部、海南岛、广西和云南南部及西藏东南部分地区。

目前，中国拥有热带雨林面积约 7 150 平方千米，热带季雨林面积约 17 050 平方千米，是亚太地区生物资源最丰富的国家之一。全国植物约 3 万种，其中森林植物约 1.5 万种，鸟类记载超过 1 300 种，哺乳动物的记载也从 450 种左右到超过 500 种。云南省的生物多样性最高，鸟类约 800 种，哺乳动物等也都超过全国半数。

热带季雨林分布于滇南谷地、海南岛、雷州半岛、台湾等地。中国热带季雨林面积比热带雨林广阔。季雨林的群落结构和雨林相比，上层乔木层较矮，一般在 30 米以下。林冠有旱季稀疏、雨季郁闭的季相变化特征，这与雨林终年郁郁葱葱的景象迥异。

（二）经度地带性分异规律

由于中国东西部地区距离海洋远近有差异，在自然地理各因素的综合影响下，中国从东南沿海到西北内陆受海洋季风和湿气流的影响程度逐渐减弱。植被的经度地带性在温带地区特别明显，依次有湿润、半湿润、半干旱、干旱和极端干旱的气候。相应的，植被变化也由东南沿海到西北内陆依次出现了三大植被区域，即东部湿润森林区、中部半干旱草原区、西部内陆干旱荒漠区，这充分反映了植被的经度地带性分布。

1. 温带森林草原、草甸草原带

分布在大兴安岭西麓的低山丘陵以及东北平原，主要由禾本科草类和杂类草组成。这类草原季相变化显著，草层较高，最高可达 100 厘米。常见乔木有蒙古栎、白桦、山杨、柳、榆等。黑土系列是森林草原下地带性土壤，包括黑土、白浆土、黑钙土、灰黑土。它们具有明显的腐殖质累积过程，形成了深厚的腐殖质层。黑土系列主要分布在长白山地和小兴安岭的山前波状台地平原上。黑土区较低湿的地方还发育一种白浆土，常与黑土呈复域分布。黑钙土分布于松嫩平原中西部半干旱草原地区，以及大兴安岭两侧的丘陵山麓。在大兴安岭中段的西坡，常与黑钙土呈复域分布的灰黑土，是半湿润森林类型下发育的土壤。

2. 暖温带森林草原带

主要分布在黄土高原。乔木以辽东栎、杨、桦为代表，亦有油松、侧柏。土壤系列包括褐土、黑垆土、黑绵土。它们是在中性或碱性环境中进行的腐殖质积累，石灰的淋溶和淀积作用明显，残积—淀积黏化现象都有不同程度的表现。

3. 典型草原带

分布于内蒙古高原东部、鄂尔多斯高原东部与黄土高原西北部。建群植物主要是禾本科草类，地带性植被是针茅，例如大针茅、克氏针茅（阿尔泰针茅）、本氏针茅（长芒草）、短花针茅等。这类草原草层一般高30~50厘米。栗钙土是典型干草原下的土壤类型。与黑钙土相比,栗钙土腐殖质积累过程较弱,而钙化过程增加,土壤的黏化过程微弱。

4. 荒漠草原带

分布于内蒙古高原的西部以及荒漠区的山地下部,在极端干旱的昆仑山、阿尔金山可分布到很高的高度。典型植被为旱生性较强的小针茅,例如沙生针茅、戈壁针茅、石生针茅、短花针茅等。超旱生半矮灌木与灌木也比较多,如冷蒿、旱蒿、灌木亚菊等。荒漠草原草层矮,高仅10~20厘米,生长稀疏,总覆盖度不超过15%~30%。棕钙土是其地带性土壤。发育在黄土母质或较细的洪积物上的灰钙土,比棕钙土具有稍强的腐殖质的累积过程,但钙化过程则减弱。

5. 荒漠带

包括阿拉善高平原、河西走廊、准噶尔盆地、塔里木盆地等温带和暖温带荒漠带及柴达木盆地。本区气候干旱,土壤盐分较大,植物种类贫乏,以适应干旱环境的灌木或半灌木为主。漠土系列为其地带性土壤,包括灰漠土、灰棕漠土、棕漠土等。共同特点是沙性强,大多含砾石,表层为浅灰色多孔状结皮,腐殖质含量低,石灰的表聚作用和石膏与易溶盐的聚积作用都较强烈。灰棕漠土和棕漠土为温带与暖温带典型的漠境土壤,灰漠土为温带漠境边缘的过渡性土壤。

(三)垂直地带性分异规律

中国自然景观垂直带谱也可分为东南湿润海洋型、西北干旱内陆型、青藏高原垂直带谱等三大类型。

东部湿润地区的山地,自山麓至山顶,湿润程度虽有一定增加,但变化不甚显著,这里热量条件的改变是影响自然景观变化的主要因素,自下而上逐渐从暖热地区的类型过渡到寒冷地区的类型。如在亚热带地区,常见下列带谱:山地常绿阔叶林、山地常绿阔叶与落叶阔叶混交林、山地落叶阔叶林、山地灌丛草甸。东部湿润山地自然景观垂直带谱的结构从南向北由繁变简层次减少,垂直带的分布高度有由高而低的趋势。从东部湿润区到西部干旱区,随着干旱程度加大,自然景观分布带的高度逐渐升高,带谱的结构趋于简化。

西北干旱内陆的山地,从山麓至山顶,气温降低,而湿润程度在一定高度内则逐渐增高,超过某一高度以后又迅速减少。影响自然景观分布的主要因素是湿润状况。常见的植被垂直带谱有荒漠、荒漠草原、山地灌木草原或草甸草原、森林、亚高山草甸。

青藏高原是一系列具有垂直结构的高原。在广阔的高原面上又有一系列山脉耸立,高原面上的山地又有景观的垂直带谱;同时高原还有一系列深陷的河谷,形成反向的垂直带谱。从整体上看,在广阔的高原面上,有其自然景观的水平分布规律。青藏高原景观分布具有垂直与水平的复合形式。高原面上的水平分布,以高原中部的冈底斯山、念青唐古拉山为界分南北两带。北带自东向西,从高原边缘到高原内部,依次出现森林草原、亚高山草原、高山草甸、高山草原、高山寒漠景观。南带自东向西分布着沟谷森林丛、亚高山草甸、亚高山草原景观。

总之,由于温度和水分的地区差异,在不同纬度地带和经度地带,山地垂直带谱的结构是不同的。植被、土壤的垂直分布虽然干扰甚至破坏了水平地带分布规律,但是每一山地垂直带谱,总是在该山地所处的水平地带基础上发展起来的,因而深深打上了水平地带性的烙印。可以说,垂直地带性从另一侧面反映了植被、土壤及其他自然地理特征的水平分异规律。

二、中国经济景观的地域分异

根据中国地区经济发展水平的梯度差异，地区经济发展的总体态势将全国经济景观分为三大地带，即东部经济景观地带、中部经济景观地带和西部经济景观地带。

（一）东部经济景观地带

东部经济景观地带包括桂、琼、粤、闽、浙、沪、苏、鲁、冀、京、津、辽、台等13省区市。该地带占全国面积的13.77%，截至2020年末人口占47.25%。

本地带具有五大特点或五大优势：①科技文教发达，区位优越，交通便利，特别是海运独具优势，极有利于实行全方位对外开放；②积极参与现代国际分工；③海洋资源丰富，开发潜力大；④基础雄厚，效益较高，资金相对充裕；⑤城市规模和城市密度较大，城镇化水平较高。这些从不同侧面体现了东部经济景观地带在全国经济社会生活中具有举足轻重的地位。

本地带除了特大城市以外，三大经济核心区（环渤海、长江三角洲、珠江三角洲）对整个东部经济景观地带的发展变化起着决定性的作用，也是景观地带之内划分景观区的依据。

（二）中部经济景观地带

中部经济景观地带包括晋、豫、鄂、湘、皖、赣、吉、黑和内蒙古等9省区。该地带占全国面积的28.44%，截至2020年末人口占30.81%。这是中国过渡性明显的一个经济景观地带。无论从经济技术发展水平、人口密度，还是从自然资源的丰富度讲，其都处于三级梯度中的中间一级。

本地带发展的优势：①地处全国腹地，地理位置优越。是东部发达地带与西部待进一步开发地带的接合部，兼有两者之长，补其所短。②有丰富多样的地表资源与地下资源。③有较好的经济基础和相当大的开发潜力。④地带内生产力空间分布相对均衡。本地带的开发历史较久，农业都比较发达。中华人民共和国成立以来，"一五"计划期间，晋、豫、鄂、黑是内地工业的重点建设区；"三五"计划期间，豫西、鄂西、湘西是"三线"建设的主要地区；"五五"计划期间，皖、赣开始以煤、煤电为主和以铜、水电为主的工业开发；"六五"计划期间，晋、豫西、内蒙古西部、两淮是全国能源重化工的重点建设区。因此，各省区基本上都达到了中等或中等以上的发展水平，地带内的"不平衡差"（按人均工农业总产值计算）远比另外两个地带小。

（三）西部经济景观地带

西部经济景观地带包括川、渝、黔、滇、藏、陕、青、宁、甘、新等10省区市。该地带占全国面积的57.78%，截至2020年末人口占21.38%。

本地带经济发展水平处于三级梯度的最低级；但就空间广度和资源的丰度而论，又处于最高级。这是中国一个极富特色、具有广阔开发前景的地带。本地带发展的优势：①本区地域辽阔，土地面积占全国57.78%，人均土地资源为全国平均值的2.46倍，尽管山地、沙漠面积广大，但发展大农业的潜力仍然大于其他地带。②地质构造复杂，能源资源丰富，矿种齐全，且空间组合比较理想，为发展高能工业奠定了基础。目前多种能源、矿产还处于有待开发状态。但本地带人口稀少，经济技术落后。中华人民共和国成立以来，工业发展速度总的来说较快，但由于历史的原因和发展战略上的某些失误，基建规模和经济增长的波动很大，仍属全国欠发达地带。

三、中国人文景观的地域分异

人文景观是人地关系的地域社会文化综合体，包括人口地域综合体（人口地域类型）、聚落景观（通常划分为城市景观和乡村景观）、旅游景观、地域政治系统（或集团）、社会景观（社会群体类型）、民族共同体、文化景观等组成成分。中国人文景观的地域分异是社会文化地域综合体及其组成成分在一定的地理坐标上所分成的相互更替的各级人文景观单元的现象，反映这一分异现象的客观表现规律，就是中国人文景观的地域分异规律。其最高级地域分异，就是东部和西部的鲜明对比。

（一）东部人文景观大区

东部人文景观大区包括除青海省以外的 22 个省和 4 个直辖市。本大区的主要特征：①人口组成以汉族为主，少数民族比重小，且分散在某些边远山区；②儒学文化影响深刻，且历史悠久，人们的文化素质普遍较高；③城市聚落景观不仅表现在城市规模宏大，而且城市密度也远比西部人文景观大区大得多；④生产力水平普遍高于西部人文景观大区，且生产方式的变更无论从历史的角度还是从现状来看都走在了西部人文景观大区的前面；⑤在政治上，本大区是中国历代王朝建都之地，也是历代王朝控制最严密的地域，保存了大量的人文风景名胜；⑥在宗教方面，历史上汉族主要以信仰道教为主，后佛教传入并受到提倡，也产生了深刻的影响。

（二）西部人文景观大区

西部人文景观大区包括内蒙古、新疆、西藏、广西、宁夏五个自治区和青海省。本大区的主要特征：①以少数民族为主且集中分布在特定的区域，形成各具民族特色的少数民族自治区，汉族杂居其间；②城市聚落规模普遍较小，分布稀疏，人口密度小；③乡村景观除广西壮族自治区外，其他都分布稀疏，且存在一定数量的游牧群体；④生产力水平较东部人文景观大区低，未开垦和有待利用的土地数量大；⑤拥有大量的不同于汉文化的人文风景名胜；⑥在宗教信仰方面以伊斯兰教和佛教为主，或受道教影响，教徒人数众多。

第三节　景观区域的划分

一、景观划分的实质

景观划分的实质是将景观按其差异性划分为区域。

自然景观划分的理论依据是自然景观的地域分异规律。由于地表自然界存在着明显的有规律的差异性，因此，可以按地域的差异性和相似性进行地域的划分与合并，即把自然特征相似的地域划分为一个区，把发生差异变化的地方确定为区界，然后对相对一致的区域的特征及其发生、发展与分布规律进行研究，并按区域之间的等级从属关系，建立一定的自然区域单位的等级系统。

经济景观划分的理论依据是经济景观的地域分异规律。由于经济景观的地域分异实质是区位的差异，区位论是进行经济区划的理论基础，因此可以按照生产力地域综合体的相似性和差异性进行划分和合并，并按其内在联系建立起相应的经济区域单位的等级系统。所以，经济区划的每一个经济区都是全国统一的地域经济系统的组成部分，是在全国的经济中承担某种专门化职能的地域生产综合体。

人文景观的划分则是以人文景观的地域分异规律为理论基础，根据社会文化地域综合体的相似性和差异性进行合并和划分，按其相似性把级别较低的人文景观合并成较高级的人文景观，并依其地域联系逐级排列成一个等级序列，就是人文景观区划，或简称人文区划。

景观的综合划分是以自然景观、经济景观和人文景观的综合特征的相似性和差异性为前提而进行的，它揭示了景观的全部属性的相似性或差异性，而不是其中的某一方面。因此，只有当上述三方面的景观划分的成果可靠时，才能顺利地进行景观的综合划分，即综合区划。简单地说，综合区划是对综合景观的等级划分，是一种最高级的区划。

在中国近代自然区划实践中，由于对自然界地域规律的认识不同、区划目的各异、区划原则和方法不尽一致，以及区划指标不统一，从而出现了多种区划方案。

二、中国地理分区

中国地理分区是自然与人文综合的地理区。每个地理区都具有不同的区域特征，众多质量互异的地理环境要素，包括自然环境要素和人文环境要素，它们集合在特定的空间中综合地表现出来，形成了具有特定质态的地理特征。

本书按照地理位置相邻、自然条件相近、以气候因素为主导的原则，把中国划分为东部季风区、西北干旱区和青藏高寒区。在三大区的基础上，考虑历史上经济文化联系等人文地理特点，并按照顾省份完整性的原则，进行地理区划，可将中国分为东北区、华北区、长江中下游区、华南区、晋陕蒙区、西南区、青藏区、西北区等。其详细内容将在第三编介绍。

思考与练习

1. 分析中国经济景观的地域分异。
2. 举例说明中国东部和西部文化景观的差异。
3. 叙述学校所在地的景观特色。

第三编　区域地理

第十二章　东北区

东北区位于中国的东北部，包括黑龙江省、吉林省、辽宁省三省和内蒙古自治区东部的兴安盟、通辽市、呼伦贝尔市和赤峰市。总面积 127.12 万平方千米，约占全国土地总面积的 13.24%；2020 年全区人口为 1.08 亿，占全国总人口 7.65%。东北区是中国东北边疆地区具有完整自然地域单元、自然资源丰富、经济联系密切、经济实力比较雄厚的大经济地域等。

本区主要经济中心：沈阳、大连、哈尔滨、长春等。

第一节　自然环境与资源

东北区位于东北亚区域的中心地带，东、北、西三面与朝鲜、俄罗斯和蒙古为邻；与日本、韩国隔海相望；南濒渤海与华北区连接，战略地位极为重要。

一、土地资源

本区地貌类型很多，但分布很有规律。山环水绕、沃野千里是东北区地面结构的基本特征，是形成大经济区的自然基础。地表结构略呈三条半环状带，外侧是黑龙江、乌苏里江、兴凯湖、图们江和鸭绿江等流域低地；中间是大小兴安岭和长白山系等高山、中山、低山和丘陵区；内侧则是广阔的平原。

东北区北、东、南三面，山环水绕，平原辽阔，沃野千里，气候温和湿润，大部分地方属温带气候。全区土地、水分和热量资源对发展农牧业十分有利。据统计，截至 2019 年 12 月全区耕地面积约 5.62 亿亩，约占全国耕地面积 29.33%，集中分布于东北平原。东北平原北起嫩江中游，南至辽东湾，南北长约 1 000 千米，东西最宽处 400 千米，面积 35 万平方千米，为中国第一大平原。其次分布于山前台地及山间盆地谷地，垂直分布上限一般为海拔500 米，少数可达 800 米。按人均占有耕地量计算，东北区是全国人均耕地面积最多的地区。

东北区平原广泛分布黑土、黑钙土、草甸土等土壤类型。黑土、黑钙土的有机质是中国土壤中含量最高之一。土壤肥力高，肥沃的耕地集中连片分布，成为一熟制作物种植区和重要商品粮基地。

全区可垦荒地约有 667 万公顷，其中，在黑龙江省分布最广，其次分布在内蒙古自治区的呼伦贝尔市、兴安盟东部及辽河下游地区。

东北区以温带大陆性季风气候为主。冬季寒冷漫长，地表积雪时间长，春季融化湿润土壤，深厚的季节冻土与多年冻土广泛分布，阻碍了地表水与土壤水的下渗，在地势比较低缓、排水不良地段，草甸化与沼泽化现象显著。东北区沼泽分布面积由北向南递减，大、小兴安岭沼泽分布广，类型较多。黑龙江省的沼泽面积最大，其中三江平原的沼泽与沼泽化土地面积约 240 万公顷，是中国最大的沼泽分布区。

二、气候资源

受纬度位置、海陆位置、地势等因素影响，东北区自南而北跨越暖温带、中温带与寒温带，热量显著不同，温度差异明显。全年积温南部可达 3 600℃ 以上，冬小麦、早熟棉花、暖温带水果可正常生长。中部大部分地区积温在 2 400℃ ~ 3 400℃ 之间，可生长春小麦、大豆、玉米、高粱、水稻、甜菜、向日葵、亚麻等春播作物，一年一熟，但有时受低温冷害影响，需根据积温变化进行作物品种合理布局。北部地区全年积温仅有 1 000℃，作物以春小麦、马铃薯、大豆为主。降水量自东向西递减，长白山东南侧鸭绿江流域年降水量可达 1 000 毫米以上，是秦岭—淮河以北降水量最多的地区。在气候干湿度分布上呈湿润区、半湿润区过渡到半干旱区。冬季降雪较多，是中国降雪量最多的地区之一，降雪日数从南向北为 30 ~ 190 天。对水热条件的综合作用，形成了东北区农业体系和农业地域分异的基本格局。这是区域综合性大农业基地的自然基础。

三、生物资源

（一）森林资源

东北林区是中国最大的天然林区。据近年统计，全区共有森林面积 6.8 亿亩，占全国森林总面积 37%。木材蓄积量达 32 亿立方米，占全国木材总蓄积量 1/3。

森林树种以中温带针叶—落叶阔叶混交林为主。大兴安岭北段为寒温带针叶林分布区，以兴安落叶松为主；小兴安岭林区树种大部分与大兴安岭林区相同，但红松所占比重增大，是本区具有代表性的优质用材林，故小兴安岭又被称为"红松的故乡"。长白山林区围绕天池建立了长白山自然保护区，面积约 19 万多公顷，是世界上原始生态保存最完整的一个地区。据调查，这里共有高等植物 1 500 余种，其中经济价值较大的植物 800 多种。主要植被类型为温带针阔叶混交林，著名的地带性树种有红松、落叶松、云杉、冷杉、赤松等。

由于近几十年集中采伐过量，东北林区森林资源数量锐减。在林业开发利用中普遍存在：资源破坏，森林资源减少；森林覆盖率下降，生态环境日趋恶化；采伐为主，造林为副。例如黑龙江省森林活林木蓄积量比 20 世纪初期减少了 40%，可伐蓄积量减少了 80%。大量原始森林经过采伐、森林火灾破坏后形成了过伐林、天然次生林，林相不整，森林的整体功能下降。东北林区作为东北地区乃至全国的生态屏障，应坚持以营林为主，恢复和发展森林资源是经济发展和生态建构的重要战略措施。

（二）动物资源

东北区气候寒冷，因此本区耐寒性的森林动物十分丰富，也是中国生物资源最丰富的地区。如鼬科的紫貂、水獭，猫科的东北虎、金钱豹，犬科的貉和赤狐，熊科中以黑熊最为普遍。有些栖息于北极圈的寒带种类也延伸至此，如驼鹿、狼獾、雪兔和森林旅鼠。鸟类以松鸡科和雉科种类最多。爬行类和两栖类在本区较贫乏。

东北区南部濒临黄海与渤海，沿海渔场面积为 5.6 万平方海里。海区鱼虾类有 300 多种，淡水鱼 180 种，盛产青鱼、草鱼、鲢鱼、鲤鱼等。此外，还有名贵的大马哈鱼、鲟、鳇鱼等。

四、水资源

东北区水资源比较丰富，地表径流总量约为 1 500 亿立方米，但人均占有量较少，相当于全国人均值的 72.5%。地区水资源分布不均，东部多于西部，北部多于南部，中部及中南部地区人均水资源占有量较少，需进行区域内"北水南调"水利工程建设，才能保证本区发展的需要。降水正常年份降水量能满足旱田作物的需要。但是年降水变率大，秋季变率可达 30%~40%。正常年份松嫩平原西部及内蒙古东部可能发生旱灾，而三江平原及松辽平原的低洼地常有涝灾。

区内集水面积在 1 000 平方千米以上的河流有 290 多条，主要有黑龙江、松花江、辽河、鸭绿江、图们江等，众多河流形成了一个稠密的水网。本区可供开发利用的水能资源约有 1 200 万千瓦，如果充分利用，有利于节约煤炭和石油资源，将对东北电网的调峰起重大作用。

五、矿产资源

东北区矿产资源丰富，主要矿种比较齐全，目前，东北区已探明储量 100 余种，其中储量居全国前三位的有 45 种。主要金属矿产有铁、锰、铜、钼、铅、锌、金等，非金属矿产有煤、石油、油页岩、石墨、菱镁矿、白云石、滑石、石棉等。东北区的铁矿资源集中分布在辽宁省鞍山、本溪一带，铁矿储量达 125 亿吨，占全国铁矿总储量 24.2%。2020 年，东北地区铁矿石原矿产量在全国占比 16.4%。2009 年 5 月在辽宁本溪发现特大型铁矿，使辽宁省跃居成为全国铁矿大省。石油资源主要分布在松辽平原，已探明储量占全国陆地储量 50% 左右。大庆油田、辽河油田和吉林油田都是全国重要的油田，也是东北区能源工业、化学工业、轻纺工业的重要基础。东北油页岩储量占全国第一位。其中吉林省油页岩产地比较集中，主要分布在松辽、桦甸、罗子沟三个盆地，储量相当于全国储量一半以上，具有较大的潜在优势。东北区煤炭资源保有储量约 601 亿吨，煤种虽比较齐全，但总量不足，而且分布不均匀，60% 在内蒙古东部，27% 在黑龙江，13% 在辽、吉两省。黑龙江省煤炭分布在东部的鹤岗、双鸭山、七台河和鸡西等地；吉林省煤炭资源分布较广，全省三分之二县、市有煤，主要集中在通化、舒兰、珲春、辽源等市、县。辽宁省煤炭主要分布在抚顺、阜新、本溪、鞍山等可供露天开采的矿山。东部山地石灰石也极其丰富，有利于发展化学工业和水泥工业。东北区的资源为建立冶金、燃料动力、化学、建材等基础工业提供了比较充分的保证。

第二节　工业生产与布局

东北区是中华人民共和国成立后第一个重工业基地。这个基地依托丰富的煤铁资源，重点发展钢铁、机械、汽车等工业部门。20世纪60年代中期以后，由于石油资源的开发，石油工业基础性作用日益加强，基本上形成了以钢铁、机械、石油、化学工业为主导，包括煤炭、电力、建材、森工、纺织、造纸、制糖等比较完整的工业体系。目前，钢产量、冶金设备、汽车、发电设备、石油、纸、盐等重工业产品在全国占有举足轻重的地位。进入21世纪以来，东北区高新技术产业和轻纺工业也有了长足发展。

东北地区主要有沈大工业带、长吉工业带、哈大齐工业带等，形成了辽中南城市群、哈长城市群两大城市群。主要工业城市有沈阳、大连、鞍山、抚顺、本溪、长春、吉林、哈尔滨等。

一、冶金工业

钢铁工业是东北区的工业基础，鞍钢是东北钢铁工业的核心。东北区铁矿资源丰富，集中于鞍山、本溪附近几十公里地区内，铁矿资源类型多，储量大，分布集中，含硫少，易采选，多数矿区交通方便，开发条件好，形成鞍山、本溪等国内大型钢铁工业基地。

在丰富的有色金属资源的基础上，东北区建立了与钢铁、机械工业密切关联的有色金属工业，主要有铜、铅、锌、钼、镁、铝、金、银等开采与冶炼。沈阳、抚顺是两个最大的有色金属冶炼中心，前者以生产铜、铅、锌为主，原料多来自吉林和辽宁东部山区，后者以炼铝为主，原料来自当地。此外，锦西杨家杖子钼矿，储量很大，产量全国第一，多供抚钢及鞍钢炼钢用。大石桥镁矿是世界最大的镁矿床，多用作冶金耐火材料。

二、机械制造工业

机械制造工业是东北工业体系的核心，也是全国机械工业基地之一。其产值一直居各工业部门之首，部门较多，专业化协作密切，对区内各经济部门的技术改造以及支援全国都有重大意义。区内运输机械业非常发达，大连是海洋轮船、机车车辆制造中心；长春是汽车、客车制造中心；哈尔滨是内河船舶制造中心；齐齐哈尔也有机车车辆制造工业。沈阳、哈尔滨是本区两大动力机械制造中心，包括生产电机、汽轮机、锅炉、电线与电缆、变压器、电器仪表等的现代化大型工厂。机床、轴承、工具制造以沈阳、大连、哈尔滨、齐齐哈尔为中心，其中以沈阳生产厂家最多，设备最为完善。哈尔滨以精密机械和工具制造为主。大连与齐齐哈尔以机床生产为主。沈阳、大连、长春、哈尔滨、齐齐哈尔等城市是东北区以机械制造工业为主的工业中心。

三、能源工业

东北区能源矿物种类多，储量大，分布集中。主要有煤、石油、天然气、油页岩等，这为建立能源生产基地提供了有利条件。东北区的煤、石油和电力等生产量都曾居全国前列，近年煤、电自给率下降，而石油仍以输出为主。

东北区煤炭资源的保有储量约601亿吨，煤种虽比较齐全，但总量不足，而且分布不均匀。目前已开采的有内蒙古霍林河、伊敏河、元宝山三大露天煤矿。从产销平衡来看，辽、吉二省煤产量虽不少，但消费量更大，动力煤和焦煤均不足，需从黑龙江、内蒙古东部和华北购入，北煤南运、东煤西运是本区产销的重要特点。鸡西、鹤岗、双鸭山、七台河、阜新、抚顺、佳木斯等是东北重要的煤炭工业城市。

目前，正加速建设西部煤电新基地，重点开发霍林河、伊敏河、元宝山等大型煤田，加速内蒙古东部煤炭输入东北三省，以缓解该地区能源短缺压力。北部扩建鹤岗、双鸭山、鸡西、七台河煤矿及相应的电厂。东部开发珲春煤田，新建扩建白山水电站。南部的能源建设，利用铁法煤建铁岭电厂，抚顺煤矿建抚顺发电厂，呼伦贝尔市煤矿建华能营口沿海电厂，晋煤建绥中电厂。

东北区松辽平原地下埋藏着丰富的石油资源，已探明储量占全国一半左右，石油储量和产量长期约占全国的1/2，是中国最大的储油和产油区。主要油田有大庆油田、辽河油田和吉林油田。其中大庆油田自1960年投入开发建设，累计探明石油地质储量67亿吨，截至2022年底累计生产原油25亿吨，占同期全国陆上石油总产量的36%；探明天然气地质储量1 204亿立方米，特别是原油5 000万吨连续27年高产稳产，创造了世界油田开发史上的奇迹。

四、化学工业

石油和化学工业是东北老工业基地的支柱产业之一。东北区也是中国化学工业最发达的地区之一，具有良好的资源条件和生产基础。原来的化工工业是在利用本区的煤、海水、硫化矿物、天然碱等资源和冶金、炼焦、电力等副产物的基础上发展起来的。20世纪50年代以来，国家以重点建设吉化公司、改造建设大连化学工业公司和锦西化工厂这三大化工基地为起点，经过几十年的发展，东北石油和化学工业已形成了包括石油天然气开采、石油化工、化学肥料、化学矿山、无机化学品、烧碱、纯碱、基本有机原料、农药、染料、涂料、橡胶加工、新型材料和精细化学品等主要行业的石油和化学工业体系。

五、轻工业

东北区轻工业原有基础比较薄弱。在轻工业中，以种植业产品为原料的粮油食品加工、制糖、棉麻纺织、酿造等，以林业为基础的造纸、森林化学、柞蚕丝纺织等，以牧业为基础的皮革、毛纺织、奶肉加工等，以渔业为基础的食品加工业等已有一定规模。

纺织工业部门比较齐全，棉、麻、丝、毛、化纤等纺织都有一定基础。东北区也是中国重要的纺织工业基地，亚麻和柞蚕丝（丹东）纺织产量居全国前列。制糖业发达，以甜菜为主要原料的制糖厂主要分布在黑、吉两省。此外，以人参、鹿茸等为原料的制药业也十分发达。

六、电力工业

东北区在煤炭、水能资源的基础上，发展了强大的电力工业。火电和水电设备能力都占全国重要地位，并形成了区域性大电网。东北区电力工业的资源构成以煤炭为主，其次为水力及一部分石油，火电的比重日益增长，在全区电力工业设备总容量中，火电已达80%以上，火电站主要分布在北部和西部煤炭资源较丰富的地区；水能资源主要分布在鸭绿江和松花江，已建成丰满、白山、红石等大型水电站，其中白山水电站是东北区发电量最大的水电站。

在核电建设方面，目前东北地区已经建成并投入使用的红沿河核电站是中国首次一次性同时装机 4 台百万千瓦级核电机组标准化、规模化建设的核电项目，也是东北地区第一个核电站。建设中的辽宁徐大堡核电站、规划中的黑龙江佳木斯核电厂和吉林靖宇核电厂，这些核电站建成对于促进老工业基地振兴、增加能源供给、保障区域电网安全供电有着重要意义。

第三节　农业生产与布局

东北地区不仅是中国强大的工业基地，同时也是中国重要的农业、林业、牧业基地。肥沃的黑土地使得黑龙江省、吉林省成为农业大省，其中黑龙江省粮食总产量多年全国第一，是全国最大的商品粮基地，并已形成具有明显的农业地域分异特征。

一、农业资源

东北区土地资源丰富，土壤肥沃，水资源相对较充足，是中国农业重点开发地区。东北区全境土地面积 127.12 万平方千米，其中耕地面积约 5.62 亿亩。尚有大量可充分利用的荒山和草地、尚未开发的沼泽和荒原，在全国各大区中还是少见的。全区可开垦的荒地约有 1 亿亩，主要分布在黑龙江省、吉林省、辽宁省，内蒙古东部也有少量可开发的土地。

东北林区是中国最大的天然林区，主要分布在大、小兴安岭和长白山，以中温带针叶—落叶阔叶混交林为主。据近年统计，全区共有森林面积 6.8 亿亩，占全国森林总面积的 37%。木材蓄积量达 32 亿立方米，占全国木材总蓄积量的 1/3。其中黑龙江省有 24 亿立方米，占全国木材蓄积量的 1/4；吉林省有 7 亿立方米，辽宁省有 1 亿立方米。草地面积 2.29 亿亩，科尔沁草原和呼伦贝尔草原闻名全国。由于盲目农垦和牧业经营方式落后，草原退化现象严重，牧业潜力尚未充分发挥。区内水面约 5 000 多万亩，还有辽阔的海洋，这对发展淡水渔业和海洋渔业都极为有利。

由于受到热量条件限制，农作物只能一年一熟，除辽宁南部可种冬小麦外，大部分地区只能种植春小麦。

二、商品粮、商品油基地和甜菜基地

东北地区具有丰富的宜农宜牧土地资源。肥沃的耕地集中连片，黑土、黑钙土、草甸土等都有深厚的暗色表土层，当地人称这为"黑土地"。黑土主要集中分布在松嫩平原东部和北部山前台地，黑钙土分布区主要在松嫩平原中西部。本区虽有寒暖干湿的较大地区变异，生长季节较短，但基本特征是日照充足，光合作用潜力大，夏季普遍高温，并且雨热同期。东北地区是中国重要的一年一熟制（南部为两年三熟制）作物种植区和商品粮生产基地。

东北区原来是以旱作杂粮为主的地区。盛产大米、玉米、大豆、马铃薯、甜菜、高粱以及温带瓜果蔬菜等。小麦和水稻是东北区的两大细粮作物。东北地区水稻生产集中分布在吉林的延吉市、松花江沿岸和辽河沿岸等的大型灌溉区。由于水利工程建设不断完善，水稻又是高产稳产作物，播种面积逐步增长，水稻种植有向北向西推移的趋势。

东北区是中国最重要的春小麦区。本区春小麦主要分布在生长季节较短的北部地区。黑龙江省小麦面积与产量均占全区 90% 左右，其中以三江平原、松嫩平原北部和黑河地区最为集中。2020 年黑龙江省粮食总产量达 7 763 万吨，占全国的 11.3%，连续 13 年位居全国第一。

玉米、高粱、谷子是东北区三大杂粮作物，播种面积和产量都呈下降趋势。玉米生产分布广泛，尤以中部松辽平原最集中，这里已成为中国的"玉米带"。高粱是本区传统粮食作物，曾是东北人民的主食之一，产地以辽河平原为主。谷子分布比较普遍，比较干旱的西部地区比重较大。谷子虽然播种面积占杂粮面积的第二位，但产量低于玉米和高粱。

东北区是中国大豆的主产区。大豆种植历史悠久，本区气候和土质十分适合种植大豆。历史上东北区曾是世界上最著名的商品大豆产地，大豆的商品率和出口率均占 50% 以上，后来种植面积下降。目前基本上是区内消费为主，在国际上地位已明显下降。大豆种植分布以平原地区为主，北部地区种植面积多于南部。沈阳以北经四平、长春、哈尔滨到北安铁路沿线地区，是大豆最集中产区。一般年份，黑龙江省大豆产量约占全区产量 65%，吉、辽两省相对较少，内蒙古东部更少。2022 年黑龙江省大豆播种面积 7 397.5 万亩，占全国的 48.1%，大豆产量达到 953.5 万吨，占全国的 47%，均居全国第一。

东北地区还是全国最大的甜菜生产基地，产量占全国一半。甜菜分布主要集中在松嫩平原，其次是三江平原，黑龙江省和吉林省是中国主要甜菜基地之一，其中黑龙江省的甜菜种植面积和产量均居全国首位。

此外，亚麻、柞蚕产量居全国前列，辽宁柞蚕丝织品产量居全国前列，丹东是最大生产中心。

三、林牧业和渔业基地

（一）林牧业

东北地区依托丰富的农产品资源和草场资源，既有农区舍饲，又有放牧为主的畜牧业，但以农区舍饲为主。舍饲畜牧业以饲养猪、马为主；放牧业则以牛、马、羊为主。马是东北区最重要的牲畜和役畜，饲养头数居全国第一位，黑龙江马匹占大牲畜头数一半，是全国重要的产马区。商品乳牛业基地主要在滨洲铁路沿线一带。养猪业也主要在农区，中部地区最多。养羊业主要在西部草原区。今后畜牧业发展方向：在商品粮基地，加强饲料工业，重点发展养猪业和肉牛业；西部草原区，形成牛、马、羊基地。

东北区是全国最大的天然林区，主要分布在大、小兴安岭和长白山，以中温带针叶—落叶阔叶混交林为主。其中，针叶树主要有兴安落叶松、樟子松、红松、云杉等。阔叶树主要有水曲柳、桦树、杨树等。

（二）渔业

东北区南部濒临黄海和渤海，拥有发展海洋渔业的有利条件。辽东半岛大陆架面积辽阔，沿海多为浅平海底，且有鸭绿江、大洋河等河流淡水入海，亦将大量滋养物质带入海中，使沿岸海区水质肥沃，浮游生物和底栖生物滋生，形成鱼虾产卵和索饵的场所，因此成为中国重要渔场之一，主要经济鱼虾类有小黄鱼、带鱼、鳎鱼、对虾、毛虾等。大连是北方最大的海产品加工中心。

另外，本区淡水渔业也有很好的发展条件，黑龙江、松花江、嫩江、乌苏里江等河流都适宜发展淡水渔业。

第四节　交通运输业

东北区已有比较发达的现代化交通网。这个运输网是以铁路为骨干，公路为基础，包括铁路、公路、管道、内河航运、海运、航空等构成的交通系统。它既是工业基地建设和农业基地开发的重要条件，也是东北经济区地域经济体系的重要组成部分。

一、铁路运输

在东北区的交通运输网中，铁路居主导地位，目前已建成铁路70多条，营运里程占全国28%，铁路密度达125千米/平方千米，高于全国57千米/平方千米的水平。东北地区有沈阳铁路局和哈尔滨铁路局。目前，东北地区最主要的普速铁路干线有京哈线、沈山线、哈大线、滨洲线、滨绥线。高速铁路干线有哈大线、秦沈线、哈齐线、长吉线、吉图珲专线。全区铁路以哈大、滨洲、滨绥、沈山等线为骨干，以沈阳、四平、长春、哈尔滨为枢纽，联系各干支线，形成"丁"字形的铁路网。

二、公路运输

东北区公路建设发展迅速。2020年末全区公路线路里程41万千米，其中高速公路1.09万千米，以大中城市为中心形成不同层次的辐射公路网。国道干线有同江到大连、绥芬河—哈尔滨—满洲里、长春—珲春、丹东—山海关等，与其他干线公路构成了东北区公路网的骨干，基本形成了"五纵五横"的高速公路网。"五纵"为鹤大高速、吉黑高速、沈吉高速、京哈高速、大广高速；"五横"为五右高速、珲乌高速、蒲左高速、长深高速、长双高速。这些交通线贯穿整个经济区域，成为联通相邻区域的交通大通道。

三、水路运输

东北区海上航运已形成以大连港、营口港为中心，以丹东、锦州港为两翼的布局。大连港位于辽东半岛南端大连湾内，是该区域进入太平洋、面向世界的海上门户，是全区首屈一指的天然良港，水深港阔，不淤不冻，是中国和远东名港。大连港主要从事原油、成品油及液体化工品装、卸、储运服务及客运服务等方面业务。营口港靠近辽中南工业基地，其规模仅次于大连港，是渤海湾沿岸主要港口之一。丹东港位于大陆海岸线最北端，地处东北亚中心，南邻黄海，是东北东部地区唯一出海通道，也是国家"一带一路"建设北方起点，已与日本、韩国、美国、巴西、俄罗斯等全球100多个国家的港口开通了海上货物运输业务。2020年，丹东港吞吐能力达到5亿吨，成为现代化、专业化、集约化、深水化的国际一流综合贸易商港。

四、航空运输

目前，东北区已开辟200多条航线，截至2020年全区共有颁证运输机场27个，占全国11.2%；全区主要大中城市均已通航，基本上形成稠密的航空运输网络。今后将重点扩建和完善沈阳、大连、长春、哈尔滨四个航空港配套设施的建设。

为适应东北地区经济发展，改善交通运输条件势在必行。第一，加快公路建设，以国道为主干道、高速公路为骨架，连接省、县、乡公路，形成综合运输网络的基础。第二，铁路运输方面，首先是对区内原有铁路增修复线，提高通过能力；其次是修筑连接华北的新铁路干线，为扩大煤炭运输创造条件；最后是在东北西部、东部、北部修筑一些新铁路，形成东西两翼新的南北干线。第三，扩大沿海港口的泊位，全面开放，作为联系国内外的港口。第四，加强空港建设，增辟国内国际航线。

第五节　区域经济协调发展

一、区域特色旅游业

东北地区具有发展旅游业得天独厚的优势。其旅游资源丰富，几乎囊括了8大类、33个亚类和155种基本类型旅游资源，大森林、大草原、大湿地、大冰雪、大工业、大农业旅游资源在全国独具特色；生态环境优越，地域辽阔，跨越环渤海和北部极地地区，生态类型多样，环境质量良好，具备生态旅游和避暑旅游的极佳条件；区位优势明显，地处东北亚区域核心，在发展跨境旅游和边境风光旅游方面潜力巨大。

二、边境贸易

东北区毗邻俄罗斯、蒙古、朝鲜，与韩国、日本隔海相望，具有对外开放的优越区位，不仅海岸线蜿蜒，陆地边境线漫长，而且具有一些良好的对外开放口岸。从世界地缘角度看，东北区及蒙古、朝鲜半岛、日本、俄罗斯的西伯利亚共同构成"东北亚经济圈"。东北区正处于这一经济圈的中部，为本区发展国际贸易提供了独特的地理条件。

中国先后将大连、满洲里、黑河、绥芬河、珲春等市列为对外开放城市，利用外资与技术引进，建立出口基地、开发区，开展边境贸易。图们江部分河段是中、朝、俄三国界河。以图们江口为中心，以900千米为半径，可以到达东北亚各国。图们江下游地区处于东北亚地区的中央部位，它是中国从陆路进入日本海的唯一水路通道，也是实现东北亚各国区域经济互补的重要结合点和经济联系的枢纽。

东北地区通过利用外资与技术引进，已建立22个国家级经济技术开发区、16个国家级高新区、6个国家级出口加工区、5个国家级边境经济合作区和大连保税区，对外开放格局逐渐形成。重点推进辽宁沿海经济带和沈阳经济区、长（长春）吉（吉林）图（图们江）经济区、哈（哈尔滨）大（大庆）齐（齐齐哈尔）和牡（牡丹江）绥（绥芬河）地区等区域发展。

三、区内经济协调发展格局

由于自然条件、自然资源和社会经济发展历史不同，各省从实际出发，制定相应的区内经济协调发展措施。

（一）黑龙江省

黑龙江省重点发展哈（哈尔滨）大（大庆）齐（齐齐哈尔）工业走廊，东部煤电化基地，大、小兴安岭生态功能区和生态经济区，沿边开放带等区域经济新格局。

1. 哈大齐工业走廊

这是黑龙江省经济实力最强、工业化水平最高、经济辐射力最大、基础设施配套最好、科技人才优势明显、可供开发利用的土地资源丰富的综合经济功能区。以哈尔滨、大庆和齐齐哈尔为核心，发展中国重要的装备工业基地、石化工业基地、食品工业基地和医药工业基地。

2. 东部煤电化基地

该地区煤炭资源、水资源和耕地资源丰富，城市相对密集，煤电产业基础较好，具备发展成为煤电化经济区的优势和条件。加快鸡西、鹤岗、双鸭山、七台河等煤炭城市的基础设施建设，加快煤炭资源综合开发利用，适度建设坑口电站，大力发展煤化工，最大限度地推进煤炭转化。

3. 大、小兴安岭生态功能区和生态经济区

大、小兴安岭是中国东北地区抵御西伯利亚寒流的天然屏障，具有十分重要的生态功能。因地制宜发展地区可承载的生态特色产业，建立完备的森林生态体系，继续实施天然林保护工程，加快森林资源的恢复和发展；加强生态和资源保护区建设，做好无人区管护；搞好木材精深加工、生态旅游、中药资源开发、特色养殖基地。

4. 沿边开放带

黑龙江省具有边境线长、口岸众多、经贸文化交流较为广泛的区位优势，以推进对俄经贸科技合作战略升级为契机，加快沿边地区的对外开放与开发建设，发展外向型经济。办好各类进出口加工园区，发展跨境加工，积极承接上海、浙江等东南沿海省市轻纺工业的转移，建成以机电、轻纺工业为主的出口加工产业集群。

（二）吉林省

吉林省发展东、中、西部三大经济地带，发挥资源和区位优势，带动其他地区经济发展。

1. 东部地区

充分发挥东部地区生态环境和边境区位优势，依托长白山资源，建设长白山生态经济区。依托资源条件，突出产业特色，合理开发资源，积极发展生态食品、林产等资源加工业和旅游产业，建设白山矿泉城和长白山旅游区。进一步推进图们江地区开发开放，扩大与俄罗斯、朝鲜、韩国、日本等周边国家经贸合作。

2. 中部地区

充分发挥中部地区区位、产业基础、科教人才等优势，构建带动中部、辐射东西部、连接南北两省的长吉经济区。重点建设长吉图开发开放先导区，长吉图地区是中国参与图们江区域国际合作开发的核心地区和重要支撑。重点发展加工制造业，着力壮大汽车、石化、农产品加工三大支柱产业；成为东北地区重要的新型工业基地、现代农业示范基地、科技创新基地、现代物流基地和东北亚国际商务服务基地，基本形成东北地区经济发展一个重要增长极。

3. 西部地区

注重发挥白城市区域中心城市带动作用，着力改善生态环境，大力发展特色经济。加快水利设施建设，解决生产、生活、生态用水。依托西部地区草原、风力和油气资源，重点发展特色农业、节水农业、生态农业及畜牧业、牧草业，积极发展农畜产品加工业和汽车零部件配套业，建设风力发电基地，加快油气勘探开发。加强盐碱地、沙漠化土地综合治理，保

护恢复草原湿地，发展生态旅游。加快公路、铁路建设，促进与周边地区的经济联系。加强与内蒙古经济协作，积极发展火电和煤化工。

（三）辽宁省

辽宁省南部位于黄海、渤海之间，是国家重点开发地区，今后重点建设中部城市群、南部沿海经济区和辽西沿海经济区，发挥中心城市的带动辐射作用，构建区域发展新格局。

1. 城市群经济区

中部城市群经济区以沈阳为中心，包括鞍山、抚顺、本溪、营口、辽阳、铁岭等城市，这是中国北方重要的城市群，已建设成为中国先进装备制造业基地和精细加工的原材料工业基地、农产品加工区。

2. 辽东半岛沿海经济区

辽东半岛沿海经济区以大连为龙头，丹东和营口为两翼，将大连建成东北亚国际航运中心，建成全国重要的石化基地、电子信息产业和软件基地、先进装备制造业基地、造船基地和高新技术产业基地。

3. 辽西沿海经济区

辽西沿海经济区以港口城市锦州、盘锦、葫芦岛为骨干，承接辽宁中部城市群和京津冀都市圈的双重辐射，形成具有辽西特色和优势的新型产业群。

思考与练习

1. 简述东北区自然环境的基本特征。
2. 东北区发展大农业具有什么有利条件？
3. 东北区工业发展具有哪些有利条件？
4. 东北区海洋资源开发利用过程中应注意哪些问题？
5. 辽中南地区工业基地具有哪些特点？
6. 简述东北区区内经济差异的特点。

第十三章　华北区

华北区包括北京、天津二市及河北、山东、河南三省，总面积53.56万平方千米。本区东临渤海、黄海，东北部与东北区相连，北接内蒙古高原，西至黄土高原地区，南与长江中下游地区为邻，是连接中国东北、西北、东南、中南和通达海外的枢纽地区，地理位置十分优越。华北地区是全国人口稠密地区之一，2020年总人口3.11亿，占全国总人口22%。本区经济发达，是中国北方经济重心，作为环渤海经济圈的主体部分，又是首都北京所在地，是全国政治、科技、教育和文化中心，战略地位十分重要。

本区主要经济中心：北京、天津、石家庄、唐山、郑州、济南、青岛等。

第一节　自然环境与资源

一、土地资源

华北区北起燕山，西倚太行山、伏牛山，南止大别山，形成北、西、南三面环绕的山地屏障；东部有山东丘陵；广阔的黄淮海平原则由山麓至滨海形成三大平原地带。即西部为山前洪积—冲积平原，由于地表组成物质较粗，排水通畅，水质良好，是华北平原主要农业生产基地，也是城市众多、交通便捷之地。中部为冲积平原，是华北平原的主体部分，由大小河流历次改道泛滥冲积形成；海拔多在50米以下，地势低平，排水不畅，盐渍化土壤广泛分布。东部为滨海平原，分布在渤海和黄海沿岸地带，以及黄河三角洲等。华北地区平原面积广阔，占全区总土地面积50%左右，山地占30%，丘陵占20%。

土地资源丰富，以平原为主，耕地占绝对优势。华北区是东部季风区内耕地、居民点及工矿用地比例最大的地区，土地利用中耕地占绝对优势，林牧用地少，耕地约3.06亿亩，占全国耕地面积15.98%，占本区总面积38.14%。林地和草地用地分别占27.15%和4.61%。

华北区耕地多，而且光照条件较好。但农业生产过程中，灌溉不当引起的土壤次生盐渍化等问题普遍存在，导致作物单产不高，耕地为中低产田。此外，华北区旱涝灾害潜在威胁仍较大，尤其是以春旱夏涝最为严重，是中国旱涝灾害最为频繁的地区之一。

二、气候资源

华北区属暖温带半湿润、湿润气候，四季分明，光热资源充足，降水集中在夏季，雨热同期。全年积温在4 000℃~4 800℃之间，由北向南、由高地向低地逐渐增加，大部分地区两年三熟或一年两熟。年降水量600~900毫米，由东南向西北减少。降水季节分配不均匀，夏季降水占全年降水的55%~75%，春季降水仅占全年降水的10%~20%，春旱夏涝发生频繁。本区冬半年深受冷空气的影响，是北方冷空气、寒潮南下的通道，冬季寒冷干燥，南北温差较大，1月平均气温在-8℃~0℃之间，较同纬度低10℃左右。

广阔的平原与雨热同期的气候，为本区发展农业提供了优越的自然条件；但部分地区地表排水不畅、盐碱土广布以及春旱夏涝，又是本区形成旱、涝灾害，土地次生盐渍化和农业生产不稳的主要原因。

三、生物资源

华北地区自然植被属暖温带落叶阔叶林，由于东西方向上水分条件差异明显，自然带产生经度地带性分异规律。山东半岛为典型落叶阔叶林，华北平原及边缘山地为落叶阔叶林。此外，河南南部为亚热带常绿阔叶与落叶阔叶混交林带。冀北山地和太行山地为暖温带森林草原带。在长期开垦过程中，华北平原的自然植被已被人工作物所取代。山地自然植被大多被破坏，成为水土流失严重的荒草坡，也有少量人工林。

四、水资源

水资源奇缺。华北地区水资源供需矛盾尖锐，水作为区域发展中的稀缺资源，已成为华北区经济发展的重要限制因素。华北地区以占全国4%的水资源量、12%的用水量，负担着华北城市群及华北平原农业用水重任。同时，由于降水少，降水季节不均衡，根据多年统计全年降水集中在7、8月，而春季降水量相对较少，远远不能满足作物生长需求。

水质差。京津唐地区不仅经济发达，而且是中国著名的城市群，工矿企业污水、城市污水、农药、化肥等污染物排入河流，直接形成河水的污染源。山区水土流失也导致河水混浊，水质变坏。华北区水质恶化加剧了水资源的稀缺。

解决华北地区严重缺水的途径：一是要"开源"，二是应"节流"。"开源"即进一步完善"南水北调"东线和中线工程，缓解黄淮海平原东部、胶东地区和京津冀地区缺水紧张局面；兴修中小型水利工程，拦蓄地表水，扩大海水资源的利用。"节流"即应大力发展节水产业、推广节水技术，建立节水型经济社会体系。重点推广节水农业，提高农业降水利用率；做好重工业和城市节水，提高工业用水的重复利用率，逐步实行工业与城市生活用水分质供应。

五、矿产资源

华北区的金属矿物以铁矿为主，铁矿储量十分丰富，已探明储量达56亿吨，是中国三大铁矿区之一。据统计：2020年华北地区铁矿石原矿产量全国最高，占49.4%，其中，河北省铁矿石原矿产量排名第一，累计产量为32 117.59万吨。铝土矿主要分布在山西和河南，其中山西交口—汾西地区、河南渑池、登封鲁山、山东的淄博和张店等地铝土矿资源十分丰富。山东黄金产量居全国首位。

在非金属矿产中，石油、天然气资源丰富。石油工业是华北区发展较快的工业之一。石油产量仅次于东北区，成为全国重要石油工业基地之一。华北主要油田有山东胜利油田、天津附近的大港油田和渤海油田、河南中原油田等。胜利油田是华北地区最大的陆地油田，也是全国大油田之一。胜利油田分为东部油区和西部油区，东部油区主要分布在山东省东营、滨州、德州、济南、淄博、潍坊、烟台、聊城8个市的28个县（区），主体部分位于东营市；西部油区分布在新疆、青海、甘肃、宁夏4个省（自治区），涉及准噶尔盆地、吐哈盆地等6个盆地，主要工区位于准噶尔盆地。截至2022年底，胜利油田共发现油气田81个，探明石油地质储量57.36亿吨、天然气地质储量2 795亿立方米，2022年生产原油2 340.25

万吨、天然气 8.03 亿立方米。

本区石油产量除满足区内需要外，部分外运，供应华中、华东等地。

华北区也是中国产煤大区之一，河北省煤炭资源丰富，煤质优，以炼焦煤为主，集中分布在燕山南麓和太行山东麓，重要煤矿有开滦、峰峰、邯郸等。山东省主要煤矿有枣庄、兖州、淄博等。河南省煤矿主要分布在鹤壁和平顶山等地。

六、海洋资源

渤海是中国北方重要的渔业基地。渤海海域面积 77 284 平方千米，大陆海岸线长 2 668 千米，沿岸有辽东湾、渤海湾、莱州湾、辽河、海河、黄河等河流从陆上带来大量有机物质，使这里成为盛产对虾、蟹和黄花鱼的天然渔场。主要鱼类有 100 多种，虾类 20 多种，蟹类 10 多种，另外还有贝类、头足类、海蜇等。

渤海是中国最大的盐业生产基地，地形和气候条件非常适宜盐业生产。在中国四大海盐产区中，华北地区就有长芦盐区、莱州湾盐区。莱州湾沿岸地下卤水储量达 76 亿立方米，折合含盐量 8 亿多吨，是罕见的储量大、埋藏浅、浓度高的"液体盐场"。长芦盐场主要分布于河北省和天津市的渤海沿岸。南起黄骅，北到山海关南，包括汉沽、塘沽、南堡、大清河等盐田在内，全长 370 千米，共有盐田 230 多万亩。2018 年长芦盐场的海盐年产量为 119 万吨，占全国海盐总量的 1/4，是中国最大的盐场。

由于受到沿岸工业、城镇、农业和旅游业污染，特别是大量未经处理的工业废水和生活污水直接排放入海，沿岸地区海水污染严重和生态环境日益恶化，并引起渔业资源大幅度减少。

第二节　首都经济圈

狭义上的首都经济圈是以北京、天津为核心区，晋、冀、鲁、豫为腹地的特定经济区域，是中国的政治、科技、文化、国际交往、金融、交通运输中心。知识型和高科技产业成为带动首都经济圈发展的龙头产业。

一、首都北京

北京市地处华北平原的北部，全市土地面积 16 410.54 平方千米，共有 16 个市辖区。截至 2020 年 11 月全市常住人口为 2 189 万，其中外省市来京人口为 841 万，占常住人口 38.4%。

北京地势西北高，东南低。其西部、北部和东北部是连绵不断的群山，东南是一片缓缓向渤海倾斜的平原。东部毗邻天津市，其余均与河北省交界。属于暖温带半湿润气候区，四季分明、春秋短促、冬夏较长。

北京是中华人民共和国的首都，也是世界历史文化名城和古都之一，有 3 000 多年建城史，800 多年建都史，曾为辽、金、元、明、清五朝帝都。1949 年 10 月 1 日中华人民共和国成立，北京从此成为新中国的首都。

北京是"博物馆之都"，注册博物馆多达 151 座。国家博物馆为世界最大博物馆。故宫博物院是世界五大博物馆之一。北京是全球拥有世界遗产最多（7 处）的城市，是全球首个拥有世界地质公园的首都城市。

北京对外开放的旅游景点达 200 多处，有世界上最大的皇宫紫禁城，祭天神庙天坛，皇家园林北海公园、颐和园和圆明园，还有八达岭长城、慕田峪长城以及世界上最大的四合院恭王府等名胜古迹。北京市共有文物古迹 7 309 项，99 处全国重点文物保护单位（含长城和京杭大运河的北京段）、326 处市级文物保护单位、5 处国家地质公园、15 处国家森林公园。

二、京津冀地区

京津冀地区以北京、天津为中心，包括唐山、张家口、秦皇岛等城市。该区地理区位优势明显，资源丰富，是中国多种农产品的重要基地，区内拥有煤、铁、石油、锰、铜、金等矿产，还有多样的海洋资源。本区工业配套能力强，轻、重工业都发达，是中国实力雄厚的综合性工业基地之一。

北京发展经济的制约因素主要有：人口压力过大，城市超负荷运转。城市对自然、社会、资源需求成倍增长，加剧水资源不足、住房紧张、交通拥挤，基础设施建设压力过大，生态脆弱，城市污染严重，植被稀疏、绿化不足，加之工业大多集中在城市规划区内，造成空气、地表水等严重污染。

天津是中国北方的重要通商口岸、首都北京的海上门户，居于东北亚地区和环渤海的中心区位。天津是以港口为中心的综合交通枢纽、国际性港口城市，也是中国四大直辖市之一；天津还是华北老工业基地和工商业都市，工业基础强大，科技力量雄厚。近几年，其正在逐步发展成为具有外向型经济服务的，以第三产业为核心的国际贸易、金融、信息和技术的中心。

河北省东临渤海，环绕京、津二市，是全国通往京津的必经之地，具有良好的区位优势。河北有较丰富的自然资源，是重要的小麦、棉花、煤炭、钢铁、纺织、化工等生产基地，形成了以资源型为主的经济格局。

三、环渤海经济区

环渤海经济区是指环绕着渤海全部及黄海的部分沿岸地区所组成的广大经济区域，是中国北部沿海的黄金海岸。以京津冀为核心、以辽东半岛和山东半岛为两翼的环渤海经济区域，主要包括北京、天津、河北、山东、辽宁，也就是三省两市的"3 + 2"经济区域。区域间的经济合作、横向联合、优势互补为环渤海地区开拓了广阔的发展空间。全区面积51.8 万平方千米；2020 年区内人口 2.54 亿，占全国 18%；地区生产总值达到 18.46 万亿元，占全国 18.22%。

环渤海经济区处于东北亚经济圈的中心地带，拥有丰富的海洋资源、矿产资源、油气资源、煤炭资源和旅游资源，也是全国重要的农业基地；海陆空交通发达便捷，是中国海运、铁路、公路、航空、通信网络的枢纽地带。

环渤海经济区是一个复合型的经济区，由三个次级的经济区组成，即京津冀圈、山东半岛圈和辽东半岛圈。它已成为中国北方经济发展的"引擎"，被经济学家誉为继珠江三角洲、长江三角洲之后的中国经济第三个"增长极"。

第三节 工业生产与布局

目前，华北地区工业门类齐全、工业整体实力较强，以能源、原材料、轻纺、机电等传统行业为支柱，现代制造业和高技术产业协调发展，基本形成配套能力较强的区域工业综合体。

一、钢铁工业

华北区是中国主要钢铁工业基地之一，区内铁矿资源探明储量约56亿吨，主要分布在以迁安—滦州为主体的冀东地区、邯郸地区，这两地合占全区铁矿储量2/3。此外，山东在淄博、莱芜、苍峄、东平—汶上等地区也建立了大型铁矿资源基地，莱芜张家洼铁矿成为全国最大的矽卡岩型富铁矿。本区钢铁工业主要分布在京津唐地区，其次是鲁中和冀南地区。其中，首都钢铁公司是仅次于宝钢、鞍钢和武钢的全国第四大钢铁公司。

二、机械工业

华北区机械工业主要以机电生产制造业为主。机电工业门类较齐全，综合配套能力较强，其产值在工业各部门中居首位。在布局上相对集中，如北京、唐山、石家庄等的机车车辆制造；北京、天津、济南、郑州等的汽车制造；北京、天津的重型机械、电机及电器材料制造；北京、天津、济南的通用机械和机床制造；北京、郑州、潍坊的动力机械制造；唐山、焦作的矿山机械制造，济宁、青州的工程机械制造；天津、郑州、石家庄的纺织和轻工机械制造等。

三、能源工业

华北区煤炭资源具有储量大、分布集中、煤种齐全、煤质优良等特点。各主要煤田区位条件优越，邻近大中城市和交通干线，距离缺能严重的华东地区也较近，海陆运输便捷。目前，煤炭开采主要集中在山东兖州、枣庄、淄博、临沂、肥城，河北开滦、峰峰、邢（台）邯（郸），河南平顶山、永城、鹤壁及郑州周边。

华北石油、天然气开采主要集中于山东胜利油田，天津附近的大港油田、渤海油田，河北华北油田及河南中原油田等。山东胜利油田自1961年被发现并开发以来，累计探明石油地质储量57.36亿吨、天然气地质储量2795立方千米，累计生产原油12.5亿吨。经过多年高强度开采，油田已进入高含水和特高含水期，开采成本提高，产量和经济效益逐年下滑。

渤海油田始建于1965年，是中国海洋石油工业的发源地，也是中海油精心培育的产量最高、规模最大、效益最好的主力油田。已探明石油地质储量超44亿吨、天然气地质储量近5000亿立方米，累计生产油气量超4.93亿吨。2021年渤海油田原油产量超3000万吨，成为中国第一大原油生产基地，为保障国家能源安全和推动经济社会发展做出重要贡献。

四、化学工业

华北区化学工业以基本化工原料生产为主。基本化工原料以乙烯和二碱（纯碱和烧碱）

应用最广。本区作为中国第二大原油生产基地，炼油工业主要布局在既接近原油产地又接近石油产品消费地的北京、天津、洛阳、济南、石家庄等城市。其中齐鲁和燕山石油化学公司的原油年加工能力分别达 1 300 万吨和 1 000 万吨。

碱工业作为海洋化工的重要组成部分，其发展同海盐资源的开发有着紧密联系。纯碱生产集中于天津、青岛两地。

五、轻工业

华北区是中国三大棉花生产基地之一，历史上纺织工业是本区传统的轻工业部门之一。纺织服装、食品和造纸工业的生产规模较大，产品在全国亦占有重要地位。天津、青岛纺织工业历史较早，包括棉纺织、毛纺织、针织、丝织、麻纺、化纤等行业。棉纺织在本区纺织工业中占主导地位，主要工业企业集中于产棉区，并同消费市场紧密结合，如北京、天津、石家庄、邯郸、郑州、安阳、济南、青岛、德州等。

食品工业大体可分为两类：一类是农副产品的初加工，如粮油、肉类、果蔬及水产品加工工业；另一类是对农副产品的深加工，如酿酒、饮料等。由于独特的自然条件和巨大的消费市场，华北地区食品加工业迅速发展，尤其是农产品深加工技术提高最快。

六、电力工业

华北区电力工业一直作为中国重点建设的基础性行业之一。电力工业在区内和晋陕蒙地区丰富的煤炭资源基础上发展火电建设。按电厂布局特点可分为以下两类：一类是坑口电厂，电厂规模一般较大，建在煤矿区附近，如河北唐山、邢台，山东兖州、淄博，河南平顶山、焦作等；另一类是路口电厂，指位于燃料产地和负荷中心之间，靠近铁路枢纽的大型火力发电厂，建于煤炭外运的主要通道附近，例如在西煤东运通道的交通枢纽或港口。

在核电建设方面，截至 2020 年 12 月投入运行的核电站有河北省沧州海兴核电站、山东海阳核电站；规划中或在建的有河北承德、秦皇岛、唐山，河南南阳、信阳、洛阳、平顶山，山东荣成石岛湾、乳山等核电项目。

第四节　交通运输业

华北地区交通以公路、铁路运输为主，特别是京津冀地区交通线密集，以北京为中心，辐射状向全国延伸。区内人口众多，煤炭、石油、钢铁和农副产品的运输量大。铁路和公路网密度超过全国平均密度。

一、铁路运输

华北地区现有交通网以铁路为骨干，形成了"四纵四横"的路网格局。"四纵"线指京哈线、京沪线、京广线和京九线。其中京沪线和京广线是中国中东部地区的南北大动脉，客货运输十分繁忙，客运密度在全国干线铁路中分别居第一、三位；货物运输密度在全国干线铁路中仅次于京沈线，位居第二、三位。1996 年建成通车的京九线介于京沪、京广线之间，该线作为国家级干线铁路，对分流京沪和京广线超饱和的客货流、加速沿线地区经济发展有着十分重要的作用。同时，京沪和京广两条客运高速铁路通车缓解了京沪、京广两条普通铁路客货运力的紧张状况。"四横"线中有三条主要承担晋陕蒙能源基地的煤炭外运任务,其中北路通道由大秦线、京包、丰沙—京秦线、京原—京山线组成,东接秦皇岛与天津港;中路通道由石太、石德、神黄、济邯铁路与胶济线组成,以青岛、黄骅、烟台港为出海口;南路通道由侯月线—新兖石线和陇海线组成。

此外,环渤海城际铁路已作为《2020 到 2030 年京津冀城际铁路规划》实施项目。环渤海城际铁路是从大连经秦皇岛、天津滨海新区、黄骅到山东烟台,然后到达威海市的线路。建设环渤海高速铁路网,将从根本上解决环渤海地区铁路运力不足的问题,彻底打通环渤海地区经济大动脉,必将推动环渤海经济圈加快腾飞崛起。

二、公路运输

华北区是中国公路网密度最大的地区之一,普通公路、高速公路密度大、通车里程长。已建成国家高速公路网线路有南北方向的京沪高速、京港澳高速、许广高速、京昆高速、沈海高速、长深高速和大广高速等;东西方向的京藏高速、京新高速、荣乌高速、青银高速、青兰高速和连霍高速等。

三、水路运输

华北地区海岸线总长达 4 480 千米。据统计,2020 年青岛港、日照港、唐山港、天津港、烟台港均为年货物吞吐量超亿吨的大港。秦皇岛港和黄骅港是晋陕蒙煤炭生产基地外运的主要港口。青岛港是区内年货物吞吐量最大的港口,2019 年 11 月青岛港全自动化码头投产运营;2021 年 6 月全球首个智能空中轨道集疏运系统在青岛港建成投用。该系统做到了集装箱的空中运输,实现了港区交通由单一平面向立体互联的突破升级,与传统集装箱运输模式相比,每个自然箱可降低能耗 50% 以上。

四、航空运输

在民用航空方面,民航运输建设重点是对现有枢纽机场和省会城市机场进行大规模扩建。以首都机场为龙头,配合天津、石家庄、济南、威海、青岛等区域性机场,构成了本区航空运输的骨架。北京首都国际机场(ICAO:ZBAA,IATA:PEK),简称首都机场或北京机场,是目前中国最繁忙的民用机场。2019 年,北京首都国际机场旅客吞吐量 10 001.3 万人次,货邮吞吐量 195.52 万吨,起降架次 59.4 万架次,分别位居中国第一位、第二位、第一位。2019 年 9 月 25 日,北京大兴国际机场正式通航;2020 年,北京大兴国际机场共完成旅客吞吐量 1 609.144 9 万人次,成为中国国际机场、世界级航空枢纽、国家发展新动力源。

第五节　区域经济协调发展

一、区域特色旅游业

华北地区山、海、河、湖、泉兼有,自然风光绮丽,人文胜迹荟萃,旅游资源十分丰富,有举世闻名的八达岭长城、山海关、故宫博物院、圆明园、颐和园、明十三陵、清东陵、承德避暑山庄、东岳泰山和北戴河、烟台、青岛等海滨旅游胜地,以及海上仙境蓬莱阁、道教圣地崂山、泉城济南、曲阜"三孔"(孔庙、孔府、孔林)等一批具有全国意义的自然、人文旅游资源。北京、天津、郑州、济南、青岛、曲阜、开封、洛阳等全国历史文化名城，开发利用前景广阔。

二、区内经济协调发展格局

（一）北京市

北京市按照城市空间结构安排和区域发展导向，明确建设时序，构筑梯度推进、合理有序的区域开发格局。优先发展中关村科技园区、北京经济技术开发区、北京商务中心区、奥林匹克中心区、金融街、临空经济区等功能定位明确、规划条件成熟的高端功能区，提升城市的整体服务功能。重点发展东部顺义、通州和亦庄三个重点新城，引导中心城区人口和功能疏解。加快发展南城地区，促进区域发展协调。集中力量打造北部研发创新带、南部创新型产业集群和先进智造产业带发展格局，形成南北两带技术交流、人才流动、分工协作、利益共享、协同融合、链接全球的创新生态体系。参与渤海湾枢纽港群海洋运输体系开发，促进区域交通体系完善。

加强京津冀区域合作，加快北京经济技术开发区及周边区域开发，推动京津唐产业带形成。以通勤便捷、功能互补、产业配套三个圈层为支撑，带动环京地区发展，强化要素配置、服务协同，提升现代化首都都市圈发展能级。强化京津、京保石、京唐秦"三轴"辐射引领作用，增强与天津、河北联动，加快建设世界级城市群。

（二）天津市

天津市推进与环渤海地区各省市的合作，共同构建区域信息网、铁路网和高速公路网。加快区域金融、旅游一体化进程，加强环境整治、资源利用、海域保护等方面的合作。

发挥天津港作为华北、西北地区进出口重要通道的作用，加快北方国际航运枢纽建设。科学划定港城边界，优化港口功能布局，建设以专用货运通道为主干的港口集疏运体系，深化"一港六区"统一运营管理，集约节约利用岸线资源，做大做强临港产业，促进港产城融合发展。

完善空间布局规划，加快形成"一轴两带三区"的市域空间布局。即"武清新城—中心城区—滨海新区核心区"城市发展主轴；东部（宁河、汉沽新城—滨海新区核心区—大港新城）滨海发展带和西部（蓟州新城—宝坻新城—中心城区—静海新城）城镇发展带；北部蓟州山地生态环境建设保护区，中部"七里海—大黄堡洼"湿地生态环境建设保护区，南部"团泊洼水库—北大港水库"湿地生态环境建设保护区。

1. 中心城区

优化功能布局，建设海河经济文化景观带和中心商务区、中心商业区等功能区，提升金融、商贸、科教、信息、文化、旅游等服务功能。外围区县重点发展高新技术产业、现代制造业、现代服务业，承接人口和教育科研功能转移，建设生态圈，确保全市生态环境不断优化。高水平规划建设蓟州、宝坻、武清、宁河、汉沽、西青、津南、静海、大港、京津和团泊新城等11个新城和30个中心镇以及一批新村。

2. 滨海新区

按照城市标准规划建设滨海新区，优化资源布局，全面提升"滨城"经济实力、科技实力、文化软实力和综合竞争力。形成高新技术产业发展轴、海洋经济发展带、"溏汉大"三个生态城区的布局，规划建设先进制造业产业区、滨海高新技术产业园区、滨海化工区、滨海中心商务商业区、海港物流区、临空产业区、海滨休闲旅游区等七个功能区。加快京津同城化发展，支持与北京毗连区域融入新版北京城市规划，增强京津中心引领和辐射带动作用。

（三）河北省

河北省实施"中间崛起、两翼腾飞"的经济发展格局。环京津核心功能区，重点抓好北京非首都功能疏解承接工作，打造与京津一体化发展先行区；沿海率先发展区，重点发展战略性新兴产业、先进制造业以及生产性服务业，打造环渤海高质量发展新高地；冀中南功能拓展区，重点承担农副产品供给、科技成果产业化及高新技术产业发展功能；冀北生态涵养区，重点发挥生态保障、水源涵养、能源建设、旅游休闲等功能，大力发展绿色产业和生态经济，规划建设太行山—燕山自然保护地，打造生态引领示范区。

1. 雄安新区

2017 年 4 月 1 日，国家决定在河北省中部设立国家级新区——河北雄安新区。重点打造北京非首都功能疏解集中承载地，实施国家京津冀协同发展国家战略。雄安新区远期控制区面积约 2 000 平方千米，建设成为绿色生态宜居新城区、创新驱动发展引领区、协调发展示范区、开放发展先行区，努力打造贯彻落实新发展理念的创新发展示范区。

2. 沿海重化工产业带

充分利用沿海地区建设用地充裕的有利条件，加速生产要素集聚，依托曹妃甸示范区、南堡化工园区、京唐港开发区、黄骅港临港工业园、沧州化工园区，大力发展物流仓储、装备制造、配套加工和煤化、石化等临港产业，促进产业结构优化升级和区域经济发展。

3. 积极发展海洋经济

合理开发利用海洋和沿海湿地资源，大力发展海洋运输、滨海旅游、海洋化工、海水养殖和远洋捕捞业，加快推广海水综合利用技术。

（四）山东省

山东省重点建设海洋经济区、黄河三角洲和沿莱州湾经济区、鲁中南山地生态区等三个特色经济区，促使资源优势尽快转化为发展优势，促进国土资源合理有序开发。

1. 海洋经济区

突出港口建设、科技兴海和环境资源保护，加快"海上山东"建设。一是以港口经济为主，临港工业和临港物流业为重点，构建现代化港口运输体系，提高临港经济区的产业聚集度和带动能力，建成全国重要的临港物流基地。二是发展海洋渔业、海洋化工、船舶工业、海洋生物技术产业、海洋运输业和滨海旅游业，构筑高素质的海洋产业体系。三是发展海岛特色经济，加快开发海水资源、海洋油气和矿产资源，拓展发展空间，增强资源保障能力。四是加强基础设施和海洋生态建设，维护健康协调的海洋系统，促进海洋经济可持续发展。

2. 黄河三角洲和沿莱州湾经济区

黄河三角洲高效生态经济区，建设加工制造业基地，提高轻纺工业层次和水平，积极发展高效生态农业和生态旅游业。加强基础设施建设，扩大港口、机场规模，构筑立体交通网络。沿莱州湾经济区，重点加快开发潍坊北部等地区，大力发展盐化工、石油化工、机械装备制造业，促进产业集聚，建成全省重要的重化工业基地。

3. 鲁中南山地生态经济区

重点保护、合理开发森林生态和山区生态体系，发展特色农业和山区经济，发展特色农产品深加工业，利用山地资源优势，发展生态农业和中草药种植业，建设林果苗木基地。振兴鲁南经济圈，打造乡村振兴先行区、转型发展新高地、淮河流域经济隆起带。建立高效协同的区域发展新机制，促进生产要素高效流动，大力推进经济圈内部同城化建设，打造高端要素、现代产业集聚的区域融合发展新支点。

（五）河南省

加快中原城市群建设，可以带动中原崛起，逐步改变城乡二元结构，构建城乡区域协调发展的新格局。

1. 中原城市群

建设以郑州为中心，洛阳、开封、新乡、焦作、许昌、平顶山、漯河、济源等为支撑，大中小城市相协调，功能明晰、组合有序的城市体系。加快郑州建成全国重要的现代物流中心、区域性金融中心和先进制造业基地、科技创新基地，发挥其在中原城市群的龙头带动作用。重点推进郑汴洛城市工业走廊建设，促进产业向优势区域聚集，逐步发展现代制造、高新技术、能源、石化等产业。促进新乡—郑州—许昌—漯河轻纺、食品和高新技术产业带，新乡—焦作—济源能源、原材料和重化工产业带，洛阳—平顶山—漯河能源、原材料和重化工产业带发展。

2. 豫北地区

主要包括安阳、鹤壁、濮阳市。进一步调整优化产业结构，发展电子信息、汽车零部件、钢铁、建材、石油化工、食品、生物医药等优势产业；加快发展农产品加工企业；积极发展商贸物流、文化旅游等服务业。

3. 豫西地区

以三门峡市为中心，发挥矿产、生态和林果资源优势，发展煤化工、铝业、黄金和果品精深加工及旅游产业。南阳市重点发展汽车零部件、纺织服装、医药、机电、生物能源、农畜产品深加工等产业。

4. 黄淮地区

以商丘、信阳、周口、驻马店市等为中心。重点发展医药、煤化工、能源、轻纺、食品等产业，建成全国重要的粮食和畜产品加工基地，发展文化旅游业。

思考与练习

1. 简述华北区自然环境的基本特征。
2. 华北区发展大农业具有什么有利条件？
3. 华北区工业发展具有哪些有利条件？
4. 华北区海洋资源开发利用过程中应注意哪些问题？
5. 环渤海湾工业基地具有哪些特点？
6. 简述华北区区内经济差异的特点。
7. 华北区经济发展过程中应注意哪些问题？

第十四章　长江中下游区

长江中下游区包括湖北、湖南、安徽、江西、浙江、江苏和上海六省一市，即华东、华中地区，面积约89万平方千米，占全国陆地总面积9.3%；2020年人口4.05亿，占全国总人口28.70%；本区自然条件优越、资源丰富、经济发达，长江沿岸将中国东部、中部、西部三大地带连接起来，无论是经济上还是交通上，在全国都具有举足轻重的地位。

本区主要经济中心：上海、南京、杭州、武汉、长沙、合肥、南昌等。

第一节　自然环境与资源

一、土地资源

长江中下游地区地势西高东低，低山丘陵与平原相间分布。自北向南，依次分布着淮北平原、淮阳丘陵、长江中下游平原、江南丘陵、南岭山地等地貌单元。

本区西部为一系列较高的山地，自北向南有武当山、大巴山东段神农架、巫山、武陵山、雪峰山等，海拔高度大多在1 000～1 500米，神农架最高点达3 053米。这些山地位于中国地势第二级阶梯东缘的地形转折带，河流切穿而形成峡谷，适合修建水利枢纽。

中部低山地区，淮阳山地是中部的代表性地形，包括大洪山、桐柏山、大别山及其东延的江淮丘陵。淮阳山地地势较高，海拔200～1 000米。淮阳山地是长江水系与淮河水系的分水岭。

东部平原地区，包括北部淮北平原和东南部长江中下游平原。淮北平原地势低平，海拔高度10～40米，地势从西北向东南倾斜。长江出三峡后，向东奔流，经长期河湖沉积作用，形成了湖盆平原和河谷平原串联的长江中下游冲积平原和冲积—湖积平原。镇江以东为广义上的长江三角洲平原地区。

南部丘陵山地，主要集中分布着江南丘陵和南岭山地。江南丘陵，包括长江以南、雪峰山以东、南岭以北广大低山丘陵区。南岭古称"五岭"，包括大庾、骑田、萌渚、都庞、越城山地，位于江西、湖南、广东和福建交界地区，东西长达600多千米，山地高度一般在1 000米左右。南岭为长江水系与珠江水系的分水岭。

二、气候资源

长江中下游区位于25°N～35°N之间，属于亚热带季风气候，冬温夏热、四季分明，降水丰沛，季节分配比较均匀。本区热量资源丰富，年平均气温介于13℃～20℃之间，全年积温为4 000℃～6 500℃。1月平均气温在0℃以上，长江以北，绝对最低气温可达−10℃以下，长江以南，多在−10℃～−7℃之间。因此，本区虽属亚热带，但冬季气温比世界同纬度其他地区低。夏季普遍高温，7月平均气温均达28℃左右。5—9月常出现高于35℃的酷热天气。7—8月因受副热带高压控制，晴天多，日照时间长，高温出现频率最大，绝对

高温常超过 40℃，

本区年平均降水量一般在 800～1 600 毫米，降水分布由东南向西北递减。降水的季节分配，以夏春雨最多，秋冬雨少，长江中下游区是全国冬雨比率较高、春雨最为丰沛的地区。梅雨和伏旱是本区气候的重要特征。每年春末夏初江淮流域均有一段连阴雨时期。因此时正值江南梅子黄熟时节，故俗称"梅雨"。伏旱是指长江流域及江南地区盛夏（多指 7、8 月）降水量显著少于多年平均值的现象。

三、生物资源

自然植被具有明显的南北过渡性。长江中下游平原以北为常绿与落叶阔叶混交林，乔木层以落叶阔叶树为主，夹有少量耐寒的常绿乔木树种。落叶林主要有盐肤木、黄连木等，常绿树种有苦槠、青冈、石栎等。

长江中下游平原以南的广大地区主要分布常绿阔叶林。平原丘陵地区的自然植被已遭到破坏，除人工培植的马尾松林、杉木林、竹林以外，大部分已辟为耕地或为次生草灌荒坡。此外，竹林分布广泛，种类甚多，例如毛竹、刚竹、淡竹等。

长江中下游平原是中国重要的亚热带经济植物产区之一。油料植物有油桐、乌桕、油茶等。油茶广布全区，但南岭山地最多，赣江流域和钱塘江流域次之。区内茶的产品种类很多，如浙江龙井、安徽祁红、江西宁红、湖南湘红、湖北砖茶等，都驰名中外。果树栽种面积大、产量高，是中国重要的亚热带水果产区。其中以红橘和甜橙最为著名，湘、赣、浙等省分布最为集中。除上述亚热带经济林木以外，还栽培暖温带果木，如柿、板栗、梨、桃、杏等。

本区是全国湿地资源最丰富的地区之一，也是亚洲重要的候鸟越冬地，特别是鹭类、鸭类、雁类等，已被列为世界湿地和生物多样性保护的重点地区，还分布有少量濒危的扬子鳄、白鳍豚。

长江中游平原区水域广阔，约占土地总面积 1/10。水产资源丰富，据调查共有淡水鱼类 120 多种，主要经济鱼类 40 种。长江干流河段和湘江、赣江、汉江是中国青、草、鲢、鳙四大淡水鱼的最佳产卵场所，是全国最大的鱼苗产地，也是全国以养殖为主的最大的淡水鱼区。

四、水资源

本区河网稠密、湖泊众多、陆地水资源丰富。平均年水资源总量 5 954 亿立方米，占全国水资源总量 21.7%。河流主要有长江、淮河、钱塘江等，大部分河流属长江水系。长江中游河段接纳了包括湘江、资水、沅江、澧水等洞庭湖水系、鄱阳湖水系和汉江水系。长江下游河段支流较小，北岸巢湖水系、滁河，南岸水阳江、黄浦江、太湖等。

长江中下游地区是中国湖泊最集中的地区之一。鄱阳湖、洞庭湖、太湖、洪泽湖、巢湖为全国五大淡水湖。鄱阳湖是中国第一大淡水湖，位于江西省北部，长江中下游南岸，是仅次于青海湖的第二大湖。鄱阳湖是长江流域的过水性、吞吐型、季节性的浅水湖泊，湖区面积介于 500～3 150 平方千米之间，容水量介于 9 亿～260 亿立方米。鄱阳湖在调节长江水位、涵养水源、改善当地气候和维护周围地区生态平衡等方面都起着巨大的作用。

五、矿产资源

（一）矿产资源比较贫乏，以有色金属矿物为主

1. 金属矿产

金属分为黑色金属和有色金属，黑色金属仅指铁、铬、锰三种；其他都属于有色金属。长江中下游金属矿产以有色金属为主，从总体上看，矿产资源比较贫乏，不能满足本地经济发展的需要。湖南、江西是有色金属、稀有金属和稀土资源丰富的地区，是铜、钨、锑的主要产地。区内钨矿资源储量约占全国55%、锑矿占38%、铜矿占36%。集中分布江西大余和湖南柿竹园的钨矿、江西德兴和安徽铜陵的铜矿、湖南冷水江的锡矿山锑矿、湖南水口山的铅锌矿、湘潭的锰矿、湖北襄阳的磷矿等都是全国著名的有色金属，为发展有色金属冶炼提供了有利条件。

铁矿主要分布在沿长江两岸，湖北的大冶、黄石，安徽的庐江、马鞍山，江苏的梅山等均有规模较大的铁矿，是武汉、马鞍山、南京、上海等钢铁基地的矿山基地，但这些铁矿多以贫矿为主。

2. 非金属矿产

在非金属矿产资源中，明矾石、金红石、磷矿石和水泥用石灰石等储量较大。明矾石是铝冶炼、生产钾肥的重要原料，平阳明矾山是全国最大的产地。苏北沿海滩涂广阔，气候条件适宜晒制海盐，是盐化工原料的重要产地。

（二）能源资源相对较少，不能适应经济发展的需要

本区的能源资源相对较少。石油资源主要分布在江汉平原、两湖盆地、苏北平原以及东海大陆架等地区。其中东海油气田具有较大的发展远景，但开采难度较大。

煤炭资源主要分布在安徽淮北和淮南、江苏徐州、江西萍乡等地。安徽两淮煤田是长江中下游地区规模大、开发速度快的煤炭基地，它以煤质较好的主焦煤为主，邻近上海和长江三角洲等经济发达而严重缺煤的地区，交通运输方便，有利于煤炭外运，就近服务于区内经济发展。同时，通过便捷的陆路和海路，采取北煤南运方法，解决其他省市缺煤的问题。

六、海洋资源

区内江苏省、上海市和浙江省分别濒临黄海和东海。海岸线漫长，海洋资源丰富，其中江苏省在黄海之滨大陆海岸线长1 000多千米，浙江省临东海的大陆海岸线长2 200多千米，全区大陆海岸线占全国大陆海岸线总长度的1/6以上，这个数字未包括岛屿海岸线。浙江还有数千个岛屿和数百个天然港湾。这些漫长的海岸线，一方面对建设各类港口、发展海上运输业、扩大对外开放、发展外向型经济十分有利；另一方面为发展捕捞、海水养殖、晒盐等开发多种海洋资源提供天然条件。

此外，可以利用海洋的潮汐能，发展潮汐发电，对缓解长江三角洲地区能源缺乏矛盾十分有利。1985年12月建成投产的浙江温岭江厦潮汐电站，是中国第一座潮汐能双向发电站，装机容量为3 900千瓦，每年可向电网提供1 100多万千瓦时电能，截至2021年累计完成发电量2.4亿千瓦时。利用潮汐能发电无污染、无噪声，有"卫生工厂"之称。

第二节 工业生产与布局

中国近代工业兴起后，长江中下游地区临江靠海一带，是工业分布较多的地方。近年来，国家提出重点发展"沿海、沿江和沿线（铁路）"的经济战略，使上海、江苏成为国家投资重点地区，形成一个轻、重工业基本协调发展的工业结构。区内整体经济增长率略高于全国平均水平。

一、冶金工业

长江中下游地区是全国钢铁工业最发达的地区。上海是全国重要钢铁基地，拥有宝钢、上钢等炼钢企业，宝钢是中国第一个具有世界先进水平的现代化大型钢铁联合企业，是目前中国最大的钢铁企业，生产能力强，自动化程度高，有比较完整的自动控制系统。此外，武汉钢铁工业基地、马鞍山钢铁基地都是区内重要的钢铁基地。然而，因铁矿资源缺乏，本区生铁产量短缺，长期以来需要从全国各地购进大量生铁块作原料，影响产品质量和经济效益。

有色金属矿产是本区资源优势之一，主要分布在江南丘陵地区，湖南、湖北、江西等省是中国重要的有色金属基地。其中，江西德兴、湖北大冶、安徽铜陵铜矿，湖南水口山铅锌矿，江西大余钨矿，湖南锡矿山的锑矿比较有名。江西铜矿资源丰富，江西德兴至鹰潭一带已建成中国最大的铜矿生产基地。除铜以外，还伴生铅、锌、钼、金、银等多种金属，且大都宜于露天开采。江西铜基地的建成改变了中国铜工业的地区布局。

二、机械工业

长江中下游地区是中国最大的机械制造业基地，工业门类齐全，技术能力强，生产"高、精、尖"产品。机械工业主要集中在上海和江苏南部。上海是全国最大的机械制造业中心和重要的大型工业成套设备制造基地，也是全国最大的精密仪器仪表及量具的制造中心。此外，江苏南京、常州、无锡、苏州、镇江、南通、徐州，湖北十堰、武汉，湖南株洲、长沙，江西南昌等城市都是各具特色的机械制造中心。

三、化学工业

20世纪50年代以后，长江中下游地区化学工业逐步发展起来，成为中国最大的化工产品生产地区。其中，上海是中国近代化学工业的发祥地。主要化学工业有基本化工、石油化工、化肥、有机合成化学和日用化学工业等。上海化学工业区位于杭州湾北岸，规划面积为29.4平方公里，与上海石化形成近60平方公里的化工产业带。2021年，园区完成工业总产值1 401.62亿元，拉动上海市规模以上工业增长3个百分点。其为国家级经济技术开发区，是国家首批新型工业化示范基地、国家生态工业示范园区、全国循环经济先进单位，也是中国改革开放以来第一个以石油和精细化工为主的专业开发区，重点发展石油化工、天然气化工以及合成新材料、精细化工等石油深加工产品。上海化学工业区的建设目标是成为亚洲最大、最集中、水平最高的世界一流石化基地之一。此外，江苏南京石化工业园区分布金陵、扬子、仪征三大石化、化纤公司，是全国特大型综合性化工基地之一。

四、轻工业

长江中下游地区是中国最大的纺织工业基地，其产值约占全国纺织工业产值1/2。区内纺织工业部门齐全，棉、毛、丝、麻、化学纤维五大部门俱全，技术力量强，产品花色品种多，在市场上竞争能力强。目前，中国作为主要棉纺织品出口国和最大的丝绸出口国，与这里纺织工业的开发有密切关系。

江苏已成为中国纺织工业主要基地，纺织、印染、针织、纺织机械行业配套。目前纺织工业在布局上呈现由苏南地区向苏北地区转移的趋势。浙江丝纺织工业发达，杭州、苏州素称"丝绸之府"，主要产品在全国占有突出地位。杭州是浙江省最大的丝、麻、棉纺织工业中心。麻料纺织工业比较发达，江汉平原是全国三大棉花基地之一，促成了武汉、沙市、襄樊、长沙、湘潭、岳阳、九江、南昌等长江中游地区的棉麻纺织工业布局。此外，具有特色的苎麻纺织工业也很发达。湖南和江西是全国重要的苎麻纺织生产基地。2020年湖南省苎麻布产量为2 601万米，占全国28.9%，居全国第二位；江西省排第三，产量为1 662万米，占全国18.5%，两省苎麻布产量占全国47.4%。

五、电力工业

长江中下游地区能源资源以水力资源、煤炭资源和核能为主。水力资源丰富，水电建设规模大，具有良好的开发条件。长江三峡河段、洞庭湖水系及鄱阳湖水系均蕴藏丰富的水能资源。据测算，本区可能开发的水能资源约5 500万千瓦，占全国总量12.2%。其中，长江三峡水利枢纽工程是世界上已建成的规模最大的水电站。三峡水电站于1994年正式动工兴建，2003年开始蓄水发电，2009年全部完工。电站大坝高程185米，蓄水高程175米，水库长600余千米，装机容量达到2 240万千瓦，2012年7月4日三峡电站最后一台水电机组安装投产，标志着它成为全世界最大的水力发电站和清洁能源生产基地。

为满足日益增长的用电需要，本区在开发新能源——核能、潮汐能等，并走在全国前列。目前已建成的核电站有浙江海盐县秦山核电站、方家山核电站、三门核电站和江苏连云港田湾核电站。秦山核电站是中国第一座自行设计、建造和运营管理的核电站。其于1985年动工兴建，2015年1月，现有的9台机组全部投产发电，总装机容量达到656.4万千瓦，年发电量约500亿千瓦时，成为国内核电机组数量最多、堆型最丰富、装机最大的核电基地。秦山核电基地的建设，有效地缓和了沪宁杭地区电力紧张的局面。

第三节 农业生产与布局

长江中下游地区属亚热带季风区，全年无霜期210~340天，适宜多种亚热带作物生长。全年日照时数长，光、热、水季节配合较好，是中国农作物高产区之一。

一、农业生产的基本特征

农业综合发展水平高，农产品总量大，商品率高。本区耕地面积占全国20.6%，是中国重要的商品粮和商品棉基地。同时，又是重要的亚热带经济作物生产基地，亚热带林产品、果产品占有很大的比重，是全国重要的农业综合商品基地。

农业生产集约化程度高。本区开发历史悠久，农业技术水平较高，生产方式较先进，种植业的现代化程度高，体现在：一是土地利用率高，复种指数高；二是耕作水平高，采用先进科学技术，耕作管理方面都有成套农业技术，因而土地生产力高。

二、农业基地建设

（一）长江中游平原农业基地建设

长江中游平原包括洞庭湖平原、江汉平原及鄱阳湖平原，土地总面积13.6万平方千米。这里农业开发历史悠久，北部处于北亚热带，南部位于中亚热带，无霜期250～280天，热量条件能满足稻麦两熟、棉麦两熟的需要，大部分地区海拔在40～200米，优越的气候条件使本区成为中国著名的农业基地，粮食商品率达40%以上，是全国性重要商品粮基地、商品棉基地，也是商品肉类的重要产区之一。

（二）长江三角洲农业基地建设

长江三角洲地处亚热带北部，全年积温4 600℃～5 300℃之间，持续日期为220～240天，全年无霜期220～250天。从温度条件看，农业具有多熟制的条件。年降水量1 000～1 200毫米，春夏季降水量约占全年60%～70%，在一般年份可以保证农作物生长的需要。长江三角洲历来是农业富饶的鱼米之乡、丝绸之乡，也是全国农村经济发展水平最高的地区。

（三）江淮地区整治建设

江淮地区指江苏、安徽的北部平原，这里土地资源丰富，沿海滩涂面积大。淮河以北属暖温带南部，长江淮河之间属北亚热带，光照、温度条件较好，年降水量700～1 200毫米，河川径流较丰富，并有洪泽湖、巢湖以及一些中小湖可以调蓄，淮河水和长江水可以引灌或提灌，是一个很有发展潜力的农业区。江淮平原是全国冬小麦最适宜区之一，小麦产量约占粮食总产量的1/2，也是花生、芝麻、大豆等经济作物的适宜区，已经成为以麦、豆为主的商品粮及多种经济作物的生产基地之一。但是，降水年际变化、季节变化较大，地处江河下游，由于地势低洼，排水不畅。目前防洪排涝工程标准不高，需加强区域水土治理，提高排涝抗旱能力，提高农业生产水平。

（四）江南山地、丘陵、盆地的治理与开发

本区包括湖南、江西、浙江大部及皖南丘陵，以山地为骨架，以红壤丘陵为主体，丘陵间分布有许多盆地。本区属中亚热带湿润气候区，年平均降水量为1 400～2 000毫米，为全国多雨区之一，每年3—6月降水量占全年50%～60%，有利于农作物生长。

江南丘陵区是中国亚热带林果生产的主要地区之一。亚热带经济作物以油茶和茶叶为主。油茶树是世界四大木本油料（油茶、油棕、油橄榄和椰子）之一，生长在中国南方亚热带地区的高山及丘陵地带，是中国特有的一种纯天然高级油料，全国年产量仅为20万吨左右，主要集中在浙江、江西、河南、湖南、广西等五省区。江南低山丘陵是全国油茶的最大产区，全区60%～65%的人口长年食用茶油。茶叶是江南低山丘陵的传统大宗产品，红、绿、青、黑茶种类齐全。亚热带果树中以柑橘类为代表，本区为中国柑橘原产地之一，已有两千多年的栽培历史。南丰蜜橘、温州无核蜜橘等均为优良品种。

第四节　交通运输业

本区位于中国水陆交通的枢纽地带，交通运输业发达，由高速公路、高速铁路、航空运输组成的高速交通系统网发展迅速。

一、铁路运输

铁路干线在长江南北形成了纵横交错的干线运输网。纵向铁路干线有京广线、京九线、皖赣线、京沪线、沪杭线、焦柳线等；横向铁路干线有汉丹线、襄渝线、浙赣线、湘赣线、湘黔线等。目前，高速铁路网基本形成，纵向高速铁路干线有京广客运专线、京沪高铁、京港线、东南沿海铁路客运专线等；横向高速铁路干线有沪蓉线、沪昆线、沪南线、汉福线、宁南线等。纵横交错的铁路交通网络对区域经济发展具有重要意义。

二、公路运输

本区高等级公路、国道、高速公路发展很快，纵横交织，形成发达的区域公路体系。已建成或规划多条国道公路线，如烟台—上海、上海—广州、北京—郴州、长治—枝城—湛江、连云港—西安、上海—成都等国道主干公路。

根据《国家公路网规划（2013—2030 年)》，本区高速公路建设突飞猛进，已建成或规划中的高速公路纵向有：京沪高速、京台高速、京港澳高速、沈海高速、长深高速、济广高速、大广高速、二广高速；横向有：连霍高速、宁洛高速、沪陕高速、沪蓉高速、宁芜高速、沪渝高速、杭瑞高速、沪昆高速、杭州湾环线高速公路等。2000 年京沪高速公路通车，该线纵贯南北，北达京津，已成为京沪经济带的交通大动脉。沪宁高速公路和沪杭甬高速公路相继通车，成为长江三角洲地区发展外向型经济的重要纽带，也是依托上海进一步发展江浙经济的黄金通道。

三、内河运输

长江是中国最重要的河运干线，被誉为内河运输的"黄金水道"。长江水运总通航里程 7 万千米，占全国 70% 以上。长江干支流航道与京杭运河共同组成中国最大的内河水运网。其中干流通航里程 2 713 千米，上起四川宜宾，下至长江口（云南维西至宜宾 825 千米河段尚可分段通航）。支流航道 700 余条，以下游之太湖水系最为发达。干支流水运中心为重庆、武汉、长沙、南昌、芜湖和上海等六大港口。与世界各国比，长江水系通航里程居世界之首。

长江径流量大而变幅小，水流较为稳定，有利于发展航运业。但河道多宽窄相间的分汊河道，汊河道处水流分散，枯水期形成碍航浅滩，严重影响航行，需要整治航道，才能充分发挥内河航运的巨大潜力。

四、海洋运输

长江中下游地区海上运输事业发展很快。随着国民经济发展，外贸货运量增长迅速。一方面是上海、连云港等老海港扩建，吞吐量快速增长；另一方面则涌现了宁波舟山、苏州、镇江、南通、南京、江阴、杭州等港口年货物吞吐量 1 000 万吨以上的大港。同时，建成了上海港、宁波舟山、连云港、南京港等集装箱大型现代化专用港。

上海处于环球海运航路行经亚太经济繁荣地区的连线上，在世界海运中占有重要地位。上海港已有近 180 年的国际通航史，国际海运可通往 221 个国家和地区的 600 多个港口。2020 年上海港货物吞吐量达到 6.5 亿吨，集装箱吞吐量达到 4 350 万标准箱。目前，已形成以上海港为中心的长江三角洲港口群。

五、航空运输

长江中下游地区航空网以上海、武汉、南京、杭州为中心，与其他省会城市之间航线密集，是中国最发达的航空网之一。2021 年客运吞吐量突破 1 000 万人级有武汉天河、长沙黄花、南京禄口机场；2 000 万人级有杭州萧山机场；3 000 万人级以上有上海浦东、虹桥机场。上海浦东国际机场与北京首都国际机场、香港国际机场并称中国三大国际航空港。其位于上海浦东长江入海口南岸的滨海地带，占地 40 多平方千米，距上海市中心约 30 千米，距虹桥机场约 40 千米。2019 年旅客吞吐量 7 615.34 万人次，货邮吞吐量 363.42 万吨，飞机起降 51.18 万架次。

第五节　区域经济协调发展

一、区域特色旅游业

长江中下游地区自然和人文旅游资源极为丰富，例如自然类旅游资源有秀丽的黄山、庐山、杭州西湖，神奇的张家界、神农架、南岳衡山；建筑类旅游资源有苏州园林、黄鹤楼、岳阳楼、滕王阁、葛洲坝水利枢纽、三峡水利枢纽；古都类旅游资源有南京、杭州；红色旅游资源有韶山、瑞金、南昌等。

二、区内经济协调发展格局

根据地区经济发展战略，在区域社会经济规划中，本区内生产力布局重点发展方向如下：

（一）长江三角洲区域一体化

长江三角洲（以下简称长三角）地区是中国经济发展最活跃、开放程度最高、创新能力最强的区域之一。长三角区域一体化规划范围包括上海市和江苏省、浙江省、安徽省全域，面积 35.8 万平方千米，2020 年总人口 2.35 亿。中心区包括上海市，江苏省南京、无锡、常州、苏州、南通、扬州、镇江、盐城、泰州，浙江省杭州、宁波、温州、湖州、嘉兴、绍兴、金华、舟山、台州，安徽省合肥、芜湖、马鞍山、铜陵、安庆、滁州、池州、宣城等 27 个城市，面积 22.5 万平方千米，2020 年总人口 1.7 亿，辐射带动长三角地区高质量发展。以上海青浦、江苏吴江、浙江嘉善为长三角生态绿色一体化发展示范区，示范引领长三角地区更高质量一体化发展。以上海临港等地区为中国（上海）自由贸易试验区新片区，打造与国际通行规则相衔接、更具国际市场影响力和竞争力的特殊经济功能区。

本区经济发展具有明显的优势。区内有富饶的长江三角洲平原，农业发达，素称"鱼米之乡"，盛产鱼、粮、棉、油、茶、丝；工业发展历史悠久，是中国原有民族工商业的摇篮。

区内重大基础设施基本联通。拥有通江达海、承东启西、联南接北的区位优势，口岸资源优良，国际联系紧密，协同开放水平较高。拥有开放口岸46个，交通干线密度较高，省际高速公路基本贯通，主要城市间高速铁路有效连接，沿海、沿江联动协作的航运体系初步形成，区域机场群体系已建立。电力、天然气主干网等能源基础设施相对完善，防洪、供水等水利基础设施体系基本建成，光纤宽带、5G网络等信息基础设施水平在全国领先。

科技创新优势明显。科教资源丰富，拥有上海张江、安徽合肥2个综合性国家科学中心，拥有全国约1/4的"双一流"高校、国家重点实验室、国家工程研究中心，在电子信息、生物医药、高端装备、新能源、新材料等领域形成了一批国际竞争力较强的创新共同体和产业集群。

城镇乡村协调互动。城镇体系完备，常住人口城镇化率超过60%，大中小城市协同发展。上海中心城市辐射带动作用较好发挥，南京、杭州、合肥、苏锡常、宁波等城市群建设成效明显，同城化效应日益显现。城乡发展比较协调，城乡居民收入差距相对较小，城乡要素双向流动，形成了可复制可推广的乡村成功发展模式。

（二）长江中游沿江开发轴线

发挥长江中游沿江地带优势，建设成为国内水平较高的原材料工业基地、加工工业基地、农畜产品基地和商业贸易中心，并逐步建成产业结构和地区布局都比较合理、技术比较先进、经济效益较高的地区综合经济体系。

1. 湖北省

湖北省是长江中游经济社会总体发展水平最高的省份，重点建设三个地带：

一是以武汉为中心的长江中游沿岸地带。包括武汉以东的鄂东沿江地区和以西的江汉平原。发挥武汉作为国家中心城市、长江经济带核心城市的龙头引领和辐射带动作用，充分发挥武汉城市圈同城化发展对全省的辐射带动作用。以光谷科技创新大走廊、航空港经济综合实验区、武汉新港建设为抓手，逐渐建成工农业和第三产业发达的长江中游经济走廊。

二是鄂西长江沿岸地带，加强宜昌省域副中心城市建设，将宜昌建设成长江中上游区域性中心城市，增强综合实力，辐射包括巴东至枝江的长江沿岸各市、县。利用已有工业基础发展船舶、光学精密仪器制造业；利用农产品优势，发展副食品加工业；利用三峡丰富水电资源，发展电化工、磷化工、电冶金等高耗能产业。

三是以襄樊为中心的十堰至随州铁路沿线地带。以襄樊、十堰为依托，形成以汽车制造工业为主体，化工、纺织、食品等工业和农业综合发展的经济带。

2. 湖南省

湖南省域经济发展布局，以长沙、株洲、湘潭城市群为中心，优先发展湘江沿江产业密集带。建设6个特色经济区：

（1）长株潭中心经济区。集中全省30%以上的工业产值和50%以上的大中型企业，成为全省政治、经济、科技、文教中心，建成新一轮投资密集区、工业集中区，打造中部地区崛起核心增长极。

（2）岳阳沿江开放开发区。将岳阳、衡阳建设成省域副中心城市，将岳阳建设成长江经济带绿色发展示范区；主要引进资金、技术，发展大进大出的基础工业，建成全省最大的外商投资区、重化工业基地和通江达海的重要口岸。

（3）湘南"沿海大郊区"经济圈。承接粤港澳大湾区产业转移，积极对接广深港澳科创走廊。密切与西部地区的陆海经济联系，加强骨干通道衔接，扩大湘桂琼合作，对接北部湾经济区和海南自由贸易港。郴州地区是湖南矿产资源主要集中地区之一，钨、铅、铜等有色金属以及煤、铁资源丰富，可以建成有色金属、原材料工业基地。湘南、湘西地区因地制宜推动革命老区、民族地区、欠发达地区等特殊类型地区振兴发展。发展特色产业，推动县域经济高质量发展。

（4）环洞庭湖商品农业开发区。建设具有全国影响的商品粮棉油基地，发展以农产品为原料的食品、轻纺工业。

（5）张家界国际旅游开放开发区。

（6）湘西丘岗山地经济开发区。

3. 安徽省

安徽省域经济发展布局，以沿江、合肥及皖北为重点。实施合肥都市圈建设，推动合肥产业发展向合六经济走廊和合淮、合巢、合滁产业走廊优化布局，形成连接南京都市圈的长江经济地带。本区交通方便，自然资源丰富，工业基础较好，农业发达，是安徽最发达地区。今后主要是进一步发展钢铁、有色金属、化工和建材工业，将本区建设成为安徽和华东地区的原材料基地。皖北以蚌埠、淮南、淮北为中心，加快淮河生态经济带建设，发展农业及农产品加工业、煤炭及煤炭加工转换产业。实施重大新兴产业基地、创建国家级特色农产品优势区，提高综合交通运输能力、水安全保障能力，打造高质量发展新动力源。建设皖南国际文化旅游区，黄山、池州等市开展国家全域旅游示范区创建，打造美丽中国建设先行区和旅游目的地。

4. 江西省

江西省域经济发展布局，重点是赣江沿岸和浙赣沿线两大产业带。大南昌都市圈建设成为高端创新资源、战略性新兴产业聚集区，九江建设成为长江经济带、临港产业带；综合治理开发鄱阳湖，发展水生生物养殖及其加工业；加强鄱阳湖地区商品粮基地建设；进一步完善九江重点风景旅游区开发利用。

赣东北地区发挥对接长三角和粤闽浙沿海城市群的前沿作用，承接东部沿海先进制造业转移基地。上饶市建设成为区域性中心城市，发展光伏、光学、汽车产业，打造全国光伏光学产业基地。景德镇加快陶瓷产业转型升级，打造国际瓷都。鹰潭进一步提升铜深加工、资源保障和国际化经营能力，

赣西地区发展新能源、新材料、节能环保、大健康等绿色产业。宜春做大做强锂电、中医药、健康养生等优势产业，改造提升纺织、建材、食品等传统产业，建设区域性中心城市、全国锂电新能源产业基地。新余推进钢铁、锂电、硅灰石、光伏、电子信息等产业集群发展，打造中部地区新型工业强市、国家新能源科技示范城。萍乡改造提升冶金建材、工业陶瓷、花炮、电瓷等传统产业，发展电子信息、装备制造、节能环保等新兴产业。

赣南山区是江西也是全国有色金属和稀土资源的富集区。今后在进一步发展有色金属、能源工业的同时，大力发展农、林、果、牧业及其加工业，加快发展以交通邮电、商贸服务为主的第三产业。建设赣州成为新时代全国革命老区高质量发展示范区。

《《思考与练习》》

1. 简述长江中下游区自然环境的基本特征。
2. 长江中下游区发展大农业具有什么有利条件？
3. 长江中下游区工业发展具有哪些有利条件？
4. 长江中下游区海洋资源开发利用过程中应注意哪些问题？
5. 长江三角洲工业基地具有哪些特点？
6. 简述长江中下游区区内经济差异的特点。
7. 长江中下游区在经济发展过程中应注意哪些问题？
8. 简述上海成为全国经济中心的区位条件。

第十五章　华南区

华南区包括福建省、广东省、海南省、台湾省、香港特别行政区和澳门特别行政区，土地面积 37 万平方千米，占全国陆地总面积 3.9%；2020 年人口 20 922 万，占全国总人口 14.82%。本区山地丘陵占优势，地处东南沿海，背靠大陆腹地，面向太平洋，濒临东海和南海，海岸线漫长，众多优良的港口，使得本区对外联系便捷，成为中国对外重要窗口之一。

本区主要经济中心：福州、广州、深圳、海口、台北、基隆、香港、澳门等。

第一节　自然环境与资源

一、土地资源

华南区地形以低山丘陵为主，山地丘陵占土地总面积 70% 以上。福建山地丘陵面积达 80% 以上。一般低山丘陵海拔在 500 米以下，1 000 米以上的山地主要分布在闽西、粤北及琼中，台湾中部山地在 3 000 米以上。区内面积较大的平原有珠江三角洲、韩江三角洲、福州平原、漳州平原、兴化平原和台湾西部平原等。

由于山多平地少，耕地面积少，闽、粤、琼三省人均耕地较少，随着经济发展和人口增加，人多地少的矛盾将更加突出。耕地急剧减少的原因包括开发区被占用，城建规模过大，房地产开发用地规模过大，农业结构调整以及部分弃耕等。

二、气候资源

华南区大部分地处亚热带、热带，夏长冬暖，热量丰富。1 月平均气温在 10℃ 以上。台湾南部、海南、南海诸岛等地均超过 15℃。全年积温天数超过 300 天，东部沿海可达到 350 天以上。华南大部分地方不存在日平均气温稳定低于 ≤10℃ 的时段，只有偏北或地势偏高的某些地方可能出现，但延续时间较短。

华南区四季交替不明显，其主要特征是没有真正的冬季。一年之中除夏季之外，秋季与春季相接。南部地区，4 月下旬即进入夏季，11 月初方有秋意。海南岛和台湾南部 3—11 月均为夏季，终年炎热，只有雨天稍有凉意，有"四时皆为夏，一雨便成秋"之谚。夏长冬暖的气候特征，为热带植物生长和发展热带作物经济提供了有利条件。

华南地区濒临太平洋，深受热带海洋气团影响，降水丰沛，多数地区年降水量 1 400～2 000 毫米，是全国雨量最丰沛的区域。据 1906—1944 年气象资料统计，台湾火烧寮多年平均降水量为 6 557.8 毫米，1912 年最大年降雨量纪录多达 8 409 毫米，长期保持中国年平均降雨量的最高纪录，也被广泛称为全国的"雨极"。降水日数也多，年均降水日数达 214 天。火烧寮降水量如此之多是由其得天独厚的地理位置、地形和季风气候、台风雨等因素紧密结合在一起形成的。

区内降水时空分布不匀。在地区分布上：沿海、岛屿少于内陆，平原少于山地，背风坡少于迎风坡，台风活动频繁地方降水充沛。在时间分配上：除了台湾东北部为冷季多雨外，大部分地方70%~80%降水量集中于夏季5—10月。华南大陆东部，4—5月即已骤雨频繁，6月为降水高峰。降水类型多以台风雨和暴雨为主。

东南区沿海受台风影响时间最长，每年5—11月是台风活动最频繁的时间，可称为台风季节。台风给本地区带来丰沛的降水，台风强弱与集中程度，直接影响了区内降水量及其季节变化。尤其是干旱的夏季，台风雨有利于缓和旱情。由于台风多以暴风骤雨形式出现，台风过境时可能导致一定程度的水灾风灾天气，给当地人民的生活生产带来一定的影响。

三、生物资源

生物资源丰富多样。优越的自然地理条件为生物生长繁殖提供了良好的基础。本区植物区系有南北方向变化，即热带成分自南向北减少，北部南亚热带植被上层优势种中掺有不少中亚热带甚至暖温带成分。据调查，本区植物种类达8 000多种，是中国动植物种类最多的地区。在植物类型中，以热带、亚热带科属为主，其中热带科属占60%以上。野生植物有1 000多种。包括山芋、槟榔等淀粉植物200多种，木棉、野菠萝、黄藤等纤维植物300多种，山枇杷、樟等油脂植物160多种，砂仁、巴戟、黄精、首乌等药用植物800多种。

森林覆盖率高。2020年全区森林覆盖率为59.17%，是全国平均数的近3倍，居全国之首。其中福建省森林覆盖率为66.80%，位居全国首位。本区是中国重要的热带森林宝库，也是中国木材生产的重要基地。海南、台湾特别树种分别在500种和200种以上。具有较高经济价值的树种有柚木、檀树、杉木、马尾松等。

此外，区内野生动物种类也很丰富，生活着许多珍稀濒危动物，如华南虎、黑长臂猿、坡鹿、懒猴、叶猴、台湾猴等。

四、水资源

本区降水丰沛，水资源丰富，年降水量大于蒸发量，多年平均降水量约6 654亿立方米，占全国多年平均降水量10.75%，是全国水资源最丰富的地区。河水补给形式以雨水补给为主。区内水资源的主要特点：

河流径流量年际变化小，但季节变化大。沿海地区降水年内分配完全受季风的控制。每年3—5月，夏季风带来前汛期的降雨。夏秋季受台风等影响，降水量增加，为主汛期。一般4—8月径流量占年径流量的55%~70%。

水资源空间分布不均衡，东部沿海地区水量较多，西部地区水量较少。降水和径流的时空分配不均匀，洪涝和干旱经常威胁农业生产。有些岛屿淡水资源奇缺，成为发展经济和人民生活的限制因素。

五、海洋资源

华南区海域包括南海全部、东海一部分以及台湾以东太平洋海域。海域面积占全国海域面积78%。大陆海岸线长约9 360千米，居全国首位。

海洋中岛屿类型众多，既有全国面积最大的台湾岛，又有仅露出海面的沙岛和小礁滩。不仅有构造复杂的大陆岛，而且还有许多构造单一的珊瑚岛、沙岛。岛屿岸线长度约8 080千米，这些岛屿在本区乃至全国都有重要的经济、国防意义。

海洋渔业资源十分丰富。南海位于中国南端，是中国最大的陆缘海，面积约350万平方千米。海南省管辖面积约200万平方千米，是海南岛陆地面积的60倍。南海属热带海域，水温、盐度都很高，年变化较小，海洋生物多属暖水性质，加以岛、礁、滩众多，是海洋鱼类栖息、繁殖的优良场所。20世纪80年代后期，南海海域已有记录的鱼类资源的种类，根据其栖息生态习性，分布于大陆架海域的有1 004种，分布于大陆坡海域的有200多种，其中具有一定经济价值的有100多种。南海是中国南方重要的海洋水产品基地。

六、矿产资源

华南地区能源、原材料矿短缺。在金属矿产中，本区除硫铁矿、锰矿等有一定储量外，其他矿种较少。铁矿主要分布在海南岛，有石碌铁矿和田独铁矿。田独铁矿位于三亚市，探明总储量为500万吨，已于1960年采完闭坑。石碌铁矿位于海南省昌江县，是中国大型露天矿之一。石碌铁矿储量约占全国富铁矿储量71%，品位居全国第一。它不仅有丰富的铁、钴、铜资源，而且还有镍、硫、银、金等多种矿产资源，成为全国著名的大型富铁矿床，累计探明总储量4.66亿吨，含铁平均品位48.81%，被誉为"亚洲第一富铁矿"；另有一个大型富钴矿床，累计探明钴金属量1.3万吨；同时探明具有中等规模的富铜矿床，探明铜金属量7.5万吨等。

在非金属矿产中，煤炭资源贫乏，石油资源主要分布在珠江口盆地和南海海域。据有关专家估计，东海、南海的石油、天然气开发前景良好。珠江口盆地已探明含油构造20多个，估计地质储量达数十亿吨。2021年1月中国海洋石油集团有限公司在珠江口盆地再获重大油气田——惠州26-6。惠州26-6油气田平均水深约113米，探井钻遇油气层厚度约422.2米，是目前中国在珠江口盆地自营勘探发现的大型油气田。惠州26-6油气田的发现井测试日产原油超过500立方米、天然气60多万立方米。其所产天然气上岸后可源源不断地输送至粤港澳大湾区的千家万户，为"绿色生态湾区"建设贡献更多清洁能源。

南海海域石油、天然气资源远景储量大，自然资源部地质普查数据显示，南海大陆架已知的主要含油盆地有11个，面积约85.24万平方公里，几乎占到南海大陆架总面积的一半。南海石油储量估计至少230亿~300亿吨，乐观估计达550亿吨，天然气20万亿立方米，堪称第二个"波斯湾"。截至2017年，南海共发现油气藏（田）600多个，累计探明石油可采储量近28亿吨，天然气可采储量超过6万亿立方米。南海油气资源主要分布在南海北部陆架油气聚集区、中沙群岛海区。

但南沙群岛、西沙群岛、中沙群岛油气资源的勘探程度低，而邻国已勘探的均是大型油气田。今后随着勘探、开采技术的提高，油气产量将会逐步增高。

七、旅游资源

本区滨海旅游资源与大陆省区市相比，具有夏无酷暑、冬无严寒的热带海岛风光，是避寒冬泳的理想旅游度假区。海岛上可建大型海水浴场，如海南亚龙湾、大东海、天涯海角，广东省众多海岛、海湾，台湾高隆湾、石梅湾等。沿海浴场往往和滨海、海下热带景观，如珊瑚礁、热带鱼群、椰林风光、红树林、热带雨林、热带作物园及自然保护区等交织在一起，形成具有特色的热带海岛旅游资源。目前尚未大规模开发的西沙、南沙、中沙群岛的海洋、海岛旅游资源，亦是区内海洋旅游资源的重要组成部分。

第二节　闽粤琼经济发展与布局

一、经济发展特点

华南区是中国南大门，区位优势突出。闽、粤、琼三省临近港、澳、台经济发达区，20世纪 80 年代以来，中国先后设立了深圳、珠海、厦门、汕头、海南五个经济特区，从此揭开了全国改革开放的序幕，也由此带来了本区经济的飞速发展。1984 年国务院批准沿海 14个开放城市，本区有福州、广州、湛江 3 个；1985 年国务院批准 3 个开放地区，本区有珠江三角洲和闽南三角洲；全国正式批准 13 个保税区，本区拥有深圳福田、深圳沙头角、广州、海口、厦门象屿、福州、汕头等 7 个。2015 年国务院批准广州南沙、深圳蛇口、珠海横琴、福建设立自由贸易试验区。2018 年国务院批准设立海南自由贸易港。目前，已形成了由经济特区、沿海开放城市、沿海开放地区、经济技术开发区、保税区、自由贸易区（港）构成的开放体系。

本区工业结构轻型化，第三产业发展迅速，闽、粤、琼三省轻工业发展迅速，轻工业产值在工业产值中已占 2/3，重工业只占 1/3。尤其是广东省家电工业发展更为迅速，各种主要家电产品产量已占全国 1/4 至 1/2。

二、农业生产的基本特征

（一）粮食生产

闽、粤、琼三省是全国人均占有耕地最少的地区，2019 年广东省人均耕地 0.015 公顷，福建省人均耕地 0.022 公顷，海南省人均耕地 0.048 公顷，均低于同期全国平均 0.095 公顷的水平。但是，区内土地资源开发程度较高，耕地利用率高。闽、粤、琼三省耕地面积占全国耕地面积 2.46%。随着人口增加，畜牧、水产养殖和食品工业的发展，加剧了人多地少、缺粮的矛盾。因此，本区粮食生产供应问题将是一个长期性战略问题。

（二）热带经济作物

雷州半岛、海南岛、台湾南部适于热带作物种植。目前，世界上几十种热带作物，在本区都能找到合适的种植环境。其中，天然橡胶、甘蔗、咖啡、油棕、椰子、胡椒等播种面积、总产量均居全国前列。同时，华南区也是全国亚热带水果的主产区。本区盛产柑橘、荔枝、龙眼、香蕉、菠萝、柚子、枇杷、杨桃等。

珠江三角洲过去曾是稻田密布、桑蔗蔽野的农业生产景观，如今珠江三角洲地区农业集约化、生态化的典型代表"桑基鱼塘"已变成"杂基鱼塘"；广东省、福建省的桑蚕和甘蔗种植区已由珠江三角洲、韩江平原向肇庆、雷州半岛和广西、云南、海南等地转移。

（三）水产品养殖业

粤、闽、琼三省是中国重要的水产品养殖基地，无论是淡水产品还是海水产品，产量均占全国前列。据统计，2020 年广东省水产品总产量 875.81 万吨，位居全国第一；福建省水产品总产量达 832.98 万吨，位居全国第二位；海南省水产品总产量达 164.64 万吨。

由于本区人多地少，农业商品化高，今后农业发展战略应着眼于发展区域专业化生产，建设农产品商品生产基地，使有限的土地资源满足区内对农产品数量、品种的消费需求，发挥农业在国民经济中的基础性作用。

三、工业生产的基本特点

华南区轻工业发展历史悠久，重工业起步较晚。本区在改革开放以来通过引进外资和先进设备，在对传统工业进行全面技术改造的同时，积极发展新兴工业，现已形成以轻工业为主，重化工业较发达，工业门类较多，产品竞争能力较强的工业体系。

（一）机械制造业

闽、粤、琼三省机械制造业以造船、汽车、农业机械为主。机械制造业以广东为主，造船工业虽然起步晚，但发展快，广州造船厂是华南地区最大、最现代化的综合舰船造修企业，也是全国三大造船基地之一。广州、湛江、福建马尾是中国南方造船工业中心，尤其是珠江口沿岸的广州南沙、番禺大岗等地将成为南方新的造船工业基地。汽车工业发展迅速，并形成一定生产规模。目前，区内规模较大的汽车生产企业有广州汽车集团股份有限公司、东南（福建）汽车工业有限公司、厦门金龙汽车集团股份有限公司、海南马自达汽车有限公司等。

（二）化学工业

华南区充分利用海洋资源、海运便利及接近消费市场的优势，主要发展石油化工和海洋化工工业。石油化工主要分布在广州、湛江、茂名、厦门等城市，其中，2019 年广州石化股份有限公司现有原油综合加工能力 1 275 万吨/年，乙烯生产能力 22 万吨/年，拥有 30.5 万千瓦自备热电站。茂名石化炼油厂历史悠久，是国家"一五"计划 156 项重点工程之一。其前身是茂油公司页岩油厂，始建于 1955 年 5 月，是中国首家千万吨级炼油厂，目前原油一次加工能力 1 800 万吨/年，二次加工能力 2 000 万吨/年，先后加工过 50 多个国家 193 种国内外原油，加工的油种居全国前列，累计加工原油 4.5 亿吨，为国家和地方经济发展做出了重大贡献，是全国加工进口含硫、含酸原油的重要基地。2020 年 12 月，其建成投产了全球最大、国内首套 260 万吨/年浆态床渣油加氢装置，对推动中国重油清洁加工和石化行业转型发展具有重大示范性意义。而湛江港是南方少有的优良深水港口，可供巨大油轮进出，具有发展大型石化工业的自然条件。

福建石化工业主要承接台湾石化工业的产业转移。其中，泉州港区是规划建设中的现代化石化港口城市，福建省石化工业的龙头地区。其中石化工业园区总面积 24.5 平方千米。2020 年整个园区建成以福建炼油乙烯一体化一、二期项目和石化中上游原料产品为主的国家级石化基地，形成了年炼油 2 400 万吨，乙烯 200 万吨，丙烯、合成树脂、合成纤维各超百万吨的产能，从根本上解决海西基础石化原料缺乏的问题。此外，该区还规划了 5 平方千米的地块作为台湾石化专区，承接台湾石化产业，为海峡两岸产业合作提供平台。

随着南海油田的开发，沿海各省石油化工将有更大的发展空间。海南省是区内主要的海洋化工工业基地。海南岛莺歌海盐场始建于 1958 年，面积为 3 793 公顷，每年能生产 25 万吨盐，最高可产 30 万吨，主要生产各种粗盐、细盐、优质盐等，成为中国南方最大的原盐生产基地和盐化工基地。

（三）电子电器工业

广东、福建是新兴电子工业基地，产品结构以消费类电子产品为主。近几年以集成电路为主的关键元器件发展迅速，尤其是珠江三角洲地区最为突出。改革开放后，珠江三角洲地区电子信息产业快速发展，形成了在国内外具有重要影响力的珠三角电子信息产业集群。在珠江东岸，以深圳、东莞、惠州及广州为主体，形成了著名的电子信息产业走廊，是全国规模最大的电子信息产业集群。在珠江西岸，以佛山、中山、江门、珠海为主体，形成了电器机械产业集群。珠江三角洲地区以产业集群为特征的专业镇占了1/4。产业集群发展模式提升了企业区域战略协同能力，增强了企业在差异化、技术创新、生产成本等方面的优势，推进产业链、价值链整体创新水平。此外，珠海、佛山、福州、厦门等都是全国闻名的家电产品之乡。

（四）轻工业

广东省、福建省是中国两大纺织工业基地。福建省纺织工业规模发展较快，产品种类齐全，目前已形成了化纤纺丝、棉纺织、针织、染整、服装、纺机纺器等行业生产能力和纺织产业体系。全省纺织企业趋于集约化、规模化、区域化。近几年，中国纺织工业协会颁发了"纺织产业基地市和特色城镇"称号：晋江市—中国纺织产业基地市；石狮市—中国休闲服装名城；石狮蚶江镇—中国西裤名镇；石狮灵秀镇—中国休闲服装名城；晋江深沪镇—中国内衣名镇；晋江英林镇—中国休闲服装名镇。涌现出许多国内外知名度极高的服装品牌，如七匹狼、九牧王、柒牌、劲霸、利郎等。同时，福建省也是中国制鞋大省，据2021年统计，福建省制鞋厂企业达到1 015家，其中晋江被称为全国三大制鞋基地之一，拥有许多中国驰名商标和品牌产品，如安踏、特步、金莱克等。

服装业是广东省九大支柱产业之一，当前，广东服装业已逐步发展成为高新技术应用和时尚创意集聚的现代都市型产业。广东省服装行业保持着良好增长，产业结构明显优化，逐步形成以创意为中心，生产、销售等环节为外围的同心圆产业组织结构，创新力不断增强，行业效益不断提升，品牌建设持续推进，整体产业竞争力进一步提升。而在产业集群方面，区域品牌的打造不断革新，形成了广东省服装产业的整体布局。例如时尚女装产业集群以东莞虎门、深圳为中心；牛仔服装产业基地主要集中在广州市新塘镇、佛山市均安镇、中山市大涌镇这三大集群；男装名城以惠州为中心；童装基地以佛山市为中心；内衣产业以佛山市盐步和潮汕地区为基地，潮汕内衣产业主要分布在汕头市潮南、潮阳及普宁流沙；休闲服装产业以惠州市园洲镇和中山市沙溪镇为基地；毛织产业以东莞市大朗镇为基地。

这些专业集群基地企业充分发挥国际市场信息灵、市场网络广的优势，广泛接单，集中开发，企业分工协作，共同完成生产任务，企业之间形成联系紧密的专业分工。

广东省珠江三角洲和湛江是全国重要的制糖基地之一，珠三角炼糖企业以生产高品质食糖市场为主；湛江地区以遂溪县、雷州市、湛江农垦系统为三大优势甘蔗主产区，发展蔗糖深加工业。

闽、粤、琼三省饮料制造业发达，其中以广东和海南两省最突出。广东省的主要分布在广州、深圳等珠江三角洲地区。著名企业和品牌：啤酒有广州珠江、深圳金威、肇庆蓝带等，运动饮料、瓶装饮用水有健力宝、乐百氏、仙津、华山泉、怡宝、飘雪、天源长寿村等，都已形成区域性名牌产品。海南省则拥有丰富的热带资源，良好的生态环境为生产优质的农副产品提供了得天独厚的优势。这里是全国热带生态农业和有机农产品的最大基地。目前，海南已形成许多著名的饮料品牌，主要有海口罐头厂的椰树牌天然椰子汁、天然矿泉水、番石榴汁等，都享有盛名。

福建茶叶具有栽培历史悠久、品种资源丰富、茶文化底蕴深厚、名茶种类众多、品质优异、产业链长、涉茶人口多、品牌认知度高等特点，已成为福建农业发展中最具活力的产业之一，同时也极大地带动了与茶产业密切相关的产品加工、营销贸易、产品包装、物流运输、餐饮旅游等第二、三产业的发展，增加了农村劳动力就业、创业、兴业机会。2019 年福建茶叶产值为 237.22 亿元，较 2018 年的 236.04 亿元同比增长 0.5%。

目前福建省出口茶叶产品种类有：乌龙茶、茉莉花茶、白茶、绿茶、红茶、普洱茶等。近年来，福建茶叶出口总量呈上升趋势，乌龙茶的增长速度尤甚。2020 年中国福建茶叶主要出口至中国香港、马来西亚、缅甸及日本等地，出口金额为 4.18 亿美元。

（五）电力工业

闽、粤、琼三省经济社会发展较快，电力需求量大，但由于本区煤炭、石油、水能等常规能源缺乏，基本依赖进口，制约了区域经济发展。目前，已建成广州黄埔、东莞沙角、番禺珠江、深圳妈湾、福建永安、海南马村等一批大型火力发电厂；在核电发电方面，广东省已建成了大亚湾核电站、岭澳核电站、台山核电站、阳江核电站，在建的有陆丰核电站、廉江核电站和揭阳核电站；福建省已建成了福建宁德核电站，在建的有福建漳州核电站和福清核电站；海南在建昌江核电站。在水能发电方面，已建成了广东新丰江、枫树坝，福建沙溪口、水口，海南大广坝水电站以及广东从化抽水蓄能电厂。此外，中国实施"西电东输"工程，利用与开发西南地区丰富的水能资源，特别加快对西江支流红水河的梯级开发步伐，规划建成 10 个大型水电站，总装机容量约 1 200 万千瓦，建成后将可缓解本区的电力紧张局面。

四、交通运输业

（一）铁路运输

闽、粤、琼三省铁路分布不平衡，广东省铁路网较密集，福建和海南两省铁路密度相对较小。截至 2021 年广东省正在运营的铁路：高速铁路有武广高铁、广深港高铁、梅汕高铁、厦深铁路、广湛高铁、贵广高铁、赣深高铁等；普通铁路有京广、京九、广三、三茂、黎湛、鹰厦、南福、漳汕深、广梅汕、粤海等；城际铁路有广佛肇城际、广珠城际、珠机城际、广深铁路、穗深城际、广清城际、莞惠城际等。

今后，区内将重点建设高水平铁路网络，广东将打造出第一层的省内铁路网络，构建出"三纵二横"，形成大珠三角"1 小时经济圈"和从广州到粤西、粤北和粤东地市的"2 小时铁路交通圈"。三纵指京广、京九和洛湛铁路广东段，二横指广茂、广梅汕、梅坎铁路广东段，饶平至茂名沿海快速客运专线铁路干线骨架，基本实现广东省地级以上市通铁路。

2004 年 12 月，中国首条跨海铁路——粤海铁路正式开通客运，铁路全长 345 千米，设计运输能力为每月 90 多万吨。粤海铁路结束了海南与大陆不通铁路的历史，使多年来一直孤悬海外的海南岛与大陆有了直接通道。

2015 年 12 月，海南环岛高铁东西段全部完成并正式运营，这标志着全球第一条环岛高铁全线贯通。该工程使海南交通运输状况得到良好改善。

到 2020 年，福建已建成高速铁路：合福高铁，福厦铁路、温福铁路、厦深铁路；在建有福厦高铁；普速铁路：鹰厦线、峰福线、外南线、漳龙线、赣龙线、漳泉肖铁路、衢宁铁路、兴永泉铁路；将形成长达 5 000 千米、投资 3 500 亿元左右的现代化铁路网，使福建省铁路建设不断提速，成为东南沿海地区的新铁路枢纽。

（二）公路运输

本区公路是全国公路密度最高地区之一。广东省公路长度、高速公路及一级公路长度均居全国第一。从 2021 年全年数据来看，广东高速公路总里程达 11 113 千米，居全国首位，从分布密度来看，仅次于上海、天津、北京等。广东已经初步形成了以省会城市广州为中心，连通起粤港澳大湾区以及粤东、粤西、粤北地区，并且往相邻省份辐射延伸的路网格局。海南高速公路建设从 1993 年开始起步，经过三十年的大规模投资建设，先后建成了东线、西线高速公路，海文高速公路，海口绕城高速公路，统称为"G98 海南环岛高速"，形成一个环形闭合圈，截至 2020 年总里程 1 260 千米，环岛高速公路主框架基本形成。2020 年福建省高速公路通车里程突破 6 000 千米，"三纵八横"高速公路主骨架网基本形成。

（三）水路运输

闽、粤、琼三省区内河航运、海洋运输均占有重要地位。河网密布，许多河段终年皆可通航。其中以珠江水系最重要，其航运价值仅次于长江。2020 年全国内河航道通航里程 127 700 千米，珠江水系 16 775 千米，当年珠江水系水路货运量突破 13.9 亿吨，仅次于长江，位居全国第二。华南沿海港口众多，形成了以广州、湛江、深圳、汕头、福州、厦门、海口、三亚、洋浦等为主体的海运基地。

广州港是华南地区综合性枢纽港。2020 年，广州港货物吞吐量 6.36 亿吨，居全球第四，其中内贸 4.9 亿吨，居全国第一；集装箱吞吐量 2 350.5 万标准箱，居全球第五，其中内贸 1 445 万标箱，居全国第一。广州港已实现了 10 万吨级集装箱船与 15 万吨级集装箱船双向通航。南沙邮轮码头、南沙三期、海嘉汽车码头等建成启用。全球首个采用北斗导航的自动化码头南沙港四期启动建设，为智能码头建设奠定基础。2016 年广州南沙开展邮轮业务以来，邮轮旅客接待量居全国第三；南沙国际邮轮母港是华南地区功能最完善、规模最大、接待能力最强、设施最先进的国际邮轮港口综合体。

此外，区内深圳港、珠海高栏港、惠州大亚湾澳头港、海南洋浦港正在建设成现代化海港。

（四）航空运输

本区航空运输业发展迅速，已开通多条国内和国际航线，形成以广州、福州、海口等地为中心的航空港。其中，广州白云国际机场是中国三大门户复合枢纽机场之一，世界前五十位主要机场。截至 2020 年 1 月，广州白云国际机场拥有两座航站楼，3 条跑道，标准机位 269 个，可保障年旅客吞吐量 8 000 万人次、货邮吞吐量 250 万吨、飞机起降 62 万架次，开通国内外 232 个通航点，其中国际及地区航点近 90 个，航线超过 400 条。此外，深圳宝安机场、海口美兰机场、三亚凤凰机场、福州长乐机场等均为重要的航空港。

目前，交通运输业仍是本区经济发展中的薄弱环节。一方面，铁路运力不足，且东西向的铁路线少。另一方面，本区货物运输量大，人口流动性大，客运能力的增长落后于客运量的增长，加强交通设施建设已是至关重要的问题。

五、区内经济协调发展格局

（一）广东省

广东省将重构区域发展格局，提高粤港澳和泛珠三角区域合作水平，促进区域协调和合作发展。

1. 珠三角地区

珠三角地区经过 40 多年的发展，已经形成较完备的轻型产业链，今后要提升产业发展层次，逐步将劳动密集型产业向东西两翼（粤东、粤西）、北部山区转移，拓宽发展的空间。重点发展技术和知识含量高的制造业和现代服务业，提升产业结构的层次和集约化程度。加强城市之间的分工协作和优势互补，整合区域内产业、资源和基础设施建设，将珠三角打造成世界级的先进制造业基地和现代化城市群。

2. 东西两翼地区

这是广东省经济相对落后，发展潜力仍未开发的地区。实行差别化产业政策，促进珠江三角洲、两翼的产业形成各有侧重的梯度合理分工。推进珠三角产业向山区和两翼转移。强化东西两翼地区空港、海港、陆路枢纽功能集成，建设一批通往沿海港口的货运铁路和物流枢纽，建设粤东地区通往华东、华中地区和粤西地区连接西部陆海新通道，拓展东西两翼地区经济发展腹地。推动重大产业向东西两翼沿海地区布局发展，持续升级壮大绿色石化、新能源等优势产业，培育一批千亿元级产业集群，打造世界级沿海产业带。

3. 加快山区发展

加强山区公路、水利、农村电网和信息化等基础设施建设。山区产业发展要按照适度发展、集中开发和严格保护环境的原则，发挥自身资源优势，大力发展旅游等特色产业，加强南岭生态旅游基础设施建设，提升南岭、丹霞山、万绿湖等旅游品牌影响力，开发红色文化、南粤古驿道、少数民族特色村寨等，打造粤北生态旅游圈。

4. 加快粤港澳大湾区建设

粤港澳大湾区包括香港特别行政区、澳门特别行政区和广东省广州市、深圳市、珠海市、佛山市、惠州市、东莞市、中山市、江门市、肇庆市（称珠三角九市），总面积5.6万平方千米，2020年总人口逾8600万，是中国开放程度最高、经济活力最强的区域之一，在国家发展大局中具有重要战略地位。

粤港澳大湾区与美国纽约湾区、旧金山湾区及日本东京湾区并称为世界四大湾区。粤港澳大湾区的发展规划愿景如下：

一是加强基础设施互联互通，形成与区域经济社会发展相适应的基础设施体系，形成辐射国内外的综合交通体系。二是打造全球创新高地，合作打造全球科技创新平台，构建开放型创新体系，建设粤港澳大湾区创新共同体，逐步发展成为全球重要科技产业创新中心。三是携手构建"一带一路"开放新格局，深入推进粤港澳服务贸易自由化。四是培育利益共享的产业价值链，加快向全球价值链高端迈进，打造具有国际竞争力的现代产业先导区；发展新一代信息技术、生物技术、高端装备、新材料、节能环保、新能源汽车等战略性新兴产业集群。五是共建金融核心圈，形成以香港为龙头，以广州、深圳、澳门、珠海为依托，以南沙、前海和横琴为节点的大湾区金融核心圈。六是共建大湾区优质生活圈，把粤港澳大湾区建成绿色、宜居、宜业、宜游的世界级城市群。

（二）福建省

福建省确立海峡西岸经济区"延伸两翼、拓展一线、两岸三地，连片发展"基本格局，发挥区域优势，完善整体功能，促进海峡西岸经济区一体化发展。以福州、三明、莆田、南平、宁德的发展壮大闽东北一翼，以厦门、漳州、泉州、龙岩的发展壮大闽西南一翼，推进海峡西岸经济区与长江三角洲、珠江三角洲紧密对接、联动发展。加强联系，促进闽台经济技术交流与合作，推动闽港、闽澳经济的紧密合作，进一步形成外资密集、内外结合、带动力强的经济区域。

重点建设闽东南高优农业、沿海蓝色农业、闽西北绿色农业三大特色产业带：

闽东南高优农业产业带：发挥该区域地处南亚热带、自然条件好、农业基础设施较为完备等优势，建设高标准农田，发展节水农业，发展规模化、集约化的现代农业，发展外向型农业。

沿海蓝色农业产业带：以环闽东、闽中、闽南三大渔场近岸海域为依托，推进厦门国家海洋经济发展示范区建设。发展海洋渔业、船舶制造、海工装备等产业，培育海洋生物、海水综合利用等新兴产业，积极发展滨海旅游，支持有条件的地区建设"海上牧场"。提升海洋科技发展水平，建设智慧海洋。加快港口资源整合，建设厦门国际航运中心，打造世界一流港口群。加强海洋环境治理，推进岸线自然化和生态修复。

闽西北绿色农业产业带：大力发展生态型畜牧业，实施特色现代农业高质量发展工程，发展茶叶、水果、畜禽、水产、林竹、花卉苗木、食用菌等十大乡村特色产业。建设茶叶等特色农产品专业电商平台，种业科技创新，农田标准化、农业良种化、生产机械化、种养规模化，建设智慧农业。

（三）海南省

2020年6月国家实施《海南自由贸易港建设总体方案》，海南省把11个重点园区作为推动海南自由贸易港建设的样板区和试验区，将海南建设成国家生态文明试验区、国际旅游消费中心、国家重大战略服务保障区。

海南省积极培育海南特色经济板块。建设"南北两极带动、东西两翼加快发展、中部山区生态保育"的格局。以海口为中心构建琼北综合经济区，统一规划建设琼北区域的基础设施、资源开发、产业发展，实现优势互补和资源共享。扩大海口药谷产业生产规模，高水准规划建设海口美安生态科技新城"美安新药谷"。积极发展电子信息制造产业，以物联网、人工智能、区块链、数字贸易等为重点，依托海南生态软件园、复兴城互联网信息产业园等园区，建设中国（海口）跨境电子商务综合试验区。

以三亚为中心打造琼南旅游经济圈，整合琼南区域旅游资源，科学布局景区景点和旅游线路，形成辐射中部、带动东西两翼旅游发展的新格局。三亚建设世界级滨海旅游城市度假城市带。加快崖州湾深海科技城和南繁科技城建设，发展深海探测、生物育种及生物产品等高新技术产业，同步推进陵水、乐东南繁基地建设。

培育洋浦、琼海为琼西和琼东的区域性经济中心，突出洋浦经济开发区的战略地位。儋州建设成为西部中心城市，加快儋州—洋浦"环新英湾"港产城一体化发展，打造"儋州—洋浦—临高—昌江—东方"临港产业发展新优势。将洋浦建设成具有国际影响力的千亿级石化产业基地和油品自由贸易港区。推动琼海、万宁建设东部国际合作、文化交流平台和大健康旅游示范区。

中部地区切实保护好自然保护区和生态公益林，积极发展经济林、生态旅游等特色经济，加快发展中部生态经济区。发展热带水果、花卉等特色高效产业。增加橡胶、槟榔、椰子产值，鼓励种植热带特色中草药，打造屯昌、白沙、保亭等南药生产基地。

（1）发展热带海洋经济。组织南海油气资源勘探开发，使海南成为南海油气资源勘探开发支持基地。积极发展远洋渔业、滨海旅游业、海洋交通运输业、海洋生物制药、海洋能源利用等海洋产业。建设北部沿海综合产业带、南部滨海度假休闲产业带、西部临海重化工产业带和东部滨海旅游与海洋渔业产业带，有计划建设南海北部、中部和南部三大"阶梯式"海洋开发区。加大天然气水合物、油气等海洋资源勘探开发力度，建设澄迈海上油田生产服务基地，建设海南陵水海洋经济发展示范区，积极推进海洋强省建设。

（2）发展热带海岛旅游产业。围绕建设旅游强省的目标，全面实施《海南省旅游发展总体规划（2017—2030）》，实现旅游产业由数量规模型向质量效益型转变，旅游产品由观光旅游为主向度假休闲为主转变。建设东部滨海旅游经济带，发展三亚海棠湾、陵水清水湾、万宁神州半岛、琼海博鳌、文昌铜鼓岭、海口美丽沙、新埠岛、昌江棋子湾等度假休闲项目。开发西沙旅游，有计划开发无居民海岛，塑造海南国际性旅游度假休闲目的地品牌。

第三节　香港与澳门

一、香港

（一）概况

香港，简称港（HK），全称中华人民共和国香港特别行政区，位于中国南部、珠江口以东，西与中国澳门隔海相望，北与深圳市相邻，南临珠海市万山群岛，管辖区域范围包括香港岛、九龙、新界和周围 262 个岛屿，陆地总面积 1 106.34 平方千米，海域面积 1 648.69 平方千米。香港岛及九龙半岛是香港政治、经济、文化、交通中心区域。截至 2021 年，香港总人口约 742.88 万，其中 93.6% 为中国籍公民，6.4% 为外国籍公民，是世界上人口密度最高的地区之一。

1997 年 7 月 1 日，中国政府对香港恢复行使主权，中华人民共和国香港特别行政区正式成立。中央拥有对香港的全面管治权，香港保持原有的资本主义制度长期不变，并享受外交及国防以外所有事务的高度自治权，以"中国香港"的名义参加众多国际组织和国际会议。根据《中华人民共和国香港特别行政区基本法》（以下简称《基本法》）的规定，香港实行"一国两制、港人治港、高度自治"。

香港的法定语言是中文和英文，即书面上使用中文和英文，口语上使用粤语（俗称广州话）、普通话和英语。

（二）经济特征

香港是世界上重要的国际金融、贸易、交通、旅游、信息和通信中心，是仅次于纽约、伦敦的世界第三大国际金融中心。香港现代经济发展基础是制造业。

1. 国际金融中心

香港是世界领先的国际金融中心，在集资、资产管理和保险等领域享负盛名。香港拥有比较完整的金融市场体系，包括外汇市场、借贷市场、股票证券市场、黄金市场、金融期货市场，还有保险市场等辅助性市场配套。日前，香港是仅次于纽约、伦敦的第三人国际金融中心，与伦敦、纽约、苏黎世一直并列为全球四大黄金市场。香港交易所是全球市值最大的交易所之一，兼全球第二大生物科技融资中心，2020 年香港首次公开招股集资额位列全球第二。香港作为区域金融科技枢纽，目前已有八间虚拟银行、四间虚拟保险公司以及一个虚拟资产交易平台获授权在港营运。香港是全球最大的离岸人民币业务中心，与中国内地开设多个互通投资渠道，当中包括"沪港通及深港通""债券通"及"跨境理财通"。香港正积极推动房地产投资信托基金市场的发展，加强作为主要集资中心的角色。

2. 国际贸易与物流中心

2005 年，香港已经是全球第十一大服务出口地。与服务贸易有关的主要行业包括旅游和旅游业、与贸易相关的服务、运输服务、金融和银行服务及专业服务。香港航运历史悠久，其 20 世纪 70 年代末形成国际航运中心，航运网遍布世界各地并拥有庞大的商船队，80 年代后期成为世界第一大货柜港。香港特区政府统计处公布：2019 年全年港口货物吞吐量达 26 330 万公吨。当中，抵港港口货物达 17 090 万公吨，离港港口货物为 9 240 万公吨。2019 年全年香港的港口处理了 1 830 万标准货柜单位的货物。2019 年全年抵港远洋轮船为 25 388 船次，抵港内河船为 135 864 船次。就货运吞吐量、使用港口设施的船只数目、吨位、装卸货物量而言，香港港口是世界最繁忙的港口之一，也是远东国际航运中心。

香港国际机场是世界上最繁忙的机场之一。全球各大航空公司都有航班飞往香港。可在五小时内由香港国际机场飞往全球半数人口居住的城市。2019 年香港国际机场由约 120 家航空公司提供航班服务，联系全球约 220 个航点，客运量达 7 150 万人次，货物吞吐量近 9 480 万公吨，飞机起降量 419 795 架次。2010—2019 年，香港国际机场连续十年被评为中国最佳机场，2016—2021 年连续六年被评为亚洲最佳机场。

3. 国际旅游目的地

旅游业是香港经济支柱产业之一。作为东西方文化的汇聚交流之地，香港这座亚洲国际都会，一直以来都是全球范围内的热门旅游目的地。香港回归 20 多年来依托全球经济发展，特别是庞大的中国内地市场，旅游业发展较快。全球赴港旅游人次从 1997 年的 1 127 万人次攀升至 2017 年的 5 847 万人次，增幅高达 419%，到访人次达到香港人口总量的 7.9 倍。2017 年，与入境旅游相关的消费总额达到 2 967 亿港元，约合 2 601 亿元人民币（按照 1 港元兑 0.87 元人民币计算）。旅游业以占本地生产总值约 5% 的比重，为香港社会提供了约 27 万个就业岗位。它还带动酒店、零售、交通等多个行业发展，现在已成为香港重要的经济驱动力，在维护香港社会稳定、改善民生、推动经济发展等方面发挥了重要作用。

4. 国际创新科技中心

香港作为国际创新科技中心，积极注资发展创科软硬件基础建设，并吸纳国际顶尖创科专才和机构，以巩固香港发展成知识型经济体的定位。数码港是香港创科基地之一，汇聚超过 1 650 间企业，是香港金融科技的重要推手。香港科学园是香港最大的研发基地，共有约 1 000 间本地及国际企业进驻。香港科学园目前正与国际知名机构及商业单位合作，建立世界级的科技研发平台。目前香港正全力推动位于落马洲河套地区、占地 87 公顷的港深创新及科技园，该大型园区地理位置优越，与深圳接壤。《香港智慧城市蓝图 2.0》提出超过 130 项智慧城市措施，致力把香港建设成一个世界级的智慧城市。

（三）经济发展迅速的因素分析

香港自然资源贫乏，地域狭小，却成为多功能的国际中心城市，经济迅速发展并取得巨大成就，这是一系列外部因素和内部因素共同作用的结果。

1. 区位条件

香港是中国南方通往世界的重要门户，处于亚洲航运和国际贸易的中心位置。由欧、非、南亚往来东亚之间的航运都以香港为必经之地；美国、澳大利亚与东亚、南亚之间的航运也是以香港为中转站。维多利亚港是香港岛和九龙半岛之间的天然深水港，也是"世界三大天然良港"之一，使香港成为优良转口港，有利于香港的经济和旅游业发展，是香港成为国际大城市的关键因素之一。同时，香港作为粤港澳大湾区的中心城市，可通过道路、铁路和航空交通直达大湾区，有利于香港在大湾区的发展进程中担当重要角色，并进一步巩固其作为国际金融、物流、贸易中心及航空枢纽的地位。凭借其地理优势，香港是"一带一路"等重要国家发展战略的推动者和受益者。

2. 制度优势

一是《基本法》为在一国两制下保持香港资本主义生活方式不变及其他发展提供了最坚实的保证，这是全世界独有的安排。1997 年香港回归以来经受了许多的考验仍具有强大的生命力就是最好的例证。二是政府行政架构精简。香港拥有一个架构精简而效率高超的政府。香港信息发达，加上一流的银行及财务设施、低税率、简单的税制、完善的基础建设，政府效率出众、透明度高兼处事公正，既乐于支持工商业的发展，却又极少干预市场运作，令香港获得很高的国际社会评价。

3. 国际人才荟萃

香港汇聚具备技能、经验和国际视野的人才，推动本地商业和创意发展，加强香港的全球竞争力。香港汇聚了不同领域拥有专业知识的公司，以及掌握商业知识和技能的人才。香港拥有 22 间能授予学位的高等教育机构，其中包括多间在国际顶级排名中获得高度评价的大学，是亚洲地区的教育和培训枢纽。

4. 完善的法律服务

《基本法》是中国香港特别行政区的宪制性文件，在"一国两制"下，香港享有高度自治，其是全国唯一实行普通法的司法管辖区，拥有独立的司法制度，并保留了强而有力的法律保障及健全的法律制度。香港拥有稳健和高度透明的法律制度，拥有庞大的本地及国际法律人才网络，以及具有丰富的国际仲裁经验的机构和专业人才，是亚洲顶尖的促成交易及争议解决服务的法律中心。目前，香港约有 10 900 名执业律师及 1 500 名执业大律师，以及约 90 间注册外地律师所。香港法院已建立了完善的商业案例法的数据库。另外，香港拥有制定合约的自由，而且法律基础设施完善，吸引海外和中国内地公司在香港开设及发展业务。香港作为亚太区主要国际法律及争议解决服务中心，是地区内进行交易和解决争议的理想地点。

二、澳门

(一) 概况

澳门，简称澳，全称为中华人民共和国澳门特别行政区。北邻广东省珠海市，西与珠海市的湾仔和横琴对望，东与香港隔海相望，相距 60 千米，南临南中国海。澳门包括澳门半岛和氹仔、路环两个离岛。路环岛（又称九澳岛）是澳门地区最大的岛屿。澳门半岛与氹仔岛之间有澳氹大桥和友谊大桥相连，岛内交通方便。

澳门陆地面积 30.8 平方千米（2017 年），海域面积 85 平方千米（2015 年），截至 2021 年 8 月人口约 68 万，人口密度为每平方千米 20 620 人。汉族居民占全区总人口 97%，葡萄牙籍及菲律宾籍居民占 3%。澳门居民大部分原籍广东珠江三角洲。

澳门属亚热带季风气候，同时亦带有海洋性气候特征，年平均气温在 20℃～25℃。春、夏季潮湿多雨，秋、冬季相对湿度较低且雨量较少。台风季节为 5—10 月，7—9 月是台风最频繁的季节。

1999 年 12 月 20 日，中国政府对澳门恢复行使主权，中华人民共和国澳门特别行政区正式成立。根据《中华人民共和国澳门特别行政区基本法》的规定，澳门实行"一国两制、澳人治澳、高度自治"。东西方文化的融合共存使澳门成为一个风貌独特的城市，给澳门留下了大量的历史文化遗迹。澳门历史城区于 2005 年 7 月 15 日正式成为联合国世界文化遗产。

澳门是一个国际自由港，也是世界四大赌城之一。其经济支柱以轻工业、旅游业、酒店业和娱乐场为主。今天的澳门是全球最发达、富裕的地区之一。

（二）澳门经济

澳门是微型海岛经济。虽然经济规模不大，但具有开放和灵活的特点。澳门是中国两个国际贸易自由港之一，在货物、资金、外汇、人员等方面实施进出自由；是亚太地区极具经济活力的一员，在区域性经济中占有独特的地位。传统上，澳门经济以出口为主，加工业实施转型以适应新时代经济发展趋势的变化，服务出口所占的比重越来越大。

1. 博彩业

澳门博彩业已有 150 多年的历史。1961 年葡萄牙政府颁布法令，指定澳门为旅游区，准许在澳门开设赌博娱乐业。博彩业带动了澳门旅游观光、酒店、交通等行业的发展。进入21 世纪以来，博彩业税收增长速度更为惊人，自澳门赌权开放后，多家外资赌场在澳门设立新的国际级赌场。2019 年博彩业创造了近 3 000 亿澳门元的产值，博彩业收入占本地生产总值 55.5%。近年来，博彩税收占特区政府财政收入 70%~80% 比重，截至 2020 年底博彩业就业人口约 820 433，占整体就业人口的 17.23%。

博彩业虽然给澳门带来了大量的经营收入和就业岗位，但是也带来了一系列的社会、经济问题。博彩业发展亦衍生推动物价通胀、推高住宅及商用楼租金等各种生活及营商成本的问题；其次是对中小企业经营产生挤出效用，减低中小企业在总体市场上的竞争力。

2. 旅游业

澳门旅游业带动了博彩业，博彩业推动了旅游业发展，两者之间形成了一个互相作用、互相促进的关系。在国民经济收入结构中，旅游业收益仅次于博彩业，排名第二。20 世纪80 年代澳门新开设 5 家具有国际水平的酒店，提供客房 1 530 间，饮食业从业人员由 1981年 5 000 人增加至 1986 年 8 000 人。自 2003 年 7 月内地城市陆续实施赴澳门"个人游"后，内地客源大幅增加，入境旅客总数呈现跨越式增长。据澳门特区旅游局统计，2019 年澳门酒店及公寓共 123 间，包括 84 间酒店及 39 间公寓，年均游客接待量从 1999 年 700 万人次跃升至 2019 年底 3 940 多万人次，其中内地旅客最多，约 2 800 万人次，其次为香港和台湾地区，国外游客依次来自韩国、菲律宾、日本、美国、马来西亚、印度尼西亚、泰国、印度、新加坡和澳大利亚等国家。

澳门旅游以多元化为目标，创新了集"商务旅游""美食旅游""购物旅游""文化旅游"为一体的"全域旅游"模式。2019 年 4 月国家发改委正式发布《横琴国际休闲旅游岛建设方案》，标志着澳门将联通一块面积 3 倍于己的"旅游腹地"。

3. 制造业

制造业在澳门历史悠久，以纺织制衣业为主，且以劳动密集和外向型为经济模式。20世纪 50 年代以前，以生产爆竹、火柴、神香等产品为主，主要输往美国等地。后因美国对爆竹、神香等产品实施禁运，上述传统产业被迫停产。60 年代以后，主要生产纺织服装制品，占出口总额 70% 以上。70 年代至 80 年代进入黄金时期，除纺织制衣业外，玩具、电子和人造丝花等工业亦蓬勃发展。出口工业占 GDP 比重一度高达约四成，是名副其实的工业城市。产品主要出口美国和欧洲，部分输往中国香港和内地。生产所需原料、机械设备等多从中国香港、内地及欧洲、日本等地进口。到 90 年代后，在竞争优势逐渐丧失、大量工厂北上的情况下，澳门制造业急转直下。2019 年 9 月澳门制造业在职员工人数仅为 10 356 人。

2015 年 3 月 24 日珠海横琴自贸片区成立，横琴自贸片区功能定位为促进澳门经济适度多元发展新载体、新高地。在横琴自贸片区建设的粤澳合作产业园、粤澳合作中医药科技产业园、澳门青年创业谷等重点合作项目，使澳门工业正向高新技术、高科技含量发展，澳门正大力开拓产品销售新市场，通过多元化发展来增强市场竞争力。

第四节　台湾省

台湾是中华人民共和国省级行政区，省会台北。台湾省位于中国大陆东南海域，东临太平洋，西隔台湾海峡与福建省相望，南界巴士海峡与菲律宾群岛相对，北向东海。全岛扼西太平洋航道中心，是中国与太平洋地区各国联系的海上交通枢纽。

台湾地区范围包括台湾岛及其附属岛屿、澎湖列岛、金门群岛、马祖列岛、东沙群岛、乌丘列屿、南沙群岛的太平岛与中洲礁及周围附属岛屿，总面积3.6万多平方千米。台湾地区行政区划为6个"直辖市"（台北市、新北市、桃园市、台中市、台南市、高雄市），3个市（基隆市、新竹市、嘉义市）和13个县。

2020年全省人口约2 381万，超过70%集中在台湾岛西部的5大都会区，其中以台北市为中心的台北都会区最大。汉族人口占98%，主要少数民族为高山族。台湾居民祖籍地以闽南地区和广东省为主。主要方言有闽南语、客家语、福州话、高山族南岛语系等。台湾文化以中华文化为主体，是中华文化的重要组成部分，高山族的南岛文化亦有影响，近现代又融合日本和欧美文化，呈现多元风貌。

一、自然环境与资源

（一）地貌特征

台湾岛四面环海，孕育了各种海岸地形，可分为岬角与海湾相间的北部岩岸、海岸线平直单调的西部沙岸、珊瑚礁地形为主的南部珊瑚礁海岸、山地和海洋相邻的东部断层海岸。台湾岛大致分成山地、丘陵、盆地、平原、台地五大地形，超过一半的面积是东部山区地形，可耕地占24%。山脉走向大致与地质构造分布一致，北半部主要为东北至西南走向，山脉自东向西分别为海岸山脉、中央山脉、雪山山脉、玉山山脉和阿里山山脉。台湾海拔超过3 000米的山峰有268座，最高点是海拔高度3 952米的玉山主峰，也是中国东部沿海地区的最高峰。

平原多分布在台湾岛西部的滨海平原带，主要由台南平原和屏东平原组成。台南平原，也称嘉南平原，位于台湾省西南，北起彰化县浊水溪南岸，向南至高雄市高屏溪（下淡水溪）西岸，东以阿里山山系及其余脉丘陵为屏障，西滨台湾海峡，呈枣核形；由大肚溪、浊水溪、曾文溪等河流三角洲组成，南北长180千米，东西最大宽度约50千米，面积4 550平方千米，包括云林、嘉义、台南、高雄等县市，为台湾第一大平原。台湾西部平原土壤肥沃，盛产水稻和甘蔗。

北回归线横穿台湾岛，嘉义县南两公里处建有"北回归线标志塔"。由于纬度较低，台湾的热量具有热带、亚热带的性质。无论是冬季的东北季风还是夏季的东南季风都有可能在迎风坡上成云致雨，所以降水量丰富。台湾岛地处西太平洋台风区，每年夏秋季节是台风高发时期，东部沿海地区受台风影响最明显。

（二）生物资源

温暖湿润的气候和面积广阔的山地孕育了台湾岛丰富的森林资源。台湾山脉海拔较高，从山麓至山顶气候的垂直分异明显,使得台湾森林树种十分丰富,有"亚洲天然植物园"的美誉。

台湾森林面积约占全省面积59%,多分布在东部山地。在台湾森林资源中,热带林种占56%、亚热带林种占31%、温带林种占11%、寒带林种占2%左右。按林木种类分,阔叶林、竹林分布最广,占全省森林面积69%;阔叶、针叶混交林约占9%。台北的太平山、台中的八仙山和嘉义的阿里山是著名的三大林区,木材储量多达3.26亿立方米,树木种类近4 000种,经济价值较高的有300多种,名贵木材有台湾杉、红桧、樟、楠等,樟脑和樟油产量更是占世界总量70%,居世界首位。

台湾四面环海,海岸线总长达1 600千米,因地处寒暖流交汇处,渔业资源丰富,种类多样,被称为天然的"海洋生物牧场"。台湾东侧海域大陆架甚窄,大陆坡陡水深,虽不宜底栖性鱼类繁殖,但因受黑潮影响,暖流性深游鱼类经常随洋流活动,渔汛终年不绝。西部沿岸是大陆架的延伸,地势平坦,发展浅海养殖场,养殖主要种类包括鱼类(罗非鱼、鳗鱼、石斑鱼、鲈鱼)、贝类(牡蛎、蚬、文哈)和虾类(白虾、泰国虾)。

台湾具有经济价值的捕捞鱼类有20多种,占重要地位的有金枪鱼、鲔鱼、鲣鱼等。海藻类主要有石花菜、海苔与鸡冠菜等,其中以石花菜最为重要。台湾省的珊瑚非常知名,产量曾占世界市场80%左右。

(三)矿产资源

台湾矿产资源可分为能源、金属和非金属三大类。已探明各类矿产200多种,但储量和产量都较低,目前,90%矿产需要进口。能源矿产主要有煤炭、石油、天然气及地热等。其中煤炭开发利用较早,目前已逐渐枯竭,储量仅约1亿吨,年产量不足10万吨。

石油和天然气是台湾较重要的能源矿藏,主要分布在中央山脉西部及台湾海峡。地热资源相对丰富,主要分布在北部大屯山火山群地区。台湾能源供给依赖进口,自产能源不足1/10,原油主要来自中东,煤炭进口以美国、澳大利亚为主。

台湾金属矿藏种类相对较多,但储量不多。已探明较有开发价值的金属矿藏主要有金、银、铜、铁等,另外还有锰、钛、锆、独居石、汞、镍与铬等矿藏。其中,金矿是台湾最重要的金属矿藏,目前探明的储量约580万吨,多为金与银或铜的共生矿。其他金属矿藏储量更少,所需金属矿产主要靠大量进口。

台湾非金属矿产资源种类较多,储量丰富。经济价值较高与储量较多者主要有大理石、石灰石、石棉、云母与硫黄等。其中,大理石是台湾储量最丰富的非金属矿藏,储量近3 000亿吨。台湾西南部的布袋盐场,是中国三大海洋盐场之一。

二、经济发展特征

(一)经济基本特点

从1953年起,台湾连续实施了三期"四年经济建设计划",重点发展农业,并相应发展进口替代工业,以轻纺工业为主。20世纪60年代中期以后,采取出口导向的政策,以拓展国外市场为主,使岛内经济与国际市场接轨。在高雄、台中、楠梓等三地开辟"加工出口工业区",重点发展加工出口工业,形成了"进口原料—加工—出口"的经济模式,经济得到迅速发展。这一时期被称为台湾"经济起飞年代"、经济高速增长的"黄金时代"。

20世纪70年代中期,台湾成功地完成经济转型。一方面技术层次低、产品附加值小、能源消耗大的加工工业升级为技术层次高、产品附加值大、能源消耗少的加工工业,以纺织、食品、塑料、家用电器为主的轻工业升级为技术密集型新兴工业；另一方面服务业由传统型向现代型转移。90年代台湾经济已由"工业经济型"转化为"服务业经济型"。服务业发展重点是金融、保险等生产性服务业和旅游、休闲等提高生活素质的服务业。自2000年起服务业占台湾地区生产总值60%，其中金融保险及工商服务业占台湾地区生产总值23%，在服务业中居首位。目前台湾地区正积极推动产业转型升级，重点发展观光旅游、医疗照护、生物科技、绿色能源、文化创意、精致农业六大新兴产业和十大服务业。

（二）工业生产与布局

台湾工业布局主要集中于西部平原，基本上形成了以台北、台中、高雄为中心的弧形工业带。

以台北市为中心，包括桃园、新北市和基隆市北部工业区，集中了全省工商企业1/3以上，是全省最大工业区。主要工业部门有纺织、食品、电子、机械等，已发展成为全省轻工业基地。

以台中为中心，包括台中市、彰化县、南投县的中部工业区，目前已占全省工商企业1/5，是全省第三大工业基地。

以高雄为中心，包括高雄、台南、屏东等南部工业区，占全省工商企业1/4以上，主要工业部门有钢铁、造船、石化等重工业，是全省的重化工业基地。

台湾东部山区，以采矿业为主，其他工业较少，台湾重工业在部门结构中比重增长较快，但从整体上看，基本上仍是一个以轻纺工业为主体的工业生产体系，纺织、电子、橡胶、塑料、制鞋、食品等工业产值和出口量均居重要地位。

高新技术产业发展迅速，自1980年起相继成立新竹科学工业园区、南部科学工业园区等科学园区，大力鼓励厂商投资集成电路、电脑等高新技术产业，耗能少、污染低、附加价值高的高新技术产业取代传统产业成为台湾重要的经济命脉，在全球产业链中扮演重要角色。

（三）农业生产与布局

农业在台湾地区经济发展中曾经占有重要地位，为工业发展提供了大量资金、劳动力与市场，奠定了台湾经济起飞的基础。台湾农业包括种植业、畜牧业、渔业与林业四大部门。20世纪60年代在轻工业和外贸迅速发展的刺激下，台湾农业出现了新的变化：台湾农业生产结构已逐渐由以种植业为主的单一传统农业，逐渐转变为农林牧渔综合发展的多元化农业与商业性农业。农业生产商品化促进农业生产的发展，也使农业生产直接或间接地受加工工业和外贸的制约。

台湾农作物生长条件十分优越，西部1 000米以下的丘陵、台地、盆地和平原是发展种植业的良好场所。经过多年发展，形成了以粮食作物、经济作物和园艺作物相结合的多种种植业。种植业中以水稻栽培最普遍，主要分布在西部嘉南平原、屏东平原、台北盆地、台中盆地、宜兰平原以及台东纵谷平原。北部一年两熟，南部可一年三熟。甘蔗是仅次于水稻的农作物，是中国主要甘蔗产区之一，主要产于大甲溪下游到浊水溪冲积平原及台东纵谷平原。茶叶是台湾传统经济作物之一，主要分布在北部丘陵缓坡、台地及阿里山等地。

台湾素有"水果王国"的美称，水果种类繁多，全年可上市水果达50多种。热带水果主要有香蕉、凤梨、荔枝、龙眼、莲雾、芒果、木瓜、椰子、杨桃等；亚热带水果主要有柑橘、番石榴、枇杷、番荔枝、杨梅等。

渔业在台湾农业生产中的地位，虽次于种植业和畜牧业，但水产品外销额在农业收入构成中占主要地位。

（四）交通运输

台湾省内交通发达，基本形成了航空、铁路、公路、海运等多层次立体交通网络。

1. 铁路运输

台湾铁路建设历史悠久，首条线路是 1887—1891 年修建的基隆—台北铁路，全长 28.6 千米。目前，台湾铁路总里程达 4 500 多千米，拥有 4 条铁路主干线，即西部干线、东部干线、北回铁路和南回铁路，它们构成了台湾环岛铁路网。

西部干线是台湾最重要的一条铁路干线，串联起台湾几个主要大城市——台北、台中和高雄，也被称为纵贯线。东部干线连接着台湾东部几个主要城市——宜兰、花莲和台东，是台湾最美丽的一道观光风景线。北回铁路环绕台湾北部，连接台北和宜兰，经过台湾最北的城市——基隆。南回铁路环绕台湾南部，连接高雄和台东，经过台湾最南的城市——屏东。

2007 年台湾建成了一条现代化高速铁路。台湾高铁是连接台北市与高雄市的高速铁路网，贯通台湾西海岸。根据 2020 年 1 月台湾铁道局提交的《全台高快速铁路网发展整体规划》，岛内现行西部高铁将分别往东、往南延伸，东段将延伸至宜兰，南段将延伸至屏东；东部铁路则将升级改造，提速至时速 160 千米的快铁，最终形成 6 小时全台环岛铁路网，打造"环岛一日生活圈"。

2. 公路运输

台湾省内公路系统发达，公路密度较大，形成了纵向公路系统、横向公路系统、环岛公路系统（西部干线、东部干线）、滨海公路系统和高速公路系统等。北部有新北市到宜兰县的东西横贯公路；中部有台中市到太鲁阁的东西横贯公路；南部有台南到台东的横贯公路；还有从基隆经台北市，沿台湾的西部海岸地区直到南端的鹅銮鼻，再沿东部一直到台北的环岛公路，从基隆到高雄的南北高速公路等。

3. 海洋运输

台湾省既是连接东北亚和东南亚的海上长廊，也是连接太平洋、沟通印度洋的交通要冲，是世界海上交通的重要枢纽，海上航运繁忙。近年来，西太航线每年通过的舰船在 8 万艘以上，是日本、韩国到东南亚、中东、非洲、欧洲等的必经之地，海运业在全省外贸中具有重要地位。海上运输线路主要有环岛航线和通往美国、日本、中国香港和东南亚各地的定期航线。

台湾主要港口有高雄、基隆、台中、花莲、苏澳等。高雄港是台湾省内最大的海港，是大型综合性港口，有铁路、高速公路作为货物集运与疏运手段。港口内有 10 万吨级矿砂码头、煤码头、石油码头、天然气码头和集装箱码头，共有泊位 80 多个，海岸线长 18 千米多，另有系船浮筒 25 组。港口年吞吐量约 5 000 万～6 000 万吨。港口设有百万吨级大型干船坞和两座 25 万吨级单点系泊设施。高雄港是世界集装箱运输的大港之一，承担台湾 60% 以上的货物与 75% 以上的货柜装卸量。

4. 航空运输

台湾航空运输有国际航线超过 100 条，与美国、日本、欧洲、东南亚等地有定期航班。重要机场有桃园中正国际机场、台北国际机场、高雄国际机场。1979 年建成的桃园中正国际机场为台湾第一大机场。此外，在马公、花莲、台东、台南、台中、嘉义等地区建有中小型机场。台湾有中华航空、长荣航空、远东航空、华信航空、台湾虎航、立荣航空和星宇航空等七家营运国际航线的民用航空公司。其中，中华航空公司规模最大。

（五）旅游业

1. 自然旅游资源

台湾四周大海环绕，地貌复杂，处于太平洋火山地震带上，又有喀斯特地貌与海蚀地貌，故多山水胜境、火山群与温泉群。西海岸沙滩平缓，多海水浴场；东海岸断崖陡峭，奇石怪岩。森林茂密，动植物资源丰富，更有"蝴蝶王国"之称。清代即有"八景十二胜"之说，包括阿里山云海、双潭秋月、玉山积云、清水断崖、澎湖渔火、大屯春色、鲁谷幽峡、安平夕照和草山、新店、大溪、五指山、八卦山、虎头埤、狮头山、太平山、大里筒、旗山及雾社。作为著名的世界旅游胜地，台湾岛上的风光，可概括为"山高、林密、瀑多、岸奇"等几个特征。

（1）阿里山风景区。阿里山其实不是仅指一座山，它是由尖山、塔山、大武峦山等 18 座高山组成，整个山脉森林覆盖面积达 3 万多公顷。阿里山有五大特色：原始森林神木、高山森林小火车、日出、云海和姊妹潭。阿里山中最大的一棵古木树围 23 米，根部 50 米，树龄已有 3 000 多年，被称为"桧树之王"。山上可以领略高山族文化，阿里山姑娘自然、大方的歌舞表演很吸引人。

（2）日月潭景区。日月潭是台岛最大的高山湖泊，绕湖边一周达 35 千米，长年水清潭碧。日月潭是由连在一起的两处水面组成，一大半是不规则的圆周形，另一小半为新月形，中间由潭水中一个树木茂密的湖中岛连接。日月潭原来只是一处不大的湖泊，后来为了发电，引水蓄积成当前规模。

2. 人文旅游资源

由于融合了闽南、客家、外省及原住民等不同的族群，台湾形成了多姿多彩的人文色彩，在宗教信仰、建筑、语言、生活习惯及饮食风味上，处处展现和谐共荣的缤纷景象。

（1）多姿多彩的台湾文化。台湾发展过程中包括了原住民，早期祖国大陆闽南、客家移民，荷兰人，西班牙人，日本人和近期的中国大陆移民，由于各民族注重传统文化的保存，也逐渐发展出新的文化。

（2）丰富多元的台湾美食。台菜、客家菜、湘菜、川菜、日式和韩式料理，或是传统小吃、地方特产美食，呈现出多元丰富的美食，使台湾"美食王国"之名备受世界肯定。

（3）宗教信仰的盛行，是台湾民俗的一大特色。台湾寺庙多、信徒多。他们所崇拜的神灵儒、道、释一应俱全，其中香火最旺的是妈祖。

思考与练习

1. 简述华南区自然坏境的基本特征。
2. 海南省发展大农业具有什么有利条件？
3. 广东省工业发展具有哪些有利条件？
4. 华南区海洋资源开发利用过程中应注意哪些问题？
5. 澳门经济具有哪些特点？
6. 简述东南区交通运输发展特点。
7. 简述台湾省经济发展特点。
8. 简述香港成为国际航运、金融中心的区位条件。
9. 影响华南区发展经济的主要因素是什么？

第十六章 晋陕蒙区

晋陕蒙区是指山西省、陕西省和内蒙古自治区大部分地区（除东部的兴安盟、通辽市、呼伦贝尔市和赤峰市外），地处黄河中游地区，北邻蒙古国，总面积 154 万平方千米，2020 年区内常住人口 10 902 万，占全国总人口 7.8%。本区是中国重要的能源基地和畜牧业基地，也是中国自然环境脆弱、农牧交错和土地退化最为严重的地区。

本区主要经济中心：太原、大同、西安、包头、呼和浩特等。

第一节 自然环境与资源

一、土地资源

晋陕蒙区地表结构是典型的高原、山地交错分布区，处在中国地势第二阶梯及由第二阶梯向第三阶梯的过渡地带。北部有大兴安岭、阴山，东部有太行山，南部有大巴山、秦岭，中部为吕梁山。区内分布着世界上著名的黄土高原和内蒙古高原，大兴安岭—阴山、秦岭是本区重要的地理界线。

黄土高原区，主要分布于陕西北部和山西西部，高原面上发育着山地、丘陵、台塬、沟壑等地貌类型。黄河中游黄土高原地区总面积 64 万平方千米，水土流失面积约 43.4 万平方千米，其中严重水土流失区 21 万平方千米，是造成黄河多泥沙的主要产沙区。

内蒙古高原位于大兴安岭、阴山、贺兰山、河西走廊北山一线之西北，是一个由东北向西南长约 3 000 千米、南北最宽约 540 千米的广阔内陆高原。地势由南向北，从西向东缓缓倾斜，平均海拔 1 000 米以上，高原面开阔坦荡，平地相间，构成层状和波状高平原。

大兴安岭把内蒙古高原与东北平原分开，成为草原生态系统与森林草原、灌丛草原生态系统的分界线。界线西侧是内蒙古大草原区，由于气候干旱，过度放牧，风蚀和草地荒漠化严重，草原载蓄量逐年下降。

秦岭东西长 1 600 多千米，南北宽数十千米至两三百千米不等。位于甘肃省、陕西省的南部，河南省的西部，小部分延伸至湖北省西北，山势西高东低。山脉北侧为黄土高原和华北平原，南侧为低山、丘陵、红层、盆地和江汉平原。

本区是中国水土流失较严重的地区之一。各省区由于侵蚀产生泥沙量以陕西最多，每年大约 8 亿吨，其次是山西省、内蒙古自治区，三省区占整个黄土侵蚀产沙量的 72%，黄河泥沙源的 80% 以上。陕西、内蒙古的毛乌素沙地和沙黄土地区是中国沙漠化较为严重的地区，内蒙古农牧交错地带的草地是中国草场退化最严重的地区。

二、气候资源

晋陕蒙区是中国东南季风和西南季风影响的边缘区，降水量地区分布大体呈现自东南向西北或由南向北递减的趋势，东西跨湿润、半湿润、半干旱和干旱四个干湿地带，南北跨亚热带、暖温带、中温带三个温度带。自然植被从秦巴山区、汉中盆地的亚热带湿润森林，经黄土高原，内蒙古高原东、中部的中温带、温带半湿润森林草原、半干旱草原，到内蒙古高原西部的温带干旱荒漠草原、荒漠。半干旱与干旱范围大，降水不稳定，干旱、风沙、霜冻频繁，天然草地与旱作农业生产能力低且不稳定。气候的干旱与降水不稳定与山地斜坡的不稳定、黄土及风沙物质的不稳定相结合，使得本区生态环境十分脆弱。本区西北荒漠化严重的地带，生态环境更加恶化。因此，加强生态环境建设，对这一地区农业生产的稳定与提高至关重要。

三、水资源

晋陕蒙区位于中国内陆地区，雨季时间短，降水量少，地表植被覆盖率低，土壤蓄水性能差。大兴安岭—阴山一线将本区分为内外两大流区。外流区的主要河流有黄河、黑龙江、嫩江、西辽河、滦河以及海河等水系，是本区东部的主要水源。

2020 年内蒙古自治区平均降水量 311.2 毫米，全自治区地表水资源量 354.19 亿立方米，地下水资源量 243.94 亿立方米，流域面积大于 300 平方千米的河流有 258 条，湖泊有 295 个。

2020 年山西省平均降水量 561.3 毫米，地表水资源量 72.21 亿立方米，地下水资源量 85.92 亿立方米。全省水资源总量 115.15 亿立方米，但季节分布不均匀，夏季 6—8 月降水高度集中且多暴雨，降水量约占全年 60% 以上。

陕西省横跨黄河、长江两大流域，2020 年全省平均降水量 690.6 毫米，多年平均地表径流量 425.8 亿立方米，水资源总量 419.62 亿立方米，地表水资源量 385.62 亿立方米，地下水资源量 146.71 亿立方米。水资源时空分布严重不均，时间分布上，全省年降雨量 60% ~ 70% 集中在 7—10 月，往往造成汛期洪水成灾，春夏两季旱情多发；地域分布上，秦岭以南的长江流域，面积占全省 36.7%，水资源量占到全省总量 71%；秦岭以北的黄河流域，面积占全省 63.3%，水资源量仅占全省 29%。

四、矿产资源

晋陕蒙区以煤炭为首的能源资源特别丰富，铁、有色金属以及非金属矿产在全国占有重要地位。山西矿产资源以煤、铝为主；陕西煤炭资源丰富，石油、天然气、有色金属、建材和贵金属矿产在全国占有一定地位；内蒙古煤炭、铁、稀土和其他非金属矿资源特别丰富。本区矿产资源开发、火力发电及原材料工业等在不同程度上受到水资源短缺的制约。

第二节　能源重化工基地

晋陕蒙区以其巨大的煤炭、有色金属、稀土及非金属矿产优势和承东启西的区位优势，成为中国最大的能源重化工基地。煤炭保有储量占全国 72%，其中百亿吨以上的特大煤田 20 多个，煤种齐全、煤质优良而且煤层厚、埋藏浅易于开采。铝、铜、铅锌、钼等有色金属在全国占有重要地位，集中分布于狼山、中条山、秦岭等山脉的多金属带。稀土资源极为丰富，储量占全国 90%；铁矾土、硅石、硫、芒硝、天然碱、石膏、珍珠、沸石等均排全国第一位。

一、山西能源重化工基地

从中国经济建设的第六个五年计划开始，山西就被列为全国的能源重化工基地。现在，山西已基本形成了一个以重型结构为特征的门类齐全、基础扎实的工业体系。煤炭、电力、冶金、化工、机械是山西工业发展的优势，其中煤炭、电力尤为突出。

山西煤炭资源得天独厚，素称"煤炭之乡"。山西省煤炭资源分布广，储量大。全省面积15.7万平方千米，煤田的面积6.2万平方千米，全省118个县级行政区中94个县地下有煤，截至2015年底，山西煤炭保有资源储量2 709.01亿吨，占全国保有资源储量的17.3%，位居全国前列；山西煤炭品种齐全，发热率高。从褐煤到无烟煤均匀分布，煤质量较高，低灰、低磷、高热量是山西煤的主要特点，因此适合多种工业生产的需要，而且煤层厚、埋藏浅、煤田地质条件好、吨煤开采成本远低于全国平均水平，有利于大规模机械化开采，具有强大的市场竞争力。

煤炭业是山西省主要经济支柱，涌现出许多大型煤炭企业。1949年山西煤炭产量267万吨，2021年山西全年煤炭产量达到11.9亿吨，向全国16个省区市保供煤炭，发送电煤4 356万吨。中华人民共和国成立70多年来，山西累计生产煤炭192亿吨，占全国的1/4以上。山西省煤炭生产70%产量输送到全国各地。大同煤矿是全国最大的优质动力煤生产基地，阳泉煤矿是全国最大的无烟煤生产基地，太原古交矿区是全国最大的炼焦煤生产基地，平朔露天煤矿是全国最大的现代化露天煤矿。山西省内基本形成了大同、平朔、西山、沁水、霍西、河东等大规模开发的煤炭能源基地。

目前，山西电力工业已跨上大机组、大电网、高参数、高压输电、高度自动化的新台阶，今后推进煤矿智能化改造，加快5G智慧矿山建设，截至2021年已建成20座智能化煤矿、500处智能化采掘工作面；支持超临界燃煤机组建设，推进光伏、风电基地化发展，加快建设抽水蓄能电站。

山西依托矿产资源丰富的优厚条件，已建起由钢铁、有色金属等产业组成的大、中、小结合的多层次发展的冶金工业体系。此外，机械工业、电力工业以及焦化、酸碱、化肥、农药、有机化学等重化产业也是山西的主要产业。

二、陕西能源重化工基地

陕西省是中国中西部的能源资源大省。榆林地区能源资源优势突出，国内外罕见，现已发现具有世界级储量的大煤田、国内最大的陆地整装天然气田，其具有承东启西的区位优势，这使陕西成为西煤东运、西气东输、西电东送的重要基地。

陕西省预测煤炭资源总量为4 143亿吨，仅次于新疆、内蒙古和山西，居全国第四位，主要分布在陕北神府、榆横等地区。按照地质时代及地域分布情况，陕西省主要煤炭资源可分为五大煤田，即陕北侏罗纪煤田、陕北石炭二叠纪煤田、陕北三叠纪煤田、渭北石炭二叠纪煤田和黄陇侏罗纪煤田。五大煤田煤炭资源量占全省煤炭资源总量99.9%以上。其中陕北侏罗纪煤田，是世界七大煤田之一，主要分布在府谷、神木、榆林、横山、靖边、定边等地，煤炭资源地质储量2 216亿吨，约占全省煤炭资源总量53.5%。陕北石炭二叠纪煤田主要分布在府谷、佳县、吴堡，煤炭资源地质储量1 190亿吨，约占全省煤炭资源总量28.7%；累计探明储量58.3亿吨，已利用4.5亿吨，尚未利用53.8亿吨。煤田地质结构较复杂，勘探程度较低，开发利用较少，生产潜力大。

陕西已探明石油储量 11.4 亿吨，主要分布在延安、榆林北六县及南六县的米脂和绥德。在陕西境内主要的石油企业有中国石油长庆分公司、延长石油集团。长庆油田是中国储量最大的油气田。勘探区域主要在陕甘宁盆地，勘探总面积约 37 万平方千米，累计探明油气地质储量 54 188.8 万吨。长庆油田公司也是近年来增长幅度最快的油气田，承担着向北京、天津、石家庄、西安、银川、呼和浩特等十多个大中城市安全稳定供气的重任。同时，陕北天然气资源丰富，其中榆林西部特大型天然气田，远景储量 3.69 万亿立方米，占全国远景储量 1/10。目前探明储量 1 700 亿立方米，是中国已探明的最大整装天然气田。榆林能源重化工基地是以榆林丰富的能源资源为依托，集自然资源开发与加工转化为一体，以发展能源化工产业为主导的新兴工业基地，已经成为 21 世纪中国重要的能源接续地和重化工基地。

三、内蒙古能源重化工基地

内蒙古自治区煤炭资源丰富，潜力巨大，大力推进煤电转换，建设一批大型坑口电站，加快"西电东送"。截至 2017 年内蒙古自治区共勘查含煤盆地 103 个，累计探明煤炭储量 8 080 亿吨，内蒙古已经成为全国重要的能源保障基地。2021 年内蒙古自治区煤炭产量 10.39 亿吨，约占全国总产量的 1/4。

内蒙古自治区是世界上最大的"露天煤矿"之乡。在中国五大露天煤矿中，内蒙古拥有四个，分别为伊敏、霍林河、元宝山和准格尔露天煤矿。霍林河煤矿是中国建成最早的现代化露天煤矿。准格尔煤田，是中国最大的露天开采煤田。东胜煤田与陕西神府煤田合称东胜—神府煤田，是世界七大煤田之一。锡林浩特市北郊的胜利煤田是中国最大的、煤层最厚的褐煤田。东部煤炭基地毗邻东北区，有利于就近输送电力，缓解东北地区电力不足的局面。中西部的达拉特、托克托、丰镇和准格尔等向京津送电，成为西电东送北方通道重要的电力来源。

内蒙古自治区是中国稀土资源极为丰富，也是世界上罕见的稀土资源集中地区，被称为"中国稀土之乡"。2020 年全球稀土储量为 1.3 亿吨，中国稀土资源储量约 4 400 万吨，约占 33.8%。内蒙古稀土储量占全国的 83.7%。白云鄂博矿山是世界上最大的稀土矿山，稀土矿储量达 3 600 万吨。白云鄂博铁矿是一座大型的铁、稀土、铌等多种金属共生矿床，总面积 48 平方千米，现已发现 71 种元素，175 种矿产资源，以轻稀土为主，其他重稀土较少。2018 年中国科学院地质与地球物理研究所初步勘探，白云鄂博重稀土总储量预计达到 300 万吨，超过中国南方 7 省重稀土储量的总和。包头也已成为全国最大的稀土工业基地。稀土产品畅销全国，远销美国、欧洲、日本、新加坡等。

由上述可以看到，各省区优势工业联合起来就是以煤炭火电为主的能源工业和以有色金属、稀土和煤化工等为主的重化工业。

第三节　农业生产与布局

一、草场资源

本区草场资源主要集中分布在内蒙古自治区。内蒙古自治区地域辽阔，土地资源丰富。全区土地面积达 118.3 万平方千米，约占全国土地面积 12.3%，在全国各省区市中仅次于新疆、西藏，位居第三。天然草原辽阔，纵横几千公里，总面积位居中国五大草原之首，是中国重要的畜牧业生产基地。从北部呼伦贝尔草原到西南部鄂尔多斯草原，从东部科尔沁草原到西部阿拉善荒漠草原，总面积达 8 666.7 万公顷，其中可利用草场 6 818 万公顷（68.18万平方千米），约占内蒙古自治区土地面积的 58%，占全国草场总面积的 1/4 以上。

目前大部分草原保留天然状态，呼伦贝尔、锡林郭勒、科尔沁、乌兰察布、鄂尔多斯和乌拉特等六大著名草原，生长着 1 000 多种饲用植物，其中饲用价值高的植物有 100 多种，尤其是羊草、羊茅、冰草、无芒雀麦、披碱草、野黑麦、黄花苜蓿、野豌豆、野车轴草等著名的优良牧草。

内蒙古草原从东往西随气候干旱程度的增加，依次出现森林草原景观、典型草原景观和荒漠草原景观。内蒙古草原上降水不仅在空间上分布不均，由东向西减少，而且在时间上也不均，年变率很大，造成产草量不稳定，东部地区干旱年份一般减产 20% ~ 50%，西部一般减产 33% 左右，产草量年变率与降水年变率是一致的。牧草经度地带性分异特点直接影响牲畜种类、数量和质量。内蒙古东北部的草甸草原土质肥沃，降水充裕，牧草种类繁多，具有优质高产的特点，适宜于饲养大畜，特别是养牛；中部和南部的干旱草原降水较东部少，牧草种类、密度和产量虽不如草甸草原，但牧草富有营养，适于饲养马、牛、羊等各种牲畜，特别宜于养羊；阴山北部和鄂尔多斯高原西部的荒漠草原，气候干燥，牧草种类贫乏，产草量低，但牧草的脂肪和蛋白质含量高，是小畜的优良放牧场地；西部昼夜温差大，荒漠草场很适合饲养骆驼。

内蒙古畜牧业基地具有最为优越的区位条件，距离东北地区、京津地区及东部消费市场比较近，便于鲜活畜产品上市，交通畅通，其畜产品的消费市场可扩大到东南沿海及周边国家。由于自然条件优越，其畜产品大多是天然放牧，质量好，属于绿色产品。

内蒙古草地生态系统在长期自然环境演变与人类活动下，普遍出现牧草种类组成简化和变劣，生产能力下降，植被盖度降低，土壤肥力下降，承载牲畜的能力下降等退化现象。草地退化已使得草地畜牧业可持续发展出现恶性循环，直接威胁畜牧业的发展。

二、畜牧业生产

内蒙古自治区拥有闻名世界的广袤草原和丰富的家畜品种资源，是中国重要的畜产品生产和商品基地。经过七十多年的建设和发展，已经具备了每年稳定饲养 1 亿头牲畜、年生产240 万吨肉、10 万吨绒毛、900 万吨牛奶和 50 万吨禽蛋的综合生产能力。牛奶、羊肉、山羊绒、细羊毛产量均居全国第一，畜牧业产值已占大农业的 45.93%。畜牧业综合生产水平居全国五大牧区之首，为国民经济的发展和人民生活水平的提高做出了巨大贡献。

内蒙古自治区畜禽品种资源十分丰富。地方良种颇负盛名，不同的草原生态造就了不同类型的牲畜品种。有蒙古马、蒙古牛、蒙古羊、双峰驼、白绒山羊等地方品种，培育出了三河马、草原红牛、内蒙古细毛羊、内蒙古白绒山羊、阿拉善双峰驼等 27 个优良品种，并引进了荷斯坦、西门塔尔、安格斯、道赛特、萨福克等一批世界著名优良畜禽品种。羊毛和羊绒是内蒙古畜产品的两大优势。毛线、毛料、毛毯等产品在全国占有重要地位。

三、种植业生产

内蒙古自治区粮食生产以玉米、小麦、水稻、大豆、马铃薯五大作物为主。目前已初步形成了体现不同地域特点和优势的粮食生产基地，如河套、土默川平原、大兴安岭岭北地区的优质小麦生产基地；西辽河平原及中西部广大地区的优质玉米生产基地；大兴安岭东南的优质大豆、水稻生产基地；中西部丘陵旱作区的优质马铃薯、杂粮杂豆生产基地。

陕西南北纵贯三个气候带，陕北、关中、陕南的种植结构各有特色。陕北黄土高原地区适宜水果的生长，已逐渐成为全国的优质苹果、梨子生产基地。关中平原地势平坦，土质肥沃，水源丰富，机耕、灌溉条件都很好，并且交通便利，气候温和，号称"八百里秦川"，已发展成以林、园为主的综合农业地带。陕南秦巴山地西部的汉中盆地、东部的安康盆地，是陕西主要的农业区和亚热带资源宝库，也是陕西水稻和油菜的主要产区。陕西明显的地域差异为特色农业的确立和发展提供了基础条件。

山西省地处黄土高原，属于四季分明的温带大陆性季风气候，地势复杂，山区面积占总面积80.1%，农业生产以种植业为主、畜牧业为辅。复杂地形和多样气候造就了山西省独特的农业资源。中部地区盛产杂粮，享有"小杂粮王国"的美誉；北部地区牧草资源丰富，是黄金优质养殖带；南部地区盛产园林果品。此外，山西省也是旱作蔬菜和中药材的优势产区。

第四节　交通运输业

晋陕蒙三省（区）地处中国北部地区，交通运输以陆地运输方式为主，尤其是以铁路运输为主导。

一、铁路运输

铁路运输是区内经济建设的大动脉，也是解决中国煤炭运输的主要方式。目前，通往东北地区铁路线有集通线、京包—京沈线、滨洲线、平齐线等主干线；通往华北地区有京包线、包兰线、集包线、大秦线、石太线、陇海线等。国际性铁路有集二线。黄骅港、秦皇岛港、连云港和天津港等港口是区内重要的煤炭出口港。

北煤南运铁路有宝成—成昆线、同蒲—太焦—焦柳线、京广线、京九线、京沪线、集通线、包西线、通霍线等铁路线。

高速铁路方面，南北方向有西渝高铁、包西高铁、石太高铁、郑太高铁、呼南高铁等；东西方向有宁西高铁、合安高铁、徐兰高铁、西成高铁、大西高铁、太延高铁等。

二、公路运输

"十三五"期间，山西省现代综合交通网络加速形成。连接东西、畅通南北的综合运输通道基本贯通，全省公路通车里程达到14.4万千米，平均每100平方千米有92千米公路，公路总体规模实现较大提升。"三纵十二横"的高速公路网基本形成，95.7%的县实现高速公路覆盖。2021年高速公路总里程突破6 000千米，72%的乡镇实现普通国道、省道连通，路网结构不断完善。

陕西省以西安为中心，构建承东启西、连接南北、覆盖全省、通达四邻的高速公路网。截至2021年，陕西省公路通车里程超过18万千米，其中高速公路总里程达6 484千米，省境内高速公路网基本建成，实现了"五纵七横"国道主干线运输网络。此外，根据《陕西省省级公路网规划（2018—2035年）》，陕西省规划省级公路网总规模约1.4万千米，由普通省道和省级高速公路两个路网层次构成。其中，普通省道网形成由8条放射线及环线、22

条纵向线、18 条横向线和 35 条联络线组成的全省公路网络布局。

内蒙古自治区从国道主干线、东西公路大通道、旗县联网路等方面全方位推进自治区公路建设，大幅度提高路网密度和干线公路等级。加快以出口路、口岸路为主的区间通道建设，加快公路主枢纽建设，重点建设呼和浩特公路主枢纽工程。截至 2020 年底，全区公路总里程达 21 万千米。其中，高速公路 6 985 千米，一级公路 8 785 千米，二级及以下公路 194 447 千米，公路交通基础设施加速成网。

三、航空运输

山西省民航发展对振兴经济、调整产业结构、发展旅游业起重要作用。山西省共有太原武宿国际机场、运城张孝机场、长治王村机场、大同云冈机场、吕梁大武机场、临汾尧都机场、忻州五台山机场等 7 个民用机场。"一干六支"的运输机场布局全面建成，累计开通国内航线 287 条、国际航线 36 条，通航国内 68 个中心城市，通达 10 个国家和地区，已基本形成了以太原为中心辐射全国的空中运输网络。

陕西省民航发展迅速，截至 2019 年陕西共有西安咸阳国际机场、榆林榆阳机场、延安机场、汉中城固机场、宝鸡机场等 5 个大型民用机场。西安咸阳国际机场是全国十大机场之一，年起降航班超过 30 万架次，旅客吞吐量 4 500 万人次，货邮吞吐量 30 万吨，年旅客吞吐量位居全国前十名。目前，机场与国外 65 家航空公司建立了航空业务往来，国际（地区）航线达 64 条，连通全球 29 个国家、53 个枢纽和著名旅游城市，其中覆盖"一带一路"沿线国家 14 个、城市 20 个，初步构建起"丝路贯通、欧美直达、五洲相连"的国际网络格局，构建起陕西对外开放和走向世界的航空大通道。

内蒙古自治区地域辽阔、东西狭长。区内民航以支线航空运输网络为目标，重点发展"小机型、快频率"的支线航空运输发展策略。改建呼和浩特、包头等机场，新建满洲里、乌海、鄂尔多斯、赤峰等机场。2021 年内蒙古境内民用机场有 1 个干线机场，19 个支线机场，4 个通勤机场。根据市场需求推动通用机场项目建设，力争全区初步构建起规模适度、结构合理、功能协调、定位清晰的现代化通用机场体系，基本实现通用航空运输能够"飞起来"且"飞得到"的目标。

第五节 区域经济协调发展

一、区域特色旅游业

山西省是中国旅游资源非常丰富的省份。著名景区有五台山、平遥古城、应县木塔、悬空寺、雁门关、云冈石窟、壶口瀑布、乔家大院、北岳恒山、晋祠等。根据全省旅游资源禀赋和交通网络，建设太原、大同、运城 3 个旅游中心城市经济圈；大运高速公路、沿黄河、太行山 3 条旅游经济带；佛教古建筑游、晋商文化古迹游、晋南寻根觅祖文化游、沿黄河风情游、晋东南太行山风情游、太行吕梁红色旅游等 6 条旅游精品线路；今后将建设一批旅游中心城市、旅游产业集群、重点旅游特色县。

陕西省是中国历史上产生皇帝最多的省份，先后有秦朝、西魏、北周、隋朝、唐朝等13 个朝代在陕西境内建都，积累了丰富的历史文化遗迹与文明。如闻名于世的秦始皇兵马俑、大明宫遗址、大雁塔、明城墙等历史旅游资源；以黄帝陵、黄河壶口瀑布为主要内容的黄河文化旅游区；仰韶文化、龙山文化遗址等文化旅游资源。秦岭自然生态保护区拥有约2 940种植物、约464 种兽类鸟类，不但在中国具有典型的特殊性和代表性，而且在世界自然生态系统的物种多样性上也具有独特性，在世界生态界研究领域引起广泛的重视和关注。这些都是陕西省极其珍贵的自然旅游资源。

内蒙古自治区发挥草原、森林、沙漠、冰雪、口岸、民族风情等资源优势，开发特色旅游品牌和旅游产品，发展红色旅游，提升旅游景点档次。本区重点建设呼和浩特、包头、鄂尔多斯、满洲里、海拉尔、锡林浩特、克什克腾、阿尔山、呼伦贝尔、额尔古纳界河等旅游区。加强与周边省区的合作，引进和培育一批有实力的旅游企业。本区还加快旅游基础设施和大型旅游服务设施建设，将自身发展成为中国北方重要的旅游热点地区。

二、区内经济协调发展格局

（一）山西省

山西省中部为断陷盆地，东西两侧为山地，形成东、中、西三个自然地带。

1. 东部地带

主要由恒山、五台山、太行山、太岳山及山间盆地所组成。本地带的中南部是全省重要的煤炭、火电生产基地，北部五台山是中国四大佛教名山之一，恒山是五岳名山中的北岳。本地带拥有多条重要的出省通道，是山西省对外经济联系的中介区域，经济活动的外向型明显。东部地带能源、矿产、水资源配合良好，煤矿、铁矿储量十分突出，水资源相对丰富，目前煤炭、机械、冶金、化工等较为发达，是省内重要的能源重化工基地。本地带北部以山地丘陵为主，是全省杂粮生产重点地区。山地丘陵土薄石多，水土流失严重，是水土保持的重点地区，以发展畜牧、养蚕、土特产和经济林等为重点。

2. 中部地带

由大同、太原、运城等大盆地及其边缘丘陵所组成。本地带是山西省自然条件最优越、人口密集、经济文化发达的地区。晋南的临汾和运城盆地为全省地势低、热量高、无霜期短的区域，农作物一年两熟，是棉麦集中产区。晋中的太原盆地、忻定盆地，土地肥沃，城郊农业发达，是全省最大的蔬菜园艺和高粱产区。大同盆地主要种植春小麦、甜菜、谷子、玉米等，农作物一年一熟。中部地带光热水土资源丰富，农业自然资源组合较好，农业生产水平高于两侧山地丘陵，是山西主要粮、棉、油生产基地。今后将依托山西农谷、山西省农业大学等科研机构，构建有机旱作农业技术体系和示范推广机制，打造农产品精深加工产业集群。

矿产资源丰富。中部地带矿产资源类型多样、储量大，其中煤炭、铝土占全省储量50%以上；但水资源较为短缺，且中北部严重缺水。目前，中部地带成为工业发达、技术力量雄厚，沿同浦线分布的经济和城市密集地带。

3. 西部地带

本地带地形破碎，植被缺乏，水土流失相当严重，农业生产条件较差，造林种草、修建基本农田、搞好水土保持是农业发展的关键。吕梁山地以发展林牧为主，建成水源涵养用材林基地，发展经济林及以牛羊为主的养殖业。西部地带煤炭资源分布广，河东煤田纵贯南北，几乎覆盖了沿黄河的所有县份，而且煤质好、埋藏浅，易于大规模工业开发。北部河保地区的煤炭—铝土矿—水能配合良好；离石、柳林地区煤炭—水能—水泥灰岩配合良好。西部地带将成为山西省又一个重要的煤、电、铝综合性生产基地。

（二）陕西省

陕西省自南向北由陕南山地、关中平原和陕北高原三个地貌单元组成，独特的地貌单元成为陕西省资源、环境、经济与文化等地带性分异的基础。

1. 关中地区（平原）

关中平原也称渭河平原，号称"八百里秦川"，居关中盆地中部，是中国第四大平原。这是陕西省城市最多、人口密度最大、经济和科技文化最为发达的地区。关中平原是华夏文明的发祥地之一，也是古代丝绸之路的起点。以西安为中心的关中平原城市群是中国西部第二大城市群，仅次于成渝城市群，向南有西南经济圈，向东有东北、华北经济圈，地理位置十分重要。

2014 年 1 月 6 日，国家正式批复陕西设立西咸新区，其成为首个以创新城市发展方式为主题的国家级新区，第二批国家新型城镇化综合试点地区，开展构建开放型经济新体制综合试点试验地区，形成以西安为中心的宝鸡、咸阳、渭南、杨陵高新技术产业开发带，主要发展微电子科学和电子信息技术、光电子科学和光电一体化技术、新材料和新能源技术、生物工程等。西部的宝鸡建成机械、电子、有色金属工业基地；东部的渭南重点发展有色金属重化工基地。

关中平原也是全国重要的小麦、棉花产区之一。农作物以小麦、玉米、油菜籽、高粱、大麦等耐干旱作物为主，小麦占耕地面积 50% 左右，棉花主要分布于泾惠渠、洛惠渠、渭惠渠等三大灌区，这也是陕西省重点产棉区。

2. 陕南地区（山地）

包括汉中、安康、商洛等三地区，土地面积占全省 34%。秦岭、大巴山接近东西走向，秦巴山地之间为汉江谷地。秦岭横贯于渭河与汉水之间，成为黄河流域和长江流域之间的分水岭，也是中国南方与北方的重要地理分界线。汉中盆地和安康盆地是陕南地区经济核心地带。

陕南地区大部分属亚热带，由于秦岭的阻挡作用，气候较关中温湿，水资源丰富，占全省水资源总量 68%，但暴雨、洪水等灾害较为严重。由于地貌条件复杂，气候变化多样，垂直地带性明显，秦巴山地森林以华山松、油松和栎类为主，森林面积占全省 56%，木材蓄积量占 54%，是陕西省重要的林业基地。主要发展方向：汉江水力资源开发，建设以安康为中心的水电基地，并可防洪，改善航运及灌溉农田；建设汉中、安康黄金生产基地和陕南原材料工业基地。

3. 陕北地区（高原）

陕北地区是黄土高原的中心部分，包括榆林市和延安市，地势西北高、东南低，总面积 92 521.4 平方千米。长城横贯全区，长城以北为风沙区，长城以南为黄土丘陵区。自然与农业的不稳定性和过渡性十分明显，表现为暖温带半干旱向温带半干旱过渡，森林草原带向草原带过渡，农业向半农半牧业过渡等。这一地区成为全国风蚀沙化和水土侵蚀最为严重的地区。

陕北地区自然资源与人文资源非常丰富，是西北地区典型的资源富集区。丰富的自然资源为陕北地区经济的发展提供了坚实的发展基础。

首先，陕北地区矿产及能源资源储藏量大。该地区有丰富的石油、天然气、盐及煤炭等矿产及能源资源，被誉为中国的"科威特"。如榆林作为中国的资源富集区，目前已探明有 8 大类 48 种矿产，具有国内外罕见的资源禀赋。其中，岩盐的探明量约为 8 857 亿吨，约占全国盐总量 26%，石油探明储量为 3 亿吨，煤炭探明储量为 1 660 亿吨，天然气探明储量为 6 933 亿立方米，其他各矿产资源如高岭土、石灰岩、石英砂等资源的蕴藏也非常丰富。

其次，陕北地区特有的农牧业资源。该地区地理条件造就了具有特色的农业和畜牧业。该地区发展特色农业有红枣产业、小杂粮产业、马铃薯产业，特色牧业主要是羊产业。

最后，陕北地区具有独特的旅游资源。该地区具有闻名的革命根据地旧址，如王家坪革命旧址、枣园革命旧址、杨家岭革命旧址等。

（三）内蒙古自治区

内蒙古自治区地处欧亚大陆内部。全区面积为 118.3 万平方千米，占全国总面积 12.3%，2020 年全区常住人口为 2 404.9 万人，设立 9 个地级市和 3 个盟。内蒙古自治区的草原、森林和人均耕地面积居全国第一，稀土金属储量居世界首位，同时也是全国最大的草原牧区。

内蒙古是中国资源禀赋最好的地区之一，是中国重要粮食生产基地、能源原材料基地和综合交通枢纽，以行政区划为基础，分为蒙东、蒙中和蒙西地区。蒙东地区包括呼伦贝尔市、兴安盟、通辽市、锡林郭勒盟、赤峰市；蒙中地区包括呼和浩特市、包头市、鄂尔多斯市、乌兰察布市；蒙西地区包括巴彦淖尔市、乌海市、阿拉善盟。

蒙东地区依托锡林郭勒、呼伦贝尔大草原等独具特色的资源，发展农畜产品生产加工业，可以培育成为中国重要的绿色农畜产品生产加工基地。重点建设赤峰—通辽—锡林浩特经济区，依托主要交通干线加强与京津冀、沈阳经济区的联系，而满洲里—海拉尔—乌兰浩特经济区以上述三市为中心，发挥滨洲、白阿、平齐的交通纽带作用，辐射呼伦贝尔大部和兴安盟东部。同时利用东部煤炭及玉米、林业、动物等资源，发展成为煤电一体化的能源工业、煤化工和生物化工基地及生物制药基地和木材加工基地等。

蒙中地区拥有独特的区位条件和丰富的资源优势。鄂尔多斯以"羊、煤、土、气"的富饶闻名遐迩。这里生长一种驰名中外的绒肉兼用型山羊——阿尔巴斯白山羊，简称"阿白山羊"，被牧民们称为草原上的珍珠。这里是名副其实的世界羊绒产业中心。当地煤炭探明储量达到 1 496 亿吨，占全国总储量的 1/6。作为北方重要的电煤基地，鄂尔多斯已成为全国地级产煤第一大市，电力装机容量达到 700 万千瓦，是华北电网的重要电力保障；高岭土、杭锦 2 号土等储量丰富，开发前景广阔；天然气探明储量 8 000 亿立方米，世界级大气田——苏里格气田就位于鄂尔多斯境内，现已并网向北京供气。包头的白云鄂博铁矿稀土矿区，其稀土储量占全国稀土总储量的 83% 以上，居世界第一，是中国轻稀土主要生产基地。

蒙中地区依托交通干线、黄河沿岸和资源聚集地，充分发挥工业园区在承载产业集聚和项目汇聚的优势，重点发展黄河产业带和阴山北麓产业带。积极推进区域经济一体化进程，形成资源共享、优势互补、合作互动、共同发展的区域经济发展新格局，最终形成无障碍的合作经济圈。

蒙西地区巴彦淖尔市是西部新兴城市，位于河套平原和乌拉特草原上，被誉为"塞上江南、黄河明珠、北方新城、西部热土"。农业资源丰富，拥有许多独特农作物，如河套蜜瓜、向日葵、枸杞、苹果梨等。目前大力推进农村经济由种植业为主向养殖业为主转变，农业生产由普通农产品向绿色特色产品转变，农业经营方式由初级加工向精深加工转变。农牧业向规模化、标准化、产业化方向发展。阴山山脉蕴藏着丰富的矿产资源，已探明铜、铅、锌、硫铁等矿产储量在内蒙古自治区乃至全国名列前茅。

内蒙古自治区最西端的阿拉善盟，地处亚洲大陆腹地，远离海洋，周围群山环抱，形成典型的大陆性气候，干旱少雨，风大沙多，冬寒夏热，四季气候特征明显，昼夜温差大。地貌类型有沙漠戈壁、山地、低山丘陵、湖盆、起伏滩地等。著名的巴丹吉林、腾格里、乌兰布和三大沙漠横贯全境，面积约 7.8 万平方千米，占全盟总面积的 29%，居世界第四位。区域开发注重生态环境保护，全盟建设的自然保护区有 9 个，其中国家级自然保护区 2 个、自治区级自然保护区 6 个、旗级自然保护区 1 个。自然保护区面积 303.81 万公顷，其中国家级自然保护区面积 9.40 万公顷。这些自然保护区为中国构筑西部生态屏障发挥重要作用。

《思考与练习》

1. 简述晋陕蒙区自然环境的基本特征。
2. 简述内蒙古自治区经济发展的主要特点。
3. 简述陕西省经济发展的特点及有利条件。
4. 简述晋陕蒙区能源基地建设的特点及重要性。
5. 简述晋陕蒙区自然资源的特点。
6. 影响晋陕蒙区发展经济的主要因素是什么？

第十七章 西南区

西南区包括四川、重庆、云南、贵州和广西等五省、自治区、直辖市。全区总面积137万平方千米，占全国14.3%，西邻青藏，北连甘陕，东接湘鄂粤，南濒北部湾，并拥有近1 600千米大陆海岸、600千米岛屿海岸线，西南部与缅甸、老挝和越南交界，有利于开展边境贸易和文化交流。2020年全区人口为2.52亿，占全国总人口17.8%；大约有40个少数民族，是中国少数民族集中分布的地区。

本区主要经济中心：重庆、成都、贵阳、南宁、北海等。

第一节 自然环境与资源

西南区位于中国地势第一阶梯向第二阶梯、第二阶梯向第三阶梯过渡地带，自然条件复杂多样，农牧业生产具有明显立体性。

一、地表结构

西南地区地形比较复杂，存在三类典型地形单元。

北部为四川盆地及其周边山地，主要范围包括四川省中东部、贵州省中北部、云南省东北部和重庆直辖市大部。南部为云贵高原山地丘陵区，主要范围包括贵州几乎全境、云南中南部和中部。西部为青藏高原东部高山峡谷地区，包括横断山区、四川西部和西南部、云南西部和西北部。

区内地形以盆地、高原和山地为主，典型地形区包括四川盆地、云贵高原和横断山区。地势西高东低、北高南低。川西、滇西山地自北而南的走向，反映了山脊线、高原面和谷地海拔沿同一方向递降的特点。地势自西向东阶梯状下降，从横断山经云贵高原而至桂南平原，海拔由4 500米降到不足100米。本区最高峰贡嘎山海拔7 556米。

北部以四川盆地为主。四川盆地分为边缘山地和盆地底部两大部分，其面积分别约为10万~16万平方千米。边缘山地多中山和低山，盆地底部多丘陵、低山和平原，盆地底部主要是川中丘陵和成都平原构成。四川盆地是中国各大盆地中形态最典型、纬度最低、海拔最低、面积最大的外流盆地。

南部是典型的喀斯特地貌区。区内地表石灰岩分布广泛。石灰岩在热带、亚热带气候条件下，形成大面积的典型喀斯特地貌。如广西桂林、阳朔一带石灰岩峰林，由于形态最典型、风景秀美，曾被明代旅行家徐霞客誉为"碧莲玉笋世界"。此外，由于流水作用，横断山地、长江三峡等形成典型峡谷地貌。

西部地势以高山峡谷，山河相间，南北纵列为主。横断山区位于四川省、云南省西部和西藏自治区东部，是一系列南北走向的平行山脉的总称。全长900千米，海拔4 000~5 000米，岭谷的高差一般在1 000米以上。山高谷深横断了东西交通，故名横断山脉。地势北高南低。北部山岭多雪峰冰川，北纬27°06′的玉龙雪山海拔5 596米，为中国纬度最低的现代冰川分布区。金沙江经巧家、昭阳、永善、绥江、水富北至四川省宜宾市，全长 457 千米，从海拔 4 040 米巧家大药山降至 267 米水富市滚坎坝，山顶山峦起伏群峰雄峻，江面波涛汹涌暗流湍急，有国家特级险滩 11 个，江面最窄处溜铜江虎跳石仅 20 余米。

冰川作用对西部高原山地地貌影响巨大。冰川作用作为一种外动力，虽未能改变川西、滇西高山高原的宏观地貌特点，但对其现代地貌的发育产生了深刻的影响。这一地区现代雪线高度约在 4 600 ~ 5 200 米之间，而高原面普遍达 5 200 ~ 5 400 米，并有数十座山峰超过 6 000 米。

西南区处于板块交界地带，地质构造极不稳定，地震、崩塌、滑坡、泥石流等地质灾害十分活跃。川藏公路、滇藏公路沿线由于暴雨或冰川融水剧增，夏季常常多沟齐发泥石流，威胁西南与西藏的交通运输。

二、气候资源

北回归线横穿云南南部和广西中部，西南区大部分处于副热带高压带范围，形成典型的西南季风气候。

云贵高原的隆起对西南区气候的影响主要表现在改变了气温分布状况，使云贵与四川盆地间出现了热量南北倒置现象。秦巴山地阻碍北方冷空气南下，使西南区少受寒潮影响。西南区地理位置远离太平洋，受台风影响较少，夏季梅雨天气不明显。西南地区的气候类型分为三种：

北部四川盆地地形闭塞，气温高于同纬度其他地区。最冷月均温 5℃ ~ 8℃，较同纬度的上海、武汉及纬度偏南的贵阳高 2℃ ~ 4℃。盆地气温东高西低，南高北低，盆底高而边缘低，等温线分布呈现同心圆状，盆地边缘山地气温具有垂直分布特点。盆地边缘山地降水十分充沛，但冬干、春旱、夏涝、秋绵雨，年内分配不均。盆地区雾天多湿度大，云低阴天多。其中峨眉山、金佛山是中国雾日最多地区之一。

南部云贵高原属低纬高原山地季风气候。云贵高原中部，纬度低，海拔高，由于受印度洋西南暖湿气流的影响，日照长、霜期短、年平均气温 15℃，气候温和，夏无酷暑，冬不严寒，四季如春，气候宜人。山地适合发展林牧业，坝区适宜发展农业、花卉、烟草等产业。

西部高山寒带气候与垂直气候分布区，山地自然带垂直地带性分布明显，农业地域类型以畜牧业和林业为主。

此外，云南省西双版纳地区属于热带季雨林气候区，全年气候分雨旱两季。这里是中国热带经济作物的主产区之一。

三、生物资源

四川、云南和西藏三省区交界处的横断山区、雅鲁藏布江大拐弯处是中国第二大天然林区。西南地区林木、牧草资源十分丰富，植被类型包括：热带雨林，热带季雨林，亚热带常绿阔叶林，亚热带针叶林，落叶阔叶林，针阔叶混交林，山地寒温性针叶林，高山、亚高山灌丛，高山、亚高山草甸，竹林。主要树种有云杉、冷杉、高山栎、云南松等，还有珍贵的柚木、紫檀、樟木等。

横断山区地形复杂，山岭与河谷之间气候差别很大。在一些高山峡谷区，从山麓热带气候到高山的亚寒带气候，垂直地带性非常明显。由于高山峡谷区气候垂直变化显著，所以植物种类繁多，从热带植物或亚热带植物一直到高山寒温带的植物随处可见。仅种子植物就有10 000多种。

此外，横断山区的农作物也丰富多样，中国所能种植的农作物，一般都可以在这里栽培。滇南地处热带地区，是发展橡胶、甘蔗、咖啡、茶叶等热带经济作物的宝贵地区。

四、水资源

西南区河网密集，河流众多。中部和北部以长江流域的河流为主。南部和西部河流则主要分属珠江流域、元江流域、澜沧江流域、怒江流域、独龙江流域。主要河流有发源于青藏高原中东部的怒江、澜沧江、金沙江、雅砻江、岷江等；发源于云贵高原的元江、南盘江、乌江；发源于岷山和秦巴山地的嘉陵江；发源于南岭的漓江—桂江、贺江。长江、珠江两大水系占西南区面积的80%。云南省水系最为复杂，重庆市水系最为简单。

西南区部分大河为国际性河流，河流的中、上游在中国境内，下游则流经东南亚国家，形成国际性河流。例如：中国境内的独龙江流经缅甸后称为伊洛瓦底江；怒江流过缅甸后称萨尔温江；澜沧江出境后称湄公河；元江流经越南后称红河，注入北部湾。

淡水湖泊众多。主要湖泊集中分布于滇中和滇西。滇中高原湖泊密集区代表性的湖泊如滇池、抚仙湖；滇西北高原湖泊区代表性的湖泊如洱海、泸沽湖等。由于人为因素如修渠排干、引水灌溉、发电、城镇供水、围垦、工业废水污染等，部分湖泊面积出现萎缩现象。

第二节　工业生产与布局

西南地区是中国新兴的钢铁和有色金属工业基地，以硫、磷为特色的化学工业基地；由于能源资源富集，尤其是水能资源蕴藏量巨大，经过初步开发，已成为中国"西电东送"工程南部通道、中部通道的主要源头。

一、冶金工业

西南地区的钢铁工业主要集中在攀枝花、重庆、成都、水城、昆明、贵阳、柳州等地，地区分布不均衡，大型的钢铁厂均分布在川滇黔接壤地区，靠近丰富的煤炭资源，是典型的资源型企业。主要钢铁企业有攀枝花钢铁集团（简称攀钢）、昆明钢铁集团、贵州水城钢铁集团、重庆钢铁集团、成都钢铁集团、贵阳钢铁集团、柳州钢铁集团等。其中攀钢规模最大、技术力量最强、产量最高，是全国十大钢铁集团之一。

攀钢所处的攀西地区是中国乃至世界矿产资源最富集地区之一，是中国第二大铁矿区。这里蕴藏着上百亿吨的钒钛磁铁矿资源，钒资源储量占中国的52%，钛资源储量占中国的95%，同时还伴生钴、铬、镍、镓、钪等10多种稀有贵重矿产资源，综合利用价值极高。至20世纪90年代，该公司利用本地盛产的钒钛磁铁矿作原料，已发展成为中国西部最大的钢铁生产基地、最大的铁路用钢生产基地、品种结构最齐全的无缝钢管生产基地、最大的钛原料生产基地和唯一的氯化法钛白生产基地。2020年攀钢钒炼铁厂累计完成生铁产量638万吨，年产500万吨钢和各种钢材，成为全国主要钢铁企业之一。从远景发展来看，攀枝花市及邻近的川滇黔接壤地区，拥有丰富的铁矿、炼焦煤和有色金属矿藏，金沙江、雅砻江水能资源丰富，水能理论蕴藏量687.9万千瓦以上，可开发量达到599.4万千瓦，充沛的水能资源为攀钢发展提供了能源支持。因此，这里具有发展冶金工业的良好条件。

今后西南区中心城市的钢铁工业不宜再扩建，应在条件允许的情况下搬迁。以重庆为例，重庆市地处河谷，大气环境容量小，若扩建现有的重庆钢铁公司将会使重庆的环境质量进一步恶化。重庆钢铁公司的搬迁不仅可改善重庆的环境质量，而且还能提高重庆钢铁公司自我改造和自我发展的空间力度。

西南区是有色金属特大型富矿聚集区之一，具有发展有色金属工业的强大物质基础。西南地区的有色金属工业主要集中在铝、铅、锌、铜等行业。其中铅锌工业主要分布在云南兰坪、四川攀西地区；铝工业主要分布在黔中、黔北、滇东及重庆的西彭；铜工业主要分布在云南东川和四川攀西地区。大中型有色金属冶炼加工企业主要分布在成都、重庆、贵阳、昆明等大中城市。其中，云南个旧锡矿已有四百多年开发史，经过多年来的改造和扩建，已发展成为生产锡、铜、铅、锌等矿的大型采选、冶炼联合企业，锡的产量居全国前列，是中国最大的产锡基地之一。因此，个旧有"中国锡都"之称。黔湘交界的贵州汞矿，是中国最大的汞和朱砂生产基地。贵阳市附近地区拥有丰富的铝土资源，已成为中国主要铝矿产区和炼铝工业基地。广西南丹锡矿、平果铝土矿等有色金属矿区规模较大。

今后西南地区有色金属工业的发展重在改善西南山区交通、供电等外部条件，加强资源保护以延长老矿山的寿命。同时，在开采时防止乱采、滥挖、采富弃贫等现象。

二、机械工业

西南区工业部门以机械、电子工业为主，年产值占全区工业总产值1/4。从机械电子工业的内部结构来看，以动力设备制造、军工机械、飞机制造、摩托车、彩色电视机、电子仪表为主，并在全国占有重要地位。此外，还生产量具刃具、机床、矿山机械、起重机械、冶金设备、汽车及其他运输工具、轻工机械和农机。

在地理分布上，西南区的机械电子工业主要集中于重庆、成都、绵阳、贵阳及其周围地区。以重庆为中心的国家级现代制造业基地，现已形成了电子信息、汽车、装备制造、综合化工、材料、仪器仪表、能源和消费品制造等千亿级产业集群。以成都为中心，则以精密机械制造、航天航空设备制造、现代轨道交通装备、高清数字电视制造、电子仪器、矿冶机械、工具刃具和农业机械为主。自20世纪90年代以来，绵阳的电子工业快速发展，目前，绵阳已成为全国重要的彩电生产基地之一。

2014年1月6日，国家设立贵安新区。新区将形成以航空航天为代表的特色装备制造业基地，重点发展计算机、通信和其他电子设备制造、通用设备制造、电气机械和器材制造业等。同时，贵阳是国家级大数据产业集聚区、全国领先的大数据技术创新与应用服务示范基地和产业集聚发展的"中国数谷"、全国首个大数据交易中心、全国重要的数据中心集聚区。

除上述区域机械制造业中心以外，西南区机械工业布局还有一些二级中心城市。如云南昆明，四川资阳、绵竹、乐山，广西柳州等。

三、能源工业

西南区能源资源丰富，尤其是水能和煤炭，石油资源较少，天然气资源集中在四川省。煤炭资源丰富，种类多样，区内分布不均。截至2019年，西南五省市、自治区煤炭地质储量约1 032.6亿吨，占全国储量7.88%，其中，贵州省是该区煤炭资源储量最丰富的省份，具有较大开发潜力。贵州六盘水号称"江南煤海",2021 年贵州煤炭产量 1.35 亿吨,居全国总产量第五位。云南省保有储量为 236.9 亿吨,预测总储量为 442.6 亿吨,煤炭生产基地集中分布于滇东地区,滇西及滇南除平浪煤矿、小龙潭煤矿外,均为地方小煤矿,小规模开采利用。

油气资源储量大,区内分布不均。四川省天然气和页岩气储量大、产量高。四川油田地处四川盆地,已发现 12 个油田,在盆地内建成南部、西南部、西北部、东部 4 个气区。目前生产天然气产量占全国总量近一半,是中国第一大气田。截至 2019 年,四川页岩气累计探明地质储量达 1.19 万亿立方米,占全国的 66%,成为全国首个页岩气探明地质储量超过万亿立方米的省份。川南基地页岩气日产量已达 2 011 万立方米,约占全国天然气日产量的 4.2%。川南成为全国最大的页岩气生产基地。

广西北部湾的油气资源丰富,具有良好的开发前景。北部湾含油盆地是一个中新生代沉积盆地,面积 3.5 万平方千米,其北面以广西海岸为界,南面以海南岛隆起为界,东面与雷琼地区新生代凹陷相连,西南与莺歌海盆地相连。按油气地质构造推算,北部湾盆地石油资源量约为 21 亿吨,天然气资源量为 5 900 亿立方米,海上油气开发潜力巨大。

2013 年 12 月 20 日,中缅油气管道建成并投入使用,由缅甸转口的石油天然气,经过云南、贵州和广西,最终抵达贵港站。这条管道每年可向沿线输送 120 亿立方米天然气,原油管道年设计输油量 2 200 万吨,大大缓解了西南地区缺油少气的能源困局。

水能资源十分丰富,潜力巨大,但开发难度大。中国可开发水电总装机容量 3.78 亿千瓦,每年可发电 1.92 万亿千瓦时,居世界首位,水能资源 70% 集中在西南地区——金沙江、雅砻江、大渡河、乌江、沅水、红水河、南盘江、澜沧江、怒江以及西藏雅鲁藏布江等。金沙江干流是中国规划建设中的最大水电能源基地。金沙江下游河段(雅砻江河口至宜宾)水能资源的富集程度最高,河段长 782 千米,落差 729 米。规划分四级开发,从上至下依次为乌东德、白鹤滩、溪洛渡和向家坝四座梯级水电站,其中乌东德、白鹤滩和溪洛渡水电站规模均为千万千瓦级电站,四个梯级总装机容量可达 46 460 兆瓦。

珠江水系的西江上游红水河是西南区另一处水能富集区,年降水量 1 200 毫米,黔江出口处多年平均流量每秒 4 100 立方米,多年平均径流量 1 360 亿立方米,占珠江流域年径流量的 39%,相当于黄河的两倍。其中天生桥至纳贡段河长 14.5 千米,平均每千米落差约 13 米,最大落差每千米竟达 50 米。在红水河上已规划 10 个梯级水电站,主要建成或在建的有:天生桥一级、天生桥二级、平班、龙滩、岩滩、大化、百龙滩、乐滩、桥巩、大藤峡等10 个梯级电站及下游西江上的长洲水利枢纽等。

电力工业方面,作为中国"西电东送"的南部通道、中部通道的主要源头,西南水电发挥主导作用。川、滇、黔三省位居全国各省区前列,仅川、滇两省可开发装机容量即达1.6 亿千瓦,占全国 43%,从 1999 年底二滩电站全部建成并网发电后,西南水电已形成大规模电网。

在珠江流域的贵州乌江、云南澜沧江和桂、滇、黔三省区交界处的南盘江、北盘江、红水河的水电资源以及黔、滇两省坑口火电厂的电能开发出来送往广东,每年输电能力达到2 000 亿千瓦时,有效缓解了珠江三角洲地区电力紧缺局面。

四、化学工业

西南地区的化学工业,尤其是化学矿采选、基本化学原料、化纤、化肥等四个行业在全国占有重要地位。化学工业在分布上形成四大基地：

（1）以有机化工为主、精细化工为重点的重庆综合化工基地。如重庆长寿化工园区，首期规划控制面积31.3平方千米，由天然气化工区、石油化工区、精细化工区及化工材料区组成，是集天然气化工、石油化工、生物化工及新材料四大产业于一体的综合性化工园区，是国家循环经济试点园区。

（2）以基本化工、化肥为主的川南化工基地。四川是全国生产农用化肥最多的省份之一，化肥生产布局主要集中于四川盆地内，这里分布着很多大、中型化肥厂。

（3）以磷化工为主的滇池周围地区化工基地。云南磷肥厂是全国最大的高效磷肥加工企业，还有全国最大的露天开采磷矿。

（4）以磷化工为主的黔中地区化工基地。布局基本合理，靠近水源地带。西南地区的化学工业应重点对各省区化学工业资源开发型、低效型的产业结构进行调整，使其符合全国战略布局，并在充分发挥各省区的资源优势或产业优势的前提下提高经济效益和生态效益。

除上述以磷、氮肥为主的化学肥料工业发达以外，西南地区的基本化学工业亦较发达。特别是硫酸的生产，四川、云南两省生产硫酸数量均居全国前列。

五、轻纺工业

西南区纺织工业以棉纺业最为发达，毛、麻、丝、化纤纺织也有一定规模。棉纺业主要分布在重庆、成都、昆明、贵阳、南宁，但本地棉花不足，部分需从外地调入。丝织业以生产生丝为主，产量占全国1/4以上，多用于出口。四川凉山、绵阳、宜宾等地成为中国高质量茧丝原料供应基地。重庆、遵义、河池、百色、南宁、柳州、来宾等地成为蚕桑生产基地，其中以南充规模最大，是中国缫丝和丝绸工业基地。云南纺织业重点发展少数民族特需纺织品。

卷烟工业在近十多年中发展迅速，2021年云南省的卷烟产量达706.87万箱，烤烟产量82.18万吨；贵州省卷烟工业亦发展迅速，卷烟产量已上升到全国前列。

第三节　农业生产与布局

西南区地处中低纬度，地域辽阔，地形复杂，生物种类之多居各大区之冠。但区内各地农业生产水平不同，差异较大。四川是本区农业较发达的地区，尤其是四川盆地开发历史悠久，垦殖指数高。成都平原土壤肥沃，灌溉便利，气候适宜，集约化程度高，农业最发达，是中国商品粮、油、猪的生产基地之一。云贵两省河谷平原、山间盆地以外的广大地区，耕作粗放，大部分土地都是低产区。

截至2019年，西南区耕地面积仅占全区土地总面积14.01%。人均占有耕地约1.15亩，也略低于全国平均数1.36亩。其中贵州省土地总面积17.62万平方千米，耕地面积为5 208.93万亩（2020年），仅占全省土地面积10%左右，人均耕地仅0.8亩左右，而且是全国唯一没有平原支撑的省份。人多地少，耕地质量差，耕地后备资源严重不足。但是区内山区面积广大，水热资源丰富，自然条件复杂多样，从大农业、大粮食观点出发，全面发展农、林、牧、副、渔及众多的土特产等，多种经营，发展潜力巨大。

一、粮食作物

种植业是西南区农业主要产业，以粮食作物为主，播种面积通常在农作物总播种面积的80%以上。水稻、小麦、玉米、薯类是主要粮食作物。

水稻分布于四川盆地，河流沿岸浅丘区，广西盆地特别是桂东南地区，滇中、滇南亚热带及热带坝区，黔中盆地和黔东河谷坝区。广西以双季稻为主，稻米为全区居民的主粮。川、云、贵三省的稻谷产量较大，也是当地居民的主要粮食。

小麦主要分布在四川盆地北部台状低山、中部低矮丘陵和西部盆西平原，云南省特有的小麦亚种，分布于滇西澜沧江及怒江下游的临沧、保山和普洱市等地区，大约 4 000 平方千米范围，主要在海拔 1 500~2 500 米的山区，集中种植在 1 900~2 300 米海拔地带。黔桂两省区也有零星分布。区内小麦品种大部分为冬小麦，但滇西北中甸、维西一带及川西海拔较高处为春小麦。

玉米主要分布在贵州西北部山地，其播种面积占全省粮食播种面积 29%，产量则超过粮食总产量 30%。云南省东北、东南和西南海拔 1 000~2 000 米间的山地，昆明地区和滇中生态区是云南玉米资源类型的多样性分布地区和生态区；广西西部山地、川西山地和四川盆地内的丘陵区也是玉米产地。

薯类主要是红薯。四川、重庆和贵州称其为红苕。集中分布在黔西、黔东北和黔中温凉山区，其余各省（区）均有出产，但产量较少。

二、经济作物

西南区经济作物以烟草、油料、橡胶等为主。油菜籽是西南区产量最多的经济作物。由于四川省特殊的气候和地理条件，种植油菜籽的市州非常多。特别是成都平原、川中盆地丘陵一带，属于传统的四川油菜籽种植区域。绵阳、南充、达州、成都等地油菜籽产量均突破了 30 万吨。2020 年四川省油菜籽产量最大，为 317.2 万吨，约占全国油菜籽产量 22.6%。

广西是中国甘蔗主产区。广西甘蔗播种面积长期占据全国甘蔗播种面积 60%，2020 年广西甘蔗播种面积为 87.48 万公顷，占全国甘蔗播种总面积 64.66%。2020 年广西甘蔗产量为 7 412.47 万吨，占全国甘蔗总产量 60%。目前广西甘蔗种植发展中存在的问题是：规模化水平较低，机械化程度不足，甘蔗田基础设施薄弱，种植品种单一等。

烤烟是中国也是世界上栽培面积最大的烟草类型。中国国家统计局的数据显示，自2013 年起中国烤烟种植面积逐年降低，2019 年已经下降至 97.14 万公顷，同比下降 3.1%。2019 年中国西南地区烤烟种植面积达到 61.90 万公顷，占全国烤烟种植面积的 63.7%，2019 年中国西南地区烤烟产量为 120.94 万吨，占全国烤烟总产量的 59.84%，远高十其他地区。从各省来看，2019 年中国烤烟播种面积排前三的省份为云南省、贵州省、河南省，分别为 39.86 万公顷、13.00 万公顷、8.41 万公顷。

滇南地处北回归线附近，为种植热带经济作物提供了有利条件。在西双版纳傣族自治州境内，气温高，雨量丰沛，空气湿润，台风、寒潮等灾害性天气不易侵入，对橡胶种植甚为有利。现在橡胶林已成片分布，并扩大到北部一带地区，使云南橡胶生产的地理分布打破了国际上公认的"植胶禁区"，已成功地将橡胶树北移至北纬 25 度、海拔 1 200 米，在橡胶种植上创纬度和海拔高度两项纪录。西双版纳地区已成为中国重要的天然橡胶生产基地。

茶叶主产于川、黔、滇三省。四川盆地西南山区是边茶生产基地，盆地南部和东南部主产红茶，盆地东北部主产绿茶。2020 年中国茶叶产量为 297 万吨，云南、贵州、四川三省的茶叶产量居全国前五位。

水果类经济作物，如猕猴桃、柑橘、枇杷、橙、柚、香蕉、菠萝、芒果、荔枝、龙眼等，全区都有分布并在全国占重要地位。

三、药材基地

西南地区是中国重要的中草药基地。中药资源约 4 500 种，其中植物类药材约 4 200 种，动物药 260 多种，矿物药近 40 种。区内中药资源具有品种多、分布广、蕴藏丰富等特点，许多大宗药材、名特产品在国内外占有重要地位。云贵高原东南缘，包括云南、贵州、广西三省区的山地丘陵区，主产三七、石斛、木蝴蝶等。区内高温多湿的热带、亚热带丛林适于石斛生长，其年产量占全国的 50% 以上；四川盆地盛产川芎、麦冬、白芷、红花等；西南边陲包括川西南山地、云南高原大部及贵州高原西部，涉及云南、四川、贵州三省 112 个县（市），盛产黄连、茯苓、天麻、半夏、川牛膝、续断、龙胆等。黄连、木香、茯苓、天麻、三七、当归等充分体现了本区中药资源的特有优势。

四、畜牧业

西南区的畜牧业生产同西北区相比，具有自己的特色。西北草原辽阔，拥有大面积的天然草场和纯牧区，为发展畜牧业提供了广阔的场所，历来以游牧为主要特色，舍饲居次要地位；而西南区虽然也有广阔的草原，但全区牧业生产以农区养畜业为主，牧区的牧畜业居次要地位。川西北高原及横断山地以放牧牦牛为主。截至 2019 年 12 月，四川拥有草地 1.45 亿亩，其中，天然牧草 1.41 亿亩，占 97.39%；人工牧草地 86.56 万亩，占 0.60%；其他草地 292.91 万亩，占 2.01%。草地主要分布在甘孜藏族自治州、阿坝藏族羌族自治州、凉山彝族自治州等三个州，占全省草地的 98.43%。三州光照充足，水热同期，是四川省牦牛和绵羊生产的主要区域。

农区则普遍圈养猪、黄牛、水牛、马、山羊、绵羊和家禽。四川、重庆生猪的年存栏率长期高居全国首位，黄牛和水牛数量也都居全国前列。四川是全国生猪生产大省，也是国家优质商品猪战略保障基地。2019 年四川生猪出栏 4 852.6 万头，猪肉产量 353.4 万吨，分别占全国出栏生猪量和猪肉产量的 8.9% 和 8.3%；2021 年全年生猪生产出栏量高达 6 500 万头，居全国首位。

第四节　交通运输业

西南区幅员广阔，地形崎岖，自古交通险阻，常被视为畏途，古有"蜀道难，难于上青天"之说。长期以来，除广西外，其他省区交通运输条件较为落后。

一、铁路运输

西南地区地域辽阔，是中国自然资源富集地区，有着丰富的水力、矿产、林业及旅游资源。地形复杂多样，铁路建设工程难度大，建设周期长，使西南地区铁路网相对落后。

目前，西南地区已形成两类铁路网络：以成渝线、西成线、沪昆线、贵广线、渝万线等为骨架的高速铁路网，由旧成渝线、成昆线、渝怀线、兰渝线、襄渝线、黔桂线、川黔线、南昆线等为骨干的普速铁路网。截至 2018 年底，四川、贵州、重庆"两省一市"铁路营业里程达 10 030 千米，其中高速铁路达 2 895 千米，铁路完成客运量 2.96 亿人次，货运量 1.47 亿吨，极大地支撑了国家发展战略和西南地区经济社会发展。

"十四五"期间，西南地区将建成郑万高铁、贵南高铁、成达万高铁、川南城际铁路等项目，新开工川藏铁路、渝昆高铁、渝贵高铁、成渝中线高铁等项目，全面构筑内联外通的高速骨干客运网，使路网结构更加优化，综合交通骨干作用更加显著。

到 2025 年，西南地区铁路营业里程将达到 15 000 千米，其中高速铁路 5 700 千米，基本建成贯通南北、连接东西、通江达海的西南现代化铁路网，为推动区域资源开发、经济发展提供强有力的基础保障。

此外，国家规划和推进西南国际通道建设，尤其是中缅印通道、中缅泰通道和"渝新欧"国际铁路联运大通道。

中缅印通道是指滇西地区对外西行通道，新建大理经宝山至瑞丽（或腾冲）铁路，境外与缅甸铁路的腊戍或密支那站接轨，缅甸境内修建铁路同印度利多或萨地亚地区铁路连接，这是西南地区经由滇西穿过缅甸北部抵达南亚、中东各国的一条陆路国际通道。

中缅泰通道是指滇西地区对外往南通道，新建昆明—玉溪—思茅经景洪至打洛或勐腊铁路，经缅甸或老挝与泰国铁路接轨，通过泰国铁路可直通马来西亚、新加坡、柬埔寨。2021 年 12 月 3 日，中缅泰通道中东线铁路——中老铁路全线通车，即"中老国际铁路通道"，也称"中老昆万铁路"，连接云南省昆明市与老挝万象市的电气化铁路，按中国国铁Ⅰ级标准建设。这是第一条以中方为主投资建设、共同运营并与中国铁路网直接连通的跨国铁路。该通道是西南地区联系东南亚各国、对外开放、发展贸易的重要陆上通道。

"渝新欧"国际铁路联运大通道于 2011 年 3 月 19 日正式开通，从重庆出发，向西过北疆铁路，到达边境口岸阿拉山口，进入哈萨克斯坦、俄罗斯、白俄罗斯、波兰，到德国的杜伊斯堡。全长 11 179 千米，是由沿途六个国家铁路、海关部门共同协调建立的铁路运输通道。到 2022 年 3 月 4 日，渝新欧国际班列开通一周年之际，运营突破 10 000 列车次，成为西南地区通往欧洲的陆地重要通道。

二、公路运输

西南地区公路最早建设于 20 世纪初，起步较晚，先后修建了多条连通云贵川及两广的干线公路和一些国际高速公路，中华人民共和国成立后，政府大力着手改善西南区的公路，以适应经济发展的需要。西南地区形成了以五大城市为中心，其他中小城市为次中心，以乡镇公路为辅助的沟通区内外的公路交通网，为西南区经济发展发挥了重要作用。

根据《四川省高速公路网规划（2008—2030 年）》，高速公路建设将突出 3 个重点：构建枢纽、打开通道、完善路网。到 2020 年，四川省高速通车里程达 8 200 千米，建成 21 条出川高速通道，四川高速网基本形成。现有 6 条国家高速公路经过四川境内，即京昆高速、包茂高速、兰海高速、银昆高速、沪蓉高速、厦蓉高速。

重庆高速公路网，由重庆主城区环线高速、周边城市间的高速公路以及各区县间的高速公路构成，到 2020 年已达 3 800 千米。

云南省由于地形地质条件复杂，筑路工程难度极大，高速公路建设起点晚但速度快。

1996 年 10 月 25 日，昆明至嵩明高速公路通车，云南高速公路实现了零的突破。2019 年底，全省高速公路通车总里程已达 6 000 千米。2020 年，云南完成县域高速公路"能通全通"工程，初步形成布局合理、功能完善、覆盖广泛、互联互通的高速公路骨架路网。现有 8 条国家高速公路经过云南境内，纵向有京昆高速、银昆高速、昆磨高速；横向有杭瑞高速、大丽高速、沪昆高速、汕昆高速、广昆高速。

根据《贵州省高速公路网规划（加密规划）》，将建成以贵阳为中心连接各市州行政中心的 6 横 7 纵 8 联 4 环线高速公路规划网。全省高速公路网规划总里程将达到 10 096 千米，其中国家高速 4 127 千米、省级高速 3 641 千米、地方高速 2 328 千米。现有 5 条国家高速公路经过贵州省境内，分别是兰海高速、沪昆高速、汕昆高速、杭瑞高速、厦蓉高速。

根据《广西高速公路网规划（2018—2030 年）》，广西将建成"互联多区、汇聚核心、外通内畅、衔接充分、布局平衡、可靠高效"的高速公路网。截至 2021 年 7 月 1 日，全区高速公路里程达 7 089 千米，实现县通高速率 97.3%。规划至 2030 年全区高速公路总规模 15 200 千米。现有 7 条国家高速公路经过广西境内：纵向有包茂高速、银百高速；横向有泉宁高速、兰海高速、厦蓉高速、汕昆高速和广昆高速。

三、水路运输

西南地区河网密集，拥有川江、乌江、嘉陵江、沱江、岷江以及金沙江。澜沧江—湄公河国际航道已通航。长江干流四川宜宾至湖北宜昌段（俗称"川江"）是西南、中南、华东区之间水运交通的主动脉。

重庆港作为长江上游地区主枢纽港，现为全国内河主要港口。水路可直达长江八省二市，陆路与成渝线、襄渝线、渝黔线、渝怀线和至武汉、长沙等高速公路相连，长江航道上 5 000 吨级单船、万吨级船队可常年满载直达重庆。全市港口货物吞吐能力达到 2.2 亿吨，集装箱吞吐能力达到 500 万标箱，三峡邮轮年旅客运量达到 100 万人次以上，已成为西部地区物流转口的主枢纽、长江上游邮轮母港。

澜沧江—湄公河是一江连六国的著名国际性河流，源于青海，经中、缅、老、泰、柬、越，注入南海，全长 4 880 千米，在中国境内 2 130 千米，主要航道是从云南省关累港经缅甸、老挝至泰国的金三角这一段。1998 年中国西南水运开发集团的浅水船队在澜沧江—湄公河进行昼夜试航成功。从关累港出发，到金三角只需 20 个小时，下游国家的海鲜、矿产、木材和中国的五金、机械、百货等可在关累港集散。

四、航空运输

20 世纪 90 年代以来，西南区的航空运输业异军突起，发展迅速。截至 2020 年，西南区共有 63 个机场，其中四川省 18 个、重庆 5 个、云南 12 个、贵州 16 个和广西 12 个，主要城市如重庆、万州、成都、攀枝花、昆明、丽江、贵阳、遵义、南宁、桂林等地均建有机场。2019 年西南地区机场旅客吞吐量 2.434 5 亿人次，占全国 16.3%，其中成渝机场群完成旅客吞吐量 1.1 亿人次，占比为 8.14%，居全国第四位。

成都双流国际机场是中国八大区域枢纽机场之一。截至 2019 年，成都双流国际机场共完成旅客吞吐量 5 585 万人次，全国排名第四位；货邮吞吐量 671 903 吨，全国排名第六位；飞机起降 37 万架次，全国排名第五位。成都双流国际机场已开通航线 349 条，通航国内外城市 209 个，吸引国内多家航空公司在此设立分公司。

目前，西南地区干线航空网络大体形成，并开始规划、建设支线机场，扩大通用机场，增辟支线航空线路，使包括西南、西北在内的整个西部地区逐步形成支线航空网络。

第五节 区域经济协调发展

一、区域特色旅游业

川渝两地旅游资源广布，该区由于复杂多样的自然条件，独特的历史背景以及多民族聚居，有众多历史古迹、古建筑工程、著名文人遗迹、民族习俗和风土人情、烹饪技术和名小吃等人文景观，旅游资源十分丰富。旅游景点相对集中，较高的观赏价值和较高的科研价值为旅游活动的开展创造了极为有利的条件，川渝地区因此成为全国重要的旅游胜地，长江三峡、九寨沟、黄龙寺、都江堰、青城山、峨眉山、乐山大佛、大足石刻等风景名胜誉满全球。

贵州有着得天独厚的旅游资源，地貌形态奇特。自然风景类旅游资源有黄果树大瀑布、金洞、梵净山等；人文景观类旅游资源有吊脚楼、风雨桥、鼓楼等；少数民族文化习俗类旅游资源有苗族的"姊妹节"、布依族的"查白歌节"、彝族的"火把节"等；红色旅游经典景区有红军四渡赤水纪念园、遵义会议会址等；革命文物资源丰富，有国家确定的长征国家文化公园重点建设区，共有长征文物750余处。

云南是一块美丽而神奇的土地，自然景色和人文景观都有独特的优势。旅游资源遍布全省各地，大致有世界级旅游资源如三江并流保护区、丽江古城、西双版纳；国家级历史文化名城如昆明、大理、丽江、建水、巍山；国家级湿地保护区如腾冲北海；国家地质公园如云南石林岩溶峰林、云南澄江动物群古生物、云南腾冲火山地热等。

岩溶地貌是广西最主要的旅游资源，使广西形成了"山青、水秀、洞奇、石奇"的独特风光，"桂林山水甲天下"，因此广西成为中国旅游重点地区之一。其他自然景观如龙胜花坪，是中国三大综合自然保护区之一。三江程阳桥、马胖鼓楼等是侗族独具特色的建筑，还有宁明花山古代岩画，容县真武阁、灵渠、柳侯祠，桂平金田太平天国起义遗址等重要的文物古迹。

二、区内经济协调发展格局

（一）四川省

四川省从经济、人口、资源环境等空间分配特点出发，建设各具特色的区域经济，逐步形成成都经济区、川南经济区、攀西经济区、川东北经济区、川西北生态经济区等五大经济区域。

1. 成都经济区

包括成都、德阳、绵阳、眉山、资阳等五市。重点发展以发电设备、重型装备、工程机械和机车车辆为代表的重大装备制造业，以电子信息、航空航天、核技术、国家超算中心和生物技术为代表的高技术产业，以金融、物流、会展为代表的现代服务业，以历史文化、商务旅游为特色的旅游业，以都市农业为代表的现代农业。构建成都平原城市群，逐步建成中国西部最强最大的经济密集区和人口密集区。2021年本区经济总量突破3万亿元，成都数字经济核心产业增加值超2500亿元，占全省比重超过60%。

2. 川南经济区

包括自贡、宜宾、泸州、内江、乐山等五市。发展以水电和煤炭为代表的能源产业，以化肥、甲醇、氯碱为代表的化学工业，以工程机械和大型锅炉为代表的重大装备，以名酒和茶叶为代表的饮料业，以差别化纤维和高档面料为主的化纤纺织工业，建成省内重要的能源、化工、装备、化纤纺织工业和饮料业、旅游产业基地。

3. 攀西经济区

包括攀枝花市、凉山州、雅安市等三市（州）。发展以水电为代表的能源产业，以钒、钛、稀土为代表的新材料，以轨梁、管材和板材为代表的精品钢材，以早熟蔬菜、亚热带水果、花卉和中药材为代表的特色农产品，积极发展"阳光旅游"，逐步建成全国重要的能源、新材料、精品钢材和亚热带农业基地。

4. 川东北经济区

包括南充、遂宁、达州、广安、巴中、广元等六市。发挥丰富的天然气资源和生物资源的比较优势，积极延伸天然气产业链，建成中国西部重要的天然气能源、化工基地，发挥毗邻重庆的区位优势，主动加强与重庆市产业布局的衔接和协作。

5. 川西北生态经济区

包括甘孜、阿坝两个州。自然资源比较丰富，但环境承载力相对较弱。做好天然林资源、天然湿地资源、野生动植物资源的保护和草原生态环境建设。积极发展以观光、度假为主体的生态旅游，打造大九寨国际旅游区、环贡嘎山生态旅游区、稻城亚丁香格里拉核心旅游区、若尔盖红原草原湿地旅游区、大东女国文化旅游区等五大国际精品旅游区。积极发展以水电为代表的清洁能源，以蔬菜、水果、中药材、草食牲畜为代表的生态农业和特色畜牧业。

（二）重庆市

重庆是中国人口最多、面积最大的直辖市，区域间、城乡间自然条件资源禀赋、发展现状和发展潜力等差异很大。重庆市分为五大功能区域、新兴的成渝双城经济圈，实施差异化的区域发展战略。

1. 都市功能核心区

指渝中区全城、大渡口、江北沙坪坝、九龙坡、南岸五区，处于内环区域，面积294平方千米。2020年区GDP达到3 300亿，占全市11.6%。都市功能核心区作为重庆建市以来的政治、经济、文化中心，是全市开发强度最大和城市化率最高的地区，经济基数本身就较高。目前，整个区域处于现代服务经济为主的发展阶段，第三产业持续高位增长。

2. 都市功能拓展区

指主城九区除都市功能核心区外的区域，面积5 179平方千米。2020年区GDP达到10 700亿元左右，占全市37.5%。这里是重庆未来新增城市人口的重要集聚区，也是先进制造业集聚区、教育科研及商贸物流会展区和国家级开发开放平台。

3. 城市发展新区

指涪陵区、长寿区、江津区、合川区、永川区、南川区、綦江区、大足区、潼南区、铜梁区、璧山区、荣昌区及万盛、双桥经济技术开发区等，面积2.32万平方千米。2020年区内GDP达到10 000亿左右，占全市35.1%。该区是按卫星城理念在主城区外围规划布局建设的城镇集群。城市发展新区的12个区和2个经济技术开发区是成渝城市群的重要组成部分，也是围绕重庆主城的卫星城，成渝城市群是其中的重要支撑。

4. 渝东北生态涵养发展区

指万州区、开州区、梁平区、城口县、丰都县、垫江县、忠县、云阳县、奉节县、巫山县、巫溪县等 11 个区县，面积 3.39 万平方千米。本区专注于三峡库区水源涵养，保护好三峡库区的青山绿水，肩负起长江上游重要生态屏障的责任。同时大力发展生态农业、生态旅游业等生态友好型产业，并积极引入总部经济及高端产业发展；推动城市公用设施和服务向生态涵养发展区延伸，促进生态特色城镇和新农村建设发展。

5. 渝东南生态保护发展区

指黔江区、武隆区、石柱县、秀山县、西阳县、彭水县等 6 个区县（自治县），面积 1.98 万平方千米。这里是国家重点生态功能区与重要生物多样性保护区，武陵山绿色经济发展高地、重要生态屏障、生态民俗文化旅游带和扶贫开发示范区，全市少数民族集聚区。渝东南地区既是生态敏感区又是生态脆弱区，要立足生态资源和民族特色，建设人与自然和谐宜居区。

6. 成渝双城经济圈

成渝双城经济圈是中国西部地区发展水平最高、发展潜力较大的城镇化区域，是实施长江经济带和"一带一路"倡议的重要组成部分。核心城市是重庆和成都，横跨成绵乐发展带、成南（遂）渝发展带、成内渝发展带、渝广达发展带、沿长江发展带等，涵盖了达万城镇密集区、南遂广城镇密集区、川南城镇密集区等。成渝城市群与京津冀城市群、长三角城市群和粤港澳城市群并列为中国四大城市群。2021 年成渝城市群人口和经济总量分别占川渝两地总量的 90% 左右。

（三）云南省

云南省各区域按产业功能定位划分为创新驱动引领区、产业提速增效区、沿边开放与绿色发展区等三大区域。

1. 创新驱动引领区（滇中经济区）

包括昆明、曲靖、楚雄和玉溪 4 个城市，涉及约 50 个县（市、区），面积约 10 万平方千米。2020 年人口占全省的 1/3，国内生产总值占全省的 1/2。该区域功能定位：中国连接东南亚、南亚国家的陆路交通枢纽，全国重要的烟草、旅游、文化、能源和商贸物流基地，以化工、冶金、生物为重点的区域性资源精深加工基地。

滇中将重点培育的产业集群：以玉溪、昆明、曲靖、楚雄为主"两烟"及配套产业集群；以昆明、曲靖、玉溪为主的高新技术产业集群；曲靖煤化工产业集群；以昆明、曲靖、玉溪为主机械制造产业集群；以昆明、楚雄为主的生物制药产业集群；以昆明、楚雄为主的文化产业集群；以昆明、玉溪、楚雄、曲靖为主的旅游产业集群。

重点布局和发展先进装备制造、生物医药、电子信息、节能环保、新能源和新材料、生产性服务业等产业，巩固提升烟草、化工、冶金等传统产业优势，推动工业创新发展，提升产业综合竞争力和辐射带动能力，促进全省产业转型升级。

2. 产业提速增效区

包括大理州、保山市、红河州、文山州、昭通市。该区工业基础相对较好，有利于发展成为工业产业提速增效区，重点布局和发展生物医药、汽车、化工、清洁能源、冶金、电子产品等产业。

3. 沿边开放与绿色发展区

包括德宏州、临沧市、普洱市、西双版纳州、丽江市、迪庆州和怒江州。依托区域特色和资源优势导向，重点布局和发展生物医药、旅游产品加工、食品和消费品制造，打造沿边开放合作前沿阵地和绿色产业基地。

（四）贵州省

1. 黔中经济区

包括贵阳市及遵义市、安顺市、毕节市、黔东南州、黔南州等，区内面积 53 802 平方千米，占贵州省面积31%；2020 年区内人口 1 817.42 万，占全省人口 47.13%。经济区内矿产资源分布相对集中，工业基础较好。本区发展重点：打造以烟草、电子信息、装备制造及汽车零部件、磷化工、铝工业、现代中药、特色食品和现代服务业为重点的都市型经济中心区和产业集聚区；推动特色工业园区建设，促进金阳新区开发开放。

贵安新区是黔中经济区核心地带。在空间上分为中央商务（商业）区、教育科技研发区、高端制造业聚集区、文化旅游休闲度假区和生态环境保护区 5 个功能区。重点发展大数据电子信息产业和先进装备制造业，打造"中国数谷"和高端装备制造基地。

2. 黔西地区

包括毕节市大部分区县、六盘水市、黔西南州等西部大部分地区。重点围绕能源、矿产资源开发，加快发展能源、以煤化工为主导的优势原材料等优势产业，重点建设一批电力、煤及煤化工、黄金等工业项目和循环经济生态型工业示范基地。把大型煤矿建设作为能源建设的重点，建设以毕节、六盘水、黔西南为中心的煤炭工业基地。坚持"水火并举"的原则，有序推进"西电东送"电源项目建设，建成中国南方重要的能源基地。

3. 黔北地区

以遵义市为中心的黔北地区，加强与成渝经济圈、贵阳城市经济圈的联合与合作，重点发展优质烟酒产业，持续打造世界级酱香型白酒产业基地核心区。做大做强能源、原材料、机械电子、家用电器和竹纸一体化等优势产业。

4. 黔东地区

包括铜仁市、黔东南州大部分县区和黔南州大部分县区，这是贵州省少数民族较集中地区。民族地区要立足生态优势，围绕生态环境保护和资源开发，重点发展民族医药和生态特色食品产业，加快建设全国重要的绿色食品工业基地。

（五）广西壮族自治区

广西壮族自治区划分为北部湾经济区、西江经济带和桂西资源富集区三大区域。

1. 北部湾经济区

包括南宁、北海、钦州、防城港等城市，面积4.25 万平方千米，截至 2019 年末总人口 2 456万。北部湾经济区是中国西部大开发和面向东盟开放合作的重点地区。要把北部湾经济区建设成为中国—东盟开放合作的物流基地、商贸基地、加工制造基地和信息交流中心。可以发展海洋产业、生物技术产业、信息产业和临海工业，以信息化带动临海工业和外向型经济的发展。推动以大湄公河次区域经济合作和泛北部湾经济合作为两翼、以南宁—新加坡经济走廊为中轴的中国—东盟"一轴两翼"区域经济合作新格局。

2. 西江经济带

包括柳州、桂林、梧州、玉林、贵港、贺州等城市。与广东接壤的桂东地区有西江黄金水道直通香港、澳门，承接这些发达地区的产业转移成为这一地区加快发展的重要手段。要促进这个地区更加紧密地与粤港澳等发达地区相融通、相对接。

3. 桂西资源富集区

包括百色、河池、崇左等城市。蕴藏着丰富的矿产、水能、生物、旅游等自然资源的桂西资源富集区也在努力建设国家重要战略资源接续区和资源深加工基地，以增强它的"自我发展能力"。

《思考与练习》

1. 简述西南区自然环境的基本特征。
2. 简述四川省经济发展的主要特点。
3. 简述广西南部经济发展的特点及有利条件。
4. 简述西南区交通运输发展的特点。
5. 简述云贵高原自然条件的特点。
6. 简述西南区自然资源的特点。
7. 影响西南区发展经济的主要因素是什么？

第十八章 青藏区

青藏区以青藏高原为主体,包括青海省和西藏自治区,总面积达192.12万平方千米,约占全国陆地总面积20%。本区北、东北与新疆维吾尔自治区和甘肃省毗邻,东连四川省,东南与云南省相连,南及西南与缅甸、印度、不丹和尼泊尔等国接壤,西部与克什米尔地区相邻,国境线近4 000千米。2020年全区人口为956万,占全国总人口的6.8%。这里是中国最大的藏族聚居地。

本区主要经济中心:西宁、格尔木、拉萨等。

第一节 自然环境与资源

一、独特的冰原地貌

青藏高原有"世界屋脊"之称,平均海拔在4 000米以上,地势西北高、东南低,高原周边被巨大的山系环绕,内部耸立着多列西北—东南向和东西向山脉。地球上所有超过8 000米的山峰无一例外地分布于高原南部和西部边缘。

青藏区是中国最大的冰川分布区,冰川总面积在35 000平方千米以上,冰川类型以山岳冰川为主。藏北高原和青海南部高原,地表冻融作用强烈,形成岛状或连续分布的多年冻土地貌。

流水作用对青藏区东部和南部地区地表形态的影响较大。强大的侵蚀作用使边缘山脉形成多级谷肩的深切峡谷(俗称"谷中谷")。雅鲁藏布大峡谷是世界上最典型的大峡谷。

珠穆朗玛峰位于中国和尼泊尔两国边界上。它的北坡在中国西藏境内,南坡在尼泊尔境内,是喜马拉雅山脉的主峰,也是世界上最高的山峰。2020年12月8日中国和尼泊尔共同宣布珠穆朗玛峰的最新高程为8 848.86米。珠穆朗玛峰自然条件异常复杂,特别是北坡,气候比南坡更加恶劣,地形更加险峻。常年覆盖着冰雪,峡谷中冰川广布,从10月到第二年3月的整个冬季里,都刮着强烈的西北风,有时达到十二级以上。五月末开始从东南吹来季风,一直到9月底。山顶气温通常都在−40℃~−30℃之间。

柴达木盆地位于青海省西北部,东西长850千米,南北宽300千米,面积约25万平方千米,海拔约2 600~3 100米,是中国海拔最高的盆地。盆地西高东低,西宽东窄,四周高山环绕,南面是昆仑山脉,北面是祁连山脉,西北是阿尔金山脉,东为日月山。柴达木盆地是中国封闭的内陆盆地。地形结构从边缘至中心,依次为戈壁、丘陵、平原、湖泊,四周为山前平原戈壁带。气候类型属于温带干旱大陆性气候,气温极低,有利于地下冻土层的发育,降水稀少、风力强劲,风沙地貌广泛发育。盆地内植被种类单一,植物分布稀疏,多以超旱生及旱生灌木和半灌木为主。动物种群稀少,以骆驼为主。矿产资源丰富,尤其是蕴藏着丰富的盐类和其他化学元素,主要有盐、硼、钾、镁、锂、铷、溴、碘、锶、铯、石膏、芒硝、天然碱等。盆地中铅、锌、铬、锰等金属矿及煤炭、石油、石棉等资源丰富,素有"聚宝盆"之称。

二、独特的高原气候

青藏高原气候的基本特点是太阳辐射强烈，气温低，日较差大，年较差小，干湿季节分明，气候干燥，气温、降水均具有明显的区域差异和季节变化。

（一）强辐射、富日照

青藏区平均海拔 4 000 米，云层薄、云量少，是中国年太阳总辐射量最高的地区。除西藏东部和青海东南地区约在 5 000～6 000 兆焦每平方米（MJ/m²）之间外，其余绝大部分在 6 000 兆焦每平方米以上，阿里地区和藏南谷地更达 8 000～9 200 兆焦每平方米，而中国东部普遍为 5 000 兆焦每平方米左右。

年日照时数多是青藏区气候的另一个特点。除雅鲁藏布江大拐弯至察隅一带外，高原上大部分年日照时间均在 2 600 小时以上，藏南谷地和阿里地区达 3 000～3 200 小时，柴达木盆地西部冷湖则以 3 553.9 小时高居全国榜首。因此，人们习惯上称拉萨为"日光城"，青藏高原则被称为"阳光高原"。

（二）高寒低温

高海拔导致青藏区的相对低温寒冷。高原面上一月份平均气温低达 -10℃～15℃，与中国温带地区气温相当。七月份平均气温比同纬度低 15℃～20℃，是全国夏季平均温度最低的地区。年平均温度除柴达木盆地（2℃～5℃）、雅鲁藏布江谷地（8℃～10℃）和山南地区（16℃～20℃）等略高外，广大地区都很低。昆仑山东段、青南高原和藏北高原年平均气温都在 0℃以下。-4℃等温线分布在祁连山西段，羌塘高原北部均不足 -4℃，是全国年均温最低的地区。

（三）降水少、分布不均

印度洋暖湿气流是青藏区主要水汽来源。由于地形影响，西藏南部、东南部地区降水量十分丰富，年降水量普遍超过 2 000 毫米。但自此向西北递减，如柴达木盆地降水量在 25 毫米以下。青藏区约有 37% 面积年降水量仅有 200～400 毫米，成为半干旱区；33% 面积降水量不足 200 毫米，成为高原干旱区。

青藏区降水高度集中，雨季（5—9 月）降水量约占全年 60%～70%，少数地区仅 8 月的降水量可占全年 42%～46%。冬季降水量一般很少，个别年份因降雪过多而发生"白灾"的现象。少雪的冬季同时也是强风季，大风吹蚀表土，形成沙尘暴天气，对生产生活都十分不利。

三、独特的高原河流与湖泊

青藏高原独特的自然条件，使其成为亚洲许多河流的发源地，太平洋、印度洋和亚洲中部内陆水系的分水岭。其主要外流河有雅鲁藏布江（境外称布拉马普特拉河）、怒江（境外称萨尔温江）、澜沧江（境外称湄公河）、长江、黄河等。雨水、冰雪融水和地下水是其主要补给来源。径流年内分配在很大程度上与降水季节分配一致。5—10 月为丰水期，径流一般占全年 80%～90%；11 月到第二年 4 月为枯水期，径流仅占全年 10%～20%。青藏区还孕育了许多内流河，由于内流区降水量少，河流多以冰雪融水和地下水为主要补给来源，年径流分配与温度状况密切相关。

青藏高原湖泊区范围包括西藏自治区和青海省的全部及新疆南部一部分。本区湖泊面积为 36 899 平方千米，约占全国湖泊总面积45.2%，湖泊率为2%。它是地球上海拔最高、数量最多和面积最大的高原内陆湖区，也是中国湖泊分布密度最大的两个稠密湖区之一。这些湖泊具有海拔高、面积大、数量多、分布密集、含盐量高、自然风光独特等特色，有利于发展青藏高原特色旅游业。

青海湖位于西宁以西大约 130 千米处，周长 360 千米，面积 4 400 平方千米，湖面海拔为 3 260 米，是中国最大的内陆高原湖泊。纳木错位于西藏自治区中部，湖面海拔 4 718 米，为世界上海拔最高的大型湖泊。察尔汗盐湖位于青海省，是全国最大的盐湖，也是世界上最著名的内陆盐湖之一，面积 5 800 平方千米，海拔 2 670 米。湖上现已建有中国最大的钾肥企业——青海盐湖钾肥股份有限公司，拥有每年 500 万吨钾肥生产能力，产能位列全球第四位；拥有每年 3 万吨碳酸锂生产能力，卤水提锂产能位列全国第一。

四、独特的自然带

青藏高原是由一系列高大山脉及其间的高原宽谷盆地组成的巨大山原。地带性和非地带性因素的相互制约，共同作用，尤其是纬度、经度和海拔差异引起的水分、热量组合状况的影响，使其在高原上形成了各具特色的垂直自然带结构类型，从东南到西北，植被类型呈现出明显的森林、灌丛草甸、草原、荒漠、半荒漠地带的变化格局。它们构成了不同山系垂直自然带的主体。

山地垂直自然带是人们赖以生存和发展生产的条件，山区可再生自然资源的合理利用及农林牧业的布局都与垂直自然带有关。以青藏高原东南部山地为例，高山地带分布着各种类型的灌丛、草甸，适于牦牛、绵羊放牧。干旱河谷地带，海拔较低，光照及温度条件较好，垦殖历史较长，耕地也较集中，是农业比较发达的地带。两者之间的山地森林带则为人们提供生活与生产上所必需的木材、燃料等，形成农牧交错的广大区域。农作物的种植上限依作物种类而不同。在湿润、半湿润地区，玉米种植上限为海拔 3 000 ~ 3 100 米，冬小麦种植可达海拔 3 400 ~ 3 600 米，春青稞则达 3 900 ~ 4 100 米。总的来说，在森林地区种植农作不超过森林上限，种植上限自湿润地区向半湿润地区略有升高。有的地方海拔接近种植上限，收成很不稳定，不宜大面积种植推广。

第二节　工业生产与布局

20 世纪 50 年代以前，青藏区几乎没有现代工业。经过 70 年的努力，现在已初步建成以机器制造、食品和纺织工业为主，畜产品加工等门类比较多的工业体系。但是工业规模普遍较小，与东部地区的差距仍然很大。

一、冶金工业

青藏区是中国重要的矿产富集区，已发现各类矿产 130 余种，探明储量矿产 80 多种，其中 60 余种矿物保有储量在全国各省区中名列前 10 位。铜、湖盐、锂等位居国际前列；铬铁矿、钾盐、铅锌、金、石棉等名列全国前茅；石英岩、芒硝、电石用石灰岩、化肥用蛇纹岩、玻璃用石英岩等储量较大；高原的优势矿种恰好是国家的紧缺矿种，如铬、铜、硼、钾、锂、铯等。

中国是一个铬铁矿资源严重短缺的国家。已探明铬铁矿矿区 56 处，矿石储量 1 314.9 万吨，主要分布于全国 13 个省、市、自治区，其中西藏保有储量 425.1 万吨，占全国 32.33%，其中，西藏罗布莎铬铁矿是中国最大的铬铁矿矿床，也是全国铬铁矿的主要产地。青海省格尔木市尕林格矿区探明地质铁矿石资源量 11 748.42 万吨，使尕林格矿床成为青海省首个资源量超亿吨的大型铁多金属矿床。

中国盐湖锂资源大部分集中在青藏高原，整个地区盐湖锂矿床数量在 90 多个，锂矿床以硫酸盐型为主，已查明的资源储量约占全国盐湖锂储量 80.54%。其中有一半以上的盐湖锂资源集中在青海，青海氯化锂资源储量达到 1 982 万吨左右。柴达木盆地中查明已达到工业品位的硫酸盐型盐湖锂矿床有 11 个。

钾盐也是中国紧缺资源之一，青藏区占有全国保有储量 97%，主要分布于柴达木盆地中部，探明氯化钾储量 7 亿吨。察尔汗盐湖 3 个矿区已成为国家和省级重点开发区，镁盐占全国探明储量的 99% 以上，集中分布于柴达木盆地。

西藏铜矿探明储量高达 5 300 万吨，占中国铜矿资源储量 50% 以上。藏东玉龙斑岩铜矿伴生金属矿，如银、钨、铋、钼、钴等金属量也已达到大型矿床规模，埋藏浅、交通便利，已列入地方重点开发项目。

青海省拥有世界级超大型铜镍矿——夏日哈木镍矿。2018 年夏日哈木矿区累计探明镍资源量 220 万吨，成为全国第二个超大型镍矿基地，潜在经济价值 800 亿元以上。镍矿是中国国家战略资源，同时，中国也是全球最大的原镍消费国。

二、机械工业

青海的机械制造业，始于 20 世纪 60 年代末期国家三线建设从内地迁入的 10 多家相关企业。这些企业的迁入使得青海省初步形成了一个由机床工具、工程机械、汽车制造、农牧机械、电工电器、重型矿山、仪器仪表、机械基础等行业组成的门类较齐全的机电制造业体系。到了 80 年代，青海的装备制造业在西北以至全国都有一定的影响，形成机床工具、环卫设备、石油化工机械三大龙头企业，如青海重型机床厂、第一机床厂、第二机床厂。

西藏的现代工业从无到有，从小到大。过去，西藏的机械制造业以农机修造和汽车修配为主，现在已初步形成了以优势矿产业、建材业、民族手工业、藏医药业为四大支柱，包括电力、农畜产品加工业、饮食品加工制造等工业为主的富有西藏特色的工业生产体系。

三、轻工业

1. 独特的高原羊绒、毛纺织工业生产基地

由于拥有大量羊毛和牦牛绒资源，青藏区毛纺工业发展比较迅速，已能生产粗纺、精纺、绒线、长毛绒、呢绒、工业用呢、羊毛衫、牛绒衫、毛毯等多种产品。西藏阿里地区是全国最大山羊绒生产基地，山羊绒已成为阿里地区特色产业，并发展成以日土县白绒山羊原种场为核心，措勤县紫绒山羊原种场，革吉、改则两县白绒山羊扩繁场为双翼的绒山羊产业带格局。

2. 高原特色营养保健食品加工业

充分利用青藏高原特有的动植物资源，如大黄茶、枸杞茶、红景天饮料、虫草、蜂产品、鹿产品以及菌类、山珍等，积极开发适应不同人群的具有高原特色的特需保健食品和营养保健食品。

3. 绿色、无公害肉类产品加工业

世界上独一无二的牦牛和藏系羊是区内畜产品的资源优势，牦牛肉和藏系羊肉具有低脂肪、高蛋白、天然野味的特点，是绿色食品。

4. 中藏药加工业

青藏高原具有无污染、天然绿色的地域优势，丰富的农畜产品和青藏高原独特的野生动植物资源优势。其通过"天然、绿色、营养、保健"的品牌宣传，创特色产业，培育名牌产品。如西藏自治区藏药厂是全国规模最大、历史最悠久、技术力量最雄厚的传统藏药生产厂家，目前已有 15 个品种列入国家基本药物目录，七十味珍珠丸、仁青常觉等 13 个品种为国家中药保护品种，8 个品种列入国家基本医疗保险药品目录。

5. 传统民族特色手工产品加工业

在丰富的民族手工产品中，卡垫、地毯、围裙、藏被、民族服装、民族鞋帽、民族家具、木碗、玉器、金银首饰等工艺美术产品成为发展的重点。这些产品不仅受到广大藏族群众和其他少数民族群众的欢迎，也受到国内外其他消费者的青睐。

四、能源工业

1. 太阳能资源丰富

青藏高原地势高，空气稀薄，含尘量少，透明度好，当太阳透过大气层时，能量损失小，是中国太阳辐射量最丰富的地区。青藏高原太阳年总辐射值达到 140 ~ 200 千卡/厘米²，是中国东部沿海地区的近两倍。日照时数全年在 2 200 ~ 3 600 小时之间，由东南向西北逐渐增加。拉萨年日照时数 3 021 小时，故有"日光城"之称。西藏是全国大风（≥8 级或 17 米/秒）最多的地区之一，年平均大风日数多达 100 ~ 150 天，最多可达 200 天，比同纬度的东部地区多 4 ~ 30 倍。丰富的光能、风能资源，为开发新能源提供良好的自然条件。

2. 地热资源丰富

西藏位于地热带喜马拉雅地段，全区共有地热爆炸泉、间歇喷泉、热泉、冒汽地面和泉华等各种水热活动显示区 660 处。根据对 350 处显示点统计，热泉水总流量为 2 万升/秒，地热能总量达 66 万千卡/秒；折合标准煤为 300 万吨/年；发电潜力在 80 万千瓦以上。温泉点居全国第一，高于沸点的地热点占全国的 1/2，高温地热能居全国之首。已探明羊八井、羊易、那曲、那多岗等热田，羊八井浅层热储已装机 2.5 万千瓦，不仅发电，还实现了地热水综合利用。根据规划，2025 年西藏地热发电装机总容量达到 150 兆瓦，地热能供暖面积达到 500 万平方米；2030 年西藏地热发电装机总容量达到 1 000 兆瓦，地热能供暖面积达到 2 000 万平方米。

3. "小而肥"的石油资源

柴达木盆地是中国石油、天然气资源极为丰富的盆地之一。截至 2019 年共发现 16 个油田、6 个气田。石油资源达 12 亿多吨，已探明 2.08 亿吨；天然气资源 2 937 亿立方米，已探明 663.29 亿立方米。青海石油属低硫石蜡基原油，属"小而肥"的油田；天然气储量 1 500 亿立方米，甲烷含量在 99% 以上，是发展天然气化工的优质气源。柴达木盆地石油、天然气地质成矿条件好，如果继续进行勘探，储量还会增加，开发前景广阔。

4. 高度集中的水能资源

理论上本区水能蕴藏量达 2.22 亿多千瓦，约占全国 1/3，其中 90% 分布于西藏，10% 分布于青海。雅鲁藏布江理论蕴藏量 9 976.93 亿千瓦（2016 年）。目前，西藏水电站数量多，但规模小，发电量小。2017 年西藏在雅鲁藏布江干流上建设第一座水电站——藏木水电站。另外，还建设了玉曲河扎拉水电站、华电西藏 DG 水电站。华电西藏 DG 水电站是首个全过程采用数字化建模的大型水电项目。DG 水电站位于西藏自治区山南市桑日县境内，是西藏在建规模最大内需电源项目，总装机容量为 660 兆瓦，共设 4 台 165 兆瓦的混流式水轮发电机组；电站建成后，年平均发电量 30 多亿千瓦时，为藏中电网供电。

青海水能丰富程度远不及西藏，开发程度却高于西藏，黄河干流上早已建成龙羊峡水电站、李家峡水电站、积石峡水电站、公伯峡水电站、拉西瓦水电站、康扬水电站等梯级开发工程，总装机容量可达 1 044.35 万千瓦；小水电站数量多，电力充足对加工工业的发展和高原农牧民生活水平的提高都起到了促进作用。

第三节　农业生产与布局

青藏区气候寒冷，大部分地区只适宜畜牧，不宜从事种植业。据统计，全区耕地面积只有 93.81 万公顷，仅占全区面积 0.49%，而牧草地却多达 11 850.14 万公顷，占全区面积 61.68%。虽然在藏南一些地方冬小麦种植上限可达 4 320 米，青稞种植上限更高达 4 750 米，成为全世界独一无二的高寒农业区，但从总体上说，种植业仍限于河谷和盆地，广大的高原面和山地仍然是畜牧业的领地。

一、畜牧业

青海和西藏都是中国四大牧区之一，以草地资源丰富和类型复杂多样而著称。

根据第二次全国草地资源调查，2021 年青海草原有 9 个类、10 个亚类、93 个型。青海现有天然草场面积 4 186.7 万公顷，占土地总面积 60.5%，全省 8 个市州均有分布。近年来，青海先后实施退牧还草、三江源和祁连山生态保护与建设、退化草原生态修复等重大草原生态保护工程项目，全面开展草原生态保护和修复，全省草原生态得到了有效改善。为加快国家公园示范省建设，青海新创建 4 个国家草原自然公园。同时，青海严格保护管理措施，全面落实草原生态保护政策。

2021 年西藏国土统计公报显示，西藏天然草原总面积稳定在 8 893.3 万公顷，草原综合植被覆盖度提高到 48% 以上。全区面积最大的地类，天然牧草地占 85.86%。那曲、阿里、日喀则 3 个市地的草地面积占全区 85.39%。湿地保有量稳定在 652.9 万公顷，湿地保护率达 68% 以上，自然保护地占全区国土面积 1/3 以上。

二、种植业

种植业在青藏区国民经济中具有重要的地位和作用。高原上种植业有着悠久的历史，由于受特殊的自然条件的制约，具有很大的特殊性。

1. 独特的河谷农业

由于河谷地区海拔相对较低，气温较高（热量较充足），可以满足作物生长的需要。热量少、农作物生长期短、土壤肥力差等条件制约了农业生产，使青藏区大多数农田分布在河流谷地和海拔较低的构造盆地，形成典型的河谷农业。主要种植农业区分布在雅鲁藏布江谷地和湟水谷地等河谷地区。

2. 高寒立体农业

所谓高寒型，即高原种植业中四大作物青稞、小麦、油菜、豌豆皆属喜冷凉作物，特别是青稞只适宜高寒地带种植；青稞在西藏是普遍种植的作物，随海拔升高，种植面积不断加大，最后成为高寒地区的单一作物。在种植制度上，随海拔的升高也发生显著变化，海拔 2 300 米以下为一年两熟制，在海拔 3 000 ~ 3 200 米之间为二年三熟制，在海拔 3 200 米以上为一年一熟制，并以春播为主。

3. 农林牧结合的生态环境

一般来讲，地势平坦，海拔较低，水资源丰富，既有利于农作物的种植、生产，也有利于种树种草，这为农林牧各业相互促进、共同发展奠定了基础，有利于目前的传统农业向立体、高效农业转化。

4. 农业基础很脆弱

"大灾大减产、小灾小减产，风调雨顺增点产"的传统型农业是本区基本特征，靠天种地的被动局面未从根本上打破；自给自足的自然经济仍是农业经济的基本模式；各种植业之间的结构比例仍受产量导向的制约。广种薄收，粗放经营，不计效益，稍富即足的管理方式和小农意识根深蒂固。

第四节　交通运输业

半个世纪前，西藏几乎没有完整的公路，交通运输以驮运为主，铁路和航空基本空白。现在情况已发生了根本变化。

一、铁路运输

2020 年底，全区铁路运营里程 4 000 千米，其中高速铁路 268 千米，电气化率和复线率分别为 69.4% 和 39.8%。无论是铁路总运营里程还是高速铁路发展水平都低于其他地区。

青海省境内主要铁路线路：已建成通车运营的青藏铁路、兰青铁路、兰新高铁、敦格铁路、格库铁路、柴木线（柴达尔—木里煤田）等；规划中（含建设中）铁路兰新铁路第二双线（甘青段）、川青铁路、西张铁路（西宁—张掖）、成西铁路（成都—西宁）、柳格铁路、哈木铁路（哈尔盖—木里）、茶都铁路、甘河支线铁路、西海支线铁路、锡铁山至鱼卡至一里坪铁路等。

西藏自治区境内主要铁路线路：已建成通车运营的青藏铁路、拉日铁路、拉林铁路等；建设中铁路线路滇藏线、川藏线、拉萨—山南、日吉铁路（日喀则—吉隆）；规划中铁路线路新藏铁路、甘藏铁路和狮泉河—那曲—昌都铁路。

2007 年 7 月 1 日青藏线建成正式通车。青藏线是一条连接青海省西宁市至西藏自治区拉萨市的国铁 I 级铁路，线路全长 1 956 千米，是中国新世纪四大工程之一，是通往西藏腹地的第一条铁路，也是世界上海拔最高、线路最长的高原铁路。青藏铁路使西藏交通运输落后面貌得到质的改善，并为西藏今后经济可持续发展提供了可靠的保证，在促进西藏同区内外的经济交流、减少运输成本、促进旅游业持续发展、加快区域矿产资源的开发利用、缩小地区差异等方面产生重大而深远的影响。

2014 年 12 月 26 日，兰新高铁全线开通运营，连接兰州市与乌鲁木齐市途经西宁市，这是中国《中长期铁路网规划》的重点项目，也是亚欧大陆桥铁路通道的重要组成部分，使青藏区跨入高铁时代，缩短了青藏区与其他省区市的时空距离。

二、公路运输

青藏地区因其独特的地理环境，公路运输在现阶段以及很长一段时间内都是主要运输方式。2019 年青海公路线路里程为 83 760.59 千米，高速公路线路里程为 3 450.93 千米。2021 年高速公路通车里程突破 4 000 千米，所有市州和 2/3 的县通高速，所有县级行政区通二级公路，所有具备条件的乡镇和建制村通硬化路、通客车，"东部成网、西部便捷、青南通畅、省际连通"的路网布局基本形成。

近几年来，西藏交通运输发展取得重大成就，全区公路通车总里程由 2012 年 6.52 万千米上升至 2021 年 12.07 万千米。全区高速公路通车里程由 2012 年 38 千米增加到目前 1 105 千米。西藏已基本形成了以拉萨为中心、区内外连通、地市间相连、县乡村通达的，布局合理、功能完备的公路交通网络。

目前，青藏地区跨区域的主要公路有过境国道：109 国道（北京—拉萨）、214 国道（西宁—景洪）、215 国道（红柳园—格尔木）、227 国道（西宁—张掖）、315 国道（西宁—喀什）、川藏公路（拉萨—成都）、青藏公路（拉萨—西宁）、新藏公路（拉萨—叶城）、滇藏公路（下关—芒康）；跨国公路有中尼公路（拉萨—加德满都）。

2021 年 7 月 21 日，京藏高速公路（G6）那曲至拉萨段（简称那拉高速公路）全线通车。那拉高速公路建设于平均海拔 4 500 米以上的地区，双向四车道，是世界上海拔最高的高速公路。那拉高速公路是京藏高速公路的重要组成部分，也是西藏自治区唯一一条纳入国家高速公路网的公路项目。青藏大通道扩容升级的重大工程，将显著提升青藏大通道的通行能力、安全保障和运输服务水平。

三、航空运输

青藏区民航运输以西宁和拉萨为中心。目前，西藏自治区内有拉萨贡嘎机场、昌都邦达机场、林芝米林机场、阿里昆莎机场、日喀则和平机场等 5 个机场，2018 年隆子、定日、普兰支线机场开工建设。这些机场都属于高高原机场，占世界高高原机场总数 12%。已有 9 家公司经营西藏航线，航线总数达 130 条，初步形成了以拉萨贡嘎机场为枢纽，区内其他机场为支线，辐射国内主要大中城市的航线网络。

截至 2020 年 7 月，青海有 7 个飞机场，分别是西宁曹家堡国际机场、玉树巴塘机场、格尔木机场、德令哈机场、花土沟机场、果洛玛沁机场、海北祁连机场等。西宁曹家堡国际机场是青藏高原重要交通枢纽、青海省主要对外口岸。青海民用航空已开通西宁至北京、西安、广州、重庆、深圳、拉萨、南京、沈阳、呼和浩特、青岛、格尔木、成都、武汉、上海、杭州、乌鲁木齐等地的航班。

第五节　区域经济协调发展

一、区域特色旅游业

青藏高原拥有众多世界极品旅游资源，对海内外旅游者有着非凡的吸引力。这些资源涉及自然、地理、民族、宗教、历史等众多领域。

（一）西藏特色旅游业优势

1. 自然旅游资源优势

西藏高原上雪峰林立、湖泊众多。如世界第一峰——珠穆朗玛峰，高原"圣湖"——纳木湖、羊卓雍湖、奇林湖和法玛湖等，"神山"——冈仁布钦，被誉为"东方大峡谷"的雅鲁藏布大峡谷，羌塘草原无人区等都是旅游精品和绝品。

2. 人文旅游资源优势

西藏高原人文资源风格独特，优美神秘。布达拉宫、大昭寺、扎什伦布寺、桑耶寺、藏王墓、江孜抗英遗址等十一处名胜古迹，被列为全国重点文物保护单位。全国开放的75%座寺庙中，西藏就有二十座之多。民族手工业历史悠久，藏靴、卡垫、木碗等产品工艺精巧，民族风格鲜明。

（二）青海省特色旅游业优势

1. 自然旅游资源优势

青海自然风光雄奇壮美，有原始的冰峰雪山，广阔的草原，奔腾的江河，美丽的湖泊等自然景观。如昆仑山、唐古拉山，茫茫草原起伏绵延，柴达木盆地浩瀚无垠。长江、黄河之源头在青海，全国最大的内陆高原咸水湖——青海湖在青海，全国最大的高原盐湖——察尔汗盐湖也在青海。

2. 人文旅游资源优势

民族方面：青海是个多民族聚居的省份，有33个少数民族。藏族、回族、蒙古族、土族、撒拉族等少数民族都有着悠久的历史和优秀的文化传统，保持着独特的、丰富多彩的民族风情和习俗，如汉族社火、藏族藏戏、土族安昭都有鲜明的地域特色。

宗教方面：青海藏传佛教影响最大。这里有中国最奇特的藏传佛教景区——莱巴沟。西宁塔尔寺是中国六大喇嘛寺之一，是黄教创始人宗喀巴的诞生地。玉树结古寺有"世间第一大嘛呢堆"。此外，化隆夏琼寺、互助佑宁寺、乐都瞿昙寺和西宁北禅寺等都是青海名刹。西宁市东关清真大寺是青海省伊斯兰教的最高学术活动中心，在国内外伊斯兰教界享有较高声誉。

历史方面：昆仑文化在华夏文化中占有重要地位，是中华民族伟大的文化图腾。历史文化遗址旅游资源丰富，例如原始墓葬群柳湾墓地、青铜器时期当地土著文化代表诺木洪文化遗址、丝绸之路遗址、唐蕃古道遗址以及文成公主进藏时所修建的文成公主庙等。

二、区内经济协调发展格局

（一）西藏自治区

西藏自治区经济格局将突破行政区划界限，形成中部、东部、西部三大经济区，即藏中经济区、藏东南经济区和藏西经济区。

1. 藏中经济区

主要包括以拉萨、日喀则、山南、林芝为主的藏中南地区和青藏铁路沿线的那曲地区中部和东部区域。藏中经济区是三大经济区中的核心经济区，面积、人口均占全自治区七成以上，除那曲地区外，其他地区气候较温和、地势平坦，海拔较低，具有相对优越的地理环境。这里是全区最大的综合交通枢纽、商贸物流中心和金融中心，现代工业发展基地和文化产业培育基地。

山南作为离拉萨最近、人口相对集中的地区，充分展现地域优势，以服务拉萨为目标，一方面加大职业技术培训，向拉萨大批输送高素质的劳动力，另一方面在产业发展上以满足拉萨需求为目标，弥补拉萨在发展中存在的不足。

日喀则作为西藏农业发达地区，历史上一直是西藏重要的粮食产地，在经济上应加大农业投资力度，实现从传统农业向现代农业、从粮食作物向经济作物、从基本农产品向高附加值农产品的转变。日喀则西部的几个县及阿里的措勤县是以畜牧业为主的地区，应以满足日喀则地区群众需求为发展方向，重点发展畜牧业。

那曲作为以畜牧业为主的地区，坚持以满足拉萨、山南、林芝、昌都地区群众对畜产品的需求为导向，大力发展畜牧业。充分利用其交通便利的优势，积极寻求合作商，开发出酸奶、奶粉、冷鲜肉等多种畜产品，满足自治区内外消费者的需求。

林芝作为气候最好的地区，又是多民族聚集区，应加大基础设施建设。短期内以旅游业为核心，促进经济发展。从长期看，在川藏铁路开通后，在坚持旅游业不动摇的基础上，应大力发展养老事业，把林芝建设成为全藏最大的养老中心，以养老事业带动相关产业发展，实现经济飞跃。

2. 藏东南经济区

指昌都市所辖区域。昌都位于西藏自治区东部、横断山脉南段，金沙江、澜沧江、怒江中上游，是连接藏、川、滇、青的枢纽和西藏通往内地的重要门户，是西藏自治区的东大门，是川藏公路和滇藏公路的必经之地，也是"茶马古道"的要地，总面积为 109 816 平方千米。2020 年昌都市常住人口 76.1 万人，其中藏族占总人口的 93.23%。

昌都地区森林资源十分丰富，现有林地 142 万公顷，是西藏第二大林区。牧草地面积 56 220 平方千米，占全区土地资源总面积 51%。虽然草地面积大，但土地质量较差，牧草生长缓慢，载畜量受到限制，草畜矛盾突出，因此制约了畜牧业的大规模发展。昌都地区药材资源丰富，拥有各类药材 1 200 多种，其中可利用药材 750 多种，被誉为"藏医药的故乡"。

2018 年昌都新区正式成为西藏第一个自治区级经济开发区。总体规划用地面积 808.33 公顷，位于昌都东南部，距昌都主城区 33 千米、距邦达机场 90 千米，建设中的川藏铁路、机场快速通道和国道 G214 线经过此地。重点打造农创园、科创园、医创园、文创园等四大载体，并重点围绕生物医药及大健康产业、新能源和环保产业、高原特色农牧产品生产加工业、高原优质建材业、民族手工业、文化旅游业、现代商贸物流业、高端服务业八大主导产业招商，努力打造成为"蓝天圣洁"产业的示范园。积极融入成渝经济圈，加强与藏中地区和周边省份的联系与合作，建设成为连接川、滇、青的交通枢纽、商贸中心、有色金属生产基地、"西电东送"接续能源基地，依托"茶马古道"和大香格里拉旅游圈打造"三江"流域精品旅游区。

3. 藏西经济区

以阿里地区、日喀则的西部区域和那曲西部区域为主，充分发挥连接新疆、构建西部战略通道及边贸优势，加快边境口岸开放和建设；发挥新藏旅游走廊核心区作用，完善交通基础设施，打造神山圣湖——古格遗址精品旅游路线，大力发展旅游业；适度发展矿产资源开采业，积极发展特色畜牧业，建设白绒山羊产业基地，加强生态环境保护与建设，建立完善草原生态补偿机制，保护濒危野生动植物和生态系统。

（二）青海省

随着青藏高原现代化区域型中心城市发展战略以及国家西部开发战略的实施，青海省将原有的经济区域调整为四个经济区，即东部核心经济区、环青海湖生态农牧业区、柴达木盆地工业区、青南牧业生态保护区。

1. 东部核心经济区

包括西宁市及大通、湟中、湟源三县，海东市六区县——平安区、乐都区、民和县、互助县、循化县、化隆县，海北州的门源县，海南州的贵德县，黄南州的同仁县、尖扎县。面积约占全省总面积7%，人口约占全省64.59%（2020年）。

该区在青海省区域经济发展中处于核心地位。西宁市是全省政治、经济、文化、科技中心和交通通信的枢纽，又是国家确定的内陆开放省会城市和国家级高新技术开发区所在地，基础设施、产业链接相对较好，科技力量和各类人才相对集中，发展条件较好。农业资源丰富，是青海省重要的农业和油料生产基地，粮食产量占全省3/4，油料产量占全省2/3；区内黄河文化和民俗风情为主体的旅游资源十分丰富，有利于发展特色旅游业，旅游业正在成为青海经济发展的新的增长点。

2. 环青海湖农牧业区

包括海西州的天峻县，海北州的海晏、刚察两县和海南州的共和县。该地区以青海湖为中心，面积约占全省总面积8%，人口约占全省总人口12.03%。这里是农牧交错地带，畜牧业生产水平相对较高，特色农产品生产有一定优势；水能资源和煤炭资源比较丰富；金银滩、青海湖、鸟岛等旅游景点为发展生态旅游业提供了良好的条件。

3. 柴达木盆地工业区

包括格尔木市，德令哈市，海北州祁连县，海西州乌兰县、都兰县，以及大柴旦、茫崖和冷湖等三个行政工委。以格尔木市为中心，面积约占全省总面积40%，人口约占全省总人口7.9%。该区是全省资源富集区，现已探明的矿产潜在价值占全省的90%以上。柴达木盆地工业区重点建设"一区四园"：

（1）德令哈工业园区：依托德令哈及周边地区丰富的盐湖、煤炭、石灰石等资源，以盐湖钠盐、锶盐综合开发利用为重点，构建国家重要的碱化工、锶化工产业基地。

（2）格尔木工业园：依托格尔木及周边地区丰富的盐湖、油气及金属资源，以盐湖资源综合开发利用为核心，着力发展盐湖化工、油气化工、金属冶金三大支柱产业，构建国家重要的钾肥、盐湖化工、油气化工产业基地。

（3）大柴旦工业园：依托大柴旦、冷湖、茫崖及周边地区丰富的盐湖、油气、煤炭、有色金属等资源，着力发展能源、煤化工、盐湖化工、有色金属产业，构建国家重要的盐湖化工、能源、铅锌产业基地。

（4）乌兰工业园：依托木里丰富的焦煤资源和茶卡、柯柯盐湖钠资源，以及乌兰、都兰、天峻地区丰富的高原特色生物资源，着力发展煤焦化工、盐化工、特色生物产业，构建青藏高原重要的煤焦化工、特色生物产业基地。

4. 青南牧业生态保护区

包括玉树藏族自治州、果洛藏族自治州及海南州的兴海县、同德县、贵南县，黄南州的河南县、泽库县，格尔木市管辖的唐古拉山乡。该地区面积约占全省总面积45%，人口约占全省15.48%。这一地区是长江、黄河、澜沧江发源地，中国著名的三江源头地区，被誉为"中华水塔"，这是全国乃至世界上重要的生态区。以三江源为核心，通过加强草原生态保护与建设，实施退牧还草政策，使用禁牧和轮牧方式，配合生态移民政策，适度发展设施畜牧业；以三江源头为重点，开发源头探险旅游、草原观光旅游、民族风情旅游、昆仑寻祖旅游等独具特色的旅游项目，以特色旅游业带动该区域的经济发展。

《《思考与练习》》

1. 简述青藏区自然环境的基本特征。
2. 简述青海省经济发展的主要特点。
3. 简述西藏自治区经济发展的特点。
4. 简述青藏区交通运输业的基本特点。
5. 简述青藏区自然带分布的特点及成因。

第十九章　西北区

西北区包括甘肃、宁夏和新疆三省区，也称为甘宁新区。总面积218.04万平方千米，占全国22.71%。西北区最西端在新疆乌孜别里山口以西，最北端在新疆北部友谊峰以北，最东端为甘肃合水县境内，最南端在甘肃文县南部。分别与蒙古、俄罗斯、哈萨克斯坦、吉尔吉斯斯坦、塔吉克斯坦、阿富汗、克什米尔等国家和地区接壤，边境线长约5 700千米。2020年全区人口为5 806万，占全国总人口4.11%

本区主要经济中心：兰州、银川、乌鲁木齐、喀什等。

第一节　自然环境与资源

一、独特的风沙地貌

西北区许多高山、高原的高度位于雪线以上，成为中纬度山岳冰川和多年冻土发育的理想场所。北起阿尔泰山、南到昆仑山、西起帕米尔、东到阿尼玛卿山，所有高山都有现代冰川发育。

中国沙漠主要部分在西北干旱区。塔克拉玛干沙漠面积达33.76万平方千米，占全国沙漠面积47.4%。塔克拉玛干沙漠中流动沙丘比例高达85%。沙丘高大，大部分超过50米，个别高达100~150米，甚至200~300米也很常见；沙垄通常长10~20千米，最长可达45千米。

黄土是沙漠和古冰川堆积物中的粉沙通过风力吹扬到半干旱、半湿润地区，并经过黄土化过程而形成的一种松散第四纪沉积物。区内黄土分布很广，但大面积连续覆盖的厚层黄土主要分布于陕甘宁三省区，并形成了著名的黄土高原。新疆塔里木南缘、甘肃河西走廊、西秦岭和岷山山地中的盆地和谷地都有黄土分布。

黄土疏松，具垂直节理和湿陷性，极易被流水侵蚀。大部分黄土高原面水土流失严重，是黄河含沙量特高的直接原因，由黄河水输送的黄土物质在黄河下游形成了广阔的冲积平原，但遗留给高原自己的，却是千沟万壑、极为破碎的地表形态。

二、典型的温带大陆性气候

西北区地域辽阔，各地纬度和海拔不同，受海洋影响程度各异，因而气候十分复杂。陇南南部谷地是典型的亚热带湿润气候区，甘肃黄土高原和北疆大部属半干旱气候区，气温冷热变化剧烈、干旱少雨、多风沙和辐射强度高是主要的气候特征。

太阳辐射量大。西北区由于海拔较高和云量较小，成为中国太阳辐射高值区。除陇南一带外，河西走廊及新疆大部均高达5 900~6 300兆焦每平方米。一年中夏季辐射量大，冬季只及夏季的一半。日照时数除个别地区不足2 000小时外，大多在2 600~3 000小时，河西走廊北部和新疆东部超过3 200小时。

气温垂直变化显著。高山高原与盆地之间温差极为悬殊。塔里木盆地和吐鲁番盆地年平均气温达 10℃ ~14℃，较同纬度的辽南和京津地区高。吐鲁番盆地最高气温≥30℃的暑热日数长达 145.4 天，塔里木盆地亦达 75 ~ 100 天。炎热日（最高气温≥35℃）数，吐鲁番为100 天，至于酷热日（最高气温≥40℃）数，吐鲁番为 38.2 天，居全国之首，极端最高气温 49.6℃。这不仅远远高于同纬度地区，还高于较其纬度低的地区。从总体上说，西北各盆地气温高于同纬度同海拔其他地区的状况，对农业生产是有利的。

干旱面积广。区内降水量空间分布自东南向西北递减。甘肃南部年降水量在 600 ~ 800毫米，到宁夏北部则减到 200 毫米，而河西走廊西段，乃至整个塔里木盆地几乎都在 50 毫米以下。位于吐鲁番盆地西部的托克逊年降水量仅有 5.9 毫米，是全国最少雨的地方。实际上，包括吐鲁番和塔里木盆地东部在内的地区，都是降水最少的地区，以至有人称之为亚洲干极或极端干旱区。准噶尔盆地中部降水不足 100 毫米，但边缘区接近 200 毫米。阿尔泰山、天山、祁连山高山带都可达 400 ~ 600 毫米。昆仑山西段和阿尔金山由于降水垂直梯度太小，高山带也很难超过 300 毫米。

强风沙时间长。当风速超过 3 ~ 4 米/秒，即可使地面细粒物质飞扬，称为起沙风。西北区干旱盆地每年出现起沙风约 100 ~ 400 次，合成风速最高可达 2 000 米/秒。从整体上说，西北区年平均风速和大风天数在全国都算不上高值。西北各地年平均风速多在 2 ~ 3 米/秒之间，大风天数多在 5 ~ 15 天。但是，部分地区的特殊地貌作用风速增高。准噶尔西部山地、天山山地及河西走廊，由于处于山口和峡谷，年平均风速和大风日数自然大为增加。达坂城是天山山地内贯通准噶尔盆地与吐鲁番盆地的峡谷，年平均风速高达 6.1 米/秒，大风天数多至 148 天。阿拉山口是准噶尔西部山地与北天山之间的一条峡谷，年平均风速达 6 米/秒，大风天数多达 164 天。

三、生物资源

西北区地域辽阔，植被、土壤的分布呈水平方向的变化仍然是最显著的。东西方向因降水量递减形成的植被类型呈现自森林和森林草原向荒漠过渡的变化；南北方向的变化由于热量条件不同而形成纬度地带性分异。

山地自然带分布呈垂直分异。各山地所处基带不同和降水垂直梯度相差很大，表现出明显的差异。甘肃河东地区的山地，如西秦岭、岷山北支等，以暖温带和亚热带森林为基带。新疆各山地，如阿尔泰山、天山、昆仑山、阿尔金山等，多以暖温带、温带荒漠和荒漠草原为基带，荒漠侵入山地海拔 3 000 米以上，森林带或者下限更高，上限更低，带幅狭窄，或者完全缺失，草原类垂直带在带谱构成中占主导地位。由于山体两侧不对称和气候条件不同等原因，南北坡带谱组成及结构差异显著。

四、水资源

（一）河流

西北区外流区面积只有 24.37 万平方千米，占西北区总面积 11.17%。在外流区域中属于太平洋水系的大约 18.23 万平方千米，分布于甘肃；属于北冰洋水系的大约 5.7 万平方千米，分布于北疆；属于印度洋水系的大约 4 410 平方千米，分布于南疆。西北区主要外流河有长江支流嘉陵江、黄河、额尔齐斯河和奇普恰普河等。额尔齐斯河是中国唯一属于北冰洋水系的河流，流域分布于准噶尔盆地北部，年径流量 126 亿立方米。奇普恰普河是印度河上游支流，发源于新疆维吾尔自治区西南角喀喇昆仑山，经和田县西南流入克什米尔后称希欧克河，在克里斯汇入印度河，新疆境内流域面积 4 410 平方千米。塔里木河发源于天山山脉及喀喇昆仑山，沿塔克拉玛干沙漠北缘，是全国最长的内流河，全长 2 137 千米；地处塔里木盆地西部和北部，上游流经山区，水量较多，但下游逐渐干涸，流程日益缩短，最后消失在沙漠之中。

河流的主要特征是：

（1）平均河网密度偏小，补给形式多样，冰雪融水补给比重大，愈是干旱区冰川融水补给率愈高。

（2）径流季节分配不平衡，年际变化显著。冬春两季径流量一般只占全年 10% ~ 20%，干旱区河流则大多发生断流。春汛不明显，夏季为汛期，径流量占全年 40% ~ 50%，冰源河可达 60% ~ 70%。秋季径流量一般占全年 20% ~ 30%。显然，径流量季节分配不平衡是与多种补给方式的组合特征密切关联的。

（3）冰川对河流径流的调节作用突出。通常情况下，多雨年夏季气温偏低，抑制冰川消融；少雨年夏季气温偏高，促进冰川消融。

（二）湖泊

西北区湖泊绝大多数分布在新疆，甘肃、宁夏均寥寥无几。据初步统计，全新疆有大小湖泊 130 多个。其中面积大于 10 平方千米的湖泊有 30 个，面积超 100 平方千米的有 10 多个。新疆的湖泊面积广大，南北疆湖泊总面积有 1 万多平方千米，仅次于西藏、青海、江苏，居全国第四位。新疆湖泊成因复杂，天山南北有断层湖、冰川湖、堰塞湖、风蚀湖、河成湖等。这些湖泊星罗棋布，分布在高山、盆地、森林、草原、沙漠中。

喀纳斯湖，位于阿尔泰山内部的布尔津县境内，海拔 1 370 米，面积 44.87 平方千米，最大湖深 188 米，是中国内陆最深的湖泊。

博斯腾湖，位于新疆巴音郭楞州博湖县天山南坡焉耆盆地的东南部，是中国最大的内陆淡水湖。东西长 55 千米，南北宽 25 千米，面积 1 100 平方千米，湖面海拔 1 048 米，平均深度 9 米。

艾丁湖，在吐鲁番盆地南部，面积仅 3 ~ 5 平方千米，湖面高度在海平面以下 154 米，是全国最低的洼地。

（三）冰川

中国冰川共计 46 298 条，面积 59 406 平方千米，冰储量 5 590 立方千米；冰川年均融水量约 563 亿立方米，约占内河水资源总量 20%。主要分布于西北区，其中甘新两省区冰川面积 27 851.58 平方千米，占 46.88%，冰储量 29 114 亿立方米，占 52%，可见西北区是中国冰川的主要分布区之一。昆仑山居中国冰川面积和冰储量第一位，分别为 12 259.55 平方千米、12 857.07 亿立方米，其中约有 75% 冰川面积位于新疆境内。

西北区山地冰川，以其丰富的固态水量作为补给来源，对干旱区河川径流的调节作用和在现代气候变化中的指示作用等，在干旱区地理环境中扮演着重要的角色。

第二节　工业生产与布局

虽然西北区矿产资源和农产品都比较丰富，但是，在 1950 年之前，区内现代工业很少，工业生产水平十分落后，工业部门以农产品加工等轻工业为主。经过 70 多年的努力，现在西北区已建成了完整的工业体系，同时涌现出一大批新兴工业城市，例如北疆乌鲁木齐、石河子、克拉玛依，南疆库尔勒、哈密、喀什；甘肃嘉峪关、金昌、兰州、白银、天水；宁夏银川、石嘴山等城市。

一、冶金工业

西北区金属矿产，尤其是有色金属矿产储量丰富。铁矿主要分布在天山东、中段，阿尔泰山，祁连山等地。矿石多为磁铁矿、赤铁矿、菱铁矿。已探明储量约 15 亿吨，新疆境内富铁矿比例高，甘肃多以贫铁矿为主，宁夏贺兰山也分布有铁矿，但储量很少。钢铁企业主要有酒泉钢铁公司、八一钢铁厂、兰州钢厂等。

有色金属矿藏特别丰富。镍矿高度集中分布于甘肃和新疆，储量占全国 3/4。位于甘肃金昌白家嘴子的铜镍矿床是一个超大型矿，已探明镍储量 553.64 万吨，是全国最大的镍矿基地，仅次于加拿大德贝里矿，居世界第二位。此外，塔里木盆地北缘、天山西段特克斯附近也发现了镍矿。西北区镍矿的开采利用解决了长期以来中国缺乏镍矿并依赖进口的困局。

已探明铅锌矿主要分布于甘肃西和、白银、安西及新疆卡兰古—托格拉克、霍什布拉克。成县厂坝、毕家山李家沟矿都是世界超大型矿床，已探明铅锌储量约 1 000 万吨。

铜矿分布于阿尔泰山南坡、金昌、白银等地。兰州、白银、乌鲁木齐等地建有电解铜厂和铜矿加工厂，年产电解铜约 5 万吨。

西北区铝矿极少，但因电力相对丰富，电解铝厂数量较多，规模也较大，电解铝产量居全国前列。2020 年，中国电解铝产量 3 708 万吨，西北区三省的电解铝产量 1 095 万吨，占全国产量 29.53%。集中分布在新疆北部和甘肃兰州、白银等地。

本区今后将积极发展有色金属开采和加工工业。推进铝、铜、镍、镁等有色金属下游产业链延伸，培育铜镍、铜铝、铜镁、硅铝、铍铜等合金产业，推动汽车、铁路、航天、航海等行业应用有色新材料，打造全国重要的有色金属产业基地。

二、机械工业

20 世纪 50 年代，为了促进西北区农牧业的发展，重点发展农用汽车、收割机、割草机、剪毛机等农用机械。同时，为了给采矿、冶金、有色、电力、轻纺等优势行业提供配套服务，重点发展了石油钻采设备、炼油化工设备的生产。90 年代以来，重点研发风能、太阳能等新能源装备业。目前，机械工业主要分布在乌鲁木齐、兰州、白银、天水、银川等城市。

宁夏以电力、冶金、化工、建材等行业为重点，大力推进设备改造升级。依托中卫云计算基地，建设电子信息产业园，重点发展云计算、新型电子元器件研发，并以电子数码设备制造、新型显示设备制造等电子信息制造为重点，发展配套产业。依托石嘴山市、青铜峡市、中宁县等新材料产业基础，向航空航天、电子信息、装备制造、节能环保等产品应用领域延伸，构建新材料产业集群。

甘肃白银是省内重要的能源、化工、建材基地，以有色金属、稀土、煤炭、水电等为主导，发展加工业和新能源技术、新材料技术等高新技术。兰白经济圈进一步做大做强石化、有色冶金、装备制造、高新技术等高端制造产业群；陇东则发展能源化工机械，建设河西新能源及新能源装备制造基地。

新疆提升以乌鲁木齐、昌吉、克拉玛依、哈密、巴州、阿克苏等为中心的制造业基地建设，大力发展输变电装备、新能源装备、农牧机械及农产品加工装备、汽车及轨道交通装备、能源及化工装备、节能环保装备、建筑与矿山机械装备、纺织专用装备等制造业，加快形成先进制造业集群。以乌昌石国家自主创新示范区为主要承载区，在新能源、新材料、生物医药、化工、制造业等领域建立一批科技创新基地，积极创建新材料、化工国家级制造业创新中心。

三、能源工业

（一）石油工业

西北区是中国石油资源相当丰富，发现和开采最早的地区。1937年在甘肃酒泉发现了中国第一个工业油田——玉门油田。1955年在新疆克拉玛依市区东开采克拉玛依油田。宁夏油田较分散，储量较少，2015年发现了4 500万吨页岩油资源，但石油资源总量较少。

甘肃省陇东地区石油资源丰富。近几年新开发的庆阳西峰油田，探明石油地质储量2.03亿吨，这是近10年来中国发现的陆上大型油田之一。现已探明平凉、庆阳煤田煤层气储量丰富，占鄂尔多斯盆地中生界煤层气总资源量的三成以上。现已建成平凉、庆阳油气开发区。

新疆能源资源丰富，石油、天然气资源均位居全国前列，是国家大型油气生产加工和储备基地。全疆油气预测资源总量360亿吨，约占全国陆上油气预测资源总量的1/3，占中国西北地区总油气资源量80%。其中，石油预测资源总量为222亿吨，天然气预测资源总量13.8万亿立方米。

塔里木盆地是中国最大的含油气沉积盆地，面积56万平方千米。据最新资源评价，塔里木盆地最终可探明油气资源总量为160亿吨油当量，其中，石油80亿吨、天然气10万亿立方米，被中外地质学家称为21世纪中国石油战略接替地区。特别是找到了大规模的天然气资源，促成并加快了举世瞩目的"西气东输"工程的建设，形成了现代化的油气生产基地。

新疆建设国家大型油气生产加工和储备基地。加大准噶尔、吐哈、塔里木三大盆地油气勘探开发力度。加快中石油玛湖、吉木萨尔、准噶尔盆地南缘以及中石化顺北等大型油气田建设，促进油气增储上产。加强成品油储备，提升油气供应保障能力。

（二）煤炭工业

西北区煤炭资源具有分布广、埋藏浅、煤层厚、储量大、种类多、质量好等六大特点。准噶尔盆地南缘，西起乌苏，东到吉木萨尔的准南煤田，面积达4 400平方千米，已探明储量72亿吨，预测储量高达1 560亿吨。甘肃煤矿主要分布于陇东华亭、陇中靖远等地以及祁连山东段北翼、河西走廊东部，探明储量85.14亿吨，预测资源量可达1 870亿吨。

宁夏煤炭资源量大质优，储量居全国第五位。地质理论储量巨大，已探明储量308亿吨。煤源丰度人均为全国平均水平的8.6倍。全国10大煤种，宁夏就有9种。著名的优质无烟煤——太西煤为中国出口创汇最高的煤种。灵武矿区的不粘煤是理想的化工用煤和动力用煤。主要煤田有贺兰山煤田、香山煤田、宁东煤田、宁南煤田等。其中贺兰山无烟煤以低灰、低硫、低磷，高发热量、高比电阻、高强度、高精煤回收率、高块煤率、高化学活性的特点成为全国最好的无烟煤，并以"太西煤"品牌进入国际市场。宁东煤田是国家重点发展的13个亿吨级煤炭基地之一，已探明煤炭储量292.29亿吨，占全区总量87.3%，保有资源储量289.93亿吨，占宁夏全区保有总量88.8%。

甘肃陇东地区是国家五大综合能源基地——鄂尔多斯盆地能源基地的重要组成部分。现已探明平凉、庆阳煤田煤层气储量丰富，占鄂尔多斯盆地中生界煤层气总资源量的三成以上。目前，庆阳市已查明的煤炭资源预测总量高达 2 360 亿吨，如果按每年生产 1 亿吨煤炭来计算，至少可以开采 786 年。今后加强华亭、平东、庆东、环县等四大煤田基地建设，依托本地区能源资源建设平凉煤电化产业聚集区、长庆桥煤电化产业聚集区、环县煤电新能源产业聚集区。依托煤炭规划矿区开发，结合当地电力需求和外送规模，以及跨区电力输送通道进展，推进大型坑口电站建设。

新疆的煤炭资源非常丰富且分布集中，呈现北富南贫的格局，主要集中在吐鲁番、昌吉、伊犁和哈密四个地区。自 2008 年以来，新疆新增煤炭资源储量已在 4 500 亿吨以上，资源总量预测约为 2.2 万亿吨，占全国 40%，居全国之冠。其中，准东盆地是新疆四大煤炭基地之一。

四、化学工业

化学工业是西北区一个重要的工业部门。20 世纪 50 年代前，兰州只有一个化学材料厂，乌鲁木齐也只有一个硫酸作坊。现在西北区的化学工业已拥有二十多个行业，以石油和煤为主要原料的有机化学工业占有特别重要的地位。甘肃石化产业有着中国石化工业"摇篮"之称，中石油兰州石化千万吨级炼油能力在全国名列前茅。随着新疆相继建成新疆油田、吐哈油田、塔里木油田、西北石油四大油田公司，石油化工得到较快发展，已形成独山子、乌鲁木齐、克拉玛依等各具特色的石化产品生产区。初步建立具有炼油、乙烯、化肥、高分子化学与材料、塑料合成纤维、合成橡胶、合成树脂、轮胎、黏合剂等综合生产能力的原油加工和石油化工体系，可生产 320 种石油化工产品，产品远销国内外。

五、轻工业

西北区是中国主要牧区、产棉区和合成纤维产区，羊毛、驼毛、牦牛绒、棉花、芦苇、罗布麻等纺织工业原料丰富，可谓得天独厚，就近充分供应原料为纺织工业的发展创造了十分有利的条件。目前纺织工业已成为西北区轻工业中一个非常重要的部门。

根据国家战略和市场需求，应加快纤维制造产业与纺织工业协同发展。优化棉花产业供应链、价值链，提高棉花就地转化率和纺锭规模，打造国家优质棉纱生产基地。加快产业用纺织品发展，高标准发展印染产业，促进产业链向服装等终端产业延伸。同时，发展农产品深加工业，如新疆发展番茄、葡萄、胡萝卜等优质瓜果蔬菜加工业，以优质粮油为原料的食品加工产业和以核桃、杏、葡萄等为原料的干果产业。

大力发展加工番茄、加工辣椒、甜瓜、酿酒葡萄、沙棘、万寿菊、中药材、油料、甜菜等特色种植业，把地方土特产和小品种打造成带动农民增收的"大产业"。加快设施农业优势区建设，支持发展庭院蔬菜种植，提高蔬菜市场供给能力。

第三节　农业生产与布局

2021 年西北三省区共有耕地 1 366.12 万公顷，仅占土地总面积 6.27%。其耕地面积虽小，但全区人口较少，人均占有耕地达 0.24 公顷，人均耕地面积超过东部地区。其牧草地面积6 643.61万公顷，占土地总面积30.47%，是全国重要牧区之一。

新疆、甘肃河西及宁夏中北部气候干旱，虽然有肥沃的土壤和足够的光照与热量，但水资源总量不足，解决农业灌溉问题是发展西北地区农业生产的关键。因此，绿洲农业、灌溉农业成为西北区有别于湿润半湿润区农业的一大特色。

一、绿洲农业

荒漠中有地表径流通过或地下水出露、地势相对低平且地表主要由土状物质组成的地段，在天然状态下植被发育良好，经人工开发从事种植业、林业、畜牧业、兴建工厂和城镇，即成为绿洲。

西北绿洲所在地区同全球其他荒漠绿洲区相比较，其海拔和纬度双双偏高，但日照时数多，太阳辐射值高，热量标准至少达到温带水平，一般情况下适合农业生产，成为中国西北的粮棉瓜果基地。

据统计，西北区人工绿洲约9.45万公顷，其中新疆7.34万公顷，甘肃1.79万公顷，宁夏0.32万公顷，主要分布于塔里木盆地和准噶尔盆地边缘、天山山间盆地、河西走廊和宁夏平原。它们已成为全国重要的粮食、棉花、油料和糖料基地。绿洲农业的迅速发展，主要得益于20世纪50年代以来空前规模的农垦事业。半个多世纪以来，生产建设兵团、农建师或农垦局在西北开辟了大片新垦区，建立了479个国有农场。这些农场都有完善的防护林网和灌溉渠系，实行机械化耕作，大力推广农业科学技术，成为西北区现代化农业生产的重要力量。

绿洲粮食作物主要有小麦、玉米和水稻等。冬小麦分布在塔里木盆地西部和北部、准噶尔盆地南部、伊犁谷地、甘肃渭河流域、宁夏南部。春小麦分布于准噶尔、河西走廊、甘肃中部和宁夏平原。水稻在干旱区分布于河流沿岸绿洲，在湿润半湿润区则分布于山间盆地和谷地。

棉花广泛分布于西北大部分绿洲。其中新疆是西北地区也是全国重要的棉花基地，是中国最古老的棉区之一。新疆地处西北内陆，日照时间长，光热资源丰富，昼夜温差大，降雨量少且无霜期长，特别有利于棉花的生产种植。棉花播种面积连续26年全国排名第一，2021年新疆棉花播种面积达250.6万公顷，较2020年增加了4 170公顷，同比增长0.17%。

油料作物以向日葵和油菜为主，还有胡麻、芝麻、花生等品种，糖料作物以甜菜为主，主要分布区为沙湾、石河子一带。

由于光照充足和日温差大，西北区还富产甜而多汁的优质瓜果。其中许多品种在国内外享有盛誉，如吐鲁番无核白葡萄、伊犁苹果、库尔勒香梨、库车白杏、哈密甜瓜、民勤黄河蜜瓜等。

除绿洲外，西北区部分耕地分布于半湿润、半干旱的浅山区、黄土丘陵和河谷地，主产小麦、水稻、玉米、马铃薯等粮食作物，油菜、向日葵等油料作物。

二、畜牧业

西北区是中国重要的畜牧业基地。天然草场主要位于山地和高原，阿尔泰山、天山、昆仑山、阿尔金山、祁连山、甘南高原、贺兰山、六盘山都有大片草场分布。目前天然草场存在不同程度的超载放牧现象，而草场建设相对薄弱，因而处于退化状态，急需加强综合治理，保证天然草场的良性循环。

宁夏拥有草地资源 3 046.55 万亩，含隆德飞地 900 亩。其中，天然牧草地 2 174.07 万亩，占 71.36%；人工牧草地 16.45 万亩，占 0.54%；其他草地 856.03 万亩，占 28.10%。草地主要分布在盐池县、沙坡头区、海原县、同心县、中宁县、灵武市、红寺堡区等 7 个市、县（区），占全区草地的 75%。目前，在人工牧草培植方面，主要形成了以北部引黄灌区粮草兼用中部旱作草地，南部山区退耕种草为主的优质牧草产业带；北部灌区无论在自然生态条件还是农业结构布局上都是发展牧草产业最适宜的地区。草原资源作为宁夏面积最大的土地类型和主要的可更新资源，不仅是草食畜牧业发展的物质基础，而且在维护宁夏生态安全和发展草原畜牧业经济中具有不可替代的作用。宁夏的主要畜种有：泾源黄牛、盐池滩羊、中卫山羊。

甘肃地处黄土高原、内蒙古高原、青藏高原的交汇处，分属长江、黄河、内陆河三大流域。甘肃省草原总面积 2.68 亿亩，其中可利用面积 2.41 亿亩。甘肃是典型的农牧过渡区，气候、土壤、地形、地貌等自然因素的多样性，决定了草原类型多样、区系复杂、牧草种类成分丰富。在全国统一划定的 18 个草原类中，甘肃有 14 个，可划分为 25 个亚类 43 组 88 个草原型。

近年来，甘肃省先后组织实施退牧还草、退耕还草、已垦草原治理、草原灾害防控、退化草原人工种草、草原监测等一系列草原生态保护工程。初步建立良种繁育体系。甘肃省大力扶持草食畜良种繁育体系建设，引进澳大利亚、新西兰等国家的优良种牛、种羊，培育出高山型美利奴羊新类群、早胜牛、甘南高原牦牛、天祝白牦牛、滩羊、蒙古羊、岷县黑裘皮羊、甘肃高山细毛羊、欧拉羊、甘加羊、乔科羊、河西绒山羊、陇东黑山羊等独具特色的食草家养动物遗传资源。这些引进的优良牛羊品种和当地特色牛羊品种，为甘肃草食畜牧业可持续发展提供了基因资源保障。

新疆地域辽阔，具有丰富的草场资源。全疆天然草场总面积达 8.59 亿亩，占国土总面积的 34.44%，占全国草场总面积的 21.7%；其中牧区天然草场总面积达 5.67 亿亩，可利用面积为 4.75 亿亩，总体而言新疆的畜牧业规模仅次于内蒙古，是中国的第二大畜牧业省区。牧区四季草场齐全，为牧区牲畜因地制宜地合理配置和轮牧提供了有利的条件。北疆牧区草场分为夏场、春秋场、冬场、冬春场及少量全年牧场。南疆划分为夏秋场、冬春场、冬春秋场及全年牧场。

新疆的畜牧产品生产地主要集中在南疆的巴州、阿克苏、克州、喀什、和田，东疆的吐鲁番、哈密，北疆的乌鲁木齐、克拉玛依、昌吉、伊犁、塔城、阿勒泰、博州等地区。上述地区所产畜牧产品占全疆 98% 以上。北疆的存栏量和产量均高于南疆、东疆。伊犁州的畜牧存栏量位居全疆首位，其次是喀什、阿克苏地区，再次是哈密、乌鲁木齐和克拉玛依。新疆牧区主要畜种有新疆细毛羊、阿尔泰大尾羊、羔皮羊、和田羊和伊犁马等。

第四节 交通运输业

一、铁路运输

1958 年包兰铁路穿越宁夏，陇南地区结束没有铁路的历史。宁夏 2007 年铁路里程 783 千米；2012 年营业里程达到 1 029 千米；2020 年达到 2 000 千米，其中高铁运营里程 315 千米。截至 2020 年，宁夏已建成普通铁路有包兰铁路、东乌线、太中银铁路、宝中铁路；已建或在建高速铁路有包银高铁、青银高铁、银吴高铁、银兰高铁、银渝高铁、银西高铁。宁夏实现向西通向阿拉伯国家、欧洲的国际大通道，向北强化其作为蒙西地区、蒙古国与中国东部地区联系的铁路枢纽地位。

2020 年甘肃全省铁路营业里程达到 5 467 千米，其中高速铁路 1 425 千米，铁路复线率和电气化率分别达到 60% 和 80%，均高于全国平均水平。甘肃已建成铁路网，普通铁路有陇海线、兰新线、包兰线、兰青线、宝中线、宝成线、干武线、红会线、嘉镜线、嘉策铁路、敦煌铁路、清绿铁路；高速铁路有兰新高铁、宝兰高铁。在建、拟建线路，普通铁路有兰成铁路、西平线、天平铁路、银西铁路、柳格铁路、兰合铁路等，高速铁路有徐兰客运专线、银西高铁等。

预计到 2025 年，甘肃省东连西出、南耕北拓的综合运输通道初步形成。国内由陇海铁路、兰新铁路、兰新高铁、宝兰高铁、兰张高铁、连霍高速公路组成，向西连接乌鲁木齐，经霍尔果斯、阿拉山口等陆路口岸，将中国—中亚—西亚国际走廊连接，向东经关中平原连接长三角及其他沿海地区。

20 世纪 90 年代前，新疆只有兰新铁路一条运输线。90 年代开始，新疆铁路实现了从"一"字向"人"字的跨越，1999 年库尔勒经阿克苏至喀什的铁路正式通车，拉开了新疆铁路迅速发展的序幕。"十三五"期间新疆相继实施一批重点铁路建设项目，包括格库铁路、阿富准铁路、和若铁路、克塔铁路、博州支线铁路等，其中大部分铁路在"十三五"期间建成投入运营。2020 年末新疆铁路运营里程 7 720.84 千米，其中高铁 719 千米，极大地提升了新疆各族群众出行的交通条件，同时拉动旅游、矿产资源开发等，为新疆经济发展打下坚实基础。

目前，新疆铁路建设形成两大环形线路网，即北疆铁路环线与南疆铁路环线。北疆地区建成新疆首个环形铁路网——北疆铁路环线。南疆地区随着格库铁路建成通车，形成了一条新的进出疆铁路大通道，缩短了南疆地区前往内地的距离，大大降低物流成本，为南疆地区发展提供新的机遇。

2022 年 6 月 16 日，和田至若羌铁路（以下简称和若铁路）开通运营。和若铁路与格尔木至库尔勒铁路若羌至库尔勒段、南疆铁路库尔勒至和田段共同构成长达2 712千米的环塔克拉玛干沙漠铁路环线，这也是世界首条沙漠铁路环线。该环线覆盖南疆地区上千万各族群众。这一铁路的建成通车，结束了和田地区洛浦、策勒、于田、民丰等县和巴音郭楞蒙古自治州且末县等地不通火车的历史，进一步完善了新疆铁路网结构，加快了西部边疆铁路网建设，极大地便利了沿线各族人民群众出行和货物运输，带动沿线资源开发，对维护民族团结、巩固边疆国防，助力乡村振兴，具有十分重要的意义。

二、公路运输

西北区公路宽阔平直，大多铺设了黑色路面，高山多雪地段设有防治风雪流的导板，风沙地段有防沙设施。目前，区内路网远不如东部各地稠密，但公路交通发展迅速，网络四通八达已是名实相符。

2021 年宁夏公路总里程达 3.76 万千米，高速公路通车里程达 2 079 千米。宁夏成为西部第 2 个县县通高速的省区；已建成国家高速公路有古青高速、同海高速、黑海高速、固西高速、彭青高速、银白高速；路网规模不断扩大、结构逐步优化、韧性持续增强，运输服务水平进一步提升。

2021 年甘肃公路总里程达到 15.6 万千米，其中高速及一级公路突破 6 000 千米；实现了从陇东高原到河西走廊，从秦巴山地到戈壁大漠的“千里陇原一日还”的公路交通网络；已建成国家高速公路有京藏高速、青兰高速、连霍高速、福银高速、兰海高速、张汶高速、定武高速、柳格高速、十天高速、平绵高速等。2014 年 12 月 31 日全线通车的连霍高速（G30），连接江苏连云港市和新疆霍尔果斯市的高速公路，经过江苏、河南、陕西、甘肃和新疆共五省区，全长 4 395 千米，成为中部地区东西方向的交通大动脉，也是全国现有通车里程最长的高速公路。

2021 年新疆全区公路通车总里程达 20.92 万千米（其中新疆生产建设兵团 3.71 万千米），高速公路突破 6 000 千米；已建国家高速公路主干线京新高速、连霍高速，已建国家高速公路联络线乌鲁木齐绕城高速、吐和高速、喀伊高速、奎阿高速、奎塔高速、清伊高速、西和高速、乌若高速、精阿高速等。2021 年 7 月 4 日，独库公路全线通车，全长 561 千米。独库公路北起北疆独山子，纵贯天山南北，南端连接库车市，由于其过半以上地段横亘崇山峻岭、穿越深山峡谷，连接了众多少数民族聚居区，因此被《中国国家地理》评选为“纵贯天山脊梁的景观大道”。

三、民航运输

七十多年来，中国加强西北边疆民用航空建设，现已形成以乌鲁木齐、兰州、银川等三个重要航空港，定期航班往返东部沿海各地和部分国际航线。

宁夏已建成的有银川河东国际机场、中卫沙坡头机场、固原六盘山机场、银川月牙湖机场、银川花博园机场、盐池通用机场；还有建设中的红寺堡罗山机场和石嘴山沙湖机场。银川河东国际机场是宁夏最大的机场。现有 28 家航空公司运营 68 个城市的 90 条航线。银川河东国际机场被建设成为面向阿拉伯国家及世界穆斯林地区的门户机场和丝绸之路经济带上的枢纽机场。

甘肃省独特的地理位置使其航空港集中分布在河西走廊一线，其中兰州、敦煌、嘉峪关、庆阳之间有省内航班。目前，甘肃已通航 11 个机场，分别是兰州中川国际机场、敦煌国际机场、嘉峪关机场、张掖甘州机场、金昌金川机场、陇南成县机场、临洮机场、庆阳西峰机场、天水麦积山机场、天水中梁机场、甘南夏河机场。兰州中川国际机场是甘肃省的枢纽机场，是中国实施西部大开发后改扩建的第一个西部地区机场。截至 2020 年 12 月，该机场运营航空公司 43 家，驻场运力 29 架，国内外通航点 119 座，客运航线 212 条，货运航线 10 条。

目前，新疆已建成投入使用的飞机场有 21 个，分别是乌鲁木齐地窝堡国际机场、喀什机场、伊宁机场、阿勒泰机场、和田机场、库尔勒机场、克拉玛依机场、塔城机场、库车龟兹机场、且末玉都机场、阿克苏温宿机场、那拉提机场、布尔津喀纳斯机场、吐鲁番交河机场、哈密机场、博乐阿拉山口机场、富蕴可可托海机场、石河子花园机场、莎车机场、若羌楼兰机场、图木舒克唐王城机场。新疆已经发展成为全国民用机场数量最多的省份。乌鲁木齐国际机场已有 29 家航空公司运营定期航班；开辟航线 141 条，其中国内及地区航线 105 条，通航 52 个国内城市；国际航线 36 条，通航 21 个国家和 31 个国际城市。乌鲁木齐国际机场已初步具备中国西部门户枢纽的基本功能，域内已形成以乌鲁木齐为中心、辐射全疆的机场集群。

第五节　区域经济协调发展

一、区内特色旅游业

宁夏境内旅游资源丰富。2021年中国科学院地理科学与资源研究所对宁夏旅游资源开展全面普查，据统计，宁夏拥有文旅资源31 872个，其中，实体资源26 706个、非实体资源3 245个，集合体资源1 921个。实体资源主类中，建筑与设施类资源数量最多，共12 768个，约占全区实体资源总数的47.81%，其次为地文景观类6 503个、历史文化遗址遗迹类4 874个；非实体资源主类中，艺术与技艺类资源数量最多，共820个，约占全区非实体资源总数的25.27%，其次为大美自然景观类506个、名优特产品类439个、人文活动类425个。总体来看，宁夏自然类和人文类资源类型丰富。

宁夏是中国最大的回族聚居区。回族是具有丰富历史内涵和独特文化的民族，回族歌舞、回族节庆、回族宗教、回族饮食服饰、回族民间艺术，以及孕育在回族民众之中浓厚的民俗民风，是巨大的资源宝库。

今后，宁夏旅游业可深度挖掘宁夏历史文化资源，规划建设西夏文化旅游区、宁夏民族文化旅游区、湿地休闲度假旅游区、现代工业旅游区、固原生态文化旅游区、沙坡头旅游经济开发试验区等旅游板块，推动旅游和文化的融合发展，打造西部文化旅游基地和独具特色的国际旅游目的地。

甘肃旅游资源以丝路文化、远古始祖文化、黄河文化、三国文化、长城文化、政治文化为代表。甘肃自然风光独具特色，不仅有迷人的青山秀水、高山草原、大漠戈壁，更有雄浑的黄土高坡、丹霞奇观、冰川雪山等自然景观，有敦煌莫高窟、天水麦积山石窟、"天下雄关"嘉峪关城楼、藏传佛教夏河拉卜、拉卜楞寺等人文景观，有秦安大地湾遗址、出土铜奔马的武威雷台、泾川西王母宫等文物古迹，还有六盘山、会师楼、西路军烈士陵园等当年中国红军征战纪念地。甘肃曾是张骞出使西域、玄奘西天取经、马可波罗探险游历的必经之地。

天水、陇南相邻的甘南、临夏两自治州，是藏、回、裕固、东乡、保安、撒拉等少数民族的集聚地，有独具一格的民情和风俗。

随着经济的发展与社会的进步，甘肃已成为西部现代工业较发达的地区，铜城、镍都、钢城、石油城、航天城相继矗立于陇原大地，极具旅游观赏潜力。

新疆旅游资源丰富而独特。按照《中国旅游资源普查规范》的资源分类，在中国旅游资源68种基本类型中新疆至少拥有56种，居全国之冠。新疆人文旅游资源丰富，在新疆5 000多千米古丝绸之路的南、北、中三条干线上留下数以百计的古城池、古墓葬、千佛洞、古屯田遗址等人文景观。

今后，新疆应加强旅游基础设施和精品景区建设，推进江布拉克、赛里木湖、托木尔、伊犁老城、克孜尔石窟、巴里坤古城等国家5A级旅游景区创建工作，发展红色旅游、生态旅游示范区和旅游度假区，建设阿勒泰冰雪产业创新发展示范区；加快丝绸之路经济带旅游集散中心、南疆丝绸之路文化和民族风情旅游目的地建设，大力培育阿尔泰山旅游产业带、天山旅游产业带、西部边境旅游产业带，形成"一心一地三带"旅游发展格局。

二、区内经济协调发展格局

西北区随着国家实施西部大开发战略，将逐步形成沿边、沿桥（亚欧大陆桥）和沿交通干线向国际、国内拓展的全方位、多层次、宽领域的对外开放格局，西北区将成为中国向西开放的前沿。

（一）宁夏回族自治区

宁夏回族自治区基于区内资源环境承载能力、现有发展水平和人口密度、经济发展条件与发展潜力等因素，科学规划不同区域的发展策略。

1. 优化开发区域

优化开发区域主要是指石嘴山、银川、吴忠市的部分开发较早、已有一定开发密度的区域。银川市突出"塞上湖城、回族之乡和西夏古都"城市文化特色。重点发展能源化工、特色旅游、绿色清真农产品加工、商贸流通、高新技术等产业。今后发展方向应严格限制低水平的盲目开发和占地耗水多、耗能高、污染大的产业发展，保留较多的绿色空间。银川市定位为丝绸之路经济带中阿合作核心区、中国—中亚—西亚经济走廊节点城市、现代服务业中心。石嘴山市以建设西部独具特色的山水园林新型工业化城市为目标，构筑大武口、惠农、平罗经济圈。发展电力、冶金、化工、建材等重点工业，改造提升煤炭、钢铁及压延、机械制造等传统产业，培植新材料、电子元器件等新兴产业。石嘴山市定位为宁北、蒙西地区中心城市和物流中心，国家级承接产业转移示范区，现代装备制造和新材料产业基地，体现"山水园林、重工基地"城市特色。吴忠市定位为清真食品和穆斯林用品产业中心、现代制造业基地，体现"水韵黄河，回族之乡"的城市特色。

2. 重点开发区域

重点开发区域依托宁东国家级大型煤炭基地、西电东送火电基地、煤化工产业基地，在深化区域能源开发合作、推进宁东—鄂尔多斯—榆林能源化工"金三角"建设的基础上，建设国家大型综合能源化工生产基地，以及能源化工、新能源开发区域性研发创新平台。这一地区应尽快改善生态环境和基础设施，实行重点开发、综合开发，引导产业集聚。

3. 限制开发区域

限制开发区域主要是中部干旱带、南部山区退耕还林还草地区、草原"三化"地区、重要水源保护地区等。实行适度有限开发，因地制宜发展本地资源环境可承载的地方特色经济。中部干旱地带推广旱作节水技术，扩大红枣、硒砂瓜、小杂粮、饲草等种植规模，发展畜牧养殖，打造农牧并重、草畜结合、特色发展的现代旱作节水农业示范区；南部黄土丘陵区重点发展设施农业、马铃薯、冷凉蔬菜、苗木、中药材和以肉牛肉羊养殖为主的草畜产业，形成具有地方特色的现代生态农业产业体系。固原市定位为宁南区域中心城市，体现"红色六盘、绿色固原、避暑胜地"城市特色。中卫市定位为丝绸之路经济带上交通物流枢纽城市、特色产业城市、生态旅游城市，体现"沙漠水城，花儿杞乡"的城市特色。

4. 禁止开发区域

禁止开发区域指根据宁夏现状条件和发展需要，划定空间管制区，按照禁止建设区、限制建设区、适宜建设区，制定空间管制规划。坚持生态立区、绿色发展，保护与发展并重。主要是六盘山、贺兰山、罗山、白芨滩、云雾山等自然保护区。严禁不符合自然保护区功能定位的开发建设活动，开发六盘山旅游资源，积极发展草畜、马铃薯加工等地方特色经济。

实行严格的土地用途管制，控制用地功能转变。

（二）甘肃省

甘肃省按照西部大开发建设西陇海兰新经济带，突出区域主体功能定位和发展方向。

1. 中部地区

中部地区包括兰州市和白银市，面积3.4万平方千米，占全省总面积7.4%。重点建设兰白经济圈，兰白地区一直是全国生产力布局的重点，国有大中型企业、科研院所、大专院校相对密集，石油化工、有色金属材料等产业领域在全国具有竞争优势。进一步发展石化、有色冶金、装备制造、高新技术等产业，加快现代服务业的发展，把兰州建设成西北区域性商贸物流中心和西部重要的区域经济增长极。

白银是资源型城市，是甘肃重要的能源、化工、建材基地。白银盆地发展为承载兰州产业转移的传统产业发展区；榆中盆地发展为具有良好景观、中低密度的科技产业新区；荒山治理地区发展为规模适宜的轻污染的制造业、物流产业和文化旅游产业区。

2. 陇西地区

陇西地区包括武威、金昌、张掖、酒泉、嘉峪关等市，面积约27.58万平方千米，占全省总面积60.3%。河西是中国风能、太阳能资源相对丰富的地区之一。瓜州县被誉为"世界风库"，玉门也常被人们称为"世界风口"。太阳总辐射量和日照时数为全省最高值，是世界上高效利用风能、太阳能的最佳位置。

目前，甘肃成为国家第一座千万千瓦级风电基地，是太阳能发电示范基地之一。酒泉成为国家千万千瓦级风电基地，敦煌10兆瓦光伏并网电站是目前全国最大的太阳能光伏并网荒漠电站。甘肃省正打造河西新能源及新能源装备制造新基地。

3. 陇东南地区

陇东南地区包括平凉、庆阳、甘南、临夏、定西、陇南、天水等市州，面积约14.76万平方千米，占全省总面积32.3%。陇东地区煤炭、石油资源丰富，是国家五大综合能源基地——鄂尔多斯盆地能源基地的重要组成部分。庆阳西峰油田已探明石油地质储量2.03亿吨，是国内陆上大型油田之一。现已探明平凉、庆阳煤田煤层气储量丰富，占鄂尔多斯盆地中生界煤层气总资源量的三成以上。

陇东能源基地将建设成国家重要的能源生产基地、西北地区重要的石油炼化基地、传统能源和新能源综合利用示范基地。

4. 少数民族地区

少数民族地区因地制宜发展与当地资源环境承载能力相适应的特色优势产业；抓好牧区天然草地改良和人工草场、饲养基地建设，建立绿色畜产品基地；加强生态环境建设，筑牢生态屏障。

（三）新疆维吾尔自治区

新疆实施区域协调发展战略和主体功能区战略，优化国土空间开发格局，推动天山北坡经济带、天山南坡产业带、南疆四地州和沿边高寒地区产业带协调发展，形成主体功能明显、优势互补、高质量发展的区域经济布局。

1. 天山北坡经济带

包括乌鲁木齐市、克拉玛依市、石河子市、昌吉市、米泉市（2007年已撤销，改设米东区）、阜康市、呼图壁县、玛纳斯县、沙湾市、乌苏市、奎屯市、农六师、农七师、农八师、农十一师、建工师，共 9 个市 2 个县 5 个师，面积为 9.54 万平方千米，占全疆面积 5.7%。这是新疆最有发展潜力和发展前景的区域，是自治区规划的核心经济带，是国家主体功能区划规划的 8 个试点区之一。

该区域的功能定位是：中国面向中亚、西亚地区对外开放的陆路交通枢纽和重要门户，中国进口资源的国际大通道，中西北地区重要的国际商贸中心、物流中心和对外合作加工基地，全国重要的能源基地，石油天然气化工、煤电、煤化工、机电工业及纺织工业基地。构建以乌鲁木齐—昌吉为中心，以石河子—奎屯—乌苏—独山子三角地带、奇台—吉木萨尔准东地区和伊犁河谷为重点的空间开发格局；稳步推进棉花、粮食、特色林果、畜牧业四大特色农业基地建设。保护天山北坡山地水源涵养区，加强伊犁草原森林生态建设，建设艾比湖流域防治沙尘与湿地保护功能区、克拉玛依—玛纳斯湖—艾里克湖沙漠西部防护区、玛纳斯—木垒沙漠东南部防护区以及供水沿线等"三区一线"生态防护体系。

2. 天山南坡产业带

天山南坡产业带将重点支持纺织服装、果品精深加工、电子产品加工组装、专用机械加工组装、民族医药等产业。在油气、煤炭、黑色金属等矿产区，以石化工业园区和轻纺工业园区为载体，以石油、天然气深加工等大型项目，形成新疆重要的石油化工、煤电煤化工、盐化工产业带；充分利用光热资源富集区，加快发展光伏产业；利用天然湖盐优势，发展钾肥加工生产。

南疆轮台工业园区是依托优势资源，以石油天然气化工、煤电煤化工、盐化工、冶炼、装备制造、油田技术服务等产业为特征的工业园区；全力打造新疆石油石化产业基地、南疆油气技术服务基地和石油石化新城。

3. 南疆四地州地区产业带

包括和田地区、阿克苏地区、克孜勒苏柯尔克孜自治州（克州）和喀什地区。本区总面积 61.2 万平方千米，占新疆面积 37%。

南疆四地州属极度干旱荒漠地区，戈壁、沙漠占 90.8% 以上，平原区绿洲面积仅占 9.2%。由于特殊的地形结构和地理位置，当地形成了严酷的荒漠环境，气候干旱，植被稀少，风沙频繁，水资源分布不均，春季缺水，夏季洪涝，秋冬干旱，生产条件差，自然灾害频发，严重影响当地社会经济发展。

南疆四地州加快推进基础设施建设；大力发展农副产品加工和储藏保鲜，积极发展旅游业和民族特色手工业，鼓励发展边贸、商贸流通业和进出口加工业，逐步增强自我发展能力；大力发展能够带动南疆地区人民群众收入水平大幅增长的劳动密集型产业；将喀什市建成面向中亚的区域性商贸、旅游中心城市。

4. 沿边高寒地区产业带

北疆高寒地区地处亚欧大陆腹地，位于新疆天山以北、阿尔泰山以南、伊犁河谷东南和准噶尔盆地西部广大区域。这里平均海拔 1 000 米以上，年平均气温 10 ℃ 左右，无霜期小于 150 天，属典型的大陆性高寒气候带，区域土地总面积占全疆总面积的 18.1%。

沿边高寒地区产业带着力构建塔城地区新型煤化工、煤电、风电产业集聚区和阿勒泰地区有色黑色金属、水电产业集聚区；积极发展优势农牧产品精深加工业，使之成为新疆沿边经济的重要带动区。

《思考与练习》

1. 简述西北区自然环境的基本特征。
2. 简述甘肃省经济发展的主要特点。
3. 简述新疆天山南北自然条件的差异。
4. 简述西北区发展农业生产的有利条件。
5. 简述西北区自然资源分布的特点。
6. 新疆成为中国重要的能源基地具有哪些优势？

参考文献

1. 张荣祖，等．西藏自然地理．北京：科学出版社，1982.

2. 彭琪瑞，等．香港与澳门．香港：商务印书馆，1986.

3. 李祯，等．东北地区自然地理．北京：高等教育出版社，1993.

4. 肖怀远．西藏产业政策研究．北京：中国藏学出版社，1994.

5. 赵济．中国自然地理．3 版．北京：高等教育出版社，1995.

6. 林之光．中国的气候及其极值．北京：商务印书馆，1996.

7. 胡兆量，王恩涌，韩茂莉．中国区域经济差异及其对策．北京：清华大学出版社，1997.

8. 杨利普．新疆维吾尔自治区地理．乌鲁木齐：新疆人民出版社，1997.

9. 周特先，等．宁夏国土资源．银川：宁夏人民出版社，1998.

10. 谢光辉，熊小兰．中国经济地理．北京：中国财政经济出版社，2002.

11. 胡欣．中国经济地理．上海：立信会计出版社，2003.

12. 人民教育出版社地理社会室．地理．北京：人民教育出版社，2003.

13. 曾昭璇．台湾自然地理．广州：广东省地图出版社，2003.

14. 赵济，陈传康．中国地理．北京：高等教育出版社，2006.

15. 中国国家地理杂志社．中国国家地理：选美中国特辑．北京：中国国家地理杂志社，2006.

16. 吴传钧．中国经济地理．北京：科学出版社，2007.

17. 李振泉，杨万钟，陆心贤，等．中国经济地理．修订 4 版．上海：华东师范大学出版社，2008.

18. 中国地理地图集编辑部．中国地理地图集．北京：地质出版社，2010.

19. 黄小黎，蔡贤榜．中国地理．广州：暨南大学出版社，2010.

20. 柯玲．中国民俗文化．北京：北京大学出版社，2011.

21. 杨景春．中国地貌．北京：科学出版社，2013.

22. 胡焕庸，张善余．中国人口地理：上册．上海：华东师范大学出版社，2014.

23. 郑度．中国自然地理总论．北京：科学出版社，2015.

24. 王静爱. 中国地理教程. 北京：高等教育出版社，2016.

25. 中国地理百科丛书编委会. 中国地理百科丛书. 北京：世界图书出版社，2016.

26. 中国科学院南京地理与湖泊研究所. 中国湖泊调查报告. 北京：科学出版社，2019.

27. 王洪道，等. 我国的湖泊. 北京：商务印书馆，2020.

28. 芦爱英，王雁. 中国旅游地理. 2 版. 北京：高等教育出版社，2022.

29. 中国国家统计局. 中国渔业统计年鉴. 北京：中国统计出版社，2020.

30. 中国国家统计局. 中国统计年鉴 2020. 北京：中国统计出版社，2020.

31. 曾昭璇. 中国的地形. 广州：广东科技出版社，2020.

32. 樊杰. 地理. 北京：人民教育出版社，2020.

33. 黄小黎，蔡贤榜. 地理. 广州：暨南大学出版社，2021.

34. 中国国家统计局. 中国统计年鉴 2021. 北京：中国统计出版社，2021.

35. 《中国的世界遗产》编委会. 中国的世界遗产. 北京：五洲传播出版社，2022.

36. 中国交通运输部. 国家公路网规划（2013—2030 年）. 2013.

37. 中国国务院. 成渝城市群发展规划. 新华社，2016.

38. 董国华，孟宪起. 地理百科. 北京：中国经济出版社，2018.

39. 张岱年，方克立. 中国文化概论. 北京：北京师范大学出版社，2019.

40. 中国国务院. 粤港澳大湾区发展规划纲要. 新华社，2019.

41. 中国国务院. 长江三角洲区域一体化发展规划纲要. 新华社，2019.

42. 中国生态环境部. 第五次全国荒漠化和沙化监测结果公报. 中国新闻网，2020.

43. 中国国务院. 海南自由贸易港建设总体方案. 2020.

44. 中国国家统计局. 2020 年中国纺织工业发展现状分析. 中国国家统计局官网，2021.

45. 中国国家统计局. 第七次全国人口普查公报. 中国国家统计局官网，2021.

46. 中国各省、市、区人民政府. "十四五"规划和二〇三五年远景目标规划. 2021.

47. 中国自然资源部，中国国家统计局. 第三次全国国土调查主要数据公报. 新华社，2021.

48. 中国国家统计局. 中华人民共和国 2021 年国民经济和社会发展统计公报. 中国国家统计局官网，2022.

49. 澳门特区政府统计暨普查局 4 日公布数据. 新华社，2022.

50. 中国自然资源部. 2022 年中国自然资源统计公报. 中国自然资源部官网，2023.

51. 舟山市史志研究室. 舟山年鉴 2021. 北京：方志出版社，2021.

52. 人民教育出版社课程教材研究所地理课程教材研究开发中心. 地理·八年级上册. 北京：人民教育出版社，2013.

后 记

　　地理学是一门研究人与地理环境关系的学科，研究的目的是更好地开发和保护地球表面的自然资源，协调自然与人类的关系。地理学是一门古老的研究学科，曾被称为"科学之母"。地理学可分为自然地理学、人文地理学和区域地理学三个分支。自然地理学可再分为地貌学、气候学、生物地理学和水文学。人文地理学包括历史地理学、文化与社会地理学、人口地理学、政治地理学、经济地理学和城市地理学。区域地理学的研究范围可以是全世界，也可以是一个大陆、一个大文化区、一个国家、国家内一个区划和一个城市。

　　本书是暨南大学《大学预科系列教材》之一，适用于来华境外学生，尤其是来我校就读大学预科的香港、澳门和台湾省青年学生。本书以中国自然、人文景观为背景，以区域地理为切入点，探讨了中国自然地理环境与人文活动相互作用的关系、机制和规律，通过重点分析中国各大区域的自然地理差异性和经济社会发展不平衡性，帮助学生更加全面、深入、客观地了解中国国情。同时，我们也希望通过教学，培养学生分析问题和解决问题的能力，掌握区域调查和研究的基本理论和方法，加强对人地关系、区域开发、保护资源和环境、改善生态平衡以及实现可持续发展这一人类共同愿景的理解。

　　本书内容由中国自然地理、人文地理和区域地理三部分构成。自然地理和人文地理部分系统论述中国地理环境的主要特征及其影响因素，是学习重点；区域地理部分主要阐述中国各大区域的自然地理特点、经济发展现状和发展方向，可根据实际需要安排学习。

　　全书由蔡贤榜担任主编并负责统稿。第六、七章由黄小黎编写，其余章节由蔡贤榜编写。

　　林卓南老师负责第一、二编，华南师范大学地理科学学院牛东风博士负责第三编的审稿工作，温小浩教授（博士）负责全书的审稿工作。

　　本书在编写过程中，得到华南师范大学地理科学学院张声才教授等专家学者的指导。本书得以出版与暨南大学出版社编校人员的大力帮助和辛勤工作分不开。在此，我们一并表示衷心的感谢！

编　者

2024 年 3 月